別冊 マネジメント基本全集
The Basics of Management

マネジメント基本辞典

根本 孝・茂垣 広志 監修

学文社

監 修 者

根本　孝　　　茂垣広志

編 集 者

池田芳彦	今村　哲	歌代　豊
大倉　学	﨑　章浩	竹内慶司
松崎和久	松村洋平	吉村孝司

執 筆 者

石坂祐哲	坂﨑　雅章	本間　明浩	永野　仁	野屋義人
今村　庸哲	佐藤耕祐	島下紀史	長西孝久	根本信直
牛尾奈緒美	佐島山　聖	鈴木　研	松松崎和平	松垣洋広
歌代　豊	高橋木　透	井　夫	茂森　志	下浦山正幸
大倉　学	高竹成慶司	内　和明	山下田敏孝	山田吉村
大槻晴海	竹内倫宏	内部　華		
片山富弘	建田聖弘	田中延		
上村和申夫				
菊池一美				
金　雅也				
桐畑哲浩				
久保信				
久米廣				

（五十音順）

はじめに

　マネジメント転換の時代といわれる今日，新たな概念，手法，用語が毎日のように誕生しているといっても過言ではなかろう．特に日本経済・経営の低迷した20世紀末から21世紀の初頭のビジネス界はカタカナ用語の氾濫で，表面的な理解や，右往左往の経営行動も目立ち，原点，基本に戻ることが求められてきている．そうした背景の中で刊行した『マネジメント基本シリーズ』全15巻の別冊として編纂されたのが，この『マネジメント基本辞典』である．シリーズ全巻，すなわちマネジメントの全体領域の重要な基本用語，手法そして最新の重要概念等を取り上げ，解説している．

　現在，わからない用語はパソコンを使ってインターネット検索により調べることが簡便であり，効率的と考えられている．しかし，インターネットは，情報の宝庫であると同時に，ゴミ箱であることも忘れてはならない．一つのキーワードで検索しても量的にも質的にも実に多様な解説に出会うことはできるが，体系性，専門性等においては難点も少なくない．

　当書は，そうした欠陥を補い，マネジメントを新たに学び，また原点に戻って再学習しようとする読者のために，マネジメントの全体領域を網羅しつつ，体系的かつ基本を正しく理解することを目指している．同時に，新聞，雑誌やマネジメントの実践で使用されている最新かつ，将来的には定着していくと思われる概念や用語についても取り上げている．その意味では，常に座右に置き，活用頂ければ幸いである．

　さらに，『マネジメント基本シリーズ』のどの巻に詳細が論じられているか，さらに関連用語も，それぞれの解説の末尾に明示しているので，その用語に飛べば，より総合的な理解が可能であり，末永い活用の可能性を意図している．

　末尾ですが，多数の著者のコラボレーションと，実に緻密で丹念な配慮が必要な辞典の編纂業務に情熱的かつ高いモチベーションを持続して頂いた，学文社の田中千津子社長はじめ編集スタッフの皆様に心から御礼を申し上げる．

2007年暖冬の中で

執筆者を代表して

根本　　孝

凡例

特長
掲載総項目数　923

見出し
1) 現代かなづかいにより，五十音順に配列した．
2) 人名項目〔　　〕内の数字は生年〜没年を示す．
3) 欧文表記については，慣用的な読みに従い，それ以外はカタカナ表記とし，五十音順にした．
4) 類似項目もしくは参照項目については，⇒で示した．

本文
1) 本末に，「→」にて，関連項目および参照項目を五十音順に列記した．
2) 文中の著作名のあとの（　　）内の数字は，発行年を示す．
3) 文末執筆者名の前の番号は，マネジメント基本全集の巻数を示す．
　　［領域］
　　1 経営入門　2 経営戦略　3 市場創造　4 戦略提携　5 国際経営　6 技術経営
　　7 経営財務　8 管理会計　9 経営組織　10 企業文化　11 経営管理　12 人事管理
　　13 情報・知識管理　14 生産管理　15 ベンチャービジネス　16 経営の学び方

索引
1) 巻末に和文索引，欧文索引を付した．
2) 見出し項目として掲げられている用語は，項目名，掲載ページを太字として，文中に用いられている用語と区別した．

あ

IR (Investor Relations)

　企業が株式等の証券の公正な評価を受けるための株主や証券アナリストなどを含む利害関係者と良好な関係を維持し相互コミュニケーションを実現する広報活動を意味する．IRの対象は個人投資家，株主のみならず，機関投資家，証券アナリストさらには海外の投資家やマスコミ等であり，社内体制の整備によりPR戦略とも連動した多様なツールやインターネットを駆使した活動が求められる．主要なツールとしてはアニュアルレポートをはじめ会社案内事業報告書，ファクトブック，ビデオ，ホームページそして決算・事業・会社説明会や記者説明会の開催や施設見学会なども開催される．インターネットを活用したIRはe-IRとも呼ばれ，活発化している．

　こうした企業のIR活動を促進し，調査・研究，相互交流を目的とした日本IR協議会も1993年の組織化され，またその支援，コンサルティングサービスの専門会社も創設されてきている．→機関投資家　　1［根本　孝］

I-Rグリッド (I-R grid)

　ドズ (Doz, Y.) & プラハラード (Prahalad C. K.) が提唱している国際経営における統合 (I：Integration) と現地反応性 (R：Responsiveness) に基づく分析フレームワーク．彼らによれば，多国籍企業には2つのプレッシャー，すなわち，競争上求められるグローバル統合による「経済的要請」と，受入国政府から出される「政治的要請」がある．コスト低下等の経済的プレッシャーが強まれば，規模の経済を中心に国境を越えて配置した各拠点での活動を調整し，グローバルに統合する．他方，政治的要請が強ければ，それに対応するために企業は現地子会社の現地反応性を高めるために，現地に多くの機能や活動をワンセットで配置し，大きな権限を与えることが必要となる．しかし，現実的には，それらの中間に位置する場合が多く，また，一方への偏りは組織慣性により，他の要求へは応えられなくなる．そのため，両者のバランスをとり，また環境の変化に対応するためにそれらの間でスウィングさせる必要があるため，複眼的な戦略や管理的調整を行うことにより，ある特定の選択に固定することを避け，統合化の利益と現地反応性の両方をうまくミックスさせようとする．そのために必要なのは地域（あるいは国）と事業というグローバル・マトリクス的な運営であると主張する．→グローカル経営，トランスナショナル企業，マルチフォーカル組織　　5［茂垣広志］

IE (Industrial Engineering)

　人・材料・設備・エネルギーおよび情報の総合された体系の設計・改良・設定に関する活動で，その体系から得られる成果を規定し，予測し，評価するために工学的な分析・設計の原理と方法とに加え，数学・自然科学および社会科学の専門知識の経験とを利用して行うものであると定義されている (JISの定義)．産業技術ではなく生産技術と訳されている．端的にいうと，仕事の中に含まれるムダを発見し，より効率的で生産性の高い仕事に改善したり新たな仕事のやり方を設計したりするための考え方と手法の体系である．近年の製造業にとっては，高品質・低コスト・リードタイムの短縮化が競争力の源泉のひとつになっているが，経営環境の変化を踏まえて，生産プロセス全体の効率性，つまり，いかにして生産性を向上させていくのかが重要になっている．また，IEは，テイラー (Taylor, F. W., 1856-1915) の科学的管理法を起源としている．彼は，労働者の作業を作業要素に分解し，それぞれの要素時間を測定・集計して，作業の標準時間を決定するという「時間研究」を行ったことで有名である．さらにギルブレス (Gilbreth, F. B., 1868-1924) も作業者の動作は，18種類の基本要素から構成されると考え，独特な記号の「サーブリック分析記号」を開発した．→

IS (Information Systems)

情報システムのことである．企業の中で情報システム部門のことを IS 部門とよんだりしている．ただし，近年では IT 部門という場合も多い．また，情報系の学問体系，教育カリキュラムにおいては，情報処理の基礎理論や基盤技術を扱うコンピュータ・サイエンスの CS に対して，応用的側面である情報システムを IS と区分している． → IT　　13［歌代　豊］

ISMS (Information Security Management System：情報セキュリティマネジメント・システム)

組織の中で情報を適切に利用し，そのための情報システム環境を運用する上で，セキュリティを確保・維持するためのマネジメント・システムである．セキュリティポリシーの策定や，ルールに基づいたセキュリティレベルの設定，リスクアセスメントの実施などを継続的に管理するための制度である．1995 年にイギリス規格協会 (BSI) が ISMS の標準規格として BS7799 を策定し，2000 年に実践規範である BS7799 Part 1 が ISO/IEC 17799 として国際標準化された．日本では，日本情報処理開発協会 (JIPDEC) が，企業が ISO/IEC 17799 に準拠していることを認証する ISMS 適合性評価制度を推進している． → ISO　　13［歌代　豊］

ISO (International Organization for Standardization：国際標準化機構)

日本では国際標準化機構とよばれている．ISO は国際的な標準化団体のひとつで，電気・電子技術分野を除く全産業分野（鉱工業，農業，医薬品等）に関する国際規格の作成を行っている．本部はスイスのジュネーブにある．ISO には，各国の標準化団体が会員団体となっており，2004 年末現在 146 ヵ国が参加している．日本からは JISC (日本工業標準調査会) が会員となっている．国際規格は分野別に設定した TC (Technical Committee：専門委員会) によって行われる．たとえば，品質マネジメントの国際規格である ISO9000 シリーズは TC176 が担当している．なお，電気・電子技術分野については，IEC (International Electrotechnical Commission：国際電気標準会議) が国際規格を策定している． → グローバルスタンダード　　6［歌代　豊］

ISO14001

1996 年 9 月，ISO14000s（シリーズ）「環境マネジメント・システム (EMS)」が国際標準化機構 (ISO) によって制定された．そして，この中において環境マネジメント・システムをどのように構築すればよいかを定めた仕様書が ISO14001 である．ISO14001 の基本的な構造は，PDCA サイクルとよばれ，方針・計画 (Plan)，実施 (Do)，点検 (Check)，見直し (Act) というプロセスを繰り返すことにより，環境マネジメントのレベルを継続的に改善していこうというものである．ISO14001 の序文には，この規格は世界中すべての地域のあらゆる種類と規模の組織に適用できるとしてあり，したがって環境マネジメント・システムを構築しようとする組織は，ISO14001 の規格要求事項にしたがえばよいということになる．ISO14001 に法的拘束力はなく，環境活動に関する具体的な数値等を求めている訳ではなく，各組織が自ら定めた環境方針を経済的，技術的に可能な範囲内で達成することによって，各々に独自の方法で環境負荷の低減に自主的に取り組むことを求めている．具体的に各組織は，ISO14001 の要求事項に則り独自の環境マネジメント・システムを構築し，第三者である審査登録機関による審査を受けて認証されれば，ISO14001 が取得できる． → ISO，環境経営，環境効率性，環境マーケティング，環境マネジメント・システム　　3［竹内慶司］

ISO9000 シリーズ

ISO9000 シリーズは 1987 年 3 月に ISO により制定された品質保証のための国際規格であり，ISO9000S と表現する場合も少なくない．その後，1994 年に改訂され，現行規格は 2000 年に発行された．9000 は品質管理の

基本と用語，9001～9003は品質保証の要求事項，9004は品質管理の指針を定めている．グローバル経済体制が今日進展する中，国家・企業等の組織体によって品質保証の考え方が異なる場合，モノ・サービスの円滑な流通を妨げることになる．そこで，契約主義・マニュアル作成・検証主義・システム志向を特徴としたISO9000シリーズを制定し品質マネジメント・システムの国際的な統一化を図っている．企業等がISO9000シリーズを認証取得する場合には，第三者が規格に基づいて審査し認証を受ける必要がある．→ISO
14［島谷祐史］

ILO (International Labor Organization：国際労働機関)

国際労働機関の略であり，国際連合の社会政策分野を担当する専門機関を意味する．第1次世界大戦のベルサイユ平和条約によって1919年にジュネーブを本部として設立された．ILOの目的は，世界規模で労働条件を規制し，労働者保護を進めることで社会的正義を実現することにある．この目的を実現する主要な方法が国際労働基準の設定である．国際労働基準の設定は，ILOに加盟している各国の政府，使用者代表，労働者代表が参加する国際労働総会において，ILO条約およびILO勧告を採択し，この条約・勧告を加盟国が批准し，自国の権限のある機関（国会等）に提出することで，労働条件の国際的規制が実現される．2005年8月現在で185の条約と195の勧告があるが，日本は先進国の中でも批准数が少なく政策的な課題である．ILOはこのような包括的なルール設定の他に，児童労働の廃絶，労働条件における男女平等などの特定の領域における積極的な活動や，発展途上国に対する技術協力や研究・出版を通じた，政策研究や啓蒙・啓発活動も行っている．
12［山下 充］

ICタグ (IC tag)

近距離周波数による無線で情報のやり取りができる非接触型のアンテナ付ICチップを用いた荷札（タグ）のこと．電波による自動認識（RFID：Radio Frequency Identification）技術を用いた微小チップ（1ミリ以下）を用いることにより，用途に応じた形状に埋め込むことができる．そのため応用範囲が広い．ICタグは，これまで物流管理で用いられてきたバーコードに取って代わろうとしている．その理由は，第1に，ICタグのチップのメモリー容量の多さにあり，バーコードの数十桁に対し，数千桁以上もの情報を保存できる．第2は，情報の双方向的なやり取りが可能である．バーコードは，送り手から受け手への一方向的な情報の記録であるが，ICタグではデータを送受信することが可能である．第3に，バーコードはいったん印刷すると書き換えができないが，ICチップの場合には書き換えが可能であり，情報が蓄積され，それを活用することも可能であるし，使い捨てではなくICタグを再利用することも可能である．これらのことから，スーパーでの買い物の自動清算（ゲートを通るとICからの電波を受信し，電子マネーやカードで支払う）やPOSデータの収集およびその利用（バーコードと異なり個別の顧客情報の収集や管理が容易），買い物客にとってはカートに入れた品物の生産地や生産者あるいは添加物などのカートディスプレイへの表示による情報提供，メーカーにとっては，原材料・部品や完成品にICタグを付けることによる工場内での生産管理や調達・出荷物流などロジスティクス管理での利用など適用可能範囲は広い．ただし，ICタグの普及には，そのコストが問題となる．たとえば，100円の小額商品に20円のICタグを付けることは現実的ではない．また，周波数など情報のやりとりに必要な技術の標準化も必要となる．国際的な非営利組織であるオートIDセンターや日本のユビキタスIDセンターなどが，ICタグの標準規格づくりを進めている．→EC，ユビキタス・ネットワーク，ロジスティクス
5［茂垣広志］

ICバランス (Incentive-Contribution balance：誘因と貢献のバランス)

従業員の動機や意欲の刺激を意味するインセンティブ（誘因：incentive）と企業への

貢献（contribution）のバランスをとることを意味し，それが人材マネジメントの基本課題であることを示している．すなわち，人材の最適な貢献を引き出すために，個々の誘因となる仕事や地位や賃金を付与し，生きがいを感じられる理念，文化を提供することが人材マネジメントの基本課題であることを意味している．集団と個人の動機づけと貢献のバランスを変革およびマネジメントする活動である人事管理においてICバランスが崩れると，社員のモチベーションの低下や転職を増大させることになる．最適なICバランスをどのように選択し維持していくかはマネジメントの大きな課題であり，しかも，経営環境そして人材ニーズの変化によってICバランスも崩れるため，適切に人事制度等の変革を進め，ICバランスを保つことが求められる．
→インセンティブ，インセンティブ給

12 [金　雅美]

IT（Information Technology：**情報技術**）

コンピュータを中心とした情報システムにかかわる諸技術を広く情報技術（Information Technology）といい，略してITという．ITは多義的な言葉であり，情報システムの基盤であるコンピュータ等のハードウェアや基本ソフトウェアを構成する技術を意味する場合もある．また，情報システムや情報についての分析，応用面の技術を指す場合もある．なお，情報システム自体を指す場合，従来はIS（情報システム）とよんでいたものをITに置き換えた使い方もある．たとえば，従来のIS部門，情報システム部門はIT部門とよばれるようになった．また，通信を含む言葉として情報通信技術という意味でICT（Information Communication Technology）を用いる場合もある．国際機関や政策分野ではITよりICTが多用されている．→ IS

13 [歌代　豊]

IT ガバナンス（IT governance）

組織目的と戦略の実現のためにITを適切に利用し，成果を高め，リスクを管理するための組織の取り組みと仕組み．IT ガバナンスを適切に構築し，運用するためには，ITマネジメントのプロセスを明確化し，その中で基準やルールを設定する必要がある．そのフレームワークとして，IT ガバナンス協会が定めるCOBITが参考になる．→ COBIT

13 [歌代　豊]

AIDMA（アイドマ）

消費者の購買行動における心理的過程の変化に関するモデルであり，コミュニケーションの反応過程ととらえることができる．消費者の購買にいたる心理的過程を5つに区分し，その頭文字をつないだものである．Aは注目（Attention），Iは興味・関心（Interest），Dは欲求（Desire），Mは記憶（Memory），そしてAは行動（Action）を意味する．すなわち，注目させ，興味・関心を抱かせ，欲求させ，記憶させて行動（購買）させるという購買促進プロセスを意味する．AIDMAは単純なモデルではあるが，普遍性を有しているために，AIDMAの原則に従って広告を製作すると効果的な広告物になるといわれている．また広告以外にもその他のマーケティング戦略の開発にも利用されている．このほかに，Mを除いたAIDAの原則や，Mの代わりにC（確信 = Conviction）を入れたAIDCAの原則もある．しかしながら，段階の飛び越しや逆行があることも指摘されているため，実際の消費者の購買行動のすべてを説明できるわけではない．　　　　　　　　3 [菊池一夫]

アウトソーシング（outsourcing）

企業組織を効果的に運営するための外部資源を活用することを意味し，1980年代にアメリカの企業で関心を高め，日本では90年代から本格的に活用されている．その対象は，当初，情報システムの関連業務のように限られていたが，今日では，総務，人事，経理，技術開発，設計，生産，物流などあらゆる業務に及んでいる．

アウトソーシングが注目されるのは，市場環境が大きく変化し国際競争がより激しくなるにつれて，競争相手に対して優位性を構築するために，従来のコスト低減だけでなく，

より戦略的にコア業務に集中し，それ以外の業務をより専門特化した外部に委ね，経営効率を高める手法としてとらえているからである．アウトソーシングには，業務ノウハウの損失や情報漏れなどが生じる可能性があるので，高い専門的な知識や能力をはじめとする重要で必要な資源を保有するとともに，より協力的で信頼のおけるアウトソーサーが求められる．→コア・コンピタンス，リストラクチャリング　　　　　　　　2［高橋成夫］

アカウンタビリティ (accountability)

一般には説明責任を意味し，他者から履行権限，責任を委託されたものが，その委託者に対して行動の結果を報告し，説明する責任のことである．株式会社において経営を委託された経営者が株主に対して会計報告するばかりでなく，その結果にいたるプロセスや意思決定の基準などを説明する責任であり，会計責任といわれる場合もある．

しかし昨今では企業の影響力や社会的責任の拡大にともない，株主のみならず従業員や顧客，取引業者など幅広く利害関係者への説明責任が問われ，説明責任の範囲も拡大し，企業は地球環境白書やCSR報告など環境保全や社会的貢献活動に関する説明も活発化させている．→CSR　　　　　　　　8［根本　孝］

アーキテクチャー (architecture)

もともとシステムの構造や構成，コンピュータの設計の仕様や方式を意味する言葉．ビジネス関連で使用される場合，主に「組織のアーキテクチャー」と「製品のアーキテクチャー」の2つの側面より論じられることが多い．「組織のアーキテクチャー」は，組織図をイメージすればわかりやすい．部門の分化や部門間の調整または統合，さらに公式組織・非公式組織のメカニズム，垂直的・水平的な意思決定プロセスなど，組織の構成要素間におけるつながりや相互依存関係を議論するものである．これに対し，「製品のアーキテクチャー」は，製品の設計図を思い浮かべればよい．製品を構成する部品やコンポーネンツの配分の仕方，部品間のインターフェイスや統合の仕方，さらに部品間の相互依存関係など，製品や工程の基本的な「設計思想」を表わす言葉である．すなわち，製品をアーキテクチャーから考えるとは，人工物という製品を設計図が具体化されたものとして捉え直す概念である．→EA，オープン・モジュラー，クローズド・インテグラル　　4［松崎和久］

アクション・ラーニング (action learning)

R. Revansが第2次世界大戦後にイギリスの炭坑におけるマネジャー開発において初めて試みた方法であり，経営現場で生じている問題を，グループで検討し，実際に解決策を実施し，それを通じて学習の仕方を学ぶ方法を意味する．

そしてアクション・ラーニングは5つの基盤として，①経験から学習，②他者の経験の共有，③その仲間の批判とアドバイス，④そのアドバイスの受入と実行，⑤仲間と行動や学習したことを振り返ることがある．すなわち人間は困難な問題に直面し，仲間とともに関心と経験を積極的に共有した時に有効に学ぶことができる，ということが前提となっている．

集合学習の一般的形式である講義方式がIT技術の進展によりe-ラーニングで代替される中で，新たな教育・研修方式として導入が進んできている．→アクション・リフレクション学習　　　　　　11［根本　孝］

アクション・リフレクション学習 (action reflection learning)

スウェーデンのMiL研究所が開発，実践指導を行ってきている学習モデルであり，その基礎として効果的な学習はあくまでも経験・行動にあることはアクション・ラーニングと同様であるが，経験が学習の源となるための前提条件として，反省であり，自己観照（リフレクション）をきわめて重視する学習方法であり，ARLの略称でもよばれる．

すなわち，アクション・リフレクション学習の研修プログラムは実践的なチームでの問題解決活動を行った後の，フィードバックの

プログラムを重視し，なぜそうした行動をし，結果が生じたのかを反省し，自分の行動の結果をフィードバックしたり，他の人びととの経験，行動との比較，反省をすることを中心とする．すなわち名前のとおり，自省・内省・振り返りのリフレクションを中核とする学習方式である．→アクション・ラーニング

11［根本　孝］

アクティビスト（activist）

コーポレート・センター機能のひとつのタイプを意味し，アメリカのコンサルティング会社，ボストン・コンサルティング・グループ（The Boston Consulting Group：BCG）によって提唱された考え方である．アクティビストは"活動主義者"と訳されるとおり，活動的な本社または強力で小さなセンターを意味する．1990年代以降，今日までの本社像としては，アクティビストへの転換およびシフトが求められている．アクティビスト・センターはインペリアリストのような大きな本社でなく，また，ミニマリストのように小さな本社でもない．アクティビスト・センターは，①シェアード・サービスまたはプロフェッショナル・サービスという「サービス機能」，②グループ戦略やキャッシュフロー経営を通じて企業価値を高める「戦略リーダーシップ機能」，③株主・インベスターに対するサービスを行う「基本機能」の主に3つの機能に焦点化することを意味する．アクティビスト・センターの特徴としては，主に5つあげられる．①企業価値を高めるバリューマネジメントを行う，②グループシナジー戦略の策定と実施を行う，③子会社・事業部への投資に対するリターンの評価を行う，④最適なポートフォリオを作成して有望な事業分野への資金配分を行う，⑤全社組織のコーチまたはメンターのような存在である．→インペリアリスト，ミニマリスト

9［松崎和久］

アージリス［Chris Argyris, 1923-］

1923年，ニュージャージー州に生まれる．クラーク大学でレヴィン（Lewin, K.）と出会う．エール大学を経て，ハーバード大学教授に就任．組織心理学者である．アージリスによれば，健康なパーソナリティの発達とは，消極的・受動的・依存的な存在（未成熟モデル）から，積極的・能動的・自立的な存在（成熟モデル）へと変わることである．しかし，未成熟モデルを前提としている管理原則によって支配されている組織の中では，個人は健康にパーソナリティを発達させることができないという．パーソナリティの発達を阻害された個人は，抑圧などの防衛機制を働かせるようになるが，これがより一層，管理原則を強化させるという悪循環を生み出すのである．悪循環を断ち切るために，職務拡大（job enlargement）や参加的リーダーシップ（participative leadership）が必要になることをアージリスは指摘するのである．主著に *Personality and Organization*, John Wiley & Sons, 1957（伊吹山太郎・中村実訳『新訳・組織とパーソナリティ』日本能率協会，1970年）がある．また，組織変革や組織学習に関する研究も手掛けている．→コンテント・セオリー

1［松村洋平］

アセスメント評価（assessment）

個人の能力や特性を客観的に分析できるツールや手法，または専門家による評価のことを意味する．上司や人事スタッフだけの判断では，主観的な判断に偏りがちな評価を，アセスメントの利用により客観性を高めていくことを意図している．アセスメント評価は，主に専門職，管理職コースの選択や管理職昇進に使われるケースが多い．また，基準に照らし，自分自身が普段の行動を客観的に捉えて判断していくことを自己アセスメントともよび，アセスメント評価に加える傾向も出てきている．アセスメント評価の精密度を高めるためには，評価のプロセスや基準を正確に学習するアセスメント研修を実施することが有効であろう．また，アセスメント評価を，評価だけに終わらせず，社員の将来のキャリア設計や支援に活用するためには，アセスメントのフォーマットやプロセスに，これらの将来に対する意向も具体化（コンピテンシー基準など）して組み入れる必要があろ

う．→コンピテンシー　　12［金　雅美］

アナジー (anergy)

相互マイナス効果，マイナス・シナジーのこと．シナジーが「1 + 1 = 3」という正の効果であるのに対し，アナジーは「1 + 1 = 0」という負の効果を意味する．たとえば，全社戦略を取り上げると，複数の事業ユニットをもつ企業は，シナジーという相乗効果を獲得すべく，事業間を横断する組織化などに取り組むが，協働意欲の喪失，協働目的のあいまい化，協働を調整するコストが高いなどの理由により，シナジー活動が形骸化したり，失敗に終わるケースが少なくない．このような無理な事業間の統合や多角化による失敗のことを野村総合研究所の渡辺は「アナジー」とよんだ．一方，シナジーが大きな効果を生み出す先入観や勝手な思い込みから誤った判断を下してしまう失敗はバイアス (Bias) とよばれ，主に4つのタイプに分類される．①経営者がシナジーのコストを過小評価してしまう「シナジーバイアス」，②親会社は，事業ユニット間を横断するしくみを作らなければならないと勝手に思い込む「ペアレンティングバイアス」，③シナジーを生み出すノウハウは組織内に存在すると勝手に思い込む「スキルバイアス」，④経営者がチームワークや共同作業こそ本質的に有効であると勝手に考える「アップサイドバイアス」である．→シナジー　　4［松崎和久］

アナログ思考 (analog thinking)

あるものを連続的に変化する量で表現することをアナログというが，それは限られた1か0といった数字列で表現するデジタルの反対語である．たとえば伝統的な文字盤と針で時を表す時計はアナログ時計，数字で時刻を表示するものはデジタル時計である．そうした連続的に変化するものとして現象や事物を捉え，考える発想，思考法をアナログ思考とよばれている．それに対して連続的な微妙な変化や差異を無視し，0か1や白と黒といった単純な2分類でその中間を認めないか無視する発想をデジタル思考とよばれている．伝統的で日本的な思考は，その微妙な変化や違いを注視するデジタル思考を基盤にしているが，コンピュータに象徴されるように最近は白黒といった灰色を無視する2分法的なデジタル思考が一般化してきており，批判的な意味で使われるのが一般的である．→デジタル化，要素還元主義　　16［根本　孝］

アファーマティブ・アクション
(affirmative action：積極的活動)

有色人種，少数派民族，女性など歴史的に差別をうけてきた集団に対して，機会均等を実現するために行うあらゆる積極的努力を指す．これは，単なる差別の禁止に留まらず実質的な平等を図るための積極的な取り組みであり，特定の個人というよりは，差別を受けてきた集団全体を対象として実施される措置である．アファーマティブ・アクションの名称自体は，アメリカで1961年に発せられた大統領命令第10925号ではじめて明示され，1967年の大統領命令第11375号によって，合衆国政府と契約を結ぶ一定規模以上の企業等は，契約の条件として差別の禁止に加え，アファーマティブ・アクションの実施が義務づけられることとなった．その後，同義の活動は各国に普及し，国ごとに異なる呼称，法的強制力もさまざまという状況で推移している．逆差別の懸念など賛否両論があるものの，アファーマティブ・アクションは女性など社会的弱者に対する差別を是正する過程で不可欠な措置である．→ポジティブ・アクション　　12［牛尾奈緒美］

AFTA (Asean Free Trade Area)

アセアン自由貿易地域のことである．1991年のアセアン首脳会議で域内の自由貿易構想として合意された．その中心となるスキームはCEPT (Comm Effective Perferential Tariff：共通有効特恵関税) であり，最終関税率は0～5%である．原加盟国は，シンガポール，インドネシア，タイ，マレーシア，フィリピン，ブルネイの6ヵ国であったが，その後，カンボジア，ラオス，ミャンマー，ベトナムが新規加盟した．これらの加盟国の間でも加盟時期お

よび経済の発展段階に相違があり、また、達成の前倒しの動きもあり、原加盟国は2002年、新規加盟国は2007年が達成期限となっている。域内の貿易を活発化し、さらに域内の投資魅力を高め海外からの直接投資および域内投資を誘発し、経済成長を図り、域内の産業の育成強化を図ることがその目的である。しかしながら、1990年代半ばからの中国という投資魅力度の高い国が隣国で台頭してきたため、CEPTスキームを前倒し的に早めてきた経緯がある。さらにまた現在では、投資魅力を高めるために中国とのFTA（自由貿易協定）が進められている。→FTA　　　　5［茂垣広志］

ROI (Return On Investment)

投資収益率．投資効果を計り、企業における収益力や投下資本の運用効率を示す指標として用いられる。経常利益を投下資本全体（資本金、社債、借入金）で割ったもの。企業全体のみならず、事業、製品、各種プロジェクトに関しても測定される。また、結果の評価のみならず、投資決定において、複数のプロジェクト代替案からどれを選択するかという意思決定プロセスにおいても用いられる。投資をする際に、その投資がどれだけの利益に結びつくのかが問題となる。ROE (Return On Equity) が株主にとっての効率性を示す（税引き後利益／株主資本）とすれば、ROIやROA (Return On Asset：総資産収益性) は、企業にとっての効率性の指標といえる。どのように効率性を上げるかは、ROI =（経常利益／投下資本）=資本回転率（売上高／投下資本）×売上高経常利益率（経常利益／売上高）から理解される。この式で、一定の投下資本でROIを高めるためには、回転率が低い場合には利益率をあげる必要があり、利益率が低い場合には回転率をあげる必要があることがわかる。ROIをあげるためにはこれらいずれかが実行可能でなければならない。回転率が低く、かつ利益率も低いプロジェクトへの投資はROIを悪化させることになる。→期待収益率、収益性分析

［茂垣広志］

R & D (Research and Development)

研究開発を意味するが、「研究 (research)」と「開発 (development)」の両者を合わせた言葉である。さらに研究は「基礎研究 (basic research)」と「応用研究 (applied research)」に分けられる。つまり、研究開発の中には、基礎研究、応用研究、開発という3つの要素が入っている。「基礎研究」とは自然現象の本質を追い求めて科学的知識を発見する活動であり、研究者の好奇心によって進められる。基礎研究は、学術的目的で行われる「純粋基礎研究 (pure basic research)」と、市場ニーズに応えることを目的とする「目的基礎研究 (mission oriented basic research)」に分類されることもある。また、「応用研究」とは科学的知識を事業に応用する方法、すなわち技術を発明するための活動であり、事業化を前提に進められる。しかしながら、基礎研究と応用研究との間に明確な線引きができるわけではない。基礎研究の中でも製品への応用を強く意識した研究もあれば、応用研究の中でも科学的知識の活動にさかのぼりながら行われるものもある。「開発」は、研究活動から得られた知識や技術を用いて、新しい材料、製品、あるいは生産方法を開発・改良することをいう。→A&D、リニアモデル、連鎖モデル

6［坂本雅明］

アンケート調査 (questionnaire survey)

あらかじめ用意された調査票をもとに複数の対象に同じ質問を行い、そこから得られた回答をもとに統計的に数量データから内容をとらえる調査手法を意味する。調査にはさまざまな方法があるが、大きく「定量調査」と「定性調査」の2つに分けることができる。定量調査は量的調査や統計的調査ともよばれるもので、調査票による質問の回答をもとに、量的な関係や特性を解明することを目指した調査のことである。定量調査はマーケティング・リサーチや世論調査において、もっとも頻度が高く行われているアンケート調査である。アンケート調査は、調査対象者にどのように質問を行い、データを収集

するのかという，調査対象者への接触およびデータ回収にいくつかの方法がある．代表的な方法としては，訪問面接調査法，留置調査法，集合調査法，郵送調査法，電話調査法，インターネット調査法などがあげられる．調査のテーマや目的，予算などを考慮して，これらの中から適切な手法を選択する必要がある．他方，定性調査とは調査者対象者から非定型的な情報を求め，量的ではなく質的に把握することを目指した調査である．→インタビュー調査　　　　　　　　　16［上村和申］

安全余裕率
(margin of safety ratio, MS ratio)

損益分岐点からどのくらい離れているかを，予想売上高を基準にしてパーセントで表わしたものである．経営の健全性を示す尺度であり，予想売上高がどのくらい損益分岐点の売上高から離れているかを示す．すなわち，安全余裕率を求める公式は，次のとおりである．

安全余裕率
$$= \frac{予想売上高 - 損益分岐点の売上高}{予想売上高} \times 100$$

損益分岐点の売上高において利益はゼロであるので，予想売上高は損益分岐点の売上高から離れていればいるほど安全性が高いといえる．たとえば，何パーセントか売上高が低下したとしても，安全余裕率が高ければ，容易には損失には転落しない．→ CVP 分析
8［建部宏明］

アンゾフ ［Harry Igor Ansoff, 1918-2002］

ウラジオストック出身でブラウン大学で学び，ロッキード社を経て，カーネギー・メロン大学で教鞭をとった経営戦略論の大家である．アンゾフは，意思決定を戦略的意思決定・管理的意思決定・業務的意思決定に分類し，戦略的意思決定を製品と市場の組み合わせの選択と考えた．いわゆる製品・市場ミックスであり，市場浸透・市場開発・製品開発・多角化の4つの代替案が示された．さらに，アンゾフは，戦略がもたらす変化に対する組織の抵抗にいちはやく気づき，チャンドラー (Chandler, A. D. Jr.) の「組織は戦略に従う」という命題を引用し，「戦略は組織に従う」と主張した．そして，戦略の計画だけではなく，戦略の実行をも視野に入れ，両者をひとつのものとして扱う戦略経営を提唱している．主著に，*Corporate Strategy*, McGraw-Hill, 1965（広田寿亮訳『企業戦略論』産業能率大学出版部，1969年）がある．→意思決定，チャンドラー
2［松村洋平］

AND 検索 (and search)

データベースやサーチエンジンなどで複数の検索語による検索を行う場合の条件のひとつである．複数の検索語による検索を行う場合の条件は「AND 検索」「OR 検索」「NOT 検索」の3つが基本となる．AND 検索とは論理積，OR 検索は論理和，NOT 検索は論理差ともよばれる．データベースやサーチエンジンを用いて情報を検索する場合，キーワードやタイトル，人名といった検索語入力する必要がある．検索語が2つ以上の場合，複数の検索語を組み合わせる必要がある．これを「演算」といい，演算は「論理演算」「近接演算」「比較演算」に分けられる．AND 検索は指定した検索語を含むコンテンツを検索するもので，たとえば，検索語に「情報 AND 通信」を用いた場合，「情報」と「通信」の両方のキーワードが含まれるコンテンツが検索される．論理演算の場合，「情報 AND 通信」と「通信 AND 情報」で検索しても結果は変わらないが，近接演算の場合は，検索語の順序も問われることになる．なお，検索システムによって論理演算に用いる記号が異なる場合があることに注意が必要である．→ OR 検索　　　16［上村和申］

暗黙知 (tacit knowledge)

知識は形式化できるかどうかにより，形式知と暗黙知に分けられる．暗黙知は，語ることがむずかしい，言語化・形式化できない主観的な知識であり，勘や洞察，信念，ものの見方，経験に基づくノウハウ，熟練的技能などである．暗黙知は個人に内在するものだけでなく，組織文化，風土など組織レベルに

も存在する．暗黙知は，もともとはポラニー (Polanyi, M.) が指摘した概念であるが，野中郁次郎の組織的知識創造理論によって経営における形式知と暗黙知の重要性が認識されるようになった．組織的知識創造理論の中では，SECI モデル，ファイブ・フェイズ・モデルといった暗黙知と形式知の相互変換，循環のプロセスが理論化された．今日では，これらの理論を背景としたナレッジ・マネジメントがIT の活用とともに実践されている．→形式知，SECI モデル，ナレッジ・マネジメント，ファイブ・フェイズ・モデル　13［歌代　豊］

い

ERP (Enterprise Resource Planning：企業資源計画)

経営資源（人材・物的資産・資金・情報）を企業全体としての最適になるように配分していこうとする考え方である．企業全体としての最適になるように配分するとは，購買，製造，出荷，販売，アフターサービスといった企業における一連の活動において，それぞれの活動を効率化するのではなく，活動全体として効率化するように配分することである．たとえば，工場の稼働率を高めることで製品の製造原価を大幅に低減させることができるが，その製品の販売が不振であれば在庫や値引きなどの費用がかかると想定される場合，製造原価の低減と在庫や値引きなどの費用とのトレード・オフを見すえて，全体としてのコストがもっとも低くなる製造個数を決めて，その水準に見合うように人材配置などをすることである．

ERP の考え方に基づいて経営資源を配分するためには，それぞれの活動がどのような状況にあるかについて，経営者あるいはそれぞれの活動に携わるマネジャーがすばやく知ることができる情報システムが必要となる．→ ERP パッケージ　　　　　1［鈴木研一］

ERP パッケージ
(Enterprise Resource Planning package：企業資源計画パッケージ，統合業務パッケージ)

企業の全社的資源計画の情報システムの構築を容易にするツールである．ERP 概念をベースにしたソフトウェアが，調達，生産，販売など複数業務横断型のパッケージ・ソフトウェアとして進化，発展したため，ERP パッケージは統合業務パッケージとよばれることが多い．多くのパッケージが，会計を中心に生産，販売等の中核業務をカバーしている．代表的な ERP パッケージとしては，SAP の mySAP.com，Oracle の EBS がある．大企業では会計・サプライチェーン領域で ERP パッケージを利用することが多くなっている．ERP パッケージに含まれるベストプラクティスを採用するきっかけにもなるが，逆にこれまでの取引慣行を継続できないというデメリットもある．そのため，ERP パッケージ導入の採否は，情報システム部門や事業部門で決めることはむずかしく，経営トップの重要な意思決定課題となっている．
13［歌代　豊］

委員会設置会社

委員会設置会社は，従来の監査役会の代わりに，①取締役の選任・解任の議案を決定する指名委員会，②取締役および執行役の職務執行を監査するとともに，会計監査人の選任・解任の議案を決定する監査委員会，③取締役と執行役の報酬を決定する報酬委員会，という3つの委員会をおくことになっている．従来の大企業に関する商法規定では，取締役の職務執行について，適法性と妥当性の監督を取締役会が行うことになっていたが，現実には取締役の選任と報酬決定の実権を代表取締役が握っている場合が多く，身内同士の相互監督が有効に機能するかどうかについて疑問の声もあった．こうした問題点を踏まえて，2002 年の改正によって選択できるようになったのが「委員会等設置会社」であるが，2006 年5月の会社法の施行後は「等」が削除され「委員会設置会社」に名称が変更さ

れた．3つの委員会は取締役会決議によって定められた3人以上の取締役で構成され，その過半数は執行役を兼ねない社外取締役でなければならない（監査委員については，全員が執行役・使用人などとの兼務禁止）．また，取締役会決議で1人以上の執行役を選任し，そのうち1人以上は代表執行役としなければならない．執行役は，業務執行を行うほか，取締役会決議によって委任された事項の決定を行う．このように委員会設置会社では，経営監視機能を担う取締役と，業務執行機能を担う執行役の役割が明確に分離されたといえる．また，執行役に意思決定権限を大幅に委譲することができるため，決定と執行の迅速化につながる可能性がある．→会社法，コーポレートガバナンス，取締役会

4［佐藤耕紀］

EA (Enterprise Architecture：エンタープライズ・アーキテクチャー)

経営環境が変化しても，システム構築・運用環境を柔軟に対応させることを目的として，組織の構造と機能を体系化したモデルおよび関連する方法論をEA（エンタープライズ・アーキテクチャー）という．EAは，一般に，ビジネス・アーキテクチャー（経営戦略に沿った事業構造の定義），データ・アーキテクチャー（どのような情報を，どこで，どのように管理するかの定義），アプリケーション・アーキテクチャー（情報をどの部署がどう活用するのかの定義），技術アーキテクチャー（採用する技術構成の定義）の4つの側面から体系化される．1987年にジョン・A・ザックマン（Zachman, J. A.）が，EAを設計・構築・評価するための枠組みとガイドラインを発表した．これはザックマン・フレームワークとよばれている．当初情報システムを対象としていたが，1992年に組織も対象とするように拡張された．→アーキテクチャー

13［歌代 豊］

EMS企業
(Electronics Manufacturing Service)

電子製品製造受託企業のことである．アメリカのエレクトロニクス業界において，受託側企業が労働集約的下請けという立場から，委託企業と対等な戦略的パートナーとして位置づけされた1992年頃から使用されるようになった用語である．近年では，PC，オーディオ，ゲーム機器，携帯電話の産業分野においてアメリカ・アジアのEMS企業が急速に成長している．EMS企業の台頭は，製品ライフサイクルの短縮化と需給バランスの変動が激しいグローバル競争下において，委託企業の要望に応じて複数社からの受注を通じて標準化・規模の経済のメリットを追求するビジネスモデルである．この事から，PCメーカーや電子機器メーカーは，コストの安価な国に立地し，技術力が相対的に高いEMS企業へ製品の製造委託を行うのである．たとえば，デルコンピュータは製造のほとんどを自社工場ではなくEMS企業に依存している．→OEM

14［島谷祐史］

育児介護休業法
(Family and Medical Leave Act：FMLA)

「育児休業，介護休業等育児又は家族介護を行う労働者の福祉に関する法律」の略称．現行法は平成17年4月施行の改定法である．これまでの労働基準法には，母性保護の目的で，妊産婦の就業制限規定が設けられていた．厚生労働省は，家庭生活と職業生活の両立支援のために，平成4年に育児休業を定める法律を整備したが，その後同様の目的で介護休業法が加えられた．少子・高齢化社会の進行，核家族化の進展にともない，働く人びとが男女を問わず育児・介護に参加することは各人の家庭責任であり，さらには育児・介護環境を整備することは企業の社会的責任であるとして，法の成立にいたった．具体的には，育児関係項目と介護関係項目に別れており，それぞれに適用条件等の規定がある．おもな法的柱は，育児関係，介護関係ともに，育児や介護に携わる者に，一定の期間休業を取得することや，短時間勤務を適用すること，時間外労働の制限，深夜業務の拒否などの権利を認めることが定められ，また使用者は，これらの申請があった場合，それを拒

否することや，申請対象者を不利益に扱うことなどを禁止している．制度およびその利用の普及拡大には，企業側の責任に加えて，働く人びとの意識改革や，仕事の環境整備，男女の賃金格差の是正などの課題が残されている．→労働基準法　　　　　12 [田中聖華]

e コマース
(electronic commerce：EC, 電子商取引)

コンピュータ・ネットワークを利用した電子商取引全般を指し，商取引に関する情報を標準的な書式に統一して企業間で電子的に交換する EDI も含む広い範囲の情報システムをいい，EC ともよばれる．電子商取引は，BtoB (Business to Business：企業対企業の取引)，BtoC (Business to Consumer：企業と消費者間の取引)，CtoC (Consumer to Consumer：消費者対消費者の取引) など種々の形態がある．BtoB モデルのビジネスは，売り手と買い手が Web サイトなどを使ってオープンな取引を行う電子市場があげられる．BtoB は，売り手にとって新規取引先の開拓や，営業コストの削減，在庫リスクの平準化，在庫調整などが実現できるといったメリットがあり，買い手にとっては，調達コストや物流コストの削減，スポット取引による緊急時の調達手段の確保などが実現できるといったメリットがある．BtoC モデルは，Web サイトを介して消費者に製品を販売する電子商店や電子商店を多数集めて一元的なサービスを提供する電子商店街というビジネス形態も存在している．CtoC モデルは Web サイト上で消費者同士がオークションを行うオンライン・オークションが代表的である．
→インフォメディアリ，BtoC，BtoB
3 [竹内慶司]

ECR (Efficient Consumer Response：効率的消費者対応)

効率的消費者対応を意味する．消費者の要求に迅速に対応するための，メーカー，卸売業者，小売業者の連携による流通システムの効率化，迅速化の取り組みである．1980年代中ごろアパレル業界で進められた QR (Quick Response) の成功を受け，1990 年代初頭にアメリカの加工食品産業界で実施されたのが ECR である．QR と ECR は時期と業界が異なるものの，ほぼ同様の取り組みといえる．ECR の取り組みの中では，メーカー，卸売業者，小売業者が IT で情報共有することにより，商品コード標準化，EDI (電子データ交換)，CRP (連続自動補充プログラム)，カテゴリーマネジメントといった手法が導入された．→ EDI, SCM, QR, CRP
13 [歌代　豊]

意思決定 (decision making)

サイモン (Simon, H. A.) によれば，目的を達成するための手段をいくつかの選択肢 (代替案という) の中から選択するプロセスを意思決定という．より具体的には，①代替案を列挙する，②代替案がもたらす結果を予測する，③各々の結果を評価する，という段階を経て，目的を達成するための合理的な手段が選択されるのである．しかし，人間の認知に限界があるため，個人レベルでの意思決定は，合理的になされない，というのがサイモンの主張である．ゆえに，判断の前提や材料となる価値や事実 (意思決定前提という) にうまく働きかけていくこと (組織影響力という) で，個人レベルの意思決定の限界を克服していくことが組織に求められるのである．

また，意思決定には，日常的・反復的でプログラム化されうる定型的意思決定と，例外的・問題解決的でプログラム化されにくい非定型的意思決定がある，と考えられている．合併・買収など戦略的意思決定においては，非定型的意思決定が多いが，人事計画など管理的意思決定，さらに在庫管理など業務的意思決定になるにつれて，定型的意思決定が中心となる．→ゴミ箱モデル，サイモン，制約された合理性　　　　1 [松村洋平]

意思決定会計 (decision accounting)

管理会計の一領域であり，個別計画のための会計である．ここに個別計画 (project planning) とは，経営管理者が特定の問題に直面したときに，将来採りうる代替的なコー

スから最善案を選択することであり，意思決定会計においては，個別計画を内容とする計画を意思決定ないし経営意思決定という．

意思決定が経営構造に関わるか否かにより業務執行的意思決定と戦略的意思決定に分類される．業務執行的意思決定は，一定の経営構造を前提とした日常的な業務執行に関する意思決定であり，そのための手法として差額原価収益分析等がある．また戦略的意思決定は，企業の将来の方向性を決める経営の基本構造に関する意思決定であり，そのための技法として設備投資の経済性計算などがある．→業績管理会計，業務執行的意思決定，差額原価収益分析，戦略的意思決定

8［﨑　章浩］

意思決定有用性
(relevance on decision making)

会計理論の構築や会計基準の設定などにおいて，会計の基本的機能を規定する考え方のひとつであり，会計情報が情報利用者の意思決定に際して有用であることを求める考え方である．現代の会計制度では企業との経済的利害関係の強い投資者を主たる情報利用者として措定し，その投資意思決定（より具体的には企業の将来キャッシュフロー予測）に資することが会計情報に求められるという意味で用いられる．この意思決定有用性を重視した意思決定有用性アプローチのもとで，会計情報が具備すべき具体的な質的特性が展開される．国際会計基準では，目的適合性，信頼性，理解可能性，比較可能性という具体的な質的特性が示され，アメリカ会計制度における基礎概念としては目的適合性，信頼性が示され，また，わが国の討議資料として示されている概念フレームワークにおいては意思決定との関連性，内的な整合性，信頼性が示されている．近年の会計制度論は，こうした質的特性のもとで会計情報の要素や具体的な処理規定が演繹的に規定される関係にある．→信頼性，比較可能性，目的適合性，理解可能性

7［大倉　学］

1次データと2次データ
(primary data and secondary data)

1次データとは特定の調査目的のために直接収集されるデータであり，一定のデータ収集手順によって収集される．企業がデータ収集をする際に検討されるべき点は，まず社内で別の目的でなされた調査や公刊された社外資料といった間接的なデータ，つまり2次データを探索することで費用と時間の節約を図ることができる．2次データは既存のデータ，間接的なデータである．2次データで必要とされる情報内容に迫ることができない場合に，新たに1次データの収集に踏み切ることになる．

3［菊池一夫］

EDI (Electronic Data Interchange：電子データ交換)

組織間で取引を行う際，発注や請求といった伝票や文書を通信ネットワークを介して電子的に交換することである．事務処理を効率化し，スピードアップすることができる．日本では，1985年の通信自由化を機に業界VANの構築が相次ぎ，EDIの普及が加速した．そして1990年代以降のインターネット普及にともなうBtoB (Business to Business：企業対企業)型の電子商取引 (EC：Electronic Commerce)の発展につながった．複数の売り手と買い手がEDIを行う場合，やり取りする電子的情報の通信プロトコルやメッセージの形式，さらには取引プロセスに関する標準的な規約が必要である．国内では，チェーンストア業界のJCA手順，電子機械業界のEIAJ標準等の業界標準がまず普及した．その後，欧米ではUN/EDIFACTが主流であったのに対して，国内では通商産業省がCII標準の開発を推進してきた．→BtoB

13［歌代　豊］

EDP (Electronic Data Processing)

電子データ処理の略語であり，1960年代から1970年代にかけての企業の中での情報システムの業務応用を指す概念である．特に，情報システムとしてはEDPS (Electronic

Data Processing System）という用語が用いられ，情報システムの担当部署をEDP部門とよんだ．EDPは台帳や帳票を手作業により行っていた業務を情報システムにより電子化することであり，業務の効率化を図ることが主眼であった．給与計算，会計，売上管理などの個別業務ごとに情報システム化された．

13［歌代　豊］

移転価格 (transfer price)

企業内（国際グループ内）での取引価格である．この移転価格が話題となるのは，部品・部材や製品の国際的な拠点間での取引（企業内貿易）において，その内部取引価格を操作することにより法人所得税の低い国に利益をプールし，税引き後利益を最大化するという企業行動が認識されたからである．とりわけ，タックスヘイブン（税金回避地）とよばれる，税率がゼロあるいは数パーセントという非常に低い国にペーパーカンパニー（業務実体のない書類上だけの会社）を設立し，そこでの内部取引価格を操作することによって課税を逃れるという行為である．そこまで行かなくとも，法人所得税率は国によって相違があり，それを利用することによって税引き後利益を高くしたいという動機が企業にとって惹起しやすい．具体的には，税金の高い国の拠点（本社および海外子会社）から税金の低い国の拠点への部品や製品の取引価格を安く設定し，それによって税金の高い国では利益を計上しないようにする．逆に税金の低い国にある拠点では，他の拠点から安く仕入れることになる．そして一部加工や組み立てを行ったとしても，それを税金の高い国の拠点へ再輸出する場合には，高い内部取引価格を設定する．そのようにすれば，税金の高い国では利益が計上されず，税金の安い国で利益が計上されることになる．しかし，このような方法は，本来利益を計上すべき拠点から利益を内部取引価格の操作を通じて海外に移転していることに他ならない．国税当局としては，これは不当な税金逃れであるとし，移転価格税制などを整備している．　5［茂垣広志］

イノベーション (innovation：革新)

現代の企業経営に不可欠の要素とされるイノベーションは，本来は経済学における概念としてシュンペーター（Schumpeter, J. A.）によって示された．彼は資本主義経済における景気変動と企業行動との関係に着目し，企業による経営行動による波及的効果としての景気変動の健全性を提唱した．

経済の変動における時間的なズレは，企業行動が経済に波及するまでの時間が反映されることにより説明がされたが，経済の安定状態を維持することを追求する当時の経済学者からは大きく反論されることともなった．

イノベーションの具体的内容としては，新しい製品の開発（プロダクト・イノベーション），新しい生産方法の開発（プロセス・イノベーション），新しい販路の開拓，新しい供給源の確保，新しい組織の開発，があげられる．また革新の担い手による「創造的破壊」もイノベーションを理解するうえでは重要とされる．

またイノベーションとは，個々の生産要素間における新しい結合（new combination）に意味があり，従来にはまったく存在していない新奇のものを創出する意味での「発明（invention）」とは異なり，既存の生産要素を用いながらも，新しい組み合わせによる価値創造にイノベーションの本質がある．→イノベーションのジレンマ，イノベーション・マネジメント，イノベーター，シュンペーター

2［吉村孝司］

イノベーションのジレンマ
(innovator's dilemma)

「過去に優れた経営を展開させてきた企業は新たなイノベーションに失敗する」というものである．それはクリステンセン（Christensen, C. M.）が著書『イノベーションのジレンマ』（*The Innovator's Dilemma*）で明らかにし，イノベーションを不可欠とする現代企業の経営に対して，大きな衝撃を与えている．すなわち，多くの顧客に支持され，安定的な市場を得るとともに，現行の技術の

維持・改良に専念するという経営努力は，新しい市場および新しい技術（クリステンセンは"破壊的技術"とよぶ）が出現したときに，いままでの経営上の思考性に呪縛され，こうした新しい動きに対応することを不可能とし，産業におけるリーダーシップを喪失させるというものである．

イノベーションが企業経営において有する意味は大きいが，実際にイノベーションを成功させるためには，旧来の経営パラダイム（思考枠組み）を"創造的破壊"させることが重要とされる．→イノベーション・マネジメント，イノベーター，クリステンセン，シュンペーター　　　　　　　　　　2［吉村孝司］

イノベーション・マネジメント
(management of innovation)

現代企業の経営において不可欠とされるイノベーションをいかにマネジメントするかということがイノベーション・マネジメントである．

企業が実際にイノベーションを実現しようとするとき，そこには想定外のさまざまな問題が立ちはだかり，なかでもクリステンセンが示唆する「イノベーションのジレンマ」はその最たるものとされる．そこでこれからの企業における戦略的経営においては，イノベーションをいかに計画的かつ戦略的に実行していくかがもっとも重要な課題となる．具体的には，イノベーションの担い手としての人材（イノベーター）の育成・確保，イノベーションに適合する経営組織の構築，イノベーション実現に適した企業風土の醸成，イノベーションの効果測定および評価など，じつに多岐にわたる内容である．

イノベーティブ（革新的）な企業から，イノベーションをマネジメントすることができる企業への変化がこれからの企業にとっての課題といえる．→イノベーションのジレンマ，イノベーター，シュンペーター
　　　　　　　　　　　　　　　　　2［吉村孝司］

イノベーター (innovator)

「革新者」または「革新を遂行する者」を意味し，とりわけ現在の企業にとって不可欠の存在とされる．

企業にとってのイノベーション（革新）の重要性を説いたのは，ドラッカー（Drucker, P. F.）であり，生産諸要素の「新結合」と「創造的破壊」による経営の新基軸を構築させるイノベーターの役割は大きい．

企業におけるイノベーターについては，必ずしもその要件が明確化されているわけではなく，広く革新的行動をとる者を総じて意味している．具体的には創業者（企業者）にはじまり，継承型経営者（企業家），社内企業家としてのミドル・マネジメント，革新的社員など多様である．イノベーターとは常に経営に関するパラダイム（思考枠組み）を変革できる者を意味しているともいえる．→イノベーション，イノベーションのジレンマ，企業家，ドラッカー　　　　　　1［吉村孝司］

EPRG モデル (EPRG model)

パルムッター（Perlmutter, H. V.）が提起した国際経営の類型モデルである．その特徴は，トップ・マネジメントの国際経営に対する基本的姿勢，信念や態度から類型化したことにある．E型（Ethnocentoric）は，文化人類学でいう自民族中心主義的な態度であり，本国志向型企業と翻訳されている．本国本社の有する基本的価値，行動様式を絶対優位と考え，本国本社に集権化するとともに，主要ポジションに本社からの派遣者を置き，本社のコントロールを強める．それと真逆の基本的姿勢を有するのがP型（Polycentric）であり，多中心主義的な見方をする．すなわち，中心はひとつ（本社）ではなく，子会社もそれぞれ現地においてその中心として活動する．その背後にあるのは，現地は本国とは大きく異なり，その環境を正しく理解できるのは現地サイドであるという考え方である．したがって，子会社に大きな意思決定権限が委譲されており，現地志向型企業と名づけられる．R型（Regioncentric）は，現地志向の結果，各国ごとに基本機能をワンセットで設置することからくる非効率を克服し，市場ニーズ，政治・経済，文化などの諸条件が類似している国家群をひとつの地域として捉え，その地域

を基準としてマネジメントを行おうとする企業を指しており，地域志向型企業とされる．最後のG型（Geocentoric）は，世界志向型企業と訳され，各拠点間のグローバルな統合と同時に現地適応を行うという理想的な企業モデルである．→トランスナショナル企業

5［茂垣広志］

異文化経営（cross-cultural management）

　文化の差異や影響に対応した経営を意味する海外でビジネスを展開する際，その設置国（ホスト国）の文化がビジネスに影響を与え，また現地の文化要因が市場や商取引に影響を与えることである．前者は，文化的嗜好性が市場のニーズやウォンツに影響を与える場合であり，後者は，文化的要因が取引慣行に影響を与える場合である．しかし文化の影響は，これら外部環境においてのみ作用するだけではない．多国籍企業の場合，現地に子会社を設立し，ビジネス活動を展開していく．その子会社でホスト国の人材を活用し，活動を遂行していく．現地の文化的背景を有する人材を企業内部に取り込み，活動を展開している．さらに国際展開が進むと，グローバルな人材活用のための本国本社や各地域本社でのそれら各ホスト国の人材登用，国際的プロジェクトチームの活用，国際的なキャリアパス（国際異動）がなされてくる．すなわち，企業内での文化的多様性が増大する．そこでは，個々人の文化的差異を理解し，それらをうまく活用し，シナジー効果を生み出すような国際経営のあり方が求められる．それが異文化経営の基本的視点である．→異文化コミュニケーション，異文化シナジー，多国籍企業

5［茂垣広志］

異文化コミュニケーション
（cross-cultural communication）

　異なる文化背景をもつ人びととの間のコミュニケーションを意味し，異文化間コミュニケーションという場合もある．異文化コミュニケーションは単なる言語の違いのみならず，その言葉の含意や背景・状況（コンテクスト）により文化によって意味は異なり，多様であるために文化の摩擦を起こすことになる．それは文化摩擦，異文化摩擦などともいわれるが，その対応には異文化への理解と，相手への心の冷静で注意深い理解が求められる．

　異文化コミュニケーションは，文化によるコミュニケーションの差異や異文化間のコミュニケーションあり方を明らかにし，文化摩擦を超えて対話・交流が可能となる方法を探っている．基本的には旅行やさまざまな国際交流による異文化の外国人との接触，経験が重要となるが，異文化の理解による文化摩擦やカルチャーショックを事前に予測，緩和するための異文化の知識や気づき（認知的），対応に必要な心や（情意的）行動（行動的）の準備を行う訓練，すなわち，異文化トレーニングの方法が開発・実施されてきている．→高コンテクスト文化

5［根本　孝］

異文化シナジー（cultural synergy）

　アドラー（Adler, J. N.）は，ひとつの組織にさまざまな文化が存在すること（文化的多様性：cultural diversity）には，マネジメントを複雑なものになり，混乱が生じやすく，意思の統一が困難になるなどデメリットがある一方で，異質なものからイノベーションが起きやすく，柔軟性を養うこともでき，意思決定もさまざまな視点からチェックできるなどメリットも多いと指摘した．異文化経営においては，文化的多様性を無理に抑え込もうとせず，むしろ積極的に経営に活用して，文化が異なる人びととの接触によって生じる相乗効果を狙うことも必要となる．この文化的多様性から生まれる相乗効果こそが異文化シナジーである．→異文化経営

10［松村洋平］

eマーケットプレース
（electronic market place）

　インターネット上に設けられた電子市場で複数の企業が売買取引を行う場のことである．たとえば，買い手企業が必要な部品の仕様，価格，納期，数量を提示し，売り手企業が即座にこれに入札するシステムである．売り手と買い手が直接取引を行えることで，従来までの中間流通業者を「中抜き」にして取

引することができて流通コストの削減になる．買い手のメリットは，調達や物流コスト削減，スポット取引による調達手段の確保が実現可能である．一方，売り手のメリットは，新規取引先の開拓や営業コストの削減，在庫リスクの平滑化，在庫調整などが実現可能である．当初は，事務オフィス用品の購買から始まったが，業界ごとに多種多様な電子市場が立ち上がっており，原材料調達や最終製品の販売への普及が進んでいる．日本では，電子情報機器，自動車関連に加えて，事務用品，運輸・物流，建設等で拡充している．アメリカでは，ベンチャー企業が独自のソフトウェアやノウハウを武器に多くの業界向け市場を運営しており，業績を急拡大させている．→ BtoC，BtoB

14［島谷祐史］

EU (European Union)

欧州連合を意味し，1952年のECSC（欧州石炭鉄鋼共同体），1958年のEEC（欧州共同体）を経て，1993年のマーストリヒト条約発効により，経済的な統合のみならず経済通貨統合，共通外交安全保障政策など政治統合までを視野に入れ，経済統合段階ではもっとも進んだ政治・経済統合を目指す．主要機関として，最高協議機関である欧州理事会，決定機関としての閣僚理事会，諮問および共同決定機関としての欧州議会，執行機関としての欧州委員会，その他，欧州裁判所，欧州中央銀行，欧州会計検査院などから構成される．

経済統合により，ヒト・モノ・カネ・サービスの移動が自由な単一市場が完成．さらに，1968年の関税同盟を引き継ぎ，域外に対する共通関税率，輸入規制等に関する共通通商政策を有しているのが特徴である．さらに，1979年より実施されていた欧州通貨制度（EMS：European Manetary Sytem）を発展させ，1999年1月より単一通貨ユーロを導入し，物価変動率，対GDP財政赤字比率などの基準を満たした11ヵ国が導入，2005年現在，12ヵ国が導入している．また，EU加盟国は拡大しており，2005年現在EUの加盟国は25ヵ国にまで拡大している．この経済統合により，欧州に拠点を多数配していた企業は，企業内国際分業の再編成を行った．たとえば，EU域内でも労働コストが低い東欧への工場の移転などである．また，ユーロ導入国間では為替変動のリスクがなくなり，また，導入していない国家通貨とも一定の幅に変動が抑えられているため，為替リスクは大きく減少している．そのため，以前は各国に分散配置していた倉庫・配送センターを少数に絞り込むというロジスティクスの見直しを行った企業も多い．他方，ユーロ導入により国による価格差が明確になり，越境購入に対応するため，域内での販売政策・価格政策の見直しを行った企業，特に乗用車などの高額耐久消費財の分野ではみられた．→ AFTA，企業内国際分業，NAFTA，経済統合

5［茂垣広志］

EUC (End User Computing)

業務を行う個々の担当者が情報システムの利用，運用を行うことである．特に，情報システムの最終利用者（エンド・ユーザ）がデータの加工・分析といった処理を直接行うことを強調する場合が多い．汎用コンピュータを利用する場合は，企業の中で情報システム部門が開発や運用の多くの部分を管理，担当してきた．1980年代以降，PCやLANが普及し，また表計算などのソフトウェアが良質化したことから，EUCも企業の中で浸透した．

13［歌代　豊］

eラーニング (electronic learning)

IT技術を活用し，コンピュータやネットワークを利用して学習する形態のことである．慣習的にe－ラーニングと表記することが多い．eラーニングには，さまざまな定義が存在するが，その中心はインターネットを利用して教育や学習を行うWBT（Web Based Training），あるいはWBL（Web Based Learning）とよばれるものである．ネットワークを利用しないで，CD-ROMの利用などコンピュータのみを活用して学習するものをWBTと区別して，CBT（Computer Based Training）という．このeラーニングは，IT技術の進歩にともなって学校や企業を中心に

して，近年急速に拡大してきている．特に企業では，人材開発にeラーニングを導入することによって，①従業員が自由な時間にどこからでも学習が可能である点や，②従業員一人ひとりのレベルに応じた学習が可能である点，③学習内容の更新が容易で常に時代の要請に即した内容を提供できる点，④集合研修にかかる費用よりもコストを削減できる点，などが長所として指摘されている．

12［竹内倫和］

インキュベーター (business incubator)

創業間もない企業の存続，成長を支援する施設を指す．1970年代にアメリカで導入され，日本では1980年代後半から，主として国，地方自治体（県・市など）やそれらと民間部門との共同事業体である第三セクターが中心となって，全国各地に設立されはじめ，今世紀に入ってからは大学と国との連携による設置も増加している．支援内容は，事務所，電話，コンピュータ，研究設備，製品試作機器などを低廉な賃貸料で提供するハードウェア面での支援と，経営計画策定，人事組織管理，社内IT (Information Technology) 体制の整備，マーケティングや販路開拓，資金調達，法務・税務・会計事項の処理などに関するノウハウ面での支援とからなる．インキュベーション・マネジャーと称する支援責任者が配置されているものが多いが，中には小型で安価なスペースの提供のみを行う軽装備の施設もあり，SOHO (Small Office Home Office) 施設，シェアード・オフィスなどといわれている．創業当初の困難期への支援が目的であることから，大半のインキュベーターは滞在期間を3年程度と制限しており，入居企業は自立して一般の事業所に転出（卒業）していくことが期待されている．→エンジェル，ベンチャービジネス　15［田中延弘］

インクリメンタル・イノベーション (incremental innovation)

改革，革新の飛躍度合いでイノベーションを分類した場合，インクリメンタル・イノベーションとラディカル・イノベーション (radical innovation) に分類される．インクリメンタル・イノベーションとは既存技術を踏襲し，漸進的，累積的に進歩する積上げ的なイノベーションである．一方，ラディカル・イノベーションは新技術の導入などによって性能を抜本的，非連続的に変化させるイノベーションである．製品のドミナント・デザイン (dominant design, 多くのユーザの要求を満たす特徴を備えたもっとも有力なデザイン) が定まっていない時には，どの技術を選択すべきかが不確定であり，企業はさまざまな可能性を求めて技術開発を行うためラディカル・イノベーションが起こりやすい．しかし，ドミナント・デザインの確立後は産業に秩序が生まれ，イノベーションは漸進的なものになる．一般的に，アメリカではラディカル・イノベーションに基づいて新たな産業を生み出すことに優位性があり，日本では一定の枠組みの中で製品の改善や改良，品質向上やコスト削減を行うインクリメンタル・イノベーションに優位性があるといわれている．→カイゼン　6［坂本雅明］

インサイダー化 (insider)

企業が海外での事業展開に当たり，現地の人びとに外資系企業というよりも現地の企業であるというような認識，あるいは現地社会にとって不可欠な企業であるという認識をもってくれるよう現地社会や経済システムに溶け込むこと．そのためには，現地の社会や経済をより理解し，現地に適応するのみならず，現地社会への貢献を必要とする．したがって，経営の現地化や現地適応化よりも一歩進んだ考え方である．論者によっては，現地での開発から生産，販売まで自己完結的なオペレーションを有し，現地社会や市場ニーズに適応した国際ビジネスのあり方として捉えられている．このような場合は，現地化や現地適応化の最終局面であると捉えられ，国際競争戦略的にはマルチドメスティック戦略，マルチナショナル戦略に適応する考え方であるといえる．ただし，多国籍企業が現地国でビジネスを長期的に展開するには，理念としては現地社会に溶け込み，現地社会の発

展に寄与することは必要であり，その意味で，海外事業展開で必要な普遍的な考え方としても捉えることができる．→現地化

1［茂垣広志］

インサイダー取引 (insider trading)

　内部者取引ともいわれ，上場会社において内部情報を知り得る「内部者」が，その情報によりその会社の株価に影響を与える「重要事実」を知り，その情報の「公表前」に「特定有価証券等」の売買取引を行うことをいう．日本では証券取引法によって規制されている．ここにいう「内部者」とは，当該会社の役員その他従業員，帳簿を閲覧できる株主，親会社の役員その他従業員，法令上会社の内部情報を知ることが認められているもの（公認会計士や弁護士），当該会社と契約を締結または締結しようとしている者（法人の役員その他従業員），以上の地位を退いて1年未満の者，そして以上の者から重要事実の伝達を受けた者（情報の受領者でたとえば新聞記者等）とされている．「重要事実」とは，株価に影響を与えるような株式の発行，自己株式の取得，会社式分割，合併，提携，会社分割，新製品または新技術の事業化，業績予想の大幅な修正，配当，固定資産の譲渡または取得，災害に起因する損害などの情報である．それら重要事実の「公表前」とは，①複数の報道機関への重要事実の公開から12時間の周知期間が経過する前，②証券取引所のウェッブサイト（内閣府令に定める電磁的方法）に重要事実が掲載される前，③重要事実が記載された有価証券報告書が縦覧に供される前，と規定されている．「特定有価証券等」には，株式，社債，優先出資証券，新株引受権証書，新株予約権証券などが含まれる．このインサイダー取引規制に違犯した者は，5年以下の懲役もしくは500万円以下の罰金，法人の役員等が自社に関する業務または財産に関して行った場合には，その行為者のみならず当該法人に関しても5億円以下の罰金が科せられる（2006年現在）．

［茂垣広志］

インセンティブ (incentive：誘因)

　社員に特定の行動を促すための誘因すなわち報酬のことである．具体的には，①金銭によるもの，②物品，③休暇，④研修，⑤旅行，⑥表彰，⑥心理的報酬など多様な形態がある．全社員を対象とするものの他，販売担当者に対して，目標売上を達成した場合に，一定の報奨金を支払うような「営業インセンティブ」，高度の研究開発を行う専門技術者に対する「発明インセンティブ」など，ホワイトカラーを対象とした多様なインセンティブ制度の導入が進んでいる．また，インセンティブ制度の金銭的報酬が注目されているが，努力や行動への感謝や認識・尊敬といった心理的報酬も見逃すことはできない．→インセンティブ給

12［金　雅美］

インセンティブ給

　インセンティブは刺激や誘因を意味し，インセンティブ給は刺激給のことであり，業績や成果に応じて与えられる給与，報酬である．企業は，インセンティブ給を活用して，高い成果の見返りとして十分な報酬を支払い，社員のさらなるコミットメントを求めることができよう．インセンティブ給の具体例としては，ストック・オプション（企業が社員に対して自社株をある特定価格で，ある一定期間に買い入れる選択権を与える制度のこと）やパフォーマンス・シェア・プラン（業績目標の達成度に応じて，自社株を付与すること），および，パフォーマンス・キャッシュ・プラン（業績目標の達成度に応じて，現金を付与すること）などがある．インセンティブ給を設計する際には，①対象者を誰にするか，②どのインセンティブ給を付与するか，③支給水準，変動幅をどのくらいにするか，などを考えなくてはならない．→インセンティブ，成果主義

1［金　雅美］

インターナル・マーケティング (internal marketing)

　企業とCP (Contact Personnel：従業員，接客要員) との間で行われる活動である．具

体的には，サービスを提供する企業が，CPや彼らを支える企業内のすべての人びとに対して，顧客満足を提供するための訓練を効果的に実施し，サービスについての理解を促し，顧客満足を提供するための動機づけをしていく活動などのことである．従業員がその企業のサービス戦略について十分に理解し，サービスの提供活動に対して満足していないと，よいサービスが提供されない．そこで，CPに対し，業務に対して誇りや充実感を高めるなどの動機づけが重要である．ここでは，CPの満足度を高めていくため，組織内部を活性化させるために内なる顧客という視点をもった教育訓練が求められる．→インタラクティブ・マーケティング，エクスターナル・マーケティング　　　　　3［竹内慶司］

インターネット (internet)

TCP/IPという通信プロトコルによりネットワークを相互接続した通信ネットワークであり，世界中に広がっている．インターネットの起源は古く，アメリカの国防総省高等研究計画局（DARPA）が構築したDARPANETというネットワークの技術が基盤になっている．そこで開発された通信プロトコルがTCP/IPである．その後，大学や学術研究機関のネットワークでもTCP/IPを採用したことから，ネットワークが相互接続されるようになった．TCP/IPに基づく「ネットワークのネットワーク」がアメリカを中心に，世界的に構築されるようになった．1990年代に入ると，民間企業でも利用されるようになった．インターネットの商業利用に拍車をかけたのがwebである．企業や機関がホームページや情報をwebにより開示し，世界中の人がインターネット・ブラウザを用いてさまざまな情報を閲覧することが可能となった．→TCP/IP，web
13［歌代　豊］

インタビュー調査 (interview survey)

定性調査の代表的な手法で，調査対象者の質的な側面に着目し，量的には表れない多様性や全体像を把握することを目的とする調査．定性調査とは質的調査や記述的調査ともよばれるもので，インタビューやヒアリングなどにより調査対象者から非定型的な情報を求め，量的ではなく質的に把握することを目指した調査である．他方，定量調査とは調査票による質問の回答をもとに，量的な関係や特性を解明することを目指した調査のことである．インタビュー調査はインタビュアーの能力に依存する部分が大きいものの，量的調査では把握しにくい新たなアイデアなどを捉えることに適している．インタビュー調査の主な手法には，グループ・インタビューとデプス・インタビューがある．グループ・インタビューとは司会者の進行のもと，あらかじめ用意されたテーマに沿った話し合いを通して，グループの意見を引き出すことにより，有効なデータを収集する調査手法である．通常，5～10人程度を対象として行われる．デプス・インタビューとは1人の対象者に，あるテーマについて深く質問することにより，対象者の潜在意識を探る調査手法である．→アンケート調査　　　16［上村和申］

インタラクティブ・マーケティング (interactive marketing)

顧客とCP（Contact Personnel：従業員，接客要員）の間で行われる活動であり，顧客とCPとの関係，すなわち，顧客と企業とのインターフェイスにおけるマーケティング活動ということができる．サービス業は，生産と消費が同時に行われる場合が多いため，生産者と顧客の相互作用（interaction）によってサービスという無形財ができあがる．したがって，サービス品質が，顧客とCPの相互作用によって大きく影響されることに結びつく．インタラクティブ・マーケティングの視点としては，顧客もCPが納得する共創価値の構築が継続的取引を促し，強い信頼関係につながり相互のパートナーシップへと結びつくわけである．→インターナル・マーケティング，エクスターナル・マーケティング
3［竹内慶司］

インターンシップ制度
(internship system)

　一定期間，学生等に就業体験をさせる制度をいう．もともとアメリカの企業と大学の間で古くから実践されてきた産学連携の教育・指導のひとつの方法である．近年における新規学卒者の3年以内の離職率が高まるなか，その防止や，有能な学生の早期発見や採用に向けて，多くの企業が導入を進めている．一時的な企業訪問や面接による採用試験では，企業や仕事の実態の理解ができないこと，また企業側も応募してきた人材の能力や人柄を見極めることがむずかしいという問題に対する解決策のひとつとして期待されている．学生にとっても，実際に働くことと自分が抱く企業イメージとのギャップの認識，自分の能力開発，働く楽しさと同時に厳しさを体験するなど，メリットも大きい．→フリーター

12［金　雅美］

インタンジブル資源 (intangible asset)

　情報資源としての技術，ブランド，特許，組織文化，蓄積された学習や経験などは，目にみえないことから無形資産ともよばれている．インタンジブル資源とは，これら無形資産の総称である．企業の活動には，ヒト，モノ，カネ，情報などの経営資源が必要とされる．ヒト，モノ（不動産，生産設備，原材料），カネなどは，目にみえる資源であることから有形資産ともよばれる．このインタンジブル資源をいかに事業展開を通じて蓄積していくかが，持続的競争優位性構築の鍵を握ってくることになる．すなわち，競合他社が多額の金を出したところで容易に買うことができないばかりか，簡単に作ることはできないし，作るのにも相当な時間を要することになるからである．しかし，単にインタンジブル資源そのものが競争優位性を生み出すわけではなく，この資源を活用するケイパビリティ（組織能力）を構築することが重要である．→経営資源

4［高井　透］

インテグラル・アーキテクチャー
(integral architecture)

　製品アーキテクチャー（製品の設計思想）の1つのタイプで，製品に求められる機能とそれを実現する部品との関係が複雑で錯綜しているため，部品間の擦り合わせが重要となる（多数の部品を相互に調整し合うことによりトータル・システムとして機能する）アーキテクチャーである．典型的には乗用車があげられる．藤本隆宏によれば，乗用車における「乗り心地の良さ」という機能は，タイヤ，サスペンション，ショックアブソーバー，シャーシー，ボディ，エンジン，トランスミッションなどすべての部品が相互に影響しあい，それらを相互に調整することによって達成される．また逆に，ボディは，安全性，居住性，デザイン性，燃費など多くの機能に影響を与える．さらには，ある機能にはある部品仕様が重要だが，その部品の使用が他の機能にマイナスに影響するというようなトレードオフも存在する（たとえば居住性を高めるために車高を高くすると燃費が悪化するなど）．これを解消するには非常に高度な部品間の調整を必要とする．このように乗用車においては機能と部品は多対多の関係にあり，また錯綜しており，部品間の調整，すなわち「擦り合わせ」が必要な設計となっている．このような部品間の高度な擦り合わせが必要なものをインテグラル・アーキテクチャー（擦り合わせ型）あるいはインテグラル型製品アーキテクチャーという．これに対し，機能の部品間の関係が単純なものをモジュラー型アーキテクチャー（寄せ集め型）という．→オープン・アーキテクチャー，製品アーキテクチャー，モジュラー型アーキテクチャー

［茂垣広志］

インデペンデント・コントラクター
(Independent Contractor：IC)

　独立業務請負人または独立契約就業者などとよばれているが，人事や財務，システムなどの専門的知識・スキルや経験をもち，企業等から一定のプロジェクトを一定期間，請け

負って業務を行う独立的プロフェッショナルを意味する．独立自営業者であり，同時に複数の企業から多様なテーマ，プロジェクトを請け負う場合も多く，新たな就業形態として注目されている．コンサルティング・ファームに所属するコンサルタントや企業が直接一定期間雇用する契約社員とも異なり，個人で請け負い，費用的にも安く，必要な専門能力を必要なプロジェクト，期間に活用できることから企業の需要も高まっている．

アメリカではすでに900万人を超えるICが存在し，専門職の次世代の働き方，すなわち，雇用されない，新たな独立・自由な就業形態として注目を集めている．日本でもそうした働き方が主流になるといった議論もされているが，IC協会に所属するICは200人弱といわれ，まだその実態は明確ではない．しかし高齢者や企業の定年退職者が過去の経験や専門能力を活かす新たな働き方としての期待も高まっている．→契約社員

12 [根本　孝]

インパトリエイト (inpatriate)

海外子会社から本社への逆出向者を指す造語である．通常，本社から海外子会社への管理者やエンジニアの出向派遣がみられ，彼らは海外派遣者としてエクスパトリエイトとよばれるが，その逆のパターンである．ハーベイ (Harvey, H. M.) らが提示した用語である．本社での研修も広くこの概念に含まれるが，本社や本社メンバーへの影響，相互学習や共同プロジェクトでの共創 (collaboration) を目的とした本社へ派遣・配置される者を指している．そのパターンは3つに区分されている．①顧客対応のための本社への出向・配置（たとえば，日本でのアメリカ系企業の子会社への対応のためアメリカ子会社からアメリカ人を逆出向），②共同プロジェクトの推進や海外子会社のノウハウの本社への移転，③子会社の経営者や管理者のCDP（キャリア開発プログラム）の一環としての本社への出向・配置である．→エクスパトリエイト

5 [茂垣広志]

インフォーマル集団 (informal group)

非公式集団であり，公式的，計画的に編成されたチームやグループであるフォーマル集団 (formal group) とは別に自然発生的に個人的，私的な関係によって形成されたグループを意味する．インフォーマル集団の存在はホーソン実験によって最初に明らかにされたのである．具体的には飲み仲間や遊び仲間はインフォーマル集団の一例であるが，メンバーの間で規範が共有化され，集団規範を形成し，考え方や行動を規制，統一することになる．したがってインフォーマル集団は感情的論理に従い，効率や費用の論理に従うフォーマル集団の思考や行動にも影響を与え，生産性も左右することになる．そこでインフォーマル集団のリーダーはインフォーマル集団の動向にも配慮が必要となる．→非公式組織，ホーソン実験

11 [田中聖華]

インフォメディアリ (infomediary)

情報 (information) と仲介業 (intermediary) を組み合わせた造語であり，情報仲介業または情報を武器にした仲介業を意味する．たとえば，価格.COMは，インターネット店舗のさまざまな商品の価格情報を集め，情報提供するサイトである．このサイトは，消費者とインターネット店舗が情報をやり取りする場になっており，その価値によって手数料，広告料などの収益を得ている．→eコマース

13 [歌代　豊]

インフラストラクチュア (infrastructure)

一般的には，経済活動の基盤および日常生活と社会福祉の充実に必要な社会基盤として整備された社会資本のことをいう．学校，病院，道路，橋梁，鉄道，上水道，下水道，電気，ガス，電話など，広義の公共財そのものを指すほか，公共財を通じて提供されるサービスやシステム自体も含む．また，インフラストラクチュアは，大きく分けると社会的経済（生活）基盤と社会的生産基盤がある．社会的経済基盤には，学校，病院，公園，公営

住宅などがあり，社会的生産基盤には，鉄道，道路，港湾，下水道，河川などがある．あるいは，企業の存続，維持，発展に必要な経営資源も，インフラストラクチュアとよぶ場合がある．したがって，エンジェルやベンチャーキャピタルなどは，ベンチャービジネスが創業，成長していくにあたってのインフラストラクチュアとなっている．さらに，情報通信技術の進歩にともない整備が進んだインターネット，光通信網，ケーブルテレビなど通信ネットワークも，生活，生産の両側面にとって必要不可欠となってきた．しかし，インフラストラクチュアの整備と維持には，巨額の投資と長期にわたる建設期間がかかると同時に，耐用年数経過後の維持・更新経費が必要となる．→エンジェル，ベンチャーキャピタル　　　　　　　　15［森下　正］

インプリケーション (implication)

含意や裏の意味を表すが，学術論文では一般的な論文構成としての起承転結の結論部分で，ひとつの節としてインプリケーションが設けられ，含意等が論じられる場合が少なくない．

特に理論研究や，実証研究の論文の中で，よく見受けられる．その場合は，論文でのべられた結論が現実世界で，どのような意味をもち，どのような示唆や改革方向を示しているか等が，インプリケーションとして論じられる．さらにはその論文が今までの研究の中で，どのような位置にあり，どのような意図や意味をもつのかなどをインプリケーションとして記述する場合もある．　16［根本　孝］

インペリアリスト (imperialist)

コーポレート・センター機能のひとつのタイプ．アメリカのコンサルティング会社，ボストン・コンサルティング・グループ (Boston Consulting Group：BCG) によって提唱された考え方である．"帝国主義者"と訳されるとおり，大きな本社を意味する．1970年代から1980年代を象徴する本社像とされる．インペリアリスト・センターは，グループ戦略に加え，子会社・事業部戦略までのすべてを支配している．その主な特徴としては，①オールマイティな力を誇る性格である，②本社要員は数百人から数千人にも達するほど巨大である，③グループ戦略から子会社および個別事業部の戦略すべてに細かく関与し指示を下す，④財務目標の設定と管理を行う，⑤業績悪化の原因と対応策を策定する，である．1980年代から1990年代に入ると，何でも口出しする大きなインペリアリスト・センターは，ただコストの増大を招くだけで何にも生まれないとする反省が生じた．そこで，ダウンサイジングやリエンジニアリングの手法を用いて肥大化した巨大な本社をスリム化・効率化する考え方が生まれ，その結果，新しい本社像としてミニマリスト・センターが登場した．→アクティビスト，ミニマリスト
9［松崎和久］

引用 (quotation)

自らの主張を強化したり，証拠だてるために他者の著書の字句をそのまま借用して記述する直接引用と，他者の意見を要約して記述する間接引用の2種に区分される．

直接・間接引用とも，引用箇所には注（字句に付した説明）として，その原典を表記する必要がある．その表記方法については専門分野や論文を掲載する学会誌等によって微妙に異なるが，本文中に括弧をつけて著者名，出版年，ページ番号等を記述する簡略的な表記をし，文献の詳細は文末の引用文献一覧で記すのが一般的となってきている．伝統的な表記は引用部分に番号をつけ，引用した原典は，その記載ページの下の欄（脚）に表記する脚注とよばれる方法や，節や章末に表記する方法等がある．いずれの記載方法をとるにしても，論文の読者がその原典に容易に当たることが可能な表記をすることが基本にある．
16［根本　孝］

う

ウェーバー〔Max Weber, 1864-1920〕

マックス・ウェーバーは，社会学者といわれるが，その研究や主張は広く社会科学や社会思想等に及んでいる．マネジメントに関連しては特にその主著である『プロテスタンティズムの倫理と資本主義の精神』や『支配の社会学』等が大きな影響を与えている．

なかでも，官僚制の研究は有名である．ウェーバーは他者に影響を与え支配する根拠を①超人的，英雄的な人物によるカリスマ的支配，②慣習・伝統による伝統的支配，③ルールや法による合法的支配に類型化し，④合法的支配の純粋な形態（理念型）として官僚制を位置づけ，その特質として，非人格化による計算可能性と専門化による経済的損失の回避に基づく技術的優秀性を提示した．→官僚制

9［松村洋平］

web ⇒ World Wide Web

ウォーターフォール方式 (waterfall method)

滝の水がいく段かの岩に当たりながら下に流れ落ちていく様子に似ている情報システムの開発スタイルはウォーターフォール方式とよばれている．情報システムの開発は，いくつかの工程により構成される．一般的には，システム分析，要件定義，機能設計，システム設計，プログラミング，試験といった工程が逐次的に実行される．これがウォーターフォール方式である．しかし，設計の不整合や実装上の制約を前工程で完全にチェックすることがむずかしいため，ウォーターフォール方式の場合，プログラミングや試験などの後工程で，設計の不具合が発見されることが多く，手戻りによる時間的，工数的なロスが多くなるという問題が指摘されている．近年では，このような完全なウォーターフォール方式ではなく，開発の設計段階で操作画面などユーザインターフェイス部分を実際に試作し，運用イメージを確認するプロトタイピング方式や，各フェーズをオーバーラップさせるスパイラル方式を採用することが多くなってきた．このようなアプローチにより，できるだけ早期に設計の不具合を発見することが可能となる．

1［歌代　豊］

右脳と左脳 (right brain & left brain)

脳科学の進展から左脳と右脳の働きが異なることが明らかにされ，論理的，分析的そして言語的役割や記憶，計算は左脳が果たし，したがって言語脳とよばれ，右脳は感情的で総合的，そして直感的，芸術的な機能を果たすイメージ脳などともよばれている．そして考えているときは右脳と同時に左脳も使い，言語で考えると同時にイメージ，とりわけ視覚的イメージで考えているようである．新たな発想や創造など知的な飛躍が必要なときや，考えのまとめ，統合・総合化には左脳が中心的働きをするといわれている．

そして個人によって右脳，左脳の働きに偏り，利き脳があるともいわれている．また日本人は虫の声や雨や風，水の音などの自然音や邦楽器の音なども左脳で処理し，雑音には聞こえないといった特質があることも分かってきている．しかし右脳，左脳の連携が重要であり，バランスのよい活用や強化・開発が必要である．

16［根本　孝］

A&D (Acquisition and Development)

R&D が自社での研究成果を用いて製品化のための開発を行うことであるのに対し，A&D は他社での研究開発成果を企業買収という方法で入手して製品化を行うという研究

開発戦略である．特許取得のような研究開発成果のみを購入することではなく，企業ごと買収するところに特徴がある．研究開発の過程でさまざまな知識が一体化した優秀な人材や，優れた研究開発を生み出す組織力を購入することが目的なのである．そのため，買収する企業は，買収後に人材が流出しないよう，企業文化の融合や有能な研究者の処遇などに細心の注意を払っている．また，A&Dでは大企業がベンチャー企業の研究開発力を目当てに買収することが多い．扱う製品が高度化し，新製品を投入するためには幅広い分野の研究開発を行わなければならなくなってきた中では，大企業にとっては不確実性が高く長期間を要する研究開発に投資するより，すでに確立した研究開発成果を購入した方が投資効率が高い．一方，ベンチャー企業は事業化に必要な各種関連技術，生産ライン，市場へのアクセス網を保有していないため，研究開発成果を事業化に結びつけることは容易でない．大企業に高値で購入してもらえることで，莫大なキャピタルゲインを手にすることを得策と考えるのである．→R&D

6［坂本雅明］

衛生要因 (hygiene factor)

ハーズバーグ (Herzberg, F.) によって提唱された動機づけ－衛生理論 (motivator-hygiene theory) において示された要因で，満たされたとしても職務満足を生み出すことは少ないが，それが満たされない場合は職務不満足を引き起こす要因のこと．一方，動機づけ・衛生理論において衛生要因と対を成すもので，職務満足を引き出す働きをもつ要因を動機づけ要因 (motivator) という．衛生要因には，「会社の政策と経営」「監督」「監督者との関係」「作業条件」「給与」などがある．これらの項目が満足を与える要因となる程度はきわめて低く，仕事への動機づけの効果はほとんどもっていない．これに対して，動機づけ要因には，「達成」「承認」「仕事そのもの」「責任」「昇進」などがある．衛生要因と動機づけ要因をマズローの欲求五段階説と関連させて考えると，衛生要因は「生理的欲求」「安全欲求」「社会的欲求」の一部に対応するものである．動機づけ要因に関しては，「社会的欲求」の一部，「尊敬欲求」「自己実現欲求」に対応するものといえる．→コンテント・セオリー，ハーズバーグ，欲求五段階説

11［上村和申］

永続価値 (perpetuity)

投資行動における投資対象の価値把握に係る指標のひとつ．永続価値とは，毎期同額のキャッシュフロー（キャッシュインフローまたはキャッシュアウトフロー）があると想定した場合の，総キャッシュフローの割引現在価値のことである．したがって，永続価値は毎期のキャッシュフロー見積額÷割引率で求めることができる．永続価値の考え方の特徴は，将来キャッシュフローの見積に対して時間的な制約を設けないことである．たとえば，ある企業の企業価値を割引現在価値を用いて算出しようとする際，継続企業の前提から，企業存続に時間的な制約を設けることはできない．そこで，5年であるとか10年であるとか，ある程度の予測が可能な範囲まではファンダメンタルを考慮した割引計算を行い，そこから先の継続的事業に関して擬制的に永続価値計算を用いるというような方法で利用される．→継続企業，割引現在価値，割引率

7［大倉　学］

HRM (Human Resources Management: 人的資源管理)

personnel management（人事管理）に代わる用語としてアメリカを中心に1980年代から使われるようになってきた人的資源管理を意味する．すなわち，人的資源の重要性の認識とそのマネジメントへの転換が背景にある．日本ではヒトこそ最重要な財産の意味を込めて人財とか人財管理という言葉が使われる場合も少なくない．しかし今日では，それらを総称して"人事管理"あるいは"人材マネジメント"が一般的に使われているといえよう．

関連して労務管理という言葉も使われているが，それは工場労働者（ブルーカラー）を

中心とする管理を意味し,90年代頃までは,大学の講座名も労務管理論,経営労務論が一般に使われていた.そうした区分から事務職員(ホワイトカラー)を対象とする管理を狭い意味の人事管理という場合もあり,その両面をあわせて人事労務管理などとよばれる場合もある.　　　　　　　　　　12［根本　孝］

エイベル［Derek F. Abell, 1938-］

1938年にイギリスに生まれる.ハーバード・ビジネス・スクールで学んだのち,同大学で教鞭をとり,現在,ユーロピアン・スクール・オブ・マネージメント&テクノロジーの学長に就任している.エイベルは,戦略の策定の中でも,事業領域すなわちドメイン(domain)の定義について取り組んだ研究者として有名である.

エイベルによれば,ドメインは,顧客層,顧客機能,技術(製品形態)の3次元で定義されるという.顧客層は,誰を満足させるかである.顧客をどう分類して,いかに的を絞っていくかの問題である.顧客機能は,いかなる要望を満足させるかである.製品・サービスのさまざまな機能のうち,どれを強調するかの問題である.技術(製品形態)は,どうやって顧客を満足させるかである.いかなる方法で機能を果たせばよいのかの問題である.エイベルは,3次元モデルによって事業をはっきりと定義することの大切さを説きながらも,変化に適応していくために,いつもドメインを再定義しておかなければならないことも指摘している.主著に,Defining the Business: The Starting Point of Strategic Planning, Prentice-Hakk, 1980(石井淳蔵訳『事業の定義』千倉書房,1984年)がある.→ドメイン　　　　　2［松村洋平］

エキスパート・システム
(expert system)

専門家の思考や行動を模倣する情報システムをエキスパート・システムという.人工知能(AI: Artificial Intelligence)の応用領域である知識工学(knowledge engineering)での成果である.エキスパート・システムは,1970年代後半から1980年代を通して研究開発と実用化が進展した.生産スケジューリング,設備異常診断,プラント制御,医療診断などの領域に応用された.エキスパート・システムは,一般的には知識ベースと推論エンジンから構成される.専門家から抽出した知識を蓄積した知識ベースが中核となり,その知識を使いながら推論エンジンが,新たな知識の生成や,判断を行う.知識はさまざまな形式により知識ベースに管理される.もっとも代表的なものは,「if A, then B」というルール(production rule:生成規則)形式である.また,知識間の関係を構造的に管理するためのフレーム(frame)という知識構造も開発された.　　　　　　　　　　1［歌代　豊］

エクイティ ⇒ 持分

エクスターナル・マーケティング
(external marketing)

企業と顧客との間で行われる活動であり,サービスを提供する企業が顧客に対して行う伝統的なマーケティング活動である.一般的なマーケティングでは,このような対外的活動が中心となるが,サービス業の場合,顧客とCP (Contact Personnel:従業員,接客要員)との間のマーケティング活動であるインタラクティブ・マーケティングや企業とCPとの間で行われるインターナル・マーケティングと分けてとらえている.サービス・マーケティングにおいては,マッカシーの提唱した4Pマーケティング(product, price, promotion, place)がエクスターナル・マーケティングに該当する.→インターナル・マーケティング,インタラクティブ・マーケティング　　　　　　　　　　3［竹内慶司］

エクスパトリエイト (expatriate)

海外勤務者,国外居住勤務者を指す用語.国際経営において,本社から海外子会社への出向者を指す用語として使用されている.特に,日本企業の場合,海外子会社へのエクスパトリエイトの多さがその国際経営上の特徴としてあげられてきた.ひとつは,技術移転

のためのエンジニアの派遣である．日本企業の場合，いわゆる暗黙知的な部分が多く，その知識の移転にはその知識を身につけた人の派遣が不可欠であるためである．もうひとつの特徴は，派遣管理者（expatriate manager）の多さである．ガルブレイス（Galbraith, J. R.）らによれば，一般に海外に派遣管理者を送る理由は，①要件を満たす現地の人材の欠如（ポジションの補充），②国際経験の提供による人材の育成，③組織開発による調整の促進である．日本企業による派遣者の多さは，これら3つの理由にもよっているが，本国本社・事業部・マザー工場とのコミュニケーション問題が大きいといわれている．本社事業所の国際化（特に英語等の言語）の遅れがその原因であり，本社との調整に問題が生じるためである．→暗黙知，インパトリエイト

5［茂垣広志］

エクセレント・カンパニー (excellent company)

革新的な企業または超優良な企業のこと．エクセレント・カンパニーという言葉が世の中に広がる契機となったのは，1982年，アメリカの大手コンサルティング会社マッキンゼーに勤めていたピーターズ（Peters, T. J.）とウォーターマン（Waterman, R. H.）が著し世界的なベストセラーとなった．*In Search of Excellence*, Harper & Row（大前研一訳『エクセレント・カンパニー：超優良企業の条件』講談社，1983年）である．本書によれば，エクセレント・カンパニーは，戦略（Strategy），構造（Structure），システム（Systems），スタイル（Style），スタッフ（Staff），スキル（Skills），共通の価値観（Shared Values）の"7つのS"に優れた企業である．そして，革新的な超優良企業に共通する特徴とは，①行動の重視，②顧客に密着する，③自主性と企業家精神，④人を通じての生産性向上，⑤価値観に基づく実践，⑥基軸から離れない，⑦単純な組織，小さな本社，⑧厳しさと緩やかさの両面を同時にもつ，という8つの性格を有することである．→ビジョナリー・カンパニー

1［松崎和久］

エコロジー思考 (ecological thinking)

人間を含む自然全体を対象とする思考法をエコロジー思考という．エコロジー（ecology）とは生態学と訳されるが，人間・生物と社会環境のみならず自然環境との相互作用を研究する学問であり，そうした自然環境との相互作用を前提・重視した発想がエコロジー思考に他ならない．

伝統的には人間の社会システムは自然システムと分離，自然は無限に利用でき，また無限に廃棄することが可能と考えてきた．しかし現実には，自然は限られており，天然資源は減少しており，一方では，人工システムの廃棄物によって地球システムは汚染，破壊が進んできており地球システムは均衡を崩してきている．したがって今日では，エコシステム（ecosystem：生態系），エコロジー（生態学），そしてリサイクル（recycle：廃棄物再生利用）がきわめて重視されているのである．経営においても地球環境とのより良い関係づくりや環境保全を重視した投資や調達，販売活動などが，グリーン・インベストメントまたはエコロジカル・マーケティングなどとよばれ，エコロジカル発想に基づく経営の諸活動が展開されてきている．→要素還元主義

16［根本　孝］

SIS (Strategic Information Systems：戦略的情報システム)

「企業の競争戦略，すなわち自社の競争優位の獲得や維持あるいは他社の優位の削減のためのプランニングを，支援もしくは形成する」情報システムを，ワイズマン（Wiseman, C.）はSIS（戦略的情報システム）とよんだ．SISを実現するための方法は，コスト，差別化，革新など多様であるが，企業間情報ネットワークによってスイッチング・コストを高め，そして顧客を囲い込むことが有効なアプローチとされる．アメリカン航空のコンピュータ予約システムは，旅行代理店の囲い込みや，自社便の購買誘導などの効果があり，初期のSISの代表的事例であった．

13［歌代　豊］

SL理論 (Situational Leadership model)

ハーシーとブランチャード (Hersey, P. & Blanchard, K. H.) により提唱されたリーダーシップの条件適応理論を指す．このモデルでは，効果的なリーダーシップが集団の成熟度によって異なり，成熟度に応じた適切なリーダーシップ・スタイルを選択することが有効であるとして，4つのリーダーシップ・スタイルを設定した．成熟度とは職務に必要な能力と意欲の2つの要因から導き出されるもので，M1～M4の4段階に分類される．これらの組み合わせは，能力：低・意欲：低 (M1)，能力：低・意欲：高 (M2)，能力：高・意欲：低 (M3)，能力：高・意欲：高 (M4) となる．さらに，成熟度とリーダー行動を仕事志向の「課業行動」，人間関係志向の「関係性行動」の3次元で捉えている．その組み合わせ指示型 (課業行動：高，関係性行動：低，成熟度M1の場合に適する)，コーチ型 (課業行動：高，関係性行動：高，成熟度M2の場合に適する)，参加型 (課業行動：低，関係性行動：高，成熟度M3の場合に適する)，委任型 (課業行動：低，関係性行動：低，成熟度M4の場合に適する) という4つのスタイルである．→ＰＭ理論，マネジリアル・グリッド理論，リーダーシップ　　　　　　11［上村和申］

SQC (Statistical Quality Control)

1930年代にアメリカのシューハート (Shewhart, W. A.) によって品質管理 (quality control) の手法が確立されたといわれている．それは「品質を向上し，コストを下げ，生産性を上げるために，バラツキを把握し，少なくする統計的な考え方と方法」であり，統計的品質管理＝SQC (statistical quality control) とよばれている．日本の戦後の品質管理もこのSQCのアメリカからの学習・導入からスタートするが，それを基礎的方法としながらQCサークルや製造プロセスで品質を作りこむなど独自の考え方や品質向上の方法を発展させ，今日のTQMや経営品質へ発展してきている．→QCサークル，TQM
14［根本　孝］

SCM (Supply Chain Management)

原材料・部品の調達，生産，販売，受注，物流といった一連の業務の流れがサプライチェーン (supply chain：供給連鎖) であり，これらの業務プロセスの統合的な管理をSCMという．したがって，生産スケジューリング，購買管理，ロジスティクス管理を包括するものである．SCMでは，需要予測，在庫管理，スケジューリング最適化等に関してITの活用が不可欠である．SCMの高度化によって，生産・納品リードタイムを短縮する，過剰在庫を削減して在庫回転率を高める，在庫切れを防ぎ，売上を拡大するなどの効果を得ることができる．下流の販売業務が中核となって推進する場合はDCM (Demand Chain Management) とよばれる場合もある．→QR, 3PL, ロジスティクス　　　　　13［歌代　豊］

SCPモデル (structure-conduct-performance model, SCP model)

「業界構造 (structure) －企業行動 (conduct) －パフォーマンス (performance)・モデル」とよばれるもので，一般に「SCPモデル」と略される．企業を取り巻く外部環境における脅威と機会に関する分析方法で，産業組織論の手法に基づく．外部環境としての業界構造については，そこに存在している競合企業の数，製品の差別化の度合い，新規参入および徹底に関わるコストの問題などが測定対象とされる．企業行動については，製品の差別化や価格政策などにみられる個々の企業がとる行動を意味し，パフォーマンスとは，個別企業ベースでのパフォーマンス (経営成果) と，産業全体ベースでとらえるパフォーマンスの2つの視点から分析される．

こうした3つの視点から企業を取り巻く環境を分析し，そこに潜在している脅威ならびに機会を的確に分析するとともに，さらには企業の内部環境に関する分析を合わせ行うことにより，限られた経営資源の有効活用と，熾烈な競争環境における持続的な競争優位性の構築が可能となる．→PEST分析，リソース・ベースト・ビュー　　　2［吉村孝司］

SBIR (Small Business Innovation Program：中小企業技術革新制度)

1982年にアメリカで創設された制度．外部委託する研究開発予算が一定額を超える連邦政府機関に，その一定割合を中小企業に割り振ることを義務づけている制度．政府機関が毎年公表する重点技術開発分野に応じて，ベンチャー企業などの中小規模企業が研究開発プロジェクトを提案，その中から資金援助を与える案件が選抜される．SBIRで開発された新技術に基づく製品の一定割合は，政府機関が買い上げる．日本でもアメリカを模して，1999年に中小企業新技術革新制度が発足した．これは，国や独立行政法人の研究開発予算に占める委託費や補助金の一部を「特定補助金」に指定し，その中小企業への支出を，毎年目標額を設定することで確保しようというものである．これにより中小企業の研究開発活動と，開発成果の事業化を促進することが意図されている．日米ともSBIRによる支援は，実現可能性(feasibility)調査段階，研究開発段階，事業化段階に分けて実施されるが，アメリカにおいては，事業化段階での資金援助を行わず，中小企業みずからに資金調達の責任を負わせているのが特徴である．→公私合同企業，直接金融，非営利セクター
15［田中延弘］

SBU (Strategic Business Unit)
⇒戦略事業単位

X理論とY理論 (X-theory & Y-theory)

アメリカの経営学者マクレガー(McGregor, D.)により提唱された欲求理論である．X理論は，人間は生まれながらに仕事を嫌い，多くの人間は自ら責任を取ろうとせず，命令されることを好み，安全を望む．また，多くの人間は組織上の問題を解決するだけの創造力をもっておらず，命令や処罰への恐れによって動機づけられるとされる．この仮説に基づくと，多くの人間は，管理者によって厳格に統制されなければならないことになる．一方，Y理論は人間は怠惰な存在ではなく，目標のために自ら努力をしようとし，組織の問題を解決するために必要となる創造力を多くの人はもっている．また，人間は低次の欲求だけでなく，高次の欲求によっても動機づけられる．この仮説に基づくと，個々人の自立を促すことが組織目標の達成には不可欠な要素となる．このように，X理論は欲求五段階説における生理的欲求や安定欲求といった低次の欲求によって強く動機づけられるという仮説に基づくもので，これに依拠するのは命令と統制による管理とされる．また，Y理論は尊敬欲求や自己実現欲求といった高次の欲求によって強く動機づけられるという仮説に基づくもので，これに依拠するのは自己統制による管理とされる．→コンテント・セオリー，自己実現欲求，マクレガー，欲求五段階説
11［上村和申］

NIH症候群 (Not Invented Here syndrome)

「自分のところで発見・発明された技術やノウハウしか受け入れない」という行動様式．たとえば，自社で開発した技術に固執し，他社が開発した技術を否定し，取り入れようとしないで，その結果業界での技術進歩についていけない，製品開発が遅れる，業界標準を獲得できないという現象である．しかし，このようなNIH症候群は，社内においてもみられる．開発の主体となった事業部の相違から，あるいは海外子会社が開発した技術であるからということでその価値を認めようとしないというものである．多国籍企業のメリットは，異なる環境から異なる刺激を受けて，それを本国とは異なる人材がソリューションを考えることができるということにあり，その新たなアイディアやイノベーションを他の拠点へ移転し，新たな知識やノウハウ，技術と結びつけることによって多国籍企業全体としてのイノベーション能力を高めることができる．しかし，NIH症候群が蔓延すると，このような知識やノウハウ，技術，アイディアの共有化を阻害し，同じような技術開発に多重投資を行うというロスも誘発する．→トランスナショナル企業　［茂垣広志］

NGO (Non-Governmental Organization)

「非政府団体」あるいは「民間援助団体」などと訳される．本来，NGO という概念は，国連において政府機構と区別される民間団体を示す意味で「non-governmental（非政府）」という言葉が使用されたことにその起源をもつ．現在では，途上国を中心とした開発問題や人権・平和問題，環境問題といった地球的規模の問題解決に，非営利・非政府の立場から取り組む市民主体の組織を広く NGO とよんでいる．また，類似の概念に「NPO（民間非営利組織）」があるが，本来 NGO も NPO も同様に原則「非営利」の公益活動を目的とする組織であり，特に区別すべき理由はないように思われる．しかし，わが国では国境を越えて活動する NPO を「NGO」とよび，国内で活動する非営利組織を「NPO」と称するか，あるいは NGO を含む広義の非営利組織概念として NPO を用いることが多い．ただし基本的には，公的セクターを担う行政組織と私的セクターを形成する営利企業のうち，どちらとの違いを強調するかの違いでしかなく，国際的にはほぼ同様の存在として認識されている．→ NPO，非営利セクター　　　　9［石坂庸祐］

NC 工作機
(Numerical Controller machine)

NC とは，数値制御のことである．つまり，NC 工作機とは，工作機械と数値制御装置を統合した工作機械システムのことである．今日の製造業にとってもっとも重要な生産技術に自動化（automation）がある．自動化とは，人間の活動や作業を機械や装置で代替して，それを人間の操縦なしで動作可能にすることである．このことから，NC 工作機械は，自動化を推進する企業の工場にとっては必要不可欠な生産設備となっている．動作原理は，設備本体・工具・治具等がどのように，どの程度のスピードで移動するのかといった加工情報をプログラミングし，製品設計情報を蓄積しておく NC テープを通じて数値制御装置に転送する．数値制御装置は，データを変換して工作機械へ転送する．その後，工作機械は工具を作動させて，製品設計情報どおりの加工作業を実行するのである．　14［島谷祐史］

NPO (Non-Profit Organization)

一般に「民間非営利組織」と訳されるボランタリー（自発的）な組織である．それは，「非営利」の意味において，いわゆる株式会社などの「営利企業」と区別され，また「民間」の意味において，一般的な行政サービスを担う「政府組織」と区別される．より積極的には，政府組織から完全に独立した立場から，独自の社会的使命（ミッション）に基づいた公益活動を行おうとする組織体を意味する概念である．NPO は，本来「ボランティア大国」であるアメリカの文化や制度を背景として形成されたものであるが，現在では，先進諸国が共通して抱える政府の財政支出の肥大化や経済のグローバル化が生み出す競争のひずみなど新たな社会問題が生起する中で，NPO 的な活動に対するニーズや期待はむしろ世界的に高まりつつあるといわれている．わが国でも，阪神・淡路大震災におけるボランティアの活躍などを契機とした「特定非営利活動促進法（NPO 法）」（1998 年）の制定以降，NPO の存在は社会的に広く認知され，その設立数も今後いっそう増加していくことが予想される．→ NGO，非営利セクター，ボランタリー組織　　　　　　　　　　　9［石坂庸祐］

NPO 法 (Non-Profit Organizations law)

「特定非営利活動促進法」の略称であり，1998 年 3 月 25 日に制定された．

最近の社会においては，政治，医療，宗教，教育，都市環境問題などの多様な分野において，こうした非営利組織（団体）により支援活動が活発であると同時に，これらの支援活動なくしては社会の維持が困難になりつつある．こうした背景をもとに登場してきたのが非営利組織（NPO）にほかならない．しかしこれらがその活動を維持・展開させていくうえにおいて，旧来は法人格をもてなかったために多くの面において障害があった．そのため，こうした組織（団体）に法人格を与えることによる便宜を付与することを目的に作ら

れたのが NPO 法である.

わが国の NPO 法は，NPO 先進国のアメリカをモデルとして作られたが，税制優遇の不適用などといった課題をいまだ山積させているのも事実である．またこれらの組織（団体）の管理の不明瞭性といった問題も指摘されている．また「非営利」という名称であっても事業であり，完全無報酬のボランティアと同一のものであるがごとく誤解されている場合も多い．NPO は一種の事業活動であり，NPO に雇用される者の報酬を含めた，正しい措置と認識が強く求められることからも，今後もなお NPO をめぐる環境整備が課題とされる．→NPO　　　　　　　1［吉村孝司］

NVQ (National Vocational Qualification：職業資格制度)

イギリスが 1986 年に導入した全国レベルの職業資格制度であり，11 産業，約 800 の職種をレベル 1 から 5 までの 5 段階に区分し，資格基準を明示し，認定審査によって資格を付与する制度である．この制度によって職業能力の開発を促進するとともに労働力の移動を円滑化することが目指されており，すでに全職種の 90％以上が網羅されてきており 400 万を超える人が資格認定を得ている．

アメリカにおいても 1994 年に「全国スキルスタンダード法」が成立し，民間主導でいくつかの産業で評価・認証が進んできている．

日本でも 2004 年に厚生労働省が NVQ をモデルに「職業能力評価基準」（事務系および電気機器具製造業）を発表し，個人そして企業および職業能力の客観的な開発・評価・活用によって，一層の能力開発，労働力の流動化の促進を目指している．しかし経済産業省では IT 技術者等を皮切りに「スキルスタンダード」を発表し，現在では 2 つの職業能力評価基準が競合しており，その統合と評価・認証制度の拡充が望まれる．　12［根本　孝］

ABC/ABM (Activity-Based Costing / Activity-Based Management：活動基準原価計算・活動基準管理)

ABC とは，間接費を，組織内で行われている活動をもとに配賦し，正確な製品原価を測定することによって，戦略的意思決定を支援するための原価計算技法である．ABC の基本的な考え方は，製品やサービスが活動を消費し，その活動が資源を消費するというものであるが，計算構造はその逆になる．すなわち，まず発生した間接費をその発生原因である活動に割り当てる．次に，活動に割り当てられたコストを，その活動を通じて生産された製品やサービスに割り当てる．この際に用いられる配賦基準をコスト・ドライバーとよぶ．ABC は，このような 2 段階式で，製品やサービスごとの間接費を測定する．他方，ABM とは，製品やサービスを顧客に提供する業務プロセスに焦点をあて，ABC 情報を活用した活動分析，コスト・ドライバー分析，および業績分析により，顧客に価値をもたらさない無駄な活動を除去して経営資源の有効活用と顧客価値の向上を図り，業績を継続的に改善するための経営管理手法である．ABM の基本的な考え方は，ABC のそれと同じであるが，とりわけ，活動が資源を消費するという点に焦点をあて，顧客の視点から業務プロセスを構成する活動それ自体を管理することに重点がおかれる．→原価計算，コスト・ドライバー，製造間接費，戦略的意思決定　　　　　　　　8［大槻晴海］

ABB
(Activity-Based Budgeting：活動基準予算)

ABC 情報を活用して行われる，活動に基づく予算管理である．伝統的な予算管理では，場所（たとえば，部門）別に予算が編成されるが，ABB では，活動別に予算が編成される．ABB による予算編成の考え方は ABC の基本的な考え方に基づいており，その編成プロセスは ABC の計算構造とは逆になる．まず，対象となる製品やサービスについて次期の販売量と生産量を見積もる．次いで，計画目標を達成するために，どのような活動がどれくらい必要であるかを，活動分析とコスト・ドライバー分析によって予測し，これらの活動に必要な経営資源の需要量を計算する．最後に，予測された活動の需要量を

満たすのに必要な経営資源の供給量を決定する．ABBによれば，客観的に予算を編成することができ，組織メンバーのコミットメントを得やすくなる．また，活動別に予算を編成することで，活動実績との差異分析が可能となり，業績分析が促進される．これにより，非効率な活動に対して継続的に改善処置を講ずることが可能となる．さらに，部門横断的な業務プロセス別に予算を編成することもでき，伝統的な予算管理とは異なった視点からマネジメント・コントロールを推進することができる．→ABC/ABM，予算，予算管理

8［大槻晴海］

FMS (Flexible Manufacturing System)

市場ニーズの変化や需要変動に対して柔軟に対応し，多品種少量生産を迅速，効率的に生産するシステムである．FMSにより，リードタイム短縮，在庫削減，生産性向上を図ることができる．FMSは，マシニングセンター，自動搬送システム，自動倉庫などにより構成される．トヨタ生産方式，さらにはセル生産方式等も柔軟かつ効率的でモチベーション向上も狙うFMSの一方式とみることもできる．→かんばん方式，セル生産，リーン生産方式

13［歌代 豊］

FTAとEPA (Free Trade Agreement & Economic Partnership Agreement)

WTOの加盟国増加による包括的な交渉や合意形成がむずかしくなり，1990年代に入り急速に2国間でのFTA（自由貿易協定）さらにはEPA（経済連携協定）による連携が増加してきている．FTAは貿易の自由化を目指すもので，EPAは人材交流や投資，そして政府調達も含むより包括的な経済連携を目指すものである．FTP，そしてEPAともWTOの多角的な自由貿易体制を補完するものとして位置づけされ，日本もすでにシンガポール，メキシコ，マレーシア，フィリピンと協定を締結しており，タイ，インドネシア，韓国，チリ，ベトナム，ブルネイ，インド，豪州，スイスなどとも交渉を進めている．さらにアセアン全体とも2005年12月に交渉を開始し，2006年東アジアEPA構想も発表されてきている．→NAFTA

［根本 孝］

MIS (Management Information Systems：経営情報システム)

1960年代半ばから，MIS（経営情報システム）という概念がアメリカ，そして日本でも話題になり，産業界で研究と取り組みが進められた．MISは，当時目指していた情報システムの理想像である．しかし，当時掲げられていた「管理者が求める情報を適時に提供する」というレベルには，技術的な制約から達することはできなかった．その結果，MISはmiss（失敗），myth（神話）などと揶揄され，否定的にとらえられるようになった．一方，業務処理のシステム化の次の段階として，業務管理，財務会計，管理会計といった経営管理のためのレポーティング機能が強化されるなど情報システムが個別業務の業務データを統合して経営管理情報を提供するという機能は着実に進展した．その意味では，MISはこの時代の情報システムの発展方向を示したものとして評価できる．→EDP

13［歌代 豊］

MRO
(Maintenance, Repair, and Operation)

間接材調達物を意味し，企業内で日常的に使用する文具・紙・オフィス家具・OA機器，サプライ用品のことをいう．元来，MROは主に製造業で用いられる用語で，購買・調達する物品として生産活動に直接関係する原材料・資材・部品などの直接材と，それ以外の購買対象となる工具，装置，保安資材，消耗品，補修用品・部材，燃料等の間接材に分類していた．1990年代中頃から，インターネットを利用した企業向け電子商取引（BtoB）のシステムを利用した企業の間接材調達業務を効率化する動きが現れてきた．もっとも，MROは，供給業者側に中小・零細企業が多く，アイテム数も多く，さらに，不定期に少量・多頻度で調達を行うため標準的なシステム構築が困難な分野であった．しかし，インターネットの普及とともにグループウェアやワークフローシステムの中でMRO調達のシステム化に取り

組む企業が増加し，調達支援サービスを提供する業者も現れてきた．特に，文房具のネット販売で大きな成功を収めたアスクルは好例である．→BtoB　　　　　　　　14［島谷祐史］

M&A (Mergers and Acquisitions)

企業の合併および買収のこと．合併には，一方の企業が他方の企業に吸収される場合（吸収合併）と，複数の企業が合体して新しい企業になる場合（新設合併）がある．買収は，相手企業の全部あるいは一部（事業部門・子会社）の支配権を取得することである．M&Aの最大の利点は，必要な経営資源を一瞬にして獲得できることである．M&A結合は，水平，垂直，多角の各種にわたり，投機型（財テクのため），救済型（破綻企業の救済のため），戦略型（リストラクチャリングなどのため）に類型化される．また，相手企業の合意の上で進める友好的M&Aと，事前の交渉なしに行われる敵対的M&Aがある．

M&Aの手法としては，①株式市場で相手企業の株式の過半数を取得する方法，②株式公開買付（Take Over Bid：TOB）によって相手企業の株主から高値で株式を買い取る方法，③株式同士を交換する方法，④LBO（Leveraged BuyOut）で，相手企業の財産を担保に資金を調達し，その資金で相手企業の株式を取得する方法などがある．M&A防衛策の研究が，盛んに行われるようになった．→企業戦略，コングロマリット，多角化戦略，リストラクチャリング　　　　　　2［高橋成夫］

MOT
(Management Of Technology：技術経営)

技術経営を意味し，技術革新が進展する今日，企業は，技術に適切に投資し，その成果を用いたイノベーションを通して，事業を創造することが求められている．ここでの技術は，製品・サービスに組み込まれる製品技術だけでなく，製品・サービスを生産するための生産技術，事業のオペレーション技術，そして経営技術を含む．MOTは，多義的であるが，おもに2つの用いられ方がある．ひとつは，このような技術を中核としたマネジメントのあり方，体系と方法としてのMOTである．もうひとつは，教育プログラムとしてのMOTであり，技術者にマネジメントの知識を教育し，技術経営の実践的担い手を育成するためのものである．→製品技術

6［歌代　豊］

MBA (Master of Business Administration：経営学修士)

専門経営者（管理者）としての教育を大学院レベルで受けた修士課程修了者の学位を意味する．厳格にいえば，アメリカのビジネス教育の認可団体であるAACSB（The Association to Advance College Schools of Business）の認可を受けている大学が大学院レベルで授与する経営学修士のことを，もともと意味していた．MBA学位を授与するビジネス・スクールは，経営のプロフェッショナルを育成することを基本理念としているため，プロフェッショナル・スクールともよばれている．日本でも2004年からは，本格的な専門職大学院の開講が始まり，多くの大学でビジネス・スクールが開校され，国内でもMBA学位の取得が可能になっている．現在では，①海外のビジネス・スクールで取得する（海外MBA），②国内のビジネス・スクールで取得する（国内MBA），③ネット・ラーニングで取得する（eMBA）など，MBA学位の取得方法が多様化している．→スペシャリスト　　　　　　　　　　11［金　雅美］

エリア・マーケティング
(area marketing)

エリア・マーケティングという用語はわが国固有の表現であるといわれる．それは，消費者の属する各々の生活地域にある地理的特性，地域の購買慣習および趣味・嗜好の相違等といった地域特性の相違に着目して，それぞれの地域特性に十分に適合したマーケティング戦略を展開することを意味するものである．大量生産された画一的な製品のマス・マーケティングから，消費者欲求の多様化に応じた多品種少量のマーケティングに移行する背景の中で，エリア・マーケティングが注目さ

れる.したがって,市場細分化の地理的基準をもとにしてライフスタイル変数といった社会学的基準等を組み込んだ上でマーケティング戦略を展開させることがその基礎になっているといえるだろう.→市場細分化戦略

3［菊池一夫］

エンジェル (business angel)

創業間もない新規開業企業,とりわけベンチャービジネスに対して資金提供と経営指導や事業化支援を行う個人投資家のことをいう.日本ではエンジェル税制などにより,エンジェルの質量ともの拡充が期待されているが,アメリカではベンチャービジネスの創業期になくてはならない存在として,発達している.一般的に,アメリカでも創業間もない企業は,担保や信用が不足しているため,銀行からの融資を受けることは困難である.また,通常,ベンチャーキャピタルも株式公開が予定されているような成長段階のベンチャービジネス向けの投資が中心のため,創業間もない企業は,ベンチャーキャピタルからの投資が受けられにくい.したがって,創業間もない企業にとって資金調達の困難な状況を打開する機能を,エンジェルが果たしている.ちなみに,エンジェルは特定の産業で活躍あるいは自らのベンチャービジネスの経営者として成功した経験の持ち主で,技術,製品,販路などに関する十分な経験に基づく知識を有していることから,自らの体験に基づく投資先の選定を行うと同時に,投資を行ったベンチャービジネスに対する経営指導を行う.→ベンチャーキャピタル,ベンチャービジネス 15［森下 正］

エンパワメント (empowerment)

言葉の原義としては,他者に権限(power)を付与する(em-)ことを意味する.理念的には,①職務権限の付与（権限委譲）,②職務能力の付与,そして,③課業遂行に関する自律性(自由)の付与という3つの側面を有するものとされる.カタカナでそのままエンパワメントと呼称されることが多い理由は,こうした3つの側面を同時に意味するような日本語が存在しないことによるが,強いて訳される場合には「権能付与」がもっとも原義に近い.具体的には,職務権限のみならず,同時に企業内教育などを通してより高い能力を従業員に付与していく経営上の実践活動である.エンパワメントの根本には,従来のヒエラルキーや官僚制による強固な統制から従業員を解放し,自己統制へと積極的に置き換えていこうとの経営管理上の発想転換がある.また,経営学の専門用語にとどまらず,たとえば福祉や経済学の世界では,社会的・経済的弱者にさまざまな支援を与えて自律性を促すといった場合にも用いられる.→権限受容説,パワー理論 1［西本直人］

エンプロイアビリティー
(employability：雇用されうる能力)

基本的に「雇用されうる能力」を意味する.リストラ,解雇が増大する中で労働者がそうした能力を認識,開発に努力するとともに,企業が従業員に対して「他社で雇用されうる能力」としてのエンプロイアビリティーを育成する責任が問われてきている.すなわち,人材の能力は,特定の企業でしか通用しない能力（企業特殊能力）と,他社でも通用する能力（ポータブル・スキル：携帯できるスキルともいわれる）,すなわちエンプロイアビリティーに区分されるが,後者の,他社でも通用する能力に着目するべきであるという考え方である.転職あるいは企業をまたがるキャリア形成のためには,エンプロイアビリティーの育成が必要であり,そのためには,企業と社員の双方の努力と協力が必要なのである.企業はエンプロイアビリティー支援や強化をはかり,社員は自分の能力の市場価値を知り,積極的・継続的にエンプロイアビリティーを高めていく努力をすることが求められる.→コンピテンシー 12［金 雅美］

エンロン (Enron, Co.)

1985年発足の米企業で,当初は天然ガスのパイプライン運営を主力事業としていた.ニューエコノミーと規制緩和を背景に高度な金融取引を手がけて成功し,急成長を遂げ

たが，実際には子会社や投資組合を利用して複雑な簿外取引を行い，利益を水増ししていた．2000年8月の同社の株価は90ドルであったが，2001年10月に赤字の四半期決算が明らかになるとともに不正会計疑惑が報じられ，SEC（米証券取引委員会）が調査に乗り出すと，翌11月には株価が5ドル以下にまで下落し，12月に経営破綻した．これは当時のアメリカ市場における過去最大の倒産であり，投資家や市場関係者に大きな衝撃を与えた．エンロンの会計監査を担当していた大手会計事務所アーサー・アンダーセンはこの事件によって信用を失い，2002年8月に廃業に追い込まれた．シティグループやJPモルガン・チェースといった大金融グループも，粉飾を見抜けずにエンロン社の株や債券を販売したとして投資家から訴えられ，2005年6月に巨額の和解金を支払うことで合意した．この事件の反省をうけて2002年に成立した米企業改革法（サーベンス・オクスレー法）では，CEOは決算書に署名して，企業の内部統制に全責任を負うようになった．

4［佐藤耕紀］

お

OR 検索 (OR search)

データベースやサーチエンジンなどで複数の検索語による検索を行う場合の条件のひとつ．複数の検索語による検索を行う場合の条件は「AND 検索」「OR 検索」「NOT 検索」の3つが基本となる．AND 検索とは論理積，OR 検索は論理和，NOT 検索は論理差ともよばれる．データベースやサーチエンジンを用いて情報を検索する場合，キーワードやタイトル，人名といった検索語入力する必要がある．検索語が2つ以上の場合，複数の検索語を組み合わせる必要がある．これを「演算」といい，演算は「論理演算」「近接演算」「比較演算」に分けられる．OR 検索は指定した検索語のいずれかを含むコンテンツを検索するもので，たとえば，検索語に「情報 OR 通信」を用いた場合，いずれかのキーワードが含まれるコンテンツが検索される．論理演算の場合「情報 OR 通信」と「通信 OR 情報」で検索しても結果は変わらないが，近接演算の場合は，検索語の順序も問われることになる．なお，検索システムによって論理演算に用いる記号が異なる場合があることに注意が必要である．→ AND 検索

16［上村和申］

OEM (Original Equipment Manufacturing)

相手先ブランド名による生産のことである．販売・マーケティングの能力はあるが生産能力に乏しい企業と，生産能力はあるが販売力が弱い企業間で相互補完的に行われる取引形態である．製品ライフサイクルの短縮化と需給変動がいちじるしい競争環境における分業戦略といえる．つまり，生産側にとっては操業率の安定化，規模の経済，生産技術力の蓄積が可能となる．一方で，販売側にとっては顧客へのサービス・ブランドの浸透化に注力できる．また，OEM には多様なケースがある．第1に，生産側が小売業者に供給する場合，生産側が開発・生産した製品を小売業者に供給することで，小売業者はプライベート・ブランドで販売することが可能である．第2に，メーカーがメーカーに供給する場合，自社製品の生産コスト削減のために，低コスト製造業者に生産委託するのである．たとえば，人件費等が安い国で生産し，自社ブランドで販売する方法もこれに当たる．さらに，近年では PC 等のモジュール製品の生産をアメリカ・台湾メーカーの EMS 企業に生産委託する，国際分業体制を構築する企業も多くなっている．→ EMS 企業，プライベート・ブランド

14［島谷祐史］

近江商人 (ohmi merchant)

近江（現在の滋賀県，琵琶湖周辺）に本拠地をおいて他国に行商した商人で，出身地によって，八幡商人・日野商人・五個荘商人・湖東商人などとよばれた商人の総称であ

る。近江商人は、呉服・麻布などの繊維商品を中心に商い、地域によって商品価格が異なるところに目をつけて、価格差のある商品を行商で売りさばく「産物回し」で利益を蓄えた。成功者は全国各地に積極的に支店を設けたが、本拠は出身地の近江に置いたため、後輩たちの身近な人生目標になり、豪商が輩出する風土を形成した。近江商人が活躍した時期は江戸時代であるが、彼らが創業した事業は、その精神を受け継ぎつつ現在に到っているものが多い。勤勉・倹約・正直・堅実・寛容という基本精神は、人によってその表現は異なるものの、家訓・遺訓という形で伝えられている。「きばり」「しまつ」という言葉とともに、「売り手よし、買い手よし、世間よし」（三方よし）の理念があり、この「世間よし」の経済的貢献があったからこそ、近江商人は幕藩時代にあっても、他国で経済活動が認められたのである。「世間よし」は現代企業に求められる社会的責任と相通ずる日本版CSR（corporate social responsibility）といえよう。 →企業倫理，CSR　　　　　15［久米信廣］

OJT (On the Job Training：職場内教育)

職場内教育とよばれ、企業が従業員の能力開発を行うために実施する人材開発手法のひとつである。最近ではOJD (On the Job Development) とよぶ場合もある。具体的には、従業員に実際の日常業務を行う中で、直属上司や先輩から職務を遂行するのに必要な知識や技能、態度を継続的に習得させる職場内教育のことである。Off-JT (off the job training) が、仕事や職場を離れて従業員の能力開発を行うのに対して、このOJTは、実際の職務を行いながら、能力開発が行われるところに特徴がある。OJTを行う主体は直属上司によるものと先輩によるものの2種類があるが、直属上司が主体になって行われる場合が多い。OJTの長所としては、従業員一人ひとりの知識レベルや能力に合った教育が可能であること、および、その企業で培われてきた独自の知識やスキルを教育し、伝えることができる点などが指摘されている。逆に短所としては、従業員の体系的な能力開発が欠如してしまう可能性や、直属上司の部下に対する育成意欲の違いによって、従業員の能力にバラつきが出てしまうことが指摘されている。→ Off-JT　　　　　12［竹内倫和］

Off-JT (Off the Job Training：職場外教育)

仕事や職場を離れて行われる教育訓練である。一般的には、従業員が職場外で行われる特定の目的をもった集合研修（教育）に参加することによって行われる。つまり、一時的に職場（仕事）から離れて、他の従業員と一緒に集合研修に参加することにより、能力開発を行う方法である。企業が従業員の能力開発を行うための人材開発方法には、いくつかの方法があるが、このOff-JTは、OJT (On the Job Training：職場内教育) や自己啓発支援と並んでもっとも代表的な人材開発手法のひとつである。Off-JTによる集合研修は、従業員の職位などの階層に基づいて実施される「階層別研修」と、従業員の担当する職能に基づいて実施される「職能別研修」、特定の経営課題に基づいて実施される「経営課題対応研修」の大きく三つに分類される。このOff-JTの最大の長所は、日常の業務では習得することのできない知識やスキルを獲得できる点にある。したがって、このOff-JTをOJTと効果的に組み合わせていく中で、体系的な人材開発を行っていくことが求められる。→ OJT，階層別研修　　　　　12［竹内倫和］

オープン・アーキテクチャー (open architecture)

企業を超えて情報公開された製品アーキテクチャーをオープン・アーキテクチャーといい、デザイン・ルールが企業内部でしか共有化されないクローズド・アーキテクチャーの対語である。他に、製品アーキテクチャーには、構成要素のつなぎ方を分類軸としたインテグラル型／モジュラー型という分類がある。オープン化は産業構造に影響を与え、公開されたデザイン・ルールに従っている限りはどの企業が開発してもよいため、新興企業が増加する。コンピュータ業界でもIBMがオープン化せざるを得ない状況になると、個

別モジュールに特化した多くの新興企業が新規参入を果たした．その結果，ひとつの企業が全体システムのすべてを手がけるという垂直統合型ビジネスモデルから，分業型へと移行が進むことになる．各企業とも自社が手がける領域（モジュール）を選択し，外部とのネットワークを活かして，より多くの企業に採用されたり，より多様な製品へ組み込まれるよう水平展開していく．たとえばMPUではインテルやAMDがIBMをはじめとするさまざまなコンピュータメーカーに供給を行うように変化してきている．→製品アーキテクチャー，モジュラー型アーキテクチャー

6［坂本雅明］

オープン・イノベーション
(open innovation)

企業内部と外部の研究成果を有機的に結合させて価値を創造するアプローチ方法である．ハーバード大のチェスブロウ(Chesbrough, H. W.)が提唱した．製品が高度化し，新製品を投入するためには，多様な技術の融合が必要となる．しかし，研究開発にはリスクがともなうため，必要な技術をすべて自社で研究開発することがむずかしくなっている．しかも，製品の開発期間やライフサイクルは短くなっている．このような背景から，オープン・イノベーションが採用されるようになった．他社の研究開発成果を利用したり，技術を有するベンチャー企業を買収することにより，製品・事業の開発効率とスピードを高めることができる．A&D (Acquisition and Development：買収開発)，C&D (Connect and Development：提携開発)もオープン・イノベーションの一形態と考えられる．→A&D, C&D　　　　6［歌代　豊］

オープン価格 (open price)

製造元であるメーカーが出荷価格（卸値）だけを提示し，標準卸売価格（希望卸売価格）や標準小売価格（希望小売価格）を設定せず，流通各段階の業者が自らの判断で自由に価格決定を行う方式をオープン価格という．これとは逆に，メーカーが問屋や小売店にいくらのマージンを支払うか，流通段階での利潤を見込んで標準卸売価格や標準小売価格を設定する方式を建値制という．オープン価格の導入は，1971年，公正取引委員会が小売店頭での不当な二重価格表示を防止するため，値崩れを起こした家電製品は希望小売価格を引き下げるか撤廃するよう求めたのがきっかけとなった．公正取引委員会はオープン価格への切り替え基準として「半数以上の店が2割以上値引きしている場合か，3分の2以上の店が15％以上の値引きをしている商品はオープン価格にする」と定めている．最近では家電量販店を中心にオープン価格制の導入が進んでいる．オープン価格を採用している場合，消費者としてはメーカーの商品に関しての価格の目安が分からないため，販売店を何軒か回ったり，インターネット上のサイトを利用して価格を比較するなどする必要がある．現在，家電製品の半数以上はすでにオープン価格に移行しているといわれている．

3［竹内慶司］

オープンシステム (open system)

環境に開かれたシステム，すなわち開放系システムを意味する．環境から隔絶した閉鎖的システムであるクローズドシステムの反対である．企業システムも外部をとりまく経営環境との相互作用の中に存在しており，しかも環境変化の激しい今日においては環境変化に俊敏に適応し，経営戦略はじめ経営組織や行動の転換，変換が求められ，オープンシステムとしての認識が問われている．さらには経営行動が外部環境にも多大な影響を及ぼし，とりわけ環境問題に象徴されるように企業の地球環境保全への社会的責任，CSRが強く求められてきており，そうした点からもオープンシステムさらにはエコロジーシステムとしての認識のみならず行動が求められてきている．→エコロジー思考，クローズドシステム，経営環境，CSR　　1［根本　孝］

オープン・モジュラー (open modular)

製品アーキテクチャーのひとつのタイプ．「組み合わせ型」「モジュラー・アーキテク

チャー」ともよばれている．国際的にみると，このタイプの製品戦略は，アメリカ企業が得意とする分野である．このタイプに該当する代表的な製品には，パソコンシステムがあげられる．パソコンを構成する主な部品・コンポーネントとは，CD/DVDドライブ，フロッピードライブ，メモリ，冷却ファン，ハードディスク，モニター，キーボードがあげられるが，これらは，関連性の高い部品やコンポーネントの集まりであるモジュールから構成され，同時にまた，それぞれのモジュールは標準化されたインターフェイスによって相互に連結されている．つまり，パソコンのアーキテクチャーは，モジュール同士が一対一の関係で構成され，各モジュールのインターフェイスは標準化されている．このため，オープン・モジュラーは，特定の企業群から構成された閉じたモノづくりシステムではなく，開放的なモノづくりシステムが可能なのである．→オープン・アーキテクチャー，クローズド・インテグラル，モジュラー型アーキテクチャー　　　　　4［松崎和久］

親会社ベストシンドローム
(best syndrome of parent company)

親会社が経営資源やマネジメントのすべての側面において，グループの中でベストだと思いこむことである．事実，いままでの日本企業のグループ経営のマネジメントは，中枢である親会社のもとに周辺である子会社が配置される中枢－周辺モデルであった．海外の子会社も含めて，日本企業の子会社の能力が高度化しないことが問題として取り上げられるが，この問題も，親会社の資源と権限をバックに，子会社の意思決定に過剰介入することから生じているともいえる．しかし，グループの中で，いつまでも親会社が常に能力が高いとはいえない．たとえば，親会社と異なる事業分野で長い間，事業展開している子会社や，また，企業の立ち上げ時には，親会社から多くの支援を受けた海外の子会社も，日本とは異なる環境での事業展開を通じて，本社にはない独自性の高い経営資源を蓄積してくるからである．そのため，最近のグループ経営では，子会社の自主性を生かしつつ，企業グループ全体としての統合をいかに図るが重要な課題となりつつある．　4［高井　透］

親子関係 (parent-subsidiary relations)

一般に，他の会社に対して資本関係や取引関係を通じた経営権の支配を行う会社を「親会社 (parent company)」，また親会社の支配下におかれる会社を「子会社 (subsidiary)」とよぶ．親子関係とは，企業間で形成される，こうした支配－従属関係に他ならない．ただし財務諸表規則による公式の規定においては，その資本関係において，親会社による出資比率が過半数 (50%) を超える会社を子会社とよび，出資比率が50%以下～20%以上の場合には子会社と区別して「関連会社 (affiliated company)」と規定される．こうした子会社や関連会社は，形式的には独立した企業体であったとしても，親会社の統制下で事実上一体となった戦略行動をとる会社が多い．ゆえに，企業状況の判断においては，中核となる親会社の動向だけでなく，子会社・関連会社 (また純粋に取引面でのみ結びついた'実質的'被支配会社) を含めたグループとしての経営状況を見きわめる必要がある．近年，ようやく定着し始めている「連結決算制度」の導入などは，まさにそうした実勢を反映したものに他ならないといえる．→企業系列，連結子会社，連結範囲　　9［石坂庸祐］

オルフェウス室内管弦楽団
(Orpheus Chamber Orchestra)

ジュリアード音楽院の同窓生を中心に1972年に創設されたニューヨークのカーネギーホールを本拠として活躍する室内管弦楽団．1998年「ミュージカル・アメリカ」でアンサンブル・オヴ・ジ・イヤー賞，2001年「シャドウ・ダンス」(ストラヴィンスキー作品集) で第43回グラミー賞など，数多くの栄誉に輝くなど，音楽の世界で高い評価を得ている．指揮者の強いリーダーシップを中心とする典型的なオーケストラ組織がトップダウンの組織体であるのに比べて，オルフェウス室内管弦楽団は，指揮者を置かず曲ごと

にリーダーが入れ替わり，自発的なコミュニケーションを通じて高度な演奏を可能にするユニークなオーケストラ組織として，世界中の企業経営者や経営研究者から注目されている．オルフェウス室内管弦楽団では，次のような8つのユニークな原則や実践が行われている．①実際に仕事をする人間への権限委譲，②自己責任を負わせる，③役割の明確化，④メンバー全員でリーダーシップの共有，⑤平等なチームワークの育成，⑥ヒトの話をよく聞き学ぶこと，⑦コンセンサスを形成すること，⑧職務への献身である．→プレイング・マネジャー　　　　　　　　　9［松崎和久］

オンリーワン経営
(only one management)

ただひとつ，独自なものを意味するオンリーワンであるが，その地域や業界での売上げや利益といった量や規模を中心とするナンバーワンを目指すのではなく，他社とは差別化し，独特な戦略や，製品あるいは市場での地位を目指す経営を指す．特に大規模企業に対抗するために中小企業が，独自性を提示し差別化をめざしてオンリーワン経営を目指すケースが多い．　　　　　　　　3［根本　孝］

か

海外研究所 (oversea laboratory)

海外に設置する研究所を海外研究所という．企業は，経営のグローバル化の一環として研究開発機能を海外に配置する場合，海外研究所を設置する．グローバル化の発展過程では，まず製品の輸出を行い，次に販社や工場の海外展開が行われる．研究開発は，販売や生産に比べ，本国に残すことが多い．研究所が本国にある方が企業戦略，事業戦略と研究開発の調整が容易であり，また技術・ノウハウの保護の面からも有利である．しかし，グローバル化の進展にともない，市場別の顧客ニーズや法規制に対応した製品戦略を具体化したり，生産拠点に依存した生産技術の改良を図ることが必要となる．また，各国の優秀な研究機関や人材を活用することも求められる．このような背景から，グローバル企業では海外研究所の設置が行われるようになった．→R&D，リエゾン・オフィス　　6［歌代　豊］

海外子会社所有政策 (ownership policy)

海外子会社の株式の持分についての決定．完全所有にするのか部分所有にするのか，部分所有の場合，どの程度保有するのかを決定する．完全所有の場合，自社100％所有が純粋形となる．しかし，80％以上保有すれば事実上相手側は拒否権もないため，80％以上を完全所有として統計上処理する場合もある．部分所有の場合，多数派所有（50％超），均等所有，少数派所有（50％未満）に分けられるが，経営権の支配には必ずしも多数派所有でなければ実行できないとは限らない．株式を上場している場合には，少数派所有でも株式の分散化が進むほど，少数の株式の保有でも経営権の掌握は可能となる．しかしながら，海外子会社の場合，海外（現地）で上場している企業は少数であり，完全所有か，あるいは他の企業との合弁事業による共同出資が典型的なパターンとなる．合弁事業の場合，出資比率は経営権の掌握には必要条件であるが，それだけで十分であるとはいえない側面がある．→国際合弁事業　　5［茂垣広志］

海外市場参入モード (foreign market entry)

海外市場に参入する形態あるいは様式を指し，①輸出による参入，②海外生産による参入，③契約による参入に大別され，海外事業展開が進むにつれてそれらの複雑な組み合わせによって参入がなされる．①輸出による参入は，間接輸出と直接輸出に分けられ，さらに直接輸出の場合も，現地市場で現地代理店を用いるパターンと現地販売会社設立に分けられる．②海外生産は，現地生産と第三国生産（その第三国から輸出）に分けられる．③契約による参入は，ライセンシング，OEM契約，委託販売契約，マネジメント契約，フランチャイズ契約などが代表的である．一般的には，海外展開の初期には，海外市場への無知の部分が多いため，投資の必要のないあるいは小額ですむ方式（間接輸出や契約による参入）から始まり，徐々に投資額の大きい方式（現地生産）へ移行するという発展段階論的な進展をみせる．しかし，業界や企業によっては必ずしも一律的なものでなく，戦略選択の側面がかかわってくる．→海外生産，海外直接投資，直接輸出　　5［茂垣広志］

海外生産 (oversea production)

国外で生産活動を行うことを指す．海外生産には2つのタイプがあり，現地生産と第三国生産に分けられる．現地生産とは，その生産目的が現地市場での販売である場合を指している．第三国生産は，生産国での販売が目的ではなく，第三国（本国でも生産国でもない国）での販売が目的であり，輸出が中心となる．したがって，この第三国生産は，途上国の輸出特区でみられるタイプである．しかし，規模の経済および為替レートの有利性などから現地生産と第三国生産をかねる工場も

存在する．現地生産の条件は，第1に，現地生産のための投資およびランニングコストが現地の売上で回収できるかどうかという市場規模の要因が大きくかかわり，さらに，部品調達上での問題（たとえば，部品輸入関税，現地調達の場合のQCDなど）がクリアできるか，現地への必要な技術移転が可能かどうかという要因がかかわってくる．しかしプラザ合意の円高以来，この第三国生産とは異なり，本国への逆輸出のための生産拠点も多くみられる．厳密には，このケースは第三国生産の範疇には入らないが，現地生産とは異なり，その有する意味は第三国生産とほとんど変わらない．このような第三国生産の場合には，労務費，部品調達や技術移転の問題のみならず，生産物の仕向け地（再加工・組み立て拠点や販売市場国）へのアクセス（国内輸送インフラ，海外への輸出インフラ，輸送コスト，納期等）を考慮する必要がある．→企業内国際分業，グローバル戦略

5［茂垣広志］

海外直接投資
(foreign direct investment：FDI)

法律的には対外直接投資という用語が使用されるが，一般的には海外直接投資とよばれている．海外での事業経営および経営参加を目的とした投資である．これに対し，海外間接投資とは，海外での事業活動を行うことを目的とするのではなく，キャピタルゲイン（配当や金利，売却益）を目的とした海外での証券の取得であり，証券投資ともよばれる．IMFの国際収支統計では，「居住者による非居住者企業（子会社等）に対する永続的権益の取得を目的とする国際投資」と規定されている．海外直接投資には，①経営参加を目的とした外国企業の買収や株式取得，②外国での現地法人（海外子会社）設立（グリーンフィールド投資），③事業活動拡張（工場の拡張や販売網拡張のための追加投資）という3つの形態がある．しかし，株式投資を通じた直接投資と間接投資を法律上および統計上で見分ける（経営目的かそれともキャピタルゲイン目的か）ことは困難であり，法律的には，対象企業の発行済み株式総数の10％以上を取得した場合，あるいは外国企業に対する役員の派遣や資本関係以外の事業での永続的関係がある場合，海外直接投資とみなされる．IMFの国際収支統計では，10％以上の株式を取得した場合，海外直接投資として取り扱われる．海外から国内への直接投資は，対内直接投資であり，日本では対日直接投資という用語が一般的には使用されている．→寡占企業優位モデル，グリーンフィールド投資

5［茂垣広志］

海外トレイニー制度 (trainee system)

国内社員，特に若手社員を国際経験を積ませるために短期（半年から2年程度）ではあるが海外の子会社や事業所に派遣する制度．一種のエクスパトリエイトであるが，その目的は海外子会社管理や技術移転が目的ではなく，人材の育成である．事業の海外展開が進むにつれ，国内業務だけの経験や考え方では国際的なオペレーションを理解し，運営していくことはできなくなってくる．海外での業務を実際に経験させることにより，本社の視点のみならず海外子会社からの視点を身につけさせたり，海外子会社の特異な問題を理解できるようにする．その目的は，異文化体験を通じて，国際人を養成することにある．この海外トレイニー制度は，将来の海外子会社への派遣管理者育成のために用いられるが，それだけではなく，本国本社の「内なる国際化」のひとつとしても位置づけられる．しかし，海外トレイニー制度だけでその目的が達成されるというわけではなく，国際人養成のための計画的な教育訓練制度や異動を含めたCDP（キャリア開発プログラム）の一環として実施する必要がある．人材の育成には時間がかかり，どのような段階でどのような経験を積ませればよいのかを計画的に実施する必要がある．→エクスパトリエイト

5［茂垣広志］

開業率と廃業率
(launching and closing business percentage)

開業率は，「開設時期（開業年次）」が前回

調査から今回調査時点までの期間に属する事業所数÷前回調査時点の事業所数÷年数（調査間隔年数）× 100（％）で求められる．また，廃業率は，上記算定方法で求められた開業率－前回調査から今回調査時点までの事業所の増加率（％）によって算出される．開業率と廃業率は，日本の場合，総務省統計局が1947年から実施してきた「事業所・企業統計調査」に基づいて算定されるが，調査項目に「開設時期」が加わった1969年の調査とこの前回調査（1966年）以降について，算定可能となった．また，「事業所・企業統計調査」が1981年までは3年ごとに行われてきたが，その後，5年ごとに実施され，1996年以降は本調査から3年目にあたる年に簡易調査を行っており，調査の間隔が3年あるいは2年となり，等間隔での調査とはなっていない．「事業所・企業統計調査」が毎年実施されていないために，創業後2，3年で退出している企業の数が含まれない可能性がある．また，「事業所・企業統計調査」が地域別に行われているため，移転した企業が開業および廃業として数えられる場合もある．さらに，そもそも「事業所・企業統計調査」では，事業所数を把握する調査のため，複数の事業所を有する企業も当然，存在することから，事業所数と企業数が完全に一致していないという問題もある．そこで，個人企業も含め企業は，会社の設立，移転，廃業および事業所の新設，増設，移転，廃止をした時に必ず税務署に届け出なければならないことから，税務統計を利用することを提案する有識者も多い．しかし，開廃業の全体的傾向を把握するためには，「事業所・企業統計調査」に基づく開廃業率の算定で問題ないといえる．→中小企業

15［森下　正］

会計基準の収斂
(convergence on accounting standards)

会計情報の比較可能性を高めるという目的からは，会計基準間の相違の幅を可能なかぎり狭めることが求められることになるが，こうした考え方もしくは行為目的を会計基準の収斂問題という．現代の会計基準を国際的な視点からみると，EU域内上場企業の連結財務諸表作成時に準拠が求められている国際会計基準とアメリカ国内で財務諸表作成時に準拠が求められているFASB会計基準が，その権威性においても質的レベルにおいても会計基準の先駆的な役割を担い，広く周知されている．わが国においても，一連のいわゆる会計ビッグバンと称される会計制度改革を通して，国際会計基準やFASB会計基準を参考とした会計基準の修正や新規作成が行われてきたが，各基準間には特定の領域で規定内容に相違が存在するという状況が見受けられる．現時点では，国際会計基準理事会とアメリカ財務基準審議会，国際会計基準理事会とわが国会計基準委員会が将来の収斂に向けた具体的検討を行っている．→比較可能性

7［大倉学］

介護保険制度
(long-term care insurance system)

高齢者介護にまつわるさまざまな負担を'社会的に支える'仕組みとして，平成12年4月から実施された．高齢化のさらなる進展にともなって，寝たきりや痴呆などによる介護を必要とする高齢者（要介護者）が，今後急速に増加していくことが予想される．また，介護にあたる期間の長期化や，介護する家族側の高齢化などさまざまな問題も浮上しており，従来の家族介護というかたちでは，介護において生じる心理的・身体的，そして経済的負担への十分な対応はますます困難となる．介護保険の導入以前における介護制度では，老人医療と老人福祉が縦割りで運営が非効率であったり，公的機関が提供する一律公平なサービスの下で利用者が施設やサービスを自由に選択できないなど，さまざまな利用上の不便が指摘されていた．それに対し，介護保険制度施行後は，運営主体である市町村や区による5段階の要介護度の認定状況に応じて，一定の予算内で被介護者本人や家族が民間の営利，非営利（NPO）の組織を含む多様な事業者から，必要なサービス・施設利用を選択できるようになった．→NPO

9［石坂庸祐］

カイ二乗検定 (chi-square test)

名義尺度から得られた2つの質的データの間に関連があるかどうかを判定する統計的検定法．統計的検定とはサンプルから母集団の特性を推定しようとするものであり，母集団について設定された仮説が統計的に支持されるかまたは棄却されるかによって判断するものである．カイ二乗（χ^2）検定はクロス表における各セルの観測度数と期待度数の差に注目して検定を行う．期待度数とは，帰無仮説が正しいと仮定した場合に期待されるクロス表における各セルの度数のことであり，観測度数が期待度数と等しいか否かによって帰無仮説と対立仮説が設定される．たとえば，性別と商品Aの所有率を例にとると，帰無仮説は「性別と商品Aの所有率に関連がない」となり，対立仮説は「性別と商品Aの所有率に関連がある」となる．帰無仮説が棄却されるかどうかは観測度数と期待度数の差からカイ二乗値を算出し，カイ二乗分布表による棄却値から判定する．この棄却値は自由度と有意水準によって異なる．なお，カイ二乗検定では，クロス表におけるセル内の度数が5以下のセルがひとつ以上ある場合，検定結果の信頼性が低くなることに留意する必要がある．→帰無仮説　　　　　　　　　16［上村和申］

会社法 (corporate law)

企業が多岐にわたる経営を展開するに当たり，その行動を監視し，適正化をはかるための法令を指す．しかし，従来わが国には会社法という名前の法律は存在しておらず，「商法第二編　会社」および「有限会社法」，「商法特例法」等を総じて会社法とよんできた．なかでも商法はわが国の法律の中でも有数の古い法律であり，企業を取り巻く環境の急激な変化に照らして，その整合化をはかることへのニーズが高まっていた．

こうした背景をもとに，2006年5月1日をもって「会社法」が施行されることとなった．企業の設置に始まり，その運営等におよぶ総括的な法律の本格的な施行といえる．主な内容については，①設立可能な会社形態（株式会社，合名会社，合資会社，合同会社の4形態とし，従来の有限会社は廃止となる．なお既存の有限会社は会社法施行と同時に「特例有限会社」となり，事実上の株式会社に準じられる），②最低資本金（従来は株式会社で1,000万円，有限会社で300万円であったが，今後は制限なしとする．現在は時限立法による「資本金1円による起業」が認められているが，今後は資本金なしでの起業も可能となる），③取締役の人数（従来の株式会社で3人以上，有限会社で1人以上であったが，今後は1人以上とする），④その他（M&Aに関する規制の大幅な緩和，中小企業におけるコーポレート・ガバナンスの強化など）．
→株式会社　　　　　　　　　　1［吉村孝司］

カイゼン (kaizen)

現在のパフォーマンスよりもレベルを向上させていく継続的活動のことである．製造業で用いる場合のカイゼンは，「モノづくり」に常にともなうコスト，品質，納期の水準を常に向上させていく継続的活動である．また，トップからの命令でカイゼン活動を実行するのではなく，工場の作業者が中心となって，自分たちで知恵を出し合って活動を行っていくことに特徴がある．カイゼンが，今日，カタカナ表記されるようになったのは，一般的な改善の意味と区別するためであったり，海外でも通用することを強調しているからである．日本の製造業が海外へ工場を展開した際に，派遣作業者が現地従業員に教えたり，MITの研究チームが日本企業の国際競争力の源泉の重要な要素のひとつとして捉えたことで，「kaizen」として世界に広く認知されるようになった．カイゼン活動の主な内容は，QCサークルに代表される小集団活動，TQC運動，提案制度等多く存在する．→QCサークル，TQC & TQM　　　　　14［島谷祐史］

階層化 (hierarchy)

マネジメントにおける階層は組織における階層（ハイアラーキー）を意味し，階層化とは，その階層をつくることに他ならない．組織の構成員が増加すればグループ化，部門分

化がなされ管理職が配置され，その結果として階層化が進められる．権限をもつ管理者が意思決定をし，直接的に指示命令したり，報告を受けるので直接的統制とよばれ，それが規模の拡大とともに階層が重ねられ，多層化されることになる．

階層化は指示命令（命令一元化の原則）のみならず，その実行を監視・統制するメカニズムでもある．そして標準化された業務処理の例外処理の必要性（例外の原則）から生ずるものとしてとらえることもできる．そして監視・統制が可能な範囲・人数（管理範囲の原則）や例外処理の量や質によって管理者の部下の量と質が決められ部門分化が行われる．しかし過度の階層化は組織の硬直化，官僚制化の弊害をもたらし，水平化，柔軟化が志向されることになる．→官僚制，セクショナリズム，専門化，大企業病　　11［根本　孝］

階層別研修 (position-based training)

従業員の階層に応じて行われる研修のことである．企業で働く従業員は，各階層によって求められる職務の役割が異なってくる．そこで，各階層で求められる職務の役割が移行することにともなって，その役割を果たすことができるように，その節目ごとに階層別研修が行われる．具体的には，①新入社員研修，②中堅社員研修，③管理者研修，④経営者研修などがある．新入社員研修は，新規学卒者を対象に行われる研修で，もっとも実施率の高い研修である．フルタイムで働いた経験のない新規学卒者に対して，社会人としての基本を理解，習得させることを目的としている．中堅社員研修は，監督職や管理職に昇進前の従業員層を対象にした研修であり，職務遂行上必要となるさらに高度な専門能力を付与することを目的としている．管理者研修は，課長や部長などの管理職を担当している従業員を対象にした研修であり，指導力の向上，問題解決能力の向上，業務等に関する視野の拡大などを目的としている．

経営者研修は，経営幹部（トップ・マネジメント）層を対象にした研修であるが，経営戦略の立案能力の向上などを目的としている．→Off-JT　　12［竹内倫和］

概念 (concept)

物事の本質をとらえる思考や，言語に表現されたものを概念というが，発想や構想もコンセプトといわれている．

知識創造時代といわれる今日，新たな概念化，概念づくり（コンセプト・メイキング）はきわめて重視されており，特に管理者の概念化スキル (conceptual skill) は古くから中心的能力とされてきている．それは矛盾する現象を超える新たな概念の創造，混沌とした状況を概念化して整理・統合しひとつの概念を構築，表現する能力である．→要素還元主義　　16［根本　孝］

外発的動機 (extrinsic motivation)

金銭，地位，名誉，賞罰といった外的報酬に基づく動機のこと．一方，こうした外的報酬に基づくのではなく，活動することそれ自体から得られる満足感に起因する動機を内発的動機 (intrinsic motivation) という．人は経済的報酬や人間関係といった個々人の外にある要因によって外発的に動機づけられるだけではなく，行動そのものが目的であったり，より高い成果を目指したりといった個々人の内面にあるものを源泉として内発的に動機づけられる場合もある．たとえば，職務に有利な資格を取るために勉強することは外発的動機に基づいた行動であり，有利不利に関係なく自己の知的好奇心のために勉強することは内発的動機によるものといえる．外発的動機は，目標達成に向けて行動を活性化させる一方で，その行動を持続させるためにはより多くの外的報酬を必要とするが，内発的動機には永続性があるとされる．なお，仕事などの日常の活動においては，外発的動機，内発的動機のどちらか一方だけではなく，その双方に基づいて行動がなされるのが普通である．→内発的動機　　11［上村和申］

開発輸入 (develop and import scheme)

主に先進諸国が発展途上国等に資金・技術等を投入・支援し，そこで一次産品など

を開発・生産して自国へ輸入することを指す．わが国における個別企業の開発輸入動向をみると，独自の仕様書を作成し，海外メーカーに生産を委託し，その製品を直接輸入するケースが一般的である．この方式は，海外の安価な労働力や原材料を活用することで十分なコスト削減が図れるというメリットが得られる．最近では，PB商品（private brand）やOEM商品（original equipment manufacturing）にしばしば利用されている．生産地は，中国，ASEAN，東南アジア諸国が多く，商品も食料品や生活必需品のみならず家電品，OA機器等の高品質商品も増加している．→OEM，間接輸出　　　3［竹内慶司］

下位文化 (sub culture)

企業の全体レベルの文化を企業文化とよぶが，一般的に企業は複数の部門から構成されていることが多く，それぞれ，部門レベルの文化（部門文化）が存在する．また，公式的なものだけではなく，非公式なものもある．これらは，全体文化（トータル・カルチャー）に対して，下位文化（サブ・カルチャー）とよばれる．全体文化と下位文化が同じであるとは限らない．各々の部門が直面する特殊な状況があり，解決すべき問題もさまざまで，独自の文化を醸成する．もし，全体文化と下位文化が適合しなければ，下位文化は対抗文化（カウンター・カルチャー）となることもある．大企業病に犯された全体文化に，新規事業開発のプロジェクト・チームの下位文化が新風を吹き込むように，下位文化をうまく取り組むことで全体文化の変革につながることもある．→企業文化　　　10［松村洋平］

カウンセリング (counseling)

心理的葛藤，対人不安，問題行動など，何らかの適応上の問題をもつ個人（client＝来談者）が，その問題解決をはかるために，カウンセラー（counselor＝治療者）との対話を通して，問題の本質に気づき（自己発見），自ら問題解決していく過程，またその結果としての心理的成長をとげることを指す．通常，カウンセラーは，治療者としての特殊な教育を受けていなければならない．カウンセリングの手法は，諸派によって異なり，具体的にはカウンセラーの数だけその方法も異なるとされるが，主流としては，以下のものがある．①指示的カウンセリング，②来談者中心カウンセリング，③折衷的カウンセリング，④行動療法，⑤認知療法などである．わが国においても，現代生活の中でのストレスの高まりと，心理的問題を抱える人びとの増加から，カウンセリングの役割が注目され，その働きへの期待が高まっているといわれる．社会人になる前段階では，学校生活全般での問題解決を支援する学校カウンセリング，新卒就職活動における就職カウンセリングがよく知られている．また，企業におけるメンタルヘルス管理の一翼を担う産業カウンセリングや，キャリアに関する問題解決を支援するキャリア・カウンセリングなどがある．→メンタルヘルス　　　12［田中聖華］

カウンセリングマインド (counseling mind)

カウンセリングは相談や助言，援助を意味するが，その際にもっとも重要な聴く姿勢，態度を広くカウンセリングマインドという．カウンセリングでもっとも重要なのはクライアントの思いをいかに聴き，共感するかの傾聴能力であり，組織のリーダーや管理者にも必要とされており，傾聴能力講座やカウンセリングマインド講座などがリーダー向けに開発，実施されてきている．最近では質問力やコーチング力の向上が注目されている．すなわち聴き，質問することは，相手の心を開かせ，視野の拡大や転換を促し，積極的行動につながり，学習が深まるとされている．→傾聴能力　　　16［根本　孝］

科学的管理法 (scientific management)

科学的管理法は，テイラーシステムとテイラーリズムから構成されるといってよい．テイラーシステムは，動作研究や時間研究に基づく課業管理，課業を基準とした信賞必罰的な格差出来高給制度，管理と作業を分離する計画部設置と指図票をはじめとする連絡制

度，さらに，万能型職長に代わって専門型職長が職長の職務を分担して労働者の監督にあたる職能別職長制度によって構成される．大量生産体制が普及するとともに，未熟練労働者が流入した南北戦争後のアメリカのマネジメントは，まさに熟練労働者によるどんぶり勘定で行き当たりばったりであった．こうした状況に一石を投じて，アメリカの経営学の源流となったのは，エンジニアであるテイラー (Taylor, F. W.) による科学的管理法であった．しかし，テイラーシステムは，能率増進を目指すためのものだけではないとテイラーは主張する．テイラーシステムは，労働組合から労働を強化するものとして批判を浴びたが，テイラーは，科学的管理法の本当の目的は，経営者と労働者の双方の思惑を切り離す科学主義と高賃金・低労務費など労使協調を推進することにあるという精神革命論を展開した．これがテイラーリズムである．→課業管理，テイラー，成行管理

1 [松平洋平]

科学的思考 (scientific thinking)

科学的とは論理的，合理的な，あるいは事実に裏づけされた実証的な状況を意味する．したがって科学的思考は，そうした論理的，合理的あるいは実証的な考え方や思考・発想を意味する．そうした考え方に基づく研究方法は科学的方法などともいわれる．

したがって一般的には論理的ではない，すなわち筋のとおらない考え，道理に合わない屁理屈，思いつきや主観的な判断，事実に基づかない主張などは非科学的思考，非科学的主張はできる限り回避し，退けなければならない．

16 [根本 孝]

課業管理 (task management)

動作研究と時間研究という実験にもどづき計算された課業に基づいて管理をしていくことを，成行管理に対して，課業管理とよぶ．テイラー (Taylor, F. W.) は，組織ぐるみでわざと能率を下げる（組織的）怠業の原因を労働者によるどんぶり勘定で行き当たりばったりの（成行）管理 (drifting management) と，能率が上がると経営者が賃率を勝手に下げてしまう賃金制度にあると考えた．組織的怠業を克服するためには，労働者の思惑からも，経営者の思惑からも切り離された標準的な作業量，すなわち課業 (task) を決めることが必要であった．

そして，テイラーは，課業を達成できた場合とできなかった場合で，賃率がかわる信賞必罰的な格差出来高給制度 (differential piece rate system) を考案した．課業による管理は，労働者のみならず，管理者にも適用された．すなわち，包括的で複雑であったマネジャーの職務内容を分解して，それぞれの管理者が単一的な専門の職務内容に関してのみ労働者の面倒をみるという職能別職長制度 (functional formanship)，後のファンクショナル組織を提案した．→科学的管理法，組織的怠業，テイラー，動作研究，成行管理

1 [松村洋平]

学際的思考 (interdisciplinary thinking)

いくつかの関連する学問分野の知識を総合的に活用，駆使して思考することを意味する．すなわち今日のさまざまな問題の解決には，細分化したひとつの学問の成果のみでは解決できなくなってきている．経営の問題も経営学のみならず，経済学，心理学，法学，社会学，文化人類学といったさまざまな学問分野の研究成果や助けが必要となってきている．そうした中で関連する多様な学問の視点や知識を総動員して思考しなければ，問題解決もむずかしくなっており，こうした学際的な発想，思考，さらには学際的協力による学際的アプローチが求められてきているのである．

学問の大分類としての文系と理工学系の協力あるいは統合や融合は文理融合発想，あるいは文理融合などともいわれ，特に多数の学問分野にまたがる発想，活用を強調してマルチ・ディスプリナリー (multi-disciplinaly) といった言葉もつかわれるようになってきている．→専門化

16 [根本 孝]

学習曲線 (learning curve)

習熟曲線ともいわれ、一般的には、横軸に試行回数(時間)、縦軸に単位時間内の作業量、作業所要時間をプロットすることで学習の進行状況を読み取るものである。学習曲線は、一定比率型(直線型)、負の加速曲線、正の加速曲線の3パターンの組み合わせで表示されることが多い。しかし、学習者の学習能力、学習への慣れ、飽き、学習意欲、学習課題の性質・難易度により影響されることが多く、実際の学習曲線の表示は一様ではない。また、学習曲線と似て非なる特性が経験曲線である。経験曲線は、個々の学習曲線効果を総合した結果であり、たとえば、ある組織の生産業務における習熟度合いである。→経験曲線　　　　　　　　　14 [島谷祐史]

学習組織 (learning organization)

継続的に学習し変革し続ける組織を意味し正確には学習する組織であるが、略称して学習組織あるいはラーニング組織とよばれる。

アメリカMIT大学のセンゲ教授(Senge, P. M.)は学習組織の条件として自己マスタリー(自己の視点の明確化と深化)、固定概念の打破、共有ビジョンの構築、チーム学習そしてシステム思考をあげている。こうした条件をもたない組織は学習しない組織といわれ、硬直化した官僚制組織や大企業病の組織が、その典型といわれているが、グローバル競争の中で持続的ナイノベーションを可能とする学習組織をいかに構築するかは大きな経営課題となっている。→組織学習、大企業病
9 [根本　孝]

拡大生産者責任
(extended producer responsibility)

生産者である企業が、製品の生産、流通、使用の段階にとどまらず、使用後の廃棄物となった後まで責任を負うという考え方である。この考え方はOECD(経済協力開発機構)が提唱し、日本でも2000年5月に制定された循環型社会形成推進基本法のコンセプトとして取り入れられている。従来、企業は開発、生産、販売など経営活動の「動脈部」といわれる範囲での責任を主として問われてきた。しかし、循環型社会では「動脈部」における責任に加え、生産活動が終了した後の製品の使用、廃棄段階を含む「静脈部」における責任まで問われるようになってきている。このような考え方の背景には、廃棄物処理等の環境問題の解決を地方自治体任せにせず、企業の自発的な取り組みを促すことで、リサイクルや廃棄物処理のコストを低減させようとする狙いがある。企業としては、環境配慮にかかわる費用を価格に転嫁することで対応するかもしれない。しかし、安易な製品価格の上昇は販売減をもたらす可能性もあるため、従来とは異なった発想の転換でビジネスと環境配慮を両立させる方法を確立することが一層重要になってくる。具体的には、廃棄しやすさを考慮した設計、リサイクルを意識した原材料の採用や開発などが求められることになる。→環境経営、リサイクル　　1 [山田敏之]

加重平均資本コスト
(weighted average cost of capital：WACC)

負債に係る資本コスト(借入や社債発行による資金調達コスト)と資本に係る資本コスト(株式発行による資金調達コスト)を考慮した割引率であり、両者の加重平均値をとるものである。企業価値計算を割引現在価値によって行う際、将来キャッシュフローを割引率を用いて割り引くのであるが、その際に用いる割引率のひとつとして加重平均資本コストがある。すなわち、

加重平均資本コスト＝

負債に係る資本コスト×$\frac{負債による資金調達額}{資金調達額合計}$

＋資本に係る資本コスト×$\frac{資本による資金調達額}{資金調達額合計}$

として求められる。ここで用いられる負債に係る資本コストは、資本に係る資本コストとの整合性をもたせるために税引き後の資本コストが用いられる。また、負債と資本に関しては名目額(帳簿価額)ではなく時価を用いる。→割引現在価値　　　　　7 [大倉　学]

カスタマイゼーション (customization)

　サービス用品の差別化を図るため，顧客一人ひとりの要求にでき得る限り決め細やかに対応したサービス商品をつくりあげていこうとする発想がカスタマイゼーションの考え方である．サービス商品の特性としては，無形性，生産と消費の同時性，変動性，非貯蔵性，不可逆性などがあげられる．そのためサービス商品は有形財と異なり，その均質化を図ることがなかなか困難といえる．実際のサービス商品を提供する現場においては，少しでも均質化を図ろうと，CP（contact personnel：従業員，接客要員）の能力開発，サービス・マニュアルの開発，機械化の導入検討が行われている．しかし，サービス商品に対する顧客の要求水準はそれぞれ異なり，均質化されたものばかりが評価されるわけではない．サービス商品は特に生産と消費の同時性という特徴があるため，有形財と異なり生産過程に発生する顧客の要求やクレームを商品に反映させていくといったカスタマイゼーションも可能となる．　　　　　　　3 [竹内慶司]

仮説設定 (hypothesize)

　仮説は文字どおり仮に設けた説，考え方であり，ひとつの現象を統一的に説明できるように考え出され，論理的に導き出された仮定である．その仮説が観察や実験，調査などで証明され，すなわち検証されたものが真理とされる．しかしながら真理とされるものも一定の範囲に限られた中での検証であったり，多くの前提条件のもとでの実験やデータであり，限定的な真理であり，広く考えれば仮説にとどまっており，最近では『99.9％は仮説』といった著書が注目されている．

　ビジネス活動においては，行動に先立ち，あらゆる条件，情報を集めて意思決定し，行動することは不可能であり，また非効率となる．そこで闇雲に行動するのではなく，ひとつの仮説をもって，すなわち仮説を設定し，情報収集，意思決定，行動，その評価という思考・行動によって，多くのことを効率的に学ぶことができるといわれており，仮説設定，あるいはそうした思考は仮説思考とよばれ，重視されている．　　　16 [根本 孝]

寡占企業優位モデル

　ハイマー（Hymer, S.）が海外直接投資（企業の多国籍化）を説明するために1960年に博士論文で発表した理論．彼は，直接投資と証券投資（間接投資）をその目的が支配（経営）にあるのか否かによって分類される点から出発する．間接投資と異なり，直接投資の動機は，海外での利子率の高さではなく，海外で企業を支配（経営）することによって得られる利益（率）であり，直接投資は，企業の海外事業活動と結びついた資本移動である．この資本移動が有効なのは，市場の不完全性の存在と，寡占的市場構造である．寡占状況における企業は，その企業固有の企業特殊的資産を有しているが，こうした資産は組織内においては相対的に低コストで移転することができるが，他方，その特殊性ゆえにその資産の外部市場は不完全であるため，国内外の他企業は容易には入手できない．この特殊な資産は参入障壁として機能することになる．したがって，海外展開においても，市場取引ではなく，企業が直接投資を行い，この特殊的な資産を海外に移転することによってその優位を利用して利益を上げることが可能になる．このような考え方は，その後の所有特殊優位の概念や，内部化理論による企業の多国籍化を説明する理論に大きな影響を与えた．→寡占反応論，国際製品ライフサイクル理論，所有特殊優位　　　　5 [茂垣広志]

寡占反応論 (oligopoly reaction model)

　寡占状況にある企業のうち1社が海外展開を行うと，それに反応する形で次つぎと他の企業も海外展開を行うという，寡占状況での企業の多国籍化を説明する理論．寡占状態にある業界トップ企業は，市場の不完全性のため自社の所有特殊優位を利用し，海外進出する（寡占企業優位モデル）．しかし，寡占状況においては，その競争企業の少なさのゆえにライバル会社，特にトップ企業の動向に対しては，それが自社の収益に大きな影響を

与えるために，かなり高い意識性を有している．したがって，トップ企業が海外に事業展開すると，他社もそれに対応する形で追随するという誘発現象が生じる．follow the leader 理論ともよばれる．寡占企業優位モデルと異なるのは，追随者が海外展開するのは，明確な優位をもっているというよりも，その業界のリーダーに遅れまいとするためである．リーダーは優位性をもっているために，新たな国の市場で追加的な独占利益を獲得できる．その結果，当該業界での既存の競争関係が脅かされ，他者はその競争均衡を再構築するためにリーダーに追随することになる．ニッカーボッカー（Knickerbocker, F. T.）は，このモデルに従い多国籍企業 187 社についての実証研究を行い，業界占有率と海外進出率の間に正の相関を見出した．海外直接投資が，ある業界でしかも一群となって行われるのかを説明するのには有効な理論であるといえる．→寡占企業優位モデル

5［茂垣広志］

価値 (values)

シャイン（Schein, E. H.）の主張のように，価値は一般に「よい」と考えられる性質，さらには普遍的な真・善・美などを意味する．経営の分野では，メンバーに繰り返し標榜され，メンバーにとって指針や基準となる，哲学や理念，規則や標語，慣習や禁忌といった企業文化を総称して価値とよんだ．より表層の人工物と違って，外部者にはなかなか理解できないレベルである．また，さらに深層の基本的仮定と違って，メンバーに意識されるレベルである．リーダーによって標榜された価値は，メンバーがさまざまな問題を解決するなかで仮説として機能し，検証されていく．検証がなされる中で，生き残る仮説もあれば，消え去る仮説もある．標榜された価値が信奉されるかどうか，問題を解決する日々の業務の中で決まっていく．繰り返し検証に耐えた価値は，だんだんとメンバーにとって当たり前のものとなり，意識されなくなる．すなわち，基本的仮定になるのである．→基本的仮定，シャイン，人工物　10［松村洋平］

価値システム (value system)

事業はさまざまな価値活動のつながりにより運営される．ポーター（Porter, M. E.）は価値活動のつながりをバリューチェーン（value chain：価値連鎖）と定義した．価値連鎖は，ひとつの企業のひとつの事業を対象にしたものである．ポーターは，さらに産業内で価値連鎖が垂直関係でつながり，また多角化した企業の事業別価値連鎖が水平的につながることを示し，縦と横の双方に広がる価値連鎖の連鎖体系全体を価値システム（value system）とよんだ．産業内では，原材料供給業者の価値連鎖の販売，出荷物流等が，製品製造業の購買物流につながる．さらに流通業者の価値連鎖を通して，最終購買者の価値連鎖に至る．また，多角化した企業の場合，支援活動や主活動の一部の活動を共同化する等により事業別価値連鎖が相互につながっている．→バリューチェーン　2［歌代　豊］

価値前提 (value premise)

意思決定の際の前提となる事実前提と並ぶもうひとつの前提として価値を意味する．サイモンによって提示されたもので，意思決定前提には，因果関係（～すれば…なる）を示す情報や技術（事実前提）と価値基準（～すべきである）を示す理念や規範（価値前提）に二分された．事実前提が，科学や経験によって検証できるのに対して，価値前提は検証できない．この意思決定前提に働きかけていくことで，個人の意思決定を合理的なものに近づけようとするのが，組織影響力である．組織影響力としては，①「能率の基準」を徹底して教育すること，②組織に対する「忠誠心」を醸成することで，組織に一体化させること，③権限によって個人の意思決定を左右すること，④コミュニケーションによって正しい情報を伝えること，があげられる．組織影響力によって組織の中の個人の意思決定が一枚岩になり，意思決定の合理性が確保されるのである．→意思決定，サイモン，事実前提　1［松村洋平］

価値創造 (value create management)

　企業がその経営において価値を新たに生み出していくことを意味し、具体的には、投資家に対する高い配当率の実現およびキャピタルゲインの向上（株主価値）、従業員に対する高いモチベーションおよび満足度の向上（従業員価値）、顧客に対するよりよい製品の提供による満足度の向上（顧客価値）を内容とする。

　企業はステークホルダー（利害関係者）の高い支持によってはじめて成り立つともいえ、単なる生産活動、従業員の雇用、投資家への対応だけではもはや支持を得ることが困難になりつつある。これからの企業の存在は、こうしたステークホルダーに対する価値をいかに創造することができるかにかかっているともいえ、こうした流れの中で注目されてきているのが価値創造または価値創造経営である。企業の価値は一般に負債および資本の市場価値の合計によって求められるが、価値創造の観点からは、将来獲得することが見込める価値を現在価値に含めてとらえる点が特徴とされる。

　こうした企業価値を測定する指標としては、ROE（自己資本純利益率）、ROA（総資産利益率）、EVA（経済的付加価値率）、IRR（内部収益率）、CFROI（投下資本キャッシュフロー比率）などがある。→株主価値、ステークホルダー　　　　　　　　　1［吉村孝司］

価値提案 (value proposition)

　企業は、製品・サービスをとおして、顧客に価値を提供する。トレーシーとウィアセーマ（Treacy, M. & Wiersema, F.）は、市場でトップを目指す場合、企業は顧客への価値提供について、①業務卓越 (operational excellence)、②製品リーダー (product leader)、③顧客密着 (customer intimacy) の3つの価値提案から、ひとつに注力する必要があると指摘した。業務卓越は、品質、価格、利便性を含む総合力において、市場で最高の水準を保ち、低価格、確実で円滑なサービスを顧客に訴求する。製品リーダーは、これまでなかった製品機能、いちじるしく優れた製品品質の開発と提供に注力し、比類のない製品、絶え間ない新製品提供により顧客に訴求する。顧客密着は、市場ニーズではなく、特定顧客ニーズに応え、その顧客関係の中からさまざまな価値を提供し、オンリーワンサービス、またはきめ細かな対応により顧客に訴求する。　　　　　　　2［歌代　豊］

活性化 (activation)

　メンバーのコミュニケーションを活発にし、組織の目標に向かって意欲や士気を高め、変革に挑戦していく風土を醸成することにほかならない。組織メンバーの意欲や士気が下がってしまったり、変化を嫌い安定を求める空気が蔓延する状態は、環境が刻一刻と変化し、逐次、適応していかなければならない現代の組織において致命的となる。硬直して沈滞した組織を、柔軟な活力ある組織に変えていくこと、すなわち活性化が求められる。そのためには、プロジェクト・チームの導入など組織の構造や制度、文化といったものに手をつけ、変革していかなければならないし、また、感受性訓練や小集団活動など組織開発の手法を使わなければならない。→組織開発　　　　　　　　　10［松村洋平］

カフェテリアプラン (cafeteria-style benefits)

　サービスを利用する従業員が、あらかじめ定められたポイント（持ち点）を使って、用意されたサービスメニューの中から自らに必要なものを必要なだけ自由に選択する福利厚生制度を意味する。従業員が企業から受ける福利厚生制度のあり方の一種で、もともとは、アメリカで年々増大する福利厚生費を抑制する目的で導入された。わが国の従来の福利厚生制度では、企業が提供するサービスが一定の従業員だけに有利である、時代の変化に素早く対応するのがむずかしい、福利厚生管理が複雑であるなどのデメリットへの対応策として導入されてきている。企業の限られた福利厚生予算内で、従業員のニーズに応じたメニューの入れ替え等、柔軟に対応でき

る．その結果，従業員の福利厚生への関心も向上するとともに，外部への企業イメージ形成にもプラスに働くと考えられている．ただし，カフェテリアプランを初めて導入する場合には，そのメニュー整備に時間がかかることに加え，運用管理システム費用が多額になる，税制面での対応が立ち遅れているなどの問題も少なくない．このようなことから，近年では，福利厚生制度の一部，あるいは全部をアウトソーシングする企業も現れている．

12［田中聖華］

株式会社
(joint-stock company, a stock company)

企業は環境の変化に応えるべく，設立され，事業展開を行う必要がある．そのために必要とされる資金（自己資本）を速やかに調達し，各事業に配分することが不可欠とされる．こうした状況に適する会社形態として作り出されたのが株式会社であり，近代の会社形態の中でもっとも優れた形態として位置づけられている．株式会社はその名にあるように，株式を自ら発行し，市場から資本を調達することが認められた唯一の形態である．歴史的には17世紀初頭の「東インド会社（イギリス，オランダ，フランス）」がその始まりとされ，わが国では19世紀半ばに相次いで設立された．

株式会社は市場から資本（資金）を調達する際に，出資者に対して「株式」を発行し，出資者は出資額を限度としての責任（有限責任）を負う．こうした株式会社の特徴は，①全社員（全出資者）の有限責任制，②等額株式制と株式譲渡の自由性，③会社機関（株主総会，取締役会，代表取締役，監査役会）の設置，に示される．最近ではコーポレート・ガバナンス（企業統治）の強化の動きを受け，さらにはわが国における商法の改正および会社法の制定等により，資本金の制約の廃止，取締役の人数における規制緩和，大企業における「内部統制システム」の設置など，株式会社の設立，運営の広範囲におよぶ改革が進められてきている．→会社法，株主総会，有限責任社員

1［吉村孝司］

株式公開 (Initial Public Offering：IPO)

創業者など特定の少数者だけを株主として設立され，株式の譲渡が制限されている会社が，その株式の所有を不特定多数の者にも公開し，一般の投資家に株式市場で売買する機会を与えること．株式公開により会社は，より広く資本を集めることが可能になり，事業展開力の強化，自己資本比率向上による財務の健全化，知名度上昇によるブランド価値向上や有力人材の獲得といった利益を得る．また創業者にとっては，所有株式の市場での売却を通じて創業利得の実現を図る貴重な機会となる．一方，会社は株式公開によって社会性を増し，企業内容の詳細な開示が義務づけられるほか，企業買収の標的にもなりやすくなる．株式を公開するには，公開しようとする株式市場の審査に合格する必要があり，企業としての継続性と収益性，経営の健全性，情報開示の適正性などにおいて，所定の基準を満たさねばならない．公開準備の過程は監査法人，証券会社からの指導と助言の下で進められ，社内管理体制の整備などがはかられるほか，公開までの資金計画，創業株主の持株比率，公開時の株主構成といった事項に関する，いわゆる資本政策が作成される．→株式会社，株主価値，株主総会，所有と経営の分離

15［田中延弘］

株式の相互持合い (cross holding)

企業間で発行した株式を互いに所有しあうこと．本来は，1960年代後半の外国資本による日本企業の株式取得の自由化（資本自由化）に際して，'乗っ取り'の脅威に対応する「安定株主工作」として定着していったといわれている．しかしその後，外国資本による乗っ取り回避という消極的な理由から，むしろ企業間・企業グループの関係強化の手段へと移行していった．こうした株式の相互持合いは，特に日本の企業社会に特徴的な現象であるといわれ，その「安定株主効果」が日本企業に特有の厚い内部留保を基盤とした長期的成長を志向する経営を可能にしたとする指摘がある．しかし，一方で経営者へのチェッ

ク機能が十分に働かないために，重大なガバナンス（企業統治）上の機能不全につながったとする指摘もある．また，株式の広範な持合いは株式の流動性を押し下げることにより，適正な株価形成をゆがめ，株式市場の健全な発達を妨げてきたとの批判もあった．しかし90年代のバブル崩壊以降，株価の大幅な下落や度重なる業界再編の波の中で，持合い現象はゆるやかな解消傾向を続けている．→企業系列　　　　　　　　9［石坂庸祐］

株主価値 (shareholder value)

会社の企業価値のうち所有者である株主に帰属する部分であり，株主価値＝企業価値－負債（の時価価値）のように，企業価値から負債（の時価価値）を差し引いた残額である．つまり，株主価値とは，企業全体の価値を計算した額から銀行などからの借金を返して残った株主の取り分である．→企業価値
1［鈴木研一］

株主資本等変動計算書

この計算書は，会計期間中の貸借対照表純資産の部に表示される各項目の変動内容を報告するものである．具体的には，新株を発行したことによる資本金の増加，配当を行ったことによる剰余金の減少などの詳細が記載される．平成18年5月より施行された会社法（平成17年法律第86号）で，すべての株式会社に対して株主資本等変動計算書の作成が規定され，当該計算書を株主に送付しなければならないこととなり，この計算書の導入にともない，従来の利益処分案（もしくは損失処理案）は廃止されることとなった．会計基準委員会もこの法改正にあわせて，企業会計基準第6号「株主資本等変動計算書に関する会計基準」および企業会計基準適用指針第9号「株主資本等変動計算書に関する会計基準の適用指針」を公表した．→会社法, 純資産, 貸借対照表　　　　　　　　7［大倉　学］

株主総会 (general meeting of stockholders)

株式会社における最高意思決定機関として最上位に位置づけられる機関．わが国においては商法第二編において規定されている．株主総会はその名のとおり，株主によって構成されるが，株式会社の定款の規定に則して，1株（もしくは1単元）以上の株式を保有し，かつ株式会社に届出されている株主への召集をもって開催される．

わが国の株式会社においては，一般的に決算期に合わせた定例株主総会と，緊急または臨時の議案が生じたときに開催される臨時株主総会の2種類が存在している．株式会社にとっての株主とは，いわば会社の所有者であることからも，会社運営全般に関する意思決定権限を有するのが法的にみた正しい解釈ではあるが，現実の会社経営を鑑みた場合，経営の高度化・専門化・複雑化にすべての株主が意思決定することの非現実性や，通常の経営執行における迅速性の要請という点からも実際に株主が有する権限，すなわち株主総会の権限は商法によって制約されている．

「総会屋」による株主総会への妨害や，株主総会の形骸化などの問題が深刻化する弊害もあるなかで，株主総会がその機能と権限を正しく執行させることは常に要請されている．→会社法, 株式会社　　　　　　　　1［吉村孝司］

カリスマ (charisma)

「恩恵」を意味するギリシア語のカリスを語源とし，超自然的・超人間的な能力や資質，あるいは能力や資質を有する人物をいう．カリスマは，一般大衆を惹きつけ，熱狂的な支持を受ける．ウェーバー (Weber, M.) は，被支配者の服従の根拠として，カリスマ性が支配を正当なものにすると考えた．ウェーバーは，支配の類型として，規則や秩序に基づく合法的支配（官僚制など），伝統や習慣に基づく伝統的支配（家父長制など），カリスマへの帰依に基づくカリスマ的支配をあげた．このうち，カリスマ的支配は，支配者の超人間的で非日常的な能力や資質があり，思想や行動が英雄的で模範的であるがゆえに，被支配者は支配者に帰依する．軍事的英雄や呪術者，予言者による支配が代表的である．→ウェーバー　　　　　　　　1［松村洋平］

カルチャー・ショック (culture shock)

　人びとは，異なる価値や習慣に出会ったとき，驚嘆し，戸惑い，混乱する．苦痛とさえ思うことがある．これがカルチャー・ショックである．われわれは知らず知らず自分が所属する社会（国家，地域，企業）に固有の文化を学習している．なかでも，幼いときから家庭において身に付けた価値や習慣は，血となり，肉となっている．価値や習慣は，社会が違えば，当然，違ってくるのである．カルチャー・ショックは，異なる文化に慣れ親しむにつれて，和らいでいくが，逆に自分が所属するもとの社会に戻ったときに，逆カルチャー・ショックを体験することもあるという．また，企業文化についても同じことがあてはまり，転職，転勤，転属，転校によって，カルチャー・ショックと似たような経験をする．これがコーポレート・カルチャー・ショックである．　　　　　　　　10［松村洋平］

ガルブレイス〔Jay R. Galbraith〕

　グローバル企業の組織設計・変革・開発に関するエキスパートとして有名．マトリクス組織や横断型組織の水平的調整，グローバル企業のネットワーク組織，フロント・バック組織やカスタマー・フォーカス組織といった最新の組織デザインなど，国境を越えたカスタマーとマーケットの要求に対して既存の組織構造とプロセスを変化させる柔軟な組織デザインについて研究している．ペンシルバニア大学ウォートンスクール，マサチューセッツ工科大学スローンスクールの教授を歴任．現在，南カリフォルニア大学（USC）の「エフェクティブ・オーガニゼーションセンター」のシニア研究サイエンティスト．また，スイス，ローザンヌの国際経営開発研究所（IMD）名誉教授である．→フロントエンド・バックエンド組織，マトリクス組織　　9［松崎和久］

川上と川下 (upstream & downstream)

　ある製品の生産プロセス全体に関する業界区分や企業内での活動の区分に使用される用語である．最終消費者市場を「海」に喩え，そこにたどり着くまでのプロセスで，原料採掘や原材料加工，部品の生産は最終消費者市場からもっとも遠く，川上業界とよばれる．もっとも最終消費者市場に近いのは川下であり，消費者が買いにいく小売店などは川下業界や川下企業とよばれる．その中間にあるのが川中業界（企業）であり，川上で生産された部品の最終組立を行うアッセンブラー（組立業者）であり，その完成品を川下企業に流す．

　企業内の活動も，同様な分類が可能で（ただし川上と川下の2分類が多い），川上業界に近い活動（部品生産や部品調達，完成品生産）を川上活動（upstream activities），川下業界へつながる活動（出荷・物流，アフターサービス等）を川下活動（downstream activities）という．企業の場合，どの活動を自社自ら行うのか，どの活動に力を入れるべきかを考えてその活動の範囲，すなわち，自社のビジネスシステムを構築することになる．→価値連鎖，ロジスティクス
　　　　　　　　　　　　　　　1［茂垣広志］

環境経営 (eco management)

　地球環境に配慮し，環境負荷をできる限り小さくしながら，同時に企業の収益性，経済性も獲得していこうとするさまざまな経営活動を意味するものである．まずは，部品・材料の購買から生産，販売，販売後の顧客の使用，廃棄段階に至る製品やサービスの一連の流れの中で，どの段階でどれくらいの環境負荷がかかってくるか，を把握することがスタートになる．その後，省エネルギー化，省資源化，リサイクル，再利用といった方法を用いて環境負荷を低減させていくことになる．これら具体的な活動は，全般的な組織の管理という視点からは，Plan（計画），Do（行動），Check（チェック），Action（アクション）というPDCAサイクルにそって，1回きりで終わることない，継続的な取り組みとして行われることが求められる．その際には，国際的な環境経営の第三者認証規格であるISO14001を利用することが一般的であるが，①認証取得あるいは維持が目的化してし

まうこと、②認証取得により精神的な飽和感が醸成されてしまうこと、③従業員のアイデアや創造性の発揮の抑制要因になる可能性、といった問題点も指摘される。→ISO14001、拡大生産者責任、マネジメント・サイクル

1 [山田敏之]

環境効率性 (eco efficiency)

必要な消費、生産を、いかに少ない環境への負荷で行うかということを、環境と経済両面での効率性を追求するための概念を示す。したがって、同じ機能・役割を果たす財やサービスの生産を比べた場合、それにともなって発生する環境への負荷が小さくなれば、それだけ環境効率性が高いということになる。また、環境効率性は、企業が生み出す製品やサービス、もしくはその効用をいかに少ない環境負荷で実現できるかを比率で表現したものであるので、これを公式化すると、物質資源消費量、化石燃料消費量等 ÷ 生産高、売上高となる。21世紀を迎え、企業は地球環境を考え、配慮して活動していくことがコスト・マネジメント戦略の鍵となってきている。企業がつくり出す製品やサービスが、どの程度環境に負荷をかけているのか配慮しているのかという部分も企業成長に大きな影響を与えるようになってきた。また、こういった地球環境に配慮する諸活動が、企業や社会のイノベーションを促進している。→環境マーケティング、環境マネジメント・システム

3 [竹内慶司]

環境適応型文化

コッターとヘスケット (Kotter, J. P. & Heskett, J. L.) は、著書 Corporate Culture and Performance, Free Press, 1992 (梅津祐良訳『企業文化が高業績を生む』ダイヤモンド社、1994年) の中で、「強力な企業文化が高業績につながるか」あるいは「戦略に合致した企業文化が高業績につながるか」といった命題について検証した。いずれの命題についても、短期的に業績の向上にあてはまるが、長期的な業績の向上にはあてはまらないという結論に至った。そして、長期的な業績の向上のためには、環境の変化に適応する企業文化を形成しなければならないと考え、調査の結果、①顧客、株主、従業員に貢献することを重視する企業文化、かつ、②リーダーシップを尊重する企業文化こそが、環境の変化に適応する企業文化であるとした。コッターとヘスケットは、企業文化の光と影、すなわち、順機能と逆機能を浮き彫りにするとともに、あいまいであった文化と業績の関係をはっきりと示すことに成功したのである。→企業文化、企業文化の機能

10 [松村洋平]

環境マーケティング (eco marketing)

エコロジーとエコノミーを両立させる新しいマーケティング手法であり、地球環境負荷の低減と利益の追求の両立を目指している。環境マーケティングとはグリーン・マーケティングともよばれ、その研究のスタートは1970年代の公害問題からはじまっている。その後、1980年には地球温暖化やオゾン層の破壊、森林破壊、酸性雨、海洋汚染、野生生物種の減少、廃棄物問題、土壌汚染など、地球全体の環境を取り巻くさまざまな問題が噴出し、原因の究明や問題解決が探られはじめた。それまでの社会は、大量生産・大量消費・大量廃棄を行うことによって高度成長を実現してきたが、その不自然な発展の歪みとして、環境問題や資源枯渇などの問題が浮上してきた。

地球環境問題や食糧をめぐる問題、野生生物種の問題などは、それまでにおけるマーケティングとは接点の薄い関係だったが、1992年にイギリスのケン・ピーティーが「グリーン・マーケティング」を提唱し、「企業は顧客と社会の要求に応えながら利益をあげ、かつ持続可能な方法で予測し、充足させることに責任をもつホーリスティックなマネジメント・プロセス」と定義した。環境マーケティングでは、循環型社会に対応するという環境的アプローチとのバランスをはかること、社会と消費者のニーズ・利益を重視するだけではなく、地球環境の生態系と人間社会との均衡と共生・調和をはかるというコンセプトを

基調にしている．→ISO14001，環境マネジメント・システム　　　　　　3［竹内慶司］

環境マネジメント・システム
(Environmental Management System：EMS)

事業者が自主的に環境保全に関する取り組みを進めるにあたり，環境に関する方針や目標等を自ら設定し，これらの達成に向けて取り組んでいくことを環境管理，または，環境マネジメントといい，このための工場や事業場内の体制・手続き等を環境マネジメント・システムとよぶ．地球環境問題に対応するには，経済社会活動のあらゆる局面で環境への負荷を減らしていかなければならない．そのためには，幅広い事業者が，規制にしたがうだけでなく，その活動全体にわたって自主的かつ積極的に環境保全の取り組みを進めていくことが求められる．環境マネジメント・システムは，そのための有効なツールとなる．また，事業者の立場からみても，環境マネジメント・システムにより積極的に取り組みを進めていくことが求められてくる．なぜならば，消費者の環境意識は急速に高まっており，企業間の取引においても環境保全の動きが活発化してきている．あわせて，将来を見とおし，より積極的に環境に取り組むことで，ビジネス・チャンスにつながる可能性があるといえよう．さらに，環境マネジメントへの積極的な取り組みは，省資源や省エネルギーをつうじ，経費節減につながり，企業内部の管理体制の効率化にもつながるという直接的なメリットも期待できる．→ISO14001，環境効率性，環境マーケティング
3［竹内慶司］

関係会社管理 (management of affiliate)

親会社が20％以上の持株比率をもち，人事や業務・融資上で，なんらかの連携にある他の会社を関係会社または関連会社といい，これらの会社の管理を関係会社管理という．より具体的にいうならば，親会社から関係会社への資本の提供，人材の派遣などがある．単に業務上の提携関係があるだけでは関係会社とはいえない．しかし，関係会社管理が子会社管理ともいわれることがあるのは，親会社が50％以上の持株比率をもち，支配権を確保している他の会社を子会社というからである．その他にも，子会社の子会社，共同出資会社，外資との合弁会社，海外での合弁会社などの多様な企業形態が関係会社に含まれることになる．関係会社に多様な形態があるのは，新規参入を意図して設立した会社や，製造やサービスを独立させた会社，さらには，海外展開の知識が欠けているため，現地企業と手を組むことで設立された合弁など，目的や経緯が会社によって異なるからである．このように会社の形態が異なるとはいえ，関係会社管理とは，50％以上ならびに20％以上の持株比率をもっているすべての子会社と関係会社を含む管理の総称である．→カンパニー制，企業系列，組織間関係
4［高井　透］

関係焦点化能力

自社のコンピタンスの開発，変革にいちばん重要と思われる提携関係をとらえる能力をいう．今日，多くの業界で企業間の提携が活発に行われている．しかも，一企業が多様な企業と提携関係を結んでいる．そのような提携には，戦略的なものや戦術的なものなどがある．しかし，競争企業間での経営資源の格差が少なくなってきている今日では，かつてのように特定企業との提携が戦略的に意味をもつということは少ない．むしろ，多様な企業との提携ネットワーク全体が，戦略的に重要な意味をもつようになってきている．つまり，提携パートナーの特定化と多様化という今日の提携戦略のジレンマを克服するためにも，関係焦点化能力の開発が必要不可欠なのである．
→コア・コンピタンス　　　　　4［高井　透］

関係優位性 (relational advantage)

従来の戦略論を代表する学派には，ポーターを代表とする「産業組織学派」と，バーニーを代表とする「資源論学派」がある．しかし，近年，戦略論では「関係優位性」という考え方が提唱されており，企業間の関係性それ自体が競争優位につながっているとい

うものである．特に，①関係性資産，②知識共有ルーチン，③相補的資源・ケイパビリティー，④効果的統治という要素が競争優位の源泉であると位置づけている．つまり，企業の競争優位性を決定する要因は，単一企業が限定して有する資源にあるだけではなく，当該企業の枠を超えた範囲に拡充していることから，いかにして関係企業と資源のやり取りを効果的に行うかが重要であると定義している．たとえば，アメリカ自動車メーカーのGMとトヨタ自動車を比較した場合，GMはサプライヤーとの取引関係を市場主義として捉えていたために，サプライヤーとの効果的な知識共有はできなかった．一方，トヨタは，サプライヤーとの長期的関係を重視してきたので，全体として効率的な知識共有，知識創造が実現されている．→競争優位

14［島谷祐史］

間接輸出 (indirect export)

企業が直接的に輸出業務を行うのではなく，その業務を中間業者（たとえば，商社等の貿易会社）に委託する輸出方法である．この間接輸出を採用するにはいくつかの要因が関係している．まず，この間接輸出の形態が採られるのは，一般的に海外事業展開の初期にみられる．輸出量が少なかったり，断続的で場当たり的な輸出（たとえば，国内在庫のはけ口としての輸出）の場合である．このために輸出セクションを設けるのはコスト的にも見合わない．専門業者に委託した方が規模の経済から設置コストよりも手数料の方が安くなる．また，海外展開の初期にあっては貿易関連の知識や現地販売の知識が欠如しているため，それらを有する企業（商社など）を活用した方が有効性が高い．しかしながら，海外の売上が多くなり，利益計画・販売計画・生産計画において輸出が計画的に組み込まれてくると自社内に設置してもコスト的に見合うようになり，また海外情報（とりわけ現地市場関連情報や知識）の入手の意味でも自社で行うことが有利である場合もある．この情報・知識の入手が重要である場合には，間接輸出から直接輸出への転換が促進される．しかしながら，現地市場情報・知識がそれほど重要ではない非差別化製品の場合には，コスト上有利な間接輸出が選好される傾向にある．→直接輸出

5［茂垣広志］

ガントチャート (Gantt chart)

古典的ともいえる日程計画とその管理法であり，アメリカ人ガント(Gantt, H. L.)によって考案された．テイラーの科学的管理法の実践を支えた動作研究とともに2本柱のひとつといわれている．最近は経営学辞典でもあまり見かけなくなったが，業務内容と期間の予定を太線で表現し，実績をその上に細線で表記し，日程管理を行う方法である．

作成も簡単で，一覧性があり，目でみる管理が可能なため，今日でも計画・実績管理など，それを基本として幅広く活用されている．

14［根本 孝］

カントリーリスク (country risk)

統一された定義が存在せず，狭義のものからかなり広く捉える考え方まである．海外融資にともなうリスクに限定する定義もあれば，融資のみならず直接投資を含むものもある．一般には，企業の国際的活動の進展により，カントリーリスクという用語は，広い範囲で用いられるようになってきている．しかし，カントリーリスクという場合，商業リスクとは区別される．商業リスクとは，個別事業が抱えるリスクや相手先機関・企業が契約を遵守するかどうかという個別事業体を対象とするのに対し，カントリーリスクは，その「国家」という枠組みで生じるリスクを指している．たとえば，貸付先企業が契約どおりに元利の支払いを行わない，売掛金の債権回収が契約どおりになされないというのは商業リスクの範疇に入る．それに対し，カントリーリスクは，政治的要因からの，①収用リスク（国有化政策など），②戦争リスク（戦争，革命，内乱等），③送金リスク（モラトリアムやデフォルト），④操業リスク（外資政策や輸出入政策の急激な変更）などがあり，いずれも現地政府の政治体制や政策の不安定性に起因する．また，経済的要因として，財政

政策の破綻や金融政策の失敗，およびそれらからもたらされる急激なインフレーションなどを含める場合もある．以上のように，カントリーリスクは，商業リスクとは区別されるが，その構成要素は，海外投融資が多様化・複雑化するにつれ，ますます広がりをもつことが予想される．→海外直接投資

5［茂垣広志］

観念文化 (ideological culture)

企業文化を構成する要素のひとつであり，観念文化は，企業哲学，経営理念，社是・社訓，会社綱領などを指し，企業や経営に関するあるべき方向や指導原理を内容とする．梅澤正は，企業文化を構成する要素を観念文化，制度文化，行動文化，視聴覚文化に分類した．この観念文化が構造化（あるいは制度化）されて儀式や規則など制度文化に，行動化（あるいは内面化）されて接客態度など行動文化に，象徴化（あるいは具象化）されてロゴイプなど視聴覚文化になる．すなわち，観念文化は企業文化の中核をなすものである．→行動文化，視聴覚文化　10［松村洋平］

カンパニー制 (company system)

事業部制組織をもう一歩進めて，各事業部を独立した会社すなわちカンパニーにより近づけた組織形態である．社内分社化としてはじまり，各事業部をカンパニーとよび，各カンパニーに責任者としてプレジデントをおいた．カンパニーは，社内資本金や投資権限をもち一定の基準で事業成績を表示する損益計算書や財政状態を表示する貸借対照表を作成し，業績に応じて本社に利益配当もして，一企業体のように会計上独立採算をとり，利益責任を負っている．ソニーが，1994 年に日本企業ではじめてカンパニー制を導入し注目された．

この組織の長所としては，①意思決定と実施の迅速化，②責任の明確化，③経営資源の効率的分配などが期待できる点があげられる．しかし，カンパニー制は，法的に別会社になっていない擬似的分社制なので，本社があくまで主導権をもっていることになる．事業損益の明確化により，事業の売却や M&Aなどによる事業構成の変革が可能なのである．→M&A，関係会社管理，事業戦略，リストラクチャリング　2［高橋誠夫］

かんばん方式 (kanban method)

トヨタ自動車が提唱したジャストインタイム方式 (JIT) の中心的要素技術であり，多段階の生産物流システムにおいて，モノの移動や加工組み立ての指示を自動的に起動し，業務プロセスを同期化することにより，円滑な処理を実現するためのシステムである．かんばん方式のメカニズムは，後工程の最終組立てラインにある先頭の作業だけに生産計画に基づいた生産指示を与えれば，前工程である部品加工，外部サプライヤーへの運搬指示は「かんばん」を通じて連鎖的に行われる．重要な特徴は，部品供給や生産開始を自動的に起動することが可能で，管理コストの削減やモノと情報が同期化する点があげられる．つまり，部品の在庫が減った分だけ，部品を発注して元の在庫量に戻す補填システムともいえる．

かんばんは，部品を収納するコンテナに一枚ずつ添付され，部品の種類，収容量，部品製作の前工程，製作後の後工程，納入サイクルなどの情報が記載されている．主なかんばんには，生産工程での生産着手指示に用いる「生産指示かんばん」，後工程が前工程へ部品を引き取りにいく時期，部品量を指示する「引き取りかんばん」の 2 種類がある．また，かんばん枚数は工程能力，在庫コスト，品切れコストを考慮して算定されるために工程改善，作業改善への契機ともなる．→工程管理，在庫管理，JIT　14［島谷祐史］

関与 (involvement)

関与が，一般に購買および消費に用いられる場合には，製品およびサービスの購買がかなり個人的なかかわりあいをどの程度もっているかどうかという基準になり，動機の程度を示す尺度である．自己イメージとの関連性の強さ，知覚されたリスクの大きさ，個人的な重要性の大きさ，および結果に対する不

安の程度について製品およびサービスのかかわりあいが強ければ高関与，弱ければ低関与である．関与概念を消費者購買行動に結び付けた場合，高関与型のものと低関与型のものに分類できる．高関与型の場合には，認知の変化に続いて情緒的な変化が生じ，行動変化が生じる複雑な意思決定が想定される．他方で，低関与型の場合には消費者は受動的に製品についての信念を獲得し，行動を起こし，態度を形成するという限定された処理を行う．(井上崇通『新版マーケティング戦略と診断』同友館，2001年)　　　　3[菊池一夫]

管理 (management)

一般に管轄し，監督，処理することであり，よい状態の維持，保存やその利用，改良も意味する．さらに統御や制御，操縦といった多様な意味を含んでいる．広義には経営も同義語として使用され，経営管理ともいわれる．同時にそうした経営や管理する者や集団さらには経営学の意味も含んでいる．

またコントロールも管理の意味をもつが，限定的に他律的な支配，統制，制限という意味合いが強い．それに対し自律的な統制，制御はセルフをつけてセルフコントロールという表現がよく使用される．論者によっては階層別に経営者の役割がマネジメント(経営)，管理者が担うのがアドミニストレーション(経営管理)，監督者が担当するのがコントロール(業務管理，監督)といった区分もみられる．

伝統的に，「他の人びとを使って，物事を成し遂げること」という意味で，管理が使われる場合も少なくない．経営と管理は経営管理というように一体で使われる場合も多く，「ミッション・戦略へ向けてヒト，モノ，カネ，ジョウホウという経営資源を統合すること」を意味する．→管理過程学派　11[根本　孝]

管理会計 (management accounting, managerial accounting)

企業会計の一領域であり，企業内部の経営管理者(トップ・マネジメント，ミドル・マネジメント，ロアー・マネジメント)に対して，意思決定と業績管理のために有用な会計情報を提供することを目的とした会計である．企業内部の利害関係者に対して情報を提供することから，内部報告会計ともいわれる．→意思決定会計，企業会計，業績管理会計，財務会計　　　　　　　　8[崎　章浩]

管理過程学派 (management process school)

フランスのファヨール(Fayol, H.)は，経営と管理を区別し，管理の機能あるいは要素として，予測・組織・命令・調整・統制をあげるとともに，指導原理ともいうべき管理の原則を抽出して，管理の概念を明確にした．ファヨールの考え方は，プラグマティズムの色濃いアメリカで受け入れられ，クーンツとオドンネル(Koontz, H. & O'Donnell, C.)など研究を継承する研究者たちを，管理過程学派とよんでいる．

なかでも，管理の要素は，予測→組織→命令→調整→統制という過程として考えられるとともに，統制の結果が次の予測につながるという意味で，管理の過程は循環しながら進化すると理解されるようになった．また，管理過程学派の研究者たちによって管理の要素や原則は検討が重ねられ，動機づけなどの要素が追加されたり，スパン・オブ・コントロールなどの原則が追加されるに至っている．

他方，サイモン(Simon, H. A.)は，管理の原則を相互に矛盾しあっており，原則の採用に関する基準があいまいとして，管理の原則に疑問を投げ掛けるなど批判も存在する．→管理，権限と責任の原則，統制の範囲，命令一元化の原則　　　　　　　　1[松村洋平]

官僚制 (bureaucracy)

ウェーバー(Weber, M.)によって提示された他者を合法的に支配するためのひとつの理念型(純粋型)である．

官僚制の特徴として，①規則による経営(職務に関することは，すべて規則によってはっきりと決められる)，②権限と責任の配分(権限や責任は人ではなく，地位に配分される)，③階層制の原則(上下関係は厳密で，

秩序が重んじられる），④専門的訓練（職務に適した専門的訓練を施された者だけが就ける），⑤公私の分離（私利私欲をはさむことは許されない），⑥文書主義（文書に基づいて業務が進んでいく）が指摘されている．

官僚制は，規則や秩序がすべてであり，怒りも興奮もない，感情をはさむ余地のない世界である．権限も責任も人物のいかんを問わない，すなわち人格的なものも排除される．したがって，計算されつくした世界である．

また，専門的訓練が施され，職務が迅速かつ正確にこなされ，損失はきわめて少ない．技術という点からすると，官僚制はきわめて技術的に優れた組織体制（官僚制の技術的優位性）であるが，目的を達成させるための手段である規則の遵守があまりにも強調されてしまい，目的と手段の転倒が生ずることが官僚制の逆機能として批判されている．→ウェーバー，逆機能と順機能，大企業病

9 [松村洋平]

き

機会原価 (opportunity cost)

いくつかの代替案の中からひとつを採用して他を断念したために失われる他の代替案から得られるであろう利益のことをいう．失われる利益がいくつかある場合には，その中で最大の逸失利益が機会原価となる．機会費用ともいわれる．会計上の利益だけでなく，計量可能な便益も含む．実際には支出をともなわないために財務会計上は計算しないが，意思決定のために特別に計算する原価である．

機会原価は実際の現金支出と結びつけて把握される支出原価概念と対立する概念として特殊原価概念全体を指す概念ととらえる見方もある．通常は財務会計機構に組み込まれることなく計算される，意思決定のための原価概念である．→支出原価　　　　8 [長屋信義]

機械的組織 (mechanistic organization)

物事が一定の規則やルールによって機械的に処理される組織であり，ウェーバーのいう官僚制組織の特徴をもっている．バーンズとストーカーが，イギリスにおけるエレクトロニクス企業20社の工場の職場組織の事例研究から抽出した組織構造の類型であり，有機的組織の対極にあるものである．

機械的組織の特徴としては，まず仕事の専門，分化の度合いが高く，標準化されたものとなる点があげられる．各職能は役割に応じて責任，権限，方法が明確に規定されることになる．さらに，仕事の目標も組織全体の目標よりも，専門分化された個々の職能の効率性が重視される．上司と部下の関係についてみると，まず，階層ごとの仕事の調整は上司によってなされる．統制，権限，コミュニケーションはピラミッド型のハイアラーキー構造となり，階層のトップがコミュニケーションの統制を行うことになる．そこでは，上司と部下のタテの相互作用が強調され，部下の行動は上司の指示や命令，意思決定に支配されることになる．個人は，組織メンバーの一員として組織や上司に対する忠誠が求められる．個人が評価される場合，広い知識，技能，経験よりも，むしろ狭い知識，技能，経験に高い価値が置かれるのである．機械的組織は，外部環境が比較的安定しているような状況で有効になる．→コンティンジェンシー理論，有機的組織　　　　9 [山田敏之]

機会費用⇒機会原価

機関投資家 (institutional investors)

広義には，自己資金を投資する個人投資家に対し，常時資本市場に参加している企業・団体を指し，投資の主体が個人であるか機関であるかにより区別されるが，一般的には，より限定的に，「自己資金ではなく，顧客（個人や法人）から委託を受けて，証券投資等の多様な金融商品での運用・管理を行う機関」と定義される．したがって，そもそも運用目的ではない企業集団における株式の相互持合などは，この範疇には入らない．代表的には，

投資信託会社，信託銀行，商業信託銀行，投資顧問会社，生命・損害保険会社などである．機関投資家の本質的機能とは，投資助言および投資助言に基づく運用の執行である．歴史的には，株式市場の大衆化によって，専門的知識を有する個人投資家が自ら株式投資を行うよりも，余剰資金を有するが専門知識を持たない個人を対象とした投資信託などを通じた投資行動が増えるにしたがって，金額的には個人投資家よりも機関投資家の比率が高まった．また，企業も余剰資金や年金資金の運用のために多額の資金を機関投資家に委託することにより，株式市場における機関投資化の動きは加速した．だが，近年では，ネット証券の発達，その手数料の低額化から個人投資家も増大してきている．しかしながら，機関投資家は，個人投資家よりも多額の資金をもとに運用するため，市場に対する影響力は大きく，機関投資家のコーポレートガバナンスのあり方も問われ始めている．また，金融のグローバリゼーション（運用資金の地理的多角化）や金融商品の多様化（商品多角化）により，機関投資家のための機関投資家が存在するなど，機関投資家間での階層化もみられている．→コーポレート・ガバナンス，所有と経営の分離，ステークホルダー

[茂垣広志]

棄却学習 (unlearning)

「過去の成功体験を忘れ，捨てる」，すなわち過去に学習したことを捨て，棄却することが棄却学習（アンラーニング）とよばれている．人間が身に着けた行動は過去にうまくいった行動，すなわち成功体験の記憶・定着したものが中心である．しかしその成功体験は一定の状況，条件の下で成果を上げ，成功したものであり，状況や，条件が変化しても同じ行動をとってしまう傾向が強い．だからこそ棄却学習が重要視されるのである．棄却学習には，成功した時の状況，条件を常に明らかにし，その範囲においてはベストウエイであることを自覚し，新たに直面している現状の状況・条件の異同を明確にした上で，ベストウエイを探索しなければならないのである．しかし人間は過去の成功にこだわり，また束縛されてしまい，なかなか脱皮できない傾向が強いのでアンラーニングの重要性が声高に叫ばれるのである． 16［根本 孝］

企業家 (entrepreneur)

事業性や創造性に加え，環境変化の中で，事業機会を追求し，適切なリスク管理を行いながら，常に新たな価値を創造していくという革新性を備えた人的資源ととらえられる企業家という概念はきわめて広範であり，その実像を的確に把握することはむずかしい．企業家の原語でもある アントルプルヌール（entrepreneur）という意味については，もともとは「興行主催者」に近いものであり，その後，「冒険家」や「投機家」という意味が加えられることを経て，現在の意味に近づいてきた．

シュンペーターは企業活動による景気循環現象を説明するうえで，企業家がもつ意味の大きさを説いており，とりわけ企業家による新生産関数の樹立，生産諸要素の新結合，創造的破壊がいわゆるイノベーションをもたらすとしている．

今日，企業経営においては，こうした企業家ならびに企業家精神に富む人材の果たす役割は大きく，トップ・マネジメントに限らず，研究開発，生産，流通などの多様な領域において創造性を発揮する人材が不可欠とされている．→イノベーション，シュンペーター

2［吉村孝司］

企業会計 (accounting)

企業が営む経済活動およびこれに関連して発生する経済事象について，主として貨幣額により認識，測定，記録，および報告（表示）するシステムであり，企業会計が提供する情報を会計情報という．

企業会計は，報告する対象あるいは果たす機能（役割）により，企業外部の利害関係者に対して経営成績と財政状態に関する情報，およびキャッシュフロー情報を提供する財務会計と，企業内部の経営管理者に対して意思決定と業績管理のため会計情報を提供する管

理会計に大別される．→管理会計，財務会計

8［崎　章浩］

起業家精神 (entrepreneur ship)

新たに企業を創ろうとする起業家の動機を説明するものである．起業家とは新しい企業を起こす，新規開業者だけを意味するものであり，事業機会を敏感にとらえ，自己の責任においてリスクを負担し，創造的な活動によって事業を起こす人である．これに対して，企業家は，新規開業企業だけではなく，既存企業をも含めた企業の経営者を意味し，企業家精神とは，既存企業が新分野への進出や事業の多角化を行おうとする経営者の心の動きを説明するものである．起業家精神における動機とは，起業家が自ら何か価値のあるものを創り出すことで，どんな条件下でも事業機会をとらえられたり，あるいは，創り出して，新しい企業を起こすという夢を実現しようとすることを指している．また，起業家精神を発揮することは，起業家がこの動機に向かってハングリー精神に基づいて，あえてリスクにチャレンジすることである．→企業家，ハングリー精神，ベンチャービジネス

15［今村　哲］

企業価値 (corporate value)

広義には，株主価値，顧客価値，従業員価値，社会価値の総和である．とりわけ株主価値の視点からみると，企業価値とは，次のように，企業が将来期間において獲得することを期待できるキャッシュフローの現在価値の合計額である．

企業価値
$= \sum_{i=1}^{\infty}$ (i 年後のキャッシュフローの現在価値)

$= \sum_{i=1}^{\infty} \dfrac{\text{i 年後のキャッシュフロー}}{(1+ \text{資本コスト})^2}$

ここで，キャッシュフローとは，ある期間における現金流入と現金流出との差額としての現金余剰である．すなわち，企業は，毎期，株主などから提供された資金を使ってさまざまな製品やサービスを提供し，その結果，顧客から資金を獲得しているが，このような営みをとおして得られる当該期間の現金余剰がキャッシュフローである．→現在価値

1［鈴木研一］

企業価値ドライバー

企業価値を増減させる要因である．ここで，企業価値（株主価値）は，企業が将来期間において獲得することを期待できるキャッシュフローの現在価値の合計額であることから，企業価値ドライバーは，企業が将来期間において獲得することが期待できるキャッシュフロー，およびキャッシュフローの現在価値を計算する際に用いられる資本コストに影響を与える要因である．

キャッシュフローに影響を与える要因としては，売上や費用，税金，投資などがあげられる．そして，キャッシュフローを増加させるためには，売上を多く，長く，早く獲得させること，ムダな費用を削除すること，法律上，倫理上許される範囲内で税金による現金流出を抑えること，効率の悪い投資を行わないことなどが求められる．一方，資本コストに影響を与える要因としては，キャッシュフロー獲得の確実性などがある．そして，キャッシュフロー獲得の確実性を高めるためには，顧客ロイヤルティの強化や新製品開発能力の向上などが求められる．→企業価値，現在価値，資本コスト

1［鈴木研一］

企業間ネットワーク (interorganization network)

複数の企業や機関がなんらかの目的をもって，相互に結合・連関することを意味している．このように企業間ネットワークを捉えると，技術，生産，販売提携，合弁，系列，ボランタリーチェーンなど実に多様な形態が含まれることになる．このような多様な企業間ネットワークが形成されるようになった大きな要因は，単一企業のもつ経営資源では，環境に適応することがむずかしくなってきたからにほかならない．企業間ネットワークという組織の特徴は，個々の組織が相互に一定の独立性をたもちながら，かつ一定の関係づけ

の中で，相互に依存している状態を意味している．

企業間ネットワークには，供給業者，メーカー，流通業者の間で連携する垂直型企業間ネットワークと，同一または異なる産業に属する企業が横断的に連携する水平型ネットワークの2つのタイプが存在する．また，水平型，垂直型ネットワークに捉われず，企業がその時々のプロジェクトのニーズに応えて臨機応変にパートナーを組み替えていくことをバーチャルネットワークないしダイナミックネットワークということもある．

4［高井 透］

起業教育

ベンチャービジネスブームの中で，起業を促進し，その後も事業経営が持続できるように必要な知識，起業家としての必要な経営能力を要請する教育研修をいう．開業率が欧米に比べて低いわが国では特に重要とされてきている．特に起業家精神の醸成には幼少の時代からの醸成が重要であり，日本でも幼児向けや小学生向けの「ベンチャー・キッズ」プログラム等とよばれる研修プログラムなども開発・実施されてきている．→起業家精神

15［根本 孝］

企業系列 (keiretsu)

一般に有力大企業がその資本的優位や市場での競争力を背景として，取引先（中小）企業を自社の傘下におさめる形で形成される，わが国に典型的なグループ関係を指す．その範囲は，製造企業における生産（生産（下請加工）系列），販売（販売系列），また流通企業における商品仕入（仕入系列），さらに「メインバンク制」にみられる金融機関との融資関係（融資系列）など，企業間取引のさまざまな局面におよんでいる．また，こうした諸種の企業系列の中でも，自動車産業や家電産業に典型的にみられる「生産系列」は，完成品メーカーと部品メーカー間での'長期継続的'な取引関係を基盤としながら，効率的な生産および品質向上に向けた協力体制を構築することによって，わが国製造業の発展に大きく寄与してきたことが指摘されており，世界的に注目を集めた'Keiretsu'の代名詞となっている．しかし一方で，こうした企業系列においては，グループ内の取引関係を優先する傾向が強く，それが諸外国企業の日本市場への参入を阻んでいるという．その「閉鎖性」に対する批判もある．→関係会社管理，中間組織，メインバンク制 9［石坂庸祐］

企業市民 (corporate citizenship)

企業は，社会を構成する一市民として地域社会と共存共栄をはかり，営利活動（利潤追求）のみならず，公益活動（社会貢献）にも積極的に関わっていくべきであるという考え方である．経済的存在のみならず，社会的存在をも視野に入れ，企業の役割を考えていこうとするものである．1950年代，アメリカのニュージャージーにおいて大学に寄付をした企業が株主の利益に反する行為として株主から訴えられた．裁判所は，株主の訴えを退ける判決を下した．この事件が契機になって，企業市民の考え方が意識されるようになった．日本においても，高度経済成長の爪あととして1970年代に公害問題や欠陥商品がクローズアップされ，1980年代頃より企業市民の考え方が浸透していった．法律を遵守する（コンプライアンス）ことから，ボランティアなどで地域に貢献することまで，企業市民にもさまざまなレベルがある．企業市民の延長線上にフィランソロピーやメセナがあるともいえる．→フィランソロピー，メセナ 10［松村洋平］

企業戦略 (corporate strategy)

経営戦略の中でも，全社レベルの全体的，統合的な戦略は企業戦略とよばれ，事業戦略や機能別戦略と区別される．企業全体がいかなる方向に進んでいくのか，そのために資源をどうやってやりくりするのかといった問題を扱う．すなわち，事業領域（ドメイン）を定義し，経営資源の蓄積と配分の方法を決定することである．新規に事業を開発するか，既存の事業から撤退するか，経営資源を外部から調達するか，内部で蓄積するかなど，環

境の変化を読み切り，資源の強み・弱みを見極めながら判断するのである．もちろん，競合企業や参入企業についても企業戦略において十分考慮されなければならないが，競合企業や参入企業に対する対処方法については，事業レベルで検討される（事業戦略）ことになる．→機能別戦略，経営戦略，事業戦略，ドメイン　　　　　　　　　　2［松村洋平］

企業特殊能力 (firm-specific skill)

　ある特定の企業でのみ通用する能力のことである．労働経済学の分野では，従業員の職務遂行能力は，ある特定の企業のみで高い価値を発揮する企業特殊能力と，他の企業においても通用し，高い価値を発揮する一般能力（ポータブル・スキル）の2つに分類される．そもそも企業の仕事には，各企業共通のマニュアル化することのできる仕事がある一方で，他方，各企業で異なる独自のマニュアル化することのできない仕事があることに，企業特殊能力と一般能力との分類は起因している．企業特殊能力は，主にOJTによって高められる．OJTでは，上司や先輩により実際の仕事をしながら教育訓練が行われるため，企業独自の知識やスキルを伝えることが可能だからである．企業特殊能力の高い従業員が企業の中に多くいることは，他企業からの模倣が困難であるため，結果的に企業のコア・コンピタンスにつながる可能性を秘めている．特に近年では，資源ベースの戦略的人的資源管理理論の議論が進展することによって，企業の観点からは，従業員のもつ企業特殊能力の有効性および重要度は高まっているといえる．→エンプロイアビリティー，OJT，ポータブル・スキル　　12［竹内倫和］

企業内国際分業

　国内および海外に配置した自社拠点間での役割分担（分業）である．この企業内国際分業の仕方は，いくつかの分業次元に分けて考えることができる．たとえば，開発・調達・生産という主要川上機能部門を集中配備し，海外では販売機能を設置するという企業内国際分業のパターンがある．これは機能別に国内と海外の担当を分担する方法である．これら国内に集中配置していた川上機能を，海外R&Dや海外生産という形で海外に分散配置することは，機能別に国際分業を見直すことに他ならない．また，生産という機能の中でも部品生産と組み立て生産，あるいは半導体にみられる前工程と後工程というように，より細分化されてそれぞれ適した国にその機能や工程を配置し，役割分担を行うこともみられる．これは機能別分業の一種であるが，生産工程に着目して，工程別分業と一般的にはよばれている．さらに，複数の製品タイプを抱えている場合には，製品別の分業体制が構築される．ハイグレード製品は日本で，ローエンド製品は途上国でというのは，製品別分業である．また，現地販売を目的とした現地開発・現地生産という役割が付与される場合もある．これは地理的市場別分業である．実際には，これら機能別・工程別分業，製品別分業，地理的市場別分業が，とりわけ大企業では複雑に絡み合って企業内国際分業体制が形成されている．→海外生産，グローバル戦略，シンプルグローバル戦略　　5［茂垣広志］

企業文化 (corporate culture)

　メンバーによって共有された価値や規範，および結果として生まれる思考や行動の様式のことを指す．このうち，メンバーに共有された価値や規範が狭義の定義である．価値や規範は，簡潔に表現すれば，大切なこと，信ずること，守るべきこと，といえよう．メンバーに共有された価値や規範は，リーダーによって示された哲学や理念，たとえば，経営理念や社是・社訓といったものがコアになっていることが多い．価値や規範は，日々の活動の中で意識的に，あるいは無意識にメンバーに共有されていくと，メンバーの思考や行動のパターンやスタイルにまとまりがでてくる．メンバーの思考や行動の様式も企業文化として考えられることが多い．さらに，価値や規範が共有され，思考や行動の様式がまとまっていく意図的なプロセスそのものを企業文化に含むこともできる．すなわち，規則や標語，儀式や行事，英雄や神話，ロゴマー

クやシンボルカラーである．これらは，広義の定義といえるだろう．→下位文化，観念文化，企業文化の機能，行動文化，視職覚文化

10［松村洋平］

企業文化の機能

　企業文化は，環境を認識する枠組みをメンバーに提供したり，メンバーの思考パターンや行動スタイルに安定をもたらす，という順機能がある．しかし，環境を認識する枠組みがあまりに固定してしまうと，環境の変化の兆候を示す微妙なシグナルを見逃すかもしれない．また，思考パターンや行動スタイルがあまりに均一・同質になってしまうと，環境の変化にいち早く気づいた者の警笛を無視させ，逸脱者として葬り去ってしまうかしれない．異論を唱える者は誰もいなくなってしまう．すなわち，企業文化の逆機能も存在するのである．企業文化がよく機能し，強固なものになっていけばいく程，環境の変化に対応しなければならなくなると，逆機能を露呈し始める．→環境適応型文化，企業文化

10［松村洋平］

企業別労働組合 (enterprise union)

　特定の企業ないし企業グループに所属する労働者によって組織された労働組合を指す組織形態上の区別であり，企業内組合ともいわれる．その他の労働組合の種類としては，「職業別組合」や「産業別組合」などがあるが，組織形態別でみると企業別組合が大多数を占めており，企業別組合こそが日本の労働組合の基本的形態であるといってよい．企業別組合の特徴としては，①上部団体である「産業別組合」や「ナショナルセンター」に対して独立性が強く，大企業の労働組合は大きな影響力をもつこと，②企業従業員がそのまま組合員の資格をもつ「ユニオンショップ制」が普及していること，③職種にかかわらず同一の組合に組織されるため，ホワイトカラーとブルーカラーの格差が少ないこと，④正社員ではないパート労働者の組織率がいちじるしく低く，派遣・請負社員は除外されること，⑤企業との経済的・人的結びつきが強くなり，労使間の利害が一致しやすい反面，企業（使用者）が組合活動に介入しやすくなり，企業に対して従属的になりやすいことなどが指摘されている．→三種の神器，ナショナルセンター

12［山下　充］

企業倫理 (corporate ethics)

　経済的存在のみらず社会的存在でもある企業は，法律を遵守しなければならない．しかし，法律を遵守すればよいというわけではない．狭くは業界レベルにはじまり，広くは世界レベルに至るまで，各々のレベルで道徳や慣習，ルールが存在する．社会的存在である企業はステークホルダーと利害調整しながら共存共栄をはかっていくのであるから，当然，これらの道徳や慣習，ルールに配慮しなければならない．そして，各々の企業で社会との関わりは千差万別であるため，自分たちでオリジナルの価値基準や行動規範を設定することが求められる．インサイダー取引の禁止や守秘義務の徹底といった価値基準や行動規範などいわゆる倫理綱領を設定するだけでは十分ではなく，メンバーに尊重させ，浸透させ，遵守させるコンプライアンス (compliance) が必要となる．遵守されていなければ，躊躇せず処罰することも必要である．また，隠ぺい・偽装・改ざんを防ぐために，内部告発をシステムの構築する必要もある．→コンプライアンス

10［松村洋平］

技術移転 (technology transfer)

　技術が技術供与側から技術導入側に移転されることをいう．従来，生産技術に関する国際間の移転を表すことが一般的であった．国際間の技術移転においては，主として高い技術力を有する先進国の企業による海外直接投資等を通じて，先進国から発展途上国へ技術が移され，発展途上国の工業化に大きな影響を与えてきた．

　近年は，特許等の知的財産についての組織間（企業間，企業と大学・公的研究機関等）の移転について指すケースが多い．知的財産の移転は，技術供与側と技術導入側との間で，技術ライセンス契約を交わし行われる．

近年，研究開発が高度化，複雑化する中で，大企業，中小企業を問わず研究開発コストおよびリスクの増大によって，一企業で必要な研究開発をすべて行うことが困難となっている．このような中で，自社が競争優位を有する分野に研究開発を集中する一方，その他分野については，他者からの技術導入，または，自社の技術を供与しライセンス収入によって早期に研究開発コストを回収する等，機動的な技術移転戦略を採る企業が増加している．また，わが国においては，1998年に施行された「大学等技術移転促進法」等法制度の整備をきっかけとして，大学の研究成果である技術を企業へ移転する取り組みも進展している．→技術供与，技術導入，知的財産

6［桐畑哲也］

技術供与 (license-out)

組織間の技術取引に関して，技術を提供（販売）することを技術供与という．技術取引は，特許等の知的財産を対象としたものであり，取引は，ライセンス契約を交わし行われる．契約に基づき，技術供与側は技術にかかわる技術情報，ノウハウ，および特許等の実施権を提供し，技術導入側は，利用・実施に対する対価をライセンス料として支払う．技術供与側にとっては，所有する知的財産の有効活用を図れ，研究開発投資の回収に資することができる．なお，技術取引を国内外で行う場合，技術供与は技術輸出と位置づけられる．→技術移転，技術導入，知的財産

6［歌代　豊］

技術導入 (license-in)

組織間の技術取引に関して，技術を受け入れることを技術導入という．技術導入側企業は，自社で研究開発する投資リスクを軽減し，短期間で事業に必要な技術を調達することが可能となる．なお，技術取引を国内外で行う場合，技術導入は技術輸入と位置づけられる．→技術移転，技術供与，知的財産

6［歌代　豊］

基礎研究 (basic research)

特別な応用，用途を直接に考慮することなく，仮説や理論を形成するため，または現象や観察可能な事実に関して新しい知識を得るために行われる理論的または実験的研究といわれている．総務省の科学技術研究調査では，研究を性格別に基礎研究・応用研究・開発に分類しているが，そのひとつである基礎研究は，おもに大学や公的研究機関，大手民間企業の一部で行われている．企業の場合，当然ながら経営目的に資することが研究に求められる．基礎研究を純粋基礎研究と目的基礎研究に分けるとすれば，企業における基礎研究は，事業的応用を間接的狙いとした目的基礎研究といえる．技術開発や知財のシーズを探索することが主眼である．→R&D

6［歌代　豊］

期待収益率 (expected rate of return)

ある資産の活用ないしはあるプロジェクトの遂行によって，将来得られるであろうと期待される平均的な収益率のこと．さまざまな計算手法があるが，過去の業績と将来の業績見積をとおして算定される．　7［大倉　学］

機能別戦略 (functional strategy)

経営戦略のうち，マーケティングなど機能ごとに策定され，実行されるものを機能別戦略とよぶ．たとえば，人事戦略が曖昧であれば，採用や異動がいきあたりばったりになったり，考課や教育が頻繁に変わってしまうであろう．より上位の企業戦略によって機能ごとに配分された経営資源をいかに活用するか，企業戦略によって決められた事業構想や事業領域に対応して，経営資源をいかに蓄積していくか，あるいは，調達していくかなどが，機能別戦略の中心課題となる．ひとつの事業に専念している場合，企業戦略の下位戦略となるのに対し，複数の事業を展開している場合，事業戦略の下位戦略となる．→企業戦略，経営戦略，事業戦略　　2［松村洋平］

機能別組織 (functional organization)

組織の規模が拡大するとともに、生産部門、営業部門、技術部門といった専門的な機能ごとに組織を部門化し、分業が効率よく行えるようにした組織構造である。機能別組織は、作っている製品、ターゲットにする市場が単一で、規模の経済を獲得する必要があり、経営トップが強力なリーダーシップを発揮できるような組織で有効に機能するものである。機能別組織のメリットとして、各部門が独立した専門集団として、①専門的知識の蓄積が図れること、専門特化することで同じ機械を各部門で重複して使用することを回避し、②資源の共有による費用の節約が達成される点をあげることができる。一方、異なった部門間の調整に時間がかかると、①環境変化への適応が遅れること、また各部門を調整するのはトップ以外にありえないことから、②トップへの負担が増大すること、さらには各部門の自己主張が強くなれば、③部門間コンフリクトが発生するといったデメリットも指摘される。→事業部制組織　　9 [山田敏之]

規範的統合 (normative integration)

経営理念(企業の中核的価値)、経営ビジョン(経営の方向性)、そのための制度により形成された価値・信念の共有化により、従業員の行動を目的に向けて統合化を図ること。特に、国際経営においては、海外の事業環境およびその変化は本国とは異なり、柔軟に対応していくことが求められる。そのためには決定権限を海外子会社に委譲することが必要となるが、そのこと(すなわち部分最適化)により多国籍企業グループ全体の最適化や方向性を無視するという問題が生じる。現地適応化とグローバルな統合化の同時達成を図るためには、本社への集権化や公式化(ルールや規則)により現地での柔軟性を下げるのではなく、現地適応化をしつつもグローバルなグループ内連携を図るための統合の仕組みが必要となる。規範的統合とは、価値や信念を共有化することにより、海外子会社の管理者たちが自分たちの拠点の利害のみならず、グループの目指す方向性、中核的価値を共有化することによって緩やかに統合しようとするものである。その具体的方法は、経営理念の浸透(共有化)とそれを中核的な価値とした組織文化の形成である。この規範的統合は、「何をなすべきで何をなすべきではないか」という意思決定における価値前提の共有化による自発的・内発的コントロールである。→グローカル経営、組織文化　　5 [茂垣広志]

規模の経済 (economies of scale)

生産量が増大するにつれて、単位当たりの平均費用(生産コスト)が減少する結果、利益率が高まることである。規模の経済は、費用を資本、労働力、原材料に分類して、生産規模とこれら諸要素との関係から分析することが可能である。たとえば、資本を含むすべての要素について規模の経済が成立すれば、市場が成長する限り生産規模を拡大することが企業利益の最適化に必要である。また、製造業では、固定費を大量の製品で分配可能であること、あるいは、大量生産のための専用的な設備やプロセスが導入可能であることがコストを低減させている。つまり、量産効果・数量効果とは、規模の経済性によりコストが低減されていることを意味しているのである。→範囲の経済、連結の経済

14 [島谷祐史]

基本的仮定 (basic assumption)

シャイン(Schein, E. H.)によれば、基本的仮定は、組織文化の中でも、最深層レベルのもので、環境や組織、現実や真理、時間や空間、人間の営為や人間関係といったものに対する仮説を内容とするものであり、一般的に世界観といわれている。リーダーによって標榜された仮説(価値とよばれる)が、日々の業務において問題を解決する中で検証され、生き残ったものがメンバーによって信奉されていく。仮説が繰り返し検証される中で、当然のこととして議論されなくなり、とうとう意識されなくなる。もはや暗黙の仮定といってよいものになる。シャインは、この基本的仮定が組織文化の本質であり、これに肉薄し

なければならないという．したがって，基本的仮定にまでメスを入れられなければ，組織文化を変革することがむずかしくなる，と考えられよう．→価値，シャイン，人工物

10［松村洋平］

帰無仮説 (null hypothesis)

　統計的検定を行う場合に設定される仮説．統計的検定とは標本から母集団の特性を推定しようとするものであり，母集団について設定された仮説が統計的に支持されるかまたは棄却されるかによって判断するものである．帰無仮説とは変数間に関連がないとする仮説である．この帰無仮説に対し，変数間に関連があるとする仮説を対立仮説 (alternative hypothesis) という．たとえば，性別と商品Aの所有率の関係を調べる場合，性別と商品Aの所有率に関連がないとする仮説が帰無仮説であり，関連があるとする仮説が対立仮説である．検定は，帰無仮説が成り立つ確率があらかじめ設定した基準より低いときに，帰無仮説が棄却されると判断し，対立仮説を支持するという手順で行われる．帰無仮説を棄却するかどうかを判定するための基準を有意水準（危険率）という．有意水準には検定の事象が偶然に発生することはほとんどないと考えられる非常に小さな確率が採用される．有意水準は通常，5％または1％が使用される場合が多い．→カイ二乗検定，t検定，分散分析

16［上村和申］

逆機能と順機能 (dysfunction and function)

　プラスあるいは意図どおりの働きや作用を順機能というのに対して，マイナスの働きや作用を一般的に逆機能という．とりわけマネジメントの分野では「官僚制の逆機能」が問題とされることが多い．それはアメリカの社会学者マートン (Marton, R.) が官僚制の短所，逆機能に着目し，痛烈な官僚制批判を行い，「目的と手段の転倒」を強調した．すなわち，ある目的のために作られた規則・ルールや文書が，いつしか，それを厳守することが目的となり，行動が硬直化し，目的達成を阻害するものとなってしまう．それは同時に変革への抵抗を強め，保守的で，個々人の人格性や人間性を無視するものとなってしまうことに批判の矢を向けたのである．→官僚制，大企業病

9［根本　孝］

キャッシュフロー計算書 (cash-flow statement)

　企業のキャッシュ創出能力，債務や配当の支払能力などを示すために作成される主要財務諸表のひとつのこと．ここにキャッシュとは，現金および現金同等物（「容易に換金可能であり，かつ，価値の変動について僅少なリスクしか負わない短期投資」『連結キャッシュフロー計算書等の作成基準』第二・一・2) のことを指す．キャッシュフロー計算書では，営業活動によるキャッシュフロー，投資活動によるキャッシュフロー，財務活動によるキャッシュフローの各区分が設けられ，先に示した総体的な意味におけるキャッシュ創出能力，債務や配当の支払能力に加えて，主たる営業活動に係るキャッシュの動向，投資活動に係るキャッシュの動向，財務活動に係るキャッシュの動向が詳細に示されるので，企業の資金調達の必要性や，当期利益とキャッシュ増減額との関係などの分析に有用である．作成方法には営業活動によるキャッシュフローに関して直接法と間接法とが認められているが，損益計算書で計算された税金等調整前当期純利益額から表示する間接法が多く採用されている．→フリーキャッシュフロー

7［大倉　学］

CAD (Computer Aided Design)

　コンピュータ援用設計のことである．従来，設計作業は製図版を使って行うのが一般的であった．しかし，1980年代以降からコンピュータを用いた設計活動が普及し始め，設計製図作業の自動化，標準化，共通化，効率化を図るシステムとしてCADが活用されているのである．たとえば，図面や部品表の作成，構成要素の形状分類，設計データベースの作成，対話式グラフィックス等の機能を提供している．また，CADで作成された設計データを入力データとして，CAM (Computer

Aided Manufacturing：コンピュータ支援製造）システムに連動させることで，加工用のNCプログラム作成などの生産準備全般をコンピュータ上で行い自動加工に利用することができる．このように製図版の代替技術である80年代以降のCADは製図効率を上昇させる役割を担っていたが，90年代以降，3次元CADも利用され始めている．3次元CADは，開発期間の短縮，開発効率，品質向上等，製品開発プロセスの効率化に役立っている．それは，従来の図面と同じ三面図を電子化しただけのものとは違い，数学的なモデル情報をもっている．それを利用すれば，解析への応用，自動設計に近い機能をもたせることが可能である．このため，試作の早期化，デジタル・モックアップを利用して，開発初期段階から他部品との干渉問題を自動的に発見することが可能となる．しかし，3次元CADの導入により成果を得るには，製品開発の組織構造とプロセスを同時に変更し，エンジニアは新しいスキルを早急に習得する必要があるため，現在では一部の業種を除き，それほど普及はしていない．→ NC工作機，CIM

14［島谷祐史］

キャピタルゲイン（capital gain：**資本利得**）

株券などの有価証券（あるいは不動産などの資産）を売却したときに発生する利益（譲渡益）である．たとえば，株を100万円で買って110万円で売れば，差額の10万円がキャピタルゲインとなる．一方，株券などの有価証券（あるいは不動産などの資産）を売却したときに発生する損失をキャピタルロス（capital loss）という．

株券などの有価証券（あるいは不動産などの資産）への投資における利益は，キャピタルゲインとインカムゲイン（income gain）とに分けられる．インカムゲインとは，配当や利子（あるいは不動産賃貸）による利益であり，株券などの有価証券（あるいは不動産などの資産）を保有することによって得られる利益である．そして，一般にキャピタルゲインとインカムゲインとに対する税率が異なるため，それぞれにどのような課税をするかが投資家の行動に大きな影響を及ぼすと考えられている．→投資家 1［鈴木研一］

キャリア（career）

キャリア概念は，わが国においてこれまで多様な意味に用いられてきており，必ずしも明確な定義は存在していない．一般的には，職業経歴などと訳されるが，ホール（Hall, D. T.）によれば，「生涯にわたる仕事関連の諸経験や活動と結びついた態度や行動における個人的認知の連鎖」と定義されている．キャリアは，特性として客観的側面と主観的側面の二面性をもっており，前者は客観的キャリア，後者が主観的キャリアといわれる．客観的キャリアとは，個人の職歴や職位歴など可視化することができるものであり，他人からみたり，理解したりすることができるものである．履歴書における職歴などは，この意味において客観的キャリアということができる．それに対して，主観的キャリアとは，客観的なキャリアの変更にともなう個人の価値観や態度などの内面的な変化のことを意味している．今日，企業と従業員との関係が希薄化かつ短期化する傾向を示す中で，自己のキャリアに対して，自分で責任をもって，自分らしいキャリアをデザイン（設計）していくという自律型キャリア・デザインの必要性が指摘されている． 12［竹内倫和］

CALS（Commerce At Light Speed）

光の速さでの商取引の意味であるが，設計から製造，調達，決済をコンピュータネットワーク上で行うことを目的とし，データ形式や交換手順などを定めた規格から構成される．もともとは1985年にアメリカ国防省がロジスティクス（補給部品・保守技術文書）処理の効率化を目指して導入し，computer aided logistics support（コンピュータ支援によるロジスティクス支援）の略語であった．その後，調達にもその電子データを用いることによりComputer-aided Acquisition and logistics support（コンピュータによる調達およびロジスティクス支援），さらには設計段階から製造，保守までの全体（ライフサイク

ル）を視野に入れた Countinuous Aquisition and Life-cycle support へ展開し，現在の定義となっている．また，現在はインターネットの普及から EC（電子商取引）の中に取り込まれるようになった．→ EC，SCM

1［茂垣広志］

QR (Quick Response：クイックレスポンス)

メーカー，卸売業者，小売業者が連携して実施する流通システムの業務改善の取り組みである．消費者に対する対応を業界全体で迅速化することを狙いとしたものである．QR は，1980 年代の中頃，ウォルマート，リーバイ・ストラウス等の北米のアパレル業界で始められた．アパレル業界における QR の成功は，その後他の業界にも波及した．1990 年代初頭には加工食品業界で ECR (Efficient Consumer Response) として推進された．QR と ECR は時期と業界が異なるものの，ほぼ同様の取り組みといえる．ECR の取り組みの中では，メーカー，卸売業者，小売業が IT で情報共有することにより，商品コード標準化，EDI（電子データ交換），CRP（連続自動補充プログラム），カテゴリーマネジメントといった手法が導入された．→ ECR，EDI，SCM，CRP

13［歌代　豊］

QC サークル (Quality Control circle)

全社的品質活動の基盤となる現場部門での品質改善のための小集団を意味する．すなわち，QC サークルは，「同じ職場内で品質管理活動を自主的に行う小グループであり，全社的品質管理活動の一環として自己啓発，相互啓発を行い，QC 手法を活用して職場の管理，改善を継続的に全員参加で行う」（QC サークル本部，1976）．1981 年には日本全国で公式的に登録されたのは 12 万 8,000 サークル，116 万人に達し，全国的に各企業で組織化されたのである．アメリカにも大きな影響を与えたが，自主的な小集団活動とコントロールの言葉に違和感を感じるところから，アメリカではコントロールの文字を取って「Q サークル」などとよばれて，自主的小集団活動が進められた．

今日でも QC サークルは製造部門のみならず営業部門や設計・開発部門，さらには管理部門でも組織化され TQM や品質経営の基盤として重視され，組織化され活動が進められている．→ TQM & TQC

14［根本　孝］

QCD (Quality, Cost and Delivery)

マネジメントの実践的目標として製造業において原点とされているのが QCD である．すなわち Q (qurity：品質)，c (cost：価格)，そして d (delibery：納期) である．それは言い換えれば，利害関係者の中核である顧客価値の追求，実現としてのマネジメントの具体的目標に他ならない．その QCD は時には二律背反の関係になるので，その一体的なマネジメントこそ課題なのである．すなわち，「品質はよいが価格が高い」とか「納期は早いが品質が劣る」といったように「あちらを立てればこちらが立たず」の関係になりがちで，その相互関係を見極めた目標設定，そして一体的なマネジメントが求められる．→ TQM & TQC，品質経営

11［根本　孝］

QWL
(Quality of Working Life：労働生活の質)

「労働生活の質」と訳され，労働者が仕事を通じて満足感を得られるように職務内容を見直す仕事環境の改善活動を指す．「労働の人間化」(humanization of work) とほぼ同じ内容を意味し，ヨーロッパでは「労働の人間化」という呼称が一般的．1960 年代頃から製造業における機械化・オートメーション化が進展し職場の仕事が単純化していったが，これがテイラー・フォード主義的な職場の管理機構と合わせて労働者の不満を蓄積させ，無断欠勤の増大やストライキの多発などを誘発する事態を招いた．この問題に対してヨーロッパにおいて研究と改善の試みがなされ，職務範囲を拡大する「職務拡大」，持ち場を定期的に移動させる「職務交替」，作業チーム単位に責任を与えて仕事を行わせる「自律的作業集団」，ベルトコンベアの廃止などの改善策が生み出された．日本においても 70 年代に導入が試みられたが，80 年代

に入ると職務満足を重視した職場の環境改善から，生産性向上を重視した職場改善へと関心が移行していった．→科学的管理法，労働の人間化

12［山下　充］

業績管理会計 (performance accounting)

管理会計の一領域であり，期間計画と統制のための会計である．期間計画 (period planning) は，特定期間における企業または，事業部などのセグメントの活動全体の計画を設定することである．統制 (control) は，期間計画で設定された目標を指示し，その達成に向けて業務活動を指導，規制し，目標と実績とを比較，検討することにより部下を監督することである．業績管理会計の技法としては，予算管理，CVP分析，直接原価計算，標準原価計算がある．→意思決定会計，CVP分析，直接原価計算，標準原価計算，予算管理

8［﨑　章浩］

競争戦略 (competitive strategy)

ライバルと競争していかに勝利するかに焦点が置かれた戦略であり，競争のファクターを外部環境に求めるアプローチであり，その本質は，勝ち負けを争うゼロサム・ゲーム (zero some game) である．80年代，ハーバード大学のポーター (Porter, M. E.) によって提唱された．「産業構造ビュー」「ポジショニング・スクール」などともよばれている．1980年に出版された『競争戦略』の中で，ポーターは3つの基本戦略 (three generic strategies) について次のように論じている．コスト・リーダーシップ (cost leadership) とは，ライバルより低コストを実現して競争優位に立つ戦略であり，具体的には規模の経済性と経験曲線のことである．差別化 (differentiation) は，ライバルに対し製品，サービス，価格，流通チャネル，販売，プロモーションで差別化して競争優位を実現することである．集中化 (focusing) は，企業の経営資源を特定の顧客，製品，市場へ集中化することであり，この際，特定のセグメントでコスト優位性を獲得する「コスト集中」と特定のセグメントで他社との差別化を図る「差別化集中」の2種類に区別される．→競争優位

4［松崎和久］

競争優位 (competitive advantage)

特定の事業領域において自社が競合他社に比べ優れた事業成果を上げている状態を競争優位という．競争優位を確立するには，競合他社よりも高い顧客価値をもつ製品・サービスを，合理的，効率的なビジネスシステムにより提供する必要がある．ポーター (Porter, M. E.) は，事業戦略において競争優位をいかに獲得するかが重要な点であることを指摘し競争優位獲得のための戦略を競争戦略とよんだ．アンゾフ (Ansoff, H. I.) は，①製品・市場の領域，②成長ベクトル，③競争優位性，④シナジーを経営戦略の4つの構成要素としてあげている．→顧客満足，シナジー

2［歌代　豊］

京都議定書 (Kyoto protocol)

「気候変動枠組条約第3回締結国会議 (COP3)」で採択された二酸化炭素など6つの温室効果ガスの排出削減義務などを定める議定書のことを指す．この会議が1997年12月に京都で開催されたことからこうよばれている．地球温暖化防止を目的とした国際的な枠組みには，1992年にできた気候変動枠組条約と，1997年にできた京都議定書の2つがある．条約では，先進国は2000年までに温室効果ガスの排出量を1990年の水準までに戻すという約束が定められた．しかしこの約束には法的な拘束力がないため，排出量は増加してしまった．このような事態を受け，1995年にベルリンで開催された第1回目の条約の締約国会議 (COP1) では，2000年以降の先進国の新しい約束を，第3回目の締約国会議 (COP3) で決めるという合意が成立された．こうして1997年の12月に京都で開催されたCOP3で，徹夜の交渉の末合意されたのが京都議定書である．京都議定書には，日本やEUなど125ヵ国が批准したが，ブッシュ米政権は2001年にこれを離脱したため，京都議定書が発効するためには，批准した先進国のCO_2の排出量が1990年時点の55％

以上なければならないため、発効ができない状態が続いていた。しかし、ロシアのプーチン大統領が2004年11月に京都議定書の批准案に署名し、ロシアが批准したことによって、アメリカ抜きでもCO_2の排出量が61％を超えることになったため、2005年2月16日、京都議定書が発効した。わが国では、京都議定書の採択を受けて、国・地方公共団体・事業者・国民が一体となって地球温暖化対策に取り組むための枠組みとして「地球温暖化対策の推進に関する法律」が1998年に成立し、2002年には日本の同議定書締結にともない、同法の改正により京都議定書目標達成計画が策定されたほか、地球温暖化対策推進大綱が定められた。→ISO14001、環境効率性、環境マーケティング、環境マネジメント・システム　　　　　　　　　3［竹内慶司］

業務執行的意思決定 (operating decision)

経営の基本構造の変革をともなわない主として短期の日常的な意思決定で、主としてミドル・マネジメントないしはロワー・マネジメントが行う業務の執行に関する意思決定である。具体的には、部品を自製するか購入するか、特別注文を引き受けるか否か、半製品をそのまま販売するかあるいは追加加工して完成品にして販売するか、製品系列を廃棄するか、製品組み合わせ（最適プロダクト・ミックス）などの決定がその例である。

業務執行的意思決定においては、未来増分原価あるいは関連原価が原価情報として利用される。これは現有の経営条件の下で行う意思決定なので、原価情報のいくつかは、制度上の原価が利用できる。しかし重要なのは、増分原価と埋没原価の原価概念である。

さらに、業務執行的意思決定において注意する点は、その意思決定がなされるときの経営の状態である。というのも、経営状態に余裕があり、遊休能力が存在する場合（手余りの状態）と、経営がフル操業状態で、余剰能力がない場合（手不足の状態）のどちらの状態であるかで、増分原価と埋没原価の範囲が異なってくるからである。→差額原価、戦略的意思決定　　　　　　　　　8［長屋信義］

金銭の時間的価値 (time value of money)

現在の名目的貨幣額（現在の手許現金）と将来の名目的同額の現金とは価値が異なると考えるときの表現。現時点における現金の価値を現在価値と称し、将来の一定時点における現金の価値を将来価値と称する。たとえば、現在手許に現金1,000円があるとして、金利が年10％とすると、3年後の価値は、1,000円×$(1.1)^3$＝1,331円と計算される。現在価値が1,000円、将来価値が1,331円である。この金銭の時間価値を考え合わせ、将来の一定時点での名目的貨幣額が現在時点ではいくばくの価値を有するかを計算すると割引現在価値が求められることになる。すなわち、1,331円÷$(1.1)^3$＝1,000円となる。この際、計算に用いた利率を割引率という。→将来価値、割引現在価値、割引率　　　　7［大倉　学］

金利リスク (interest rate risk)

与信投資行動における種々のリスクの中で金利に起因するリスクのこと。信用リスクとともにリスクを構成する。たとえば、社債購入による企業への投資や固定金利による貸付投資という行動をとった際に、投資行動時点以降に市場金利が上昇したような場合、投資時点と現時点での利子率において不利益が生ずることになる。つまり、投資対象として保有する債権価値が下落したことを意味する。債権価値評価を割引現在価値によって計算することを考えると、金利リスクは計算要素である割引率として価値計算に大きな影響を与える。また、当該債権の決済時点までの期間が長ければ長いほど、金利リスクが発生した場合の債権価値下落は大きくなる。→信用リスク、割引現在価値　　　　　　7［大倉　学］

組別総合原価計算 (class cost system)

同一の工場や設備によって，2種類以上の異なった種類の製品を，連続的に大量生産する場合に適用される総合原価計算の形態である．このとき生産される製品のことを組別製品（組製品）という．この方法では，まず，1期間の製造費用を組直接費と組間接費に分けて計算し，組直接費はそれぞれの組別製品に賦課し，組間接費は適切な配賦基準によりそれぞれの組に配賦する．次いで，組別の製造費用と月初仕掛品原価とを組別の完成品と月末仕掛品とに分割して，組別の完成品原価を計算し，さらにこれを製品単位に均分して単位原価を計算する．このように組別総合原価計算は，計算技術的には個別原価計算と総合原価計算の手続きが適用される折衷的な方法である．→個別原価計算，製品別原価計算，総合原価計算
8 [山浦裕幸]

クライアント・サーバ・システム (client server systems)

C/S ともよばれ，サーバとよばれるコンピュータと利用者型のクライアントとよばれる PC（パーソナル・コンピュータ）との連携により処理する分散型の情報処理形態である．サーバには，データベース，アプリケーションソフトやプリンタ等の周辺装置が備わっている．PC のユーザインターフェイス・ソフトを通して，サーバの機能や資源を利用する．アプリケーションソフトは PC 側でも稼動し，処理の負荷分散が図られる．PC の性能向上と LAN の普及が進んだ 1980 年代後半に利用が拡大した．
13 [歌代　豊]

グラスシーリング
(glass-ceiling：ガラスの天井)

機会均等のための法律や制度が制定されたとはいえ，女性やマイノリティの人びとが昇進を目指すときには，組織内には行く手を阻むさまざまな障害が存在する．上層の職位は間近にみえるものの，そこにたどり着くまでにはいくつもの目にみえないバリアをくぐり抜けなければならないという困難な状況を比喩的に表す言葉として，「グラス・シーリング」が用いられる．1986 年に，アメリカの新聞『ウォール・ストリート・ジャーナル』の記事の中で初めて当用されたのがきっかけとされている．

わが国でも男女雇用機会均等法が制定されたり，企業ごとに多様なポジティブアクションが実施され，女性の昇進も制度的には均等化されつつあるといわれているものの，商取引慣行や職場慣行や意識の中に目にみえない障害は少なくなく，このガラスの天井の排除が大きな課題となってきている．→ポジティブ・アクション
12 [牛尾奈緒美]

クリステンセン 〔Clayton M. Christensen〕

ハーバード・ビジネス・スクール教授．1975 年ブリガムヤング大学卒業，オックスフォード大学で経済学修士，ハーバード・ビジネス・スクールで MBA 取得．ボストン・コンサルティング・グループ勤務，セラミック・プロセス・システムズ（M. I. T. の教授らと共同で 1984 年に設立，社長および会長を歴任）勤務後，ハーバード・ビジネス・スクール博士課程修了，現職にいたる．

技術革新のマネジメント，新技術と新市場の出現時における問題に関する研究を特徴とし，なかでも破壊的技術（破壊のイノベーション）の出現にともない，新しい市場が形成されるときに，過去に優良な経営を展開してきた大企業がそのキャッチアップに失敗するという現象を「イノベーションのジレンマ」とよび，広く知られることとなる．アメリカのハードディスク産業等にみられるこうした現象の理由としては，優良経営を展開してきている企業ほど，既存の顧客と市場，保有する技術に束縛され，技術および市場における新しい動きを捕捉することができないという事実に起因するものであり，こうしたこ

とからイノベーションのマネジメントがきわめてむずかしい課題であることを示した. →イノベーションのジレンマ　2[吉村孝司]

クリック＆モルタル (click and mortar)

　インターネット上の店舗と実在の店舗を併用し，相乗効果をあげる方法をクリック＆モルタルという．クリックは，マウスのボタンを押すことであり，ここではインターネット上で簡単に情報や商品にアクセスできる世界を意味する．モルタルは，壁，床，天井用の建材であり，ここでは現実の世界を意味する．レンガとモルタルで作られた昔の銀行の建物はブリック＆モルタルとよばれていたが，クリック＆モルタルはそれをもじったものである．この言葉を使い始めたのはアメリカの証券会社チャールズ・シュワブの社長兼共同 CEO だったデビット・ポトラック (Pottruck, D. S.) といわれる．シュワブは，投資相談などのサポートは実在の店舗で対応し，取引はインターネットで行うというクリック＆モルタルを採用し，成功を収めた．→ビジネスモデル特許　13[歌代　豊]

クリティカルパス (critical path)

　クリテイカルは危機の，重大な，決定的な，臨界の，といったことであるが，そうした小道，進路，道がクリテイカルパスである．具体的には，一定のプロセスの中でもっとも時間を要し，全体計画の進行の上で制約となる重大なプロセス，作業，工程を意味する．したがって計画立案・実行や行程の設定に際しては，クリテイカルパス (Critical Path = 重要な工程) を求め，それを重点的に管理することによって計画どおりの活動や業務の遂行を行うことが基本となる．

　今日注目されている TOC (Theory Of Constraints = 制約条件の理論) は全体のプロセスの中でボトルネック (bottle neck = 隘路)，すなわち，障害や支障となる通路やポイントを探し，そこに焦点を当てて改革を行い全体最適を目指すという発想と通じるものがある．→ PERT 法　16[根本　孝]

グリーン調達 (green procurement)

　企業が部品や材料を供給メーカーから購入する場合，環境負荷の低いものから優先的に購入することである．日本では2001年に「グリーン購入法」が制定され，まず国，独立行政法人，地方自治体などが物品の調達や公共事業などにおいて，環境負荷が低い物品を優先的に購入することが義務づけられた．また，企業サイドでは，欧州での環境規制の強化 (RoHS 指令など) の流れを受け，自社の完成品の環境配慮を徹底する動きが鮮明になっている．完成品の環境配慮を徹底するには，部品，原材料の段階から有害物質が含まれないこと，リサイクルしやすいこと，再利用が可能なこと，といった環境配慮への対応がなされていなければならない．そこで，各社とも独自の「グリーン調達基準」を設け，供給先企業にクリアすべき環境配慮の基準を提示している．しかし，有害物質の管理，リストの作成など供給先企業への負担が大きくなることも事実である．このため，電気・電子機器メーカー，情報通信メーカーを中心に2001年には「グリーン調達調査共通化協議会」が発足し，調査リストや調査回答フォーマットの共通化が図られ，2003年7月には29種類の化学物質について調査リストや調査回答フォーマットの共通化を定めたガイドラインが作成されている．→環境マーケティング，リサイクル　1[山田敏之]

グリーンフィールド投資 (greenfield investment)

　新規子会社設立を指す用語．とりわけ，海外事業展開において，その海外子会社設置の方法のひとつとして取り上げられる．海外子会社を設置する方法としては，現地の企業の買収あるいは資産の一部 (たとえば工場) の取得による，いわゆM＆Aによる方法と，このグリーンフィールド投資による方法がある．M＆Aによるメリットは，そのスピードと自社にはない経営資源の獲得にある．しかしながら，買収物件の評価および買収後のマネジメントのむずかしさが指摘される．

グリーンフィールド投資の場合, 0からのスタートであり, たとえば, 生産子会社設立には, 工場用地の認可・獲得, 工場の建設・機械設備の搬入, 従業員の募集・採用・教育訓練, テストランなど数年を要する場合も出てくる. しかしながら, 募集・採用・教育訓練を通じて, 自社の理念や方針, 考え方などの浸透がM&Aによる場合と比べ容易であり, 本社によるコントロールがしやすいというメリットを有している. →M&A, 規範的統合

5［茂垣広志］

グループウェア (groupware)

情報共有やコミュニケーションの面から組織の中でのグループやチームの共同作業を支援するソフトウェアをグループウェアという. グループウェアには, 電子メール, 電子掲示板, 電子会議室, スケジュール管理, 文書データベース, ワークフロー処理等の機能が含まれる. Lotus Notes が代表的なソフトウェアであるが, 近年では ASP (Application Service Provider) によるグループウェアサービスも利用されるようになった. →コラボレーション

13［歌代 豊］

グループ・ダイナミックス
(group dynamics：集団力学)

集団とその成員の行動について, それらの基本的性質や, 集団と個人, 集団と集団との関係における一般的法則を明らかにしようとする学問である. レヴィン (Levin, K.) が, 1938年に発表した『社会的空間における実験』において, 初めてその概念を提起されたとされる. レヴィンは, 自らの「場の理論」を背景に, 集団を力学的にとらえようとした. 彼は, 実践と研究の現実的結びつきを重視し, その実現のためにアクション・リサーチという研究方法を用い, 実際の社会現象の問題解決に実践的につながる研究を行おうとした. レヴィンが, マサチューセッツ工科大学でグループ・ダイナミックス研究所を創設し初代所長について以来, この種の研究が注目されるようになった. レヴィンの死後, さまざまな事情により, 彼の学説に立脚した研究の性格を大きく変容させながらも, 今日までに, 集団形成の過程, 集団の凝集性, 集団規範, 集団思考, 集団生産性, 集団構造, 集団目標, リーダーシップなどを具体的研究領域とし, また集団の運営技法やリーダーシップ訓練法などの応用分野にまで発展している. →集団思考, 集団凝集性, レヴィン

11［田中聖華］

グローカル経営
(global-localization management)

「グローバル・ローカライゼーション (global-localization)」からの造語であり, グローバルな統合と現地適応性の同時達成を目指すスローガンである. 国際経営環境において, 経済のグローバリゼーションが進展し, 国際競争が激化する中で企業は海外での活動をバラバラに展開するのではなく, 活動の全体 (価値連鎖) での経済性および効率性を向上させるために本社が一元的に管理しようとする. いわゆるグローバル戦略の遂行である. しかし, 海外市場での有効な活動は, 現地環境の特異性に大きく依存する. 現地に合ったきめ細かな対応もまた求められ, それが現地での売上や利益につながっていく. このように, 国際経営においては, グローバルな統合と現地適応というトレード・オフに直面する. そのひとつの答えが「グローバルに考えて, ローカルに行動する」というグローカル経営である. 1980年代にソニーが国際展開のスローガンとして掲げて広まった. しかし, このグローカル経営においてグローバル統合と現地適応は, 事業の特性によっても異なるし, 同一事業内でもグローバルに統合すべき機能や活動と現地適応を徹底的に追及すべき活動とがある. それらをどのようなメカニズムで管理するのか, というのがグローカル経営の本質的問題である. →トランスナショナル企業, マルチフォーカル戦略

5［茂垣広志］

クローズド・インテグラル
(closed integral)

部品間のインターフェイスが標準化されて

おらず，部品と部品の高度な摺り合わせが要求される製品アーキテクチャーのひとつのタイプであり，「擦り合わせ型」「インテグラル型アーキテクチャー」ともよばれている．国際的にみると，このタイプの製品戦略は，日本企業が得意とする領域である．このタイプに該当する代表的な製品としては，自動車や小型デジタル家電などがあげられる．自動車や小型デジタル家電の製品アーキテクチャーとは，部品設計を相互調整し，製品ごとに最適設計しないと製品本体の性能を十分に出せない特徴をもつ．製品全体のシステムがきわめて複雑なクローズド・インテグラルは，少数精鋭の企業群による高度な組織能力を通じたモノづくりシステムを組織化しなければならない．限定された複数の企業同士が緊密な調整や幅広い情報共有を図る必要がある．→オープン・モジュラー　　　　　4［松崎和久］

クローズドシステム (closed system)

外部から閉ざされた仕組みがクローズドシステムである．企業が環境変化に気づかなかったり，外部環境の変化を無視することはクローズドシステム化した企業として批判され，また経営成果を悪化させる結果を招くことになる．あまりにも組織内の結束が強化され，求心力が強まり過ぎ，内部志向になればクローズドシステムに陥ってしまう．一方，逆の外部環境に開かれたシステムはオープンシステムとよばれ，それは求心力と遠心力，内部志向と外部志向がバランスよく，経営環境の変化に敏感に反応できる．適応性，柔軟性，転換性，変革性をもったシステムを意味するといえよう．→オープンシステム

1［根本　孝］

クロスファンクショナル・チーム
(cross functional team)

社内横断組織のことで「部門横断チーム」「プロジェクト・チーム」「タスクフォース」ともよばれている．また，日本の生産現場でみられる「小集団活動」「QCサークル」のような取り組みもクロスファンクショナル・チームの一種とされる．クロスファンクショナル・チームは，その名のとおり，機能や部門を横断して組織化されたチームである．このため，専門的な知識・ノウハウ，経験をもった人材で構成されたチームが機能や部門を横断する重要な課題やテーマについて解決策を生み出すことを使命としている．また，チーム編成の期間は，短期的な設置から中長期的な設置，さらに常設されるケースも少なくない．クロスファンクショナル・チームが編成されやすい企業タイプは，①多角化が進み部門間でシナジー効果を生起したい企業，②縦割り硬直化という官僚組織を補いたい企業，③特別な目的や目標を達成したい企業などがあげられる．クロスファンクショナル・チームを成功させるもっとも重要なカギは，チームリーダーのリーダーシップと調整能力である．リーダーの強い求心力と目標達成に向けた意欲がないと，多種多様なメンバーで構成されたチーム全体を取りまとめることはむずかしい．→マトリクス組織　　　　1［松崎和久］

クロスライセンス
(cross-license：交互実施許諾)

特許権をもっている者同士が，お互いに実施権を許諾することをいう．現代では，ひとつの新製品に係る特許を1社ですべて所有することは困難で，他社の特許権を使用せざるを得ない場合が多い．そこで，自社の所有する特許を実施許諾するかわりに，他社の特許権の実施許諾を受けるケースが多い．また，特許権侵害で訴えられた企業が調査後，特許権所有企業が自社特許を逆に侵害しているケースを発見した場合に，交渉の結果，クロスライセンスになるケースもみられる．企業は，このような交渉に有利となるよう，関連特許の積極的な取得を行っている．また，技術標準を形成する場合，多数の企業が特許集積（パテントプール）を行い，参加企業にライセンスを与えることがあるが，自社の特許権を許諾すると同時に他社の特許権の許諾を受けるので，この場合も結果として，クロスライセンスが生じていることが多い．→実施権　　　　　　　　　　　　6［久保浩三］

グローバリゼーション (globalization)

　グローバリゼーションとは，地球規模で国境を越えて自由に移動や活動が行われるようになる方向性を示した言葉である．その中でも企業にとってもっとも重要なのは経済のグローバリゼーションである．経済のグローバリゼーションとは，世界各国での開放経済化，規制緩和という経済自由化政策により促進される経済活動のボーダレス化のことである．このグローバリゼーションを促進する考え方がグローバリズムであり，市場での競争により調整がなされるという市場原理主義の理念がその背後にある．国際的なビジネスを展開するには，各国での規制緩和，あるいは規制する場合にも統一的なルールによって行われる方が都合はよい．その意味で，経済のグローバリゼーションは，海外投資および貿易の増大に寄与し，企業にとっては海外拠点の設置やその拠点間での製品や部品の取り引き（企業内貿易）が関税障壁や非関税障壁等の撤廃により容易になり，海外事業展開を促進する要因となる．しかし，その際，圧倒的な資金力や技術力によって途上国の企業を駆逐するという懸念もあり，また，グローバリズムは強者の論理であり，南北問題を悪化させるという批判もある．→反グローバリズム，非関税障壁　　　　　　　1［茂垣広志］

グローバル企業文化 (global corporate culture)

　グローバル企業においては，効率性を重視し，規模の経済を追求する一方，海外子会社の自律性を維持し，グローバル企業全体の創造性を高めなければならない．ここに企業文化が重要な役割を果たすと考えられている．グローバル企業文化とは，グローバル経営において，（本国）親会社と，グローバルに分散した（現地）子会社間で，グループとしての企業文化が構築されていることである．根本＝ティレフォーシュ吉本によれば，親会社文化を維持するか・変革するか，子会社文化を維持するか・変革するかで，4つのアプローチが考えられるとしている．親会社の文化維持×子会社の文化変革は，文化浸透アプローチである．親会社の文化変革×子会社の文化維持は，ローカル化アプローチである．親会社の文化維持×子会社の文化維持は，異文化シナジー・アプローチである．親会社の文化変革×子会社の文化変革は，文化融合（ハイブリッド）アプローチである．親会社と子会社，それぞれの文化の重合あるいは融合が今後も検討されなければならない．→企業文化
10［松村洋平］

グローバル業界 (global industry)

　ポーター（Porter, M. E.）による世界的にみた場合のある特定の業界構造を示す用語．世界的に市場ニーズが同質化しており，また，国際的貿易においても関税障壁その他の非関税障壁が低く，ビジネス活動に対する自由化が進んでいる業界で，かつ価値連鎖における川上活動（調達・生産）での規模の経済が競争上重要な業界である．このような業界では，川上部門での規模の経済を発揮できる戦略を選択し，競争優位を構築することが求められる．このような業界では，ある国や地域での売上の増減が規模の経済に影響を与えることから，「ある国における子会社の競争上のポジションが，他の国の競争ポジションに大きく影響を与える業界」であるとされる．したがって，規模の経済と効率性が最大になるよう製品開発，調達，生産の各局面で拠点間の調整が必要となる．そのことから，グローバル業界では，世界的に統一した戦略で競争を展開するグローバル戦略が適しているとされる．→企業内国際分業，グローバル戦略，マルチドメスティック業界，マルチドメスティック戦略　　　　　5［茂垣広志］

グローバル・スタンダード (global standard)

　国際標準を意味し，金融システムや経営システムにおいて国際的に共通している理念や規格，ルールを指す．具体的には，株主価値，経済付加価値の重視，国際会計基準，工業製品の国際標準規格など，企業活動に関して言及されることが多い．近年，市場統合や

貿易・投資の自由化，情報化の進展，規制緩和の流れなどを受けて，国際化社会はいちじるしい進展を遂げ，ボーダレスな世界市場が形成されつつある．そこで，各国の企業が共通のルールに基づいて行動しなければ，その活動を円滑に進めることがむずかしくなったため，グローバル・スタンダードが重視されるようになってきた．日本はこれまで先進諸国の中でも規制緩和や市場開放が遅れ，企業が国内で活動する限りは，政府の規制や商慣習に守られてきたが，現在ではさまざまな事業領域においてグローバル・スタンダードへの対処が必要となっている．→グローカル経営，グローバル業界，グローバル戦略

3［竹内慶司］

グローバル戦略 (global strategy)

一般的には，世界中で統一した戦略で戦うというタイプの国際競争戦略でグローバル業界に適した戦略として使われることが多い．国や地域ごとに競争戦略を変えず，一貫した戦略で国際競争優位を構築しようとするものである．対照的に，国別戦略あるいはリージョナル戦略，マルチドメスティック戦略とよばれ，その競争優位の源泉は，現地適応化による競争優位の構築となる．ポーターによれば，グローバル戦略での競争優位の源泉は，基本戦略と同様に差別化か低コストにある．世界統一的なポジショニング（たとえば，高級ブランド製品）に基づく差別化の追及により競争優位を構築するか，あるいは川上部門での経済性による低コスト性の実現である．それらいずれかを追求するために，どのような活動が買い手の価値にとって重要か，その活動を選択し，その活動をどこに配置するのか，および活動間の調整をどのように行うのかを検討する必要がある．このグローバル戦略は，川上活動をある国に集中配置するシンプルグローバル戦略と高度に世界中に分散配置するコンプレックスグローバル戦略に大別することができる．いずれにしても，このグローバル戦略が可能となるのは，自社製品に対する市場の世界的な潜在的あるいは顕在的な存在が条件であり，また，当該事業に対する現地政府の規制（参入障壁）がない場合に妥当する．→グローバル業界，シンプルグローバル戦略

5［茂垣広志］

グローバル・ソーシング (global sourcing)

原材料や部品，機械設備，アプリケーションソフトの調達のみならず，周辺業務の委託や製品のOEM調達を含む概念がソーシングであり，それを世界的視野で戦略的実行しようというのがグローバル・ソーシングである．このソーシングにはインハウス・ソーシングである企業内ソーシングと企業外部からのソーシングがあり，後者がアウトソーシングといわれる．特に大手企業は，1980年代の急激な円高に対応すべく海外に部品生産工場やオフショア工場を有するようになり，国内生産や販売のためにも多くの部品や製品を逆輸入している．このようにインハウス・ソーシングにおいてもグローバル・ソーシングが高まっている．他方，総資産収益率の向上，コア・コンピタンスの強化を目指した事業および業務範囲の選択と集中により，業務のアウトソーシング，生産のアウトソーシングも国際的な視野の下で進展した．このように，多国籍企業を中心として，自社の競争優位の源泉としてソーシング活動が注目されることになり，戦略的なグローバル・ソーシングの重要性が指摘され，また，部品調達においても本社の集中管理や国際調達センターの設置が相次いでいる．→国際調達センター

5［茂垣広志］

グローバル・ブランド (global brand)

世界的に統一したブランド名で国際的に製品展開を行うこと．これに対し，特定国および特定地域でのみ販売する製品，あるいは同一製品であっても国や地域に限定したブランド名の場合には，それはローカル・ブランドとよばれる．グローバル・ブランドのメリットは，そのブランドの国際的存在感のアピール，原産国効果の利用，世界統一プロモーションの展開によるその素材および集中管理による経済性などがあげられる．グロー

バル・ブランド展開が有効なのは，親しみやすさが強調される定番製品よりも，高級ブランド製品である．その背景には，メディアの国際化を含めた情報のグローバリゼーションや，海外旅行の増大にある．ただし，グローバルブランド展開では，製品コンセプトはもとより，ブランドネームが国際的に使用可能かどうかを判断する必要がある．たとえば，ある国の言葉では良い響きで，良いイメージを演出するかもしれないが，ある国の言葉で悪い事象やイメージを連想するような発音のブランド名は回避すべきである．また，現地の人びとに対する親しみやすさを製品のコンセプトにするのであれば，グローバルブランドで行うよりも，現地で適したブランド名（ローカルブランド）の方が適している．→ブランド　　　　　　　　　5［茂垣広志］

グローバル・マトリクス組織
(global matrix organization)

グローバルな効率性と現地適応という2つの要求を満たすために，指揮・報告系統を製品軸と地域軸，あるいは製品軸と機能軸というように複数化した場合の組織構造を指す．たとえば，製品別・地域別のマトリクス構造にある海外子会社は，製品担当の世界の責任者と地域担当責任者の双方から指令を受け，双方に対して報告義務を負うことになる．このグローバル・マトリクス組織では，国や地域を越えて活動をグローバルに統合する場合には，製品事業の担当者が指揮権を発動する．これによって各拠点をグローバルに統合管理することによって効率性や経済性を高めようとする．これに対し，現地適応化が必要な場合や，ある地域内での製品事業部を超えた統一行動をとる（たとえば，ある地域でのキャンペーンなど）必要がある場合には，地域担当のマネジャーが指揮をとる．このように2系統の指揮・報告系統をもつことにより，グローバル統合と現地適応の同時達成を図ろうとした組織構造である．しかしながら，指揮・報告系統の多重化，複雑化により混乱が生じやすい点が指摘されている．特に多くの製品系列を有し，多くの国や地域に展開している企業にとっては，事業間と地域間の調整が複雑化し，調整コストが高くなりやすい．また，指揮・報告系統をめぐる権限争いも生じやすいことも問題点としてあげられ，グローバルな効率性と現地適応性の同時達成という所定の目的を果たすには，多くの点で課題が多い組織であるといわれている．→グローカル経営，地域統括本社，マトリクス組織，マルチフォーカル組織　　5［茂垣広志］

け

経営家族主義 (managerial familism)

第2次世界大戦以前の日本の大企業において特徴的にみられた温情主義に基づく経営理念および労務管理施策の方針．間宏によると，経営家族主義は明治末年から第1次世界大戦前後に大企業を中心に労働運動対策，熟練工の引き留め策として普及した．使用者と労働者の関係を調和的な家族関係とみなして恩恵的，勤続奨励的な施策を展開することで，企業内の秩序の安定化を狙い，福利厚生・教育制度・共済制度の充実，勤続奨励的な手当・賞与の設置，懇親組織や社内報などのコミュニケーション手段の創設などが行われた．なお，このような施策は日本で発案されたのではなく，当時の欧米の温情的労務施策を参考にしながら日本的な修正をえたものであるとされている．第2次世界大戦後は，労使関係の民主化と経営体制の近代化にともない経営家族主義の多くの面が否定されたが，労務管理における福利厚生の重視，協調的な労使関係，勤続奨励的な賃金体系など経営家族主義が修正されて戦後に存続した部分も多い．→終身雇用制，日本的経営，年功序列
12［山下　充］

経営環境 (management environment)

オープン・システムの考え方によれば，企

業との相互作用を通じて，企業の活動に影響を与える要素の集合といった意味になる．また，経営環境は，企業の外部と内部に注目すると，企業を取り巻く外部環境と企業内部の内部環境に分けることができる．

外部環境は，一般的環境（マクロ環境）とタスク環境（ミクロ環境）に区分される．一般的環境は，企業活動に対して間接的に影響を与えるもので，企業にとって統制不可能な要素の集合である．一般的環境としては，社会的環境，技術的環境，経済的環境，政治的環境などがある．一方，タスク環境は，企業の事業活動に直接的な影響を与えるもので，企業にとって準統制不可能な要素の集合である．タスク環境としては，競争相手，顧客，供給業者，流通業者などが考えられる．これら一般的環境とタスク環境が複雑に絡み合って，企業に機会と脅威をもたらす．

内部環境とは，企業にとって統制可能な要素の集合で，ヒト，モノ，カネ，情報などの経営資源のことである．内部環境は，強みと弱みを形成する．→経営戦略，SWOT分析，タスク環境　　　　　　2［高橋成夫］

経営資源 (management resources)

事業経営に必要な諸資源を意味し，ヒト（人材），モノ（原材料・設備機械），カネ（資本・資金），ジョウホウ（情報・技術）を取り上げられるのが一般的である．しかし技術や企業文化をジョウホウ的資源から分離し第5の資源として独立させ，重視する考え方もみられる．経営とはこれらの経営資源を目的達成のために，いかに獲得・調整・統合し，また配分・活用するか，さらに経営活動をつうじて，それらの資源を蓄積するかが経営戦略の中心課題であり経営の基本とされる．

1［根本　孝］

経営戦略 (management strategy)

環境と組織のインターフェイスが戦略である．戦略は，現在から将来に向けて組織がいかに環境に適応していくかの方法を示すものであり，組織におけるさまざまな活動にとって指針となる．経営者によるビジョンやミッションをベースとしつつ，環境の変化を読み切るとともに，資源を分析して強みと弱みを把握して，経営戦略が策定されることになる．

経営戦略は，成長戦略と競争戦略に大別される．成長戦略とは，どのような事業領域（ドメイン）で存続し，成長するかを決めるとともに，経営資源をいかに蓄積し，配分するかを決めることである．競争戦略とは，顕在的な競合企業に対して優位な立場を確立するか，あるいは，潜在的な参入企業との競争を回避するかの決定である．

経営戦略には階層構造がある，と考えられている．複数の事業を展開する企業であれば，成長戦略が企業全体レベルの企業戦略となり，競争戦略が事業レベルの事業戦略となるであろう．また，企業戦略や事業戦略のもとで，マーケティング戦略といった職能ごとの戦略である機能別戦略も必要になる．→企業戦略，機能別戦略，競争戦略，事業戦略

2［松村洋平］

経営文化 (management culture)

文化の定義はさまざまであるが，ひとつの社会単位において学習され，共有され，伝承される知識や技能，道徳や習慣などを文化というならば，国家，地域，業界，組織といったそれぞれのレベルで固有の文化が存在する．国家，地域，業界，組織が異なれば，思考パターンや行動スタイルが違ってくるのである．そして，組織の経営という場合，経営を左右するのは，内部の組織文化だけではなく，外部の文化も忘れてはならない．国民文化，地域文化，業種文化が入り乱れて，経営にさまざまな影響を及ぼす．このように経営に影響を与える内外の文化が経営文化である．

なかでも，グローバルに経営を展開するならば，なによりもまず国民文化を理解しなくてはならないだろう．日本でうまくいった経営の方法をそのまま海外に持ち込んでも必ずしもうまくいかない．文化の違いを受け入れ，文化の違いを乗り越える経営も探求されなければならない．→企業文化，国民文化

10［松村洋平］

経営理念 (management philosophy)

経営者の思想、哲学、信条から生まれ、企業の使命や将来の方向を示し、指導原理や活動指針となるものである。経営哲学や社是・社訓とよばれることもある。創業者や経営者が知識と経験に基づいて形成され、組織内外に示される。方針や戦略の源流となるだけでなく、日々の業務に指針と基準を与えてくれる。企業文化の中核をなすものといってよいだろう。

抽象的な使命や存在意義（ミッション）、将来の構想や進むべき方向が示され（ビジョン）、従業員が心掛け、遵守すべき指針や規範（コード）といったものが内容となる。経営理念は、経営者個人のものではない。従業員に十分理解されなければ意味がない。さらに、ステークホルダーに対して説明がなされ、共感をうるようなものでなければならない。そのため、時代の要請に応えて、内容や表現に修正を加えなければならないこともある。しかし、朝令暮改になってしまっては、信頼を失いかねない。時代を超越するような存在でなくてはならない。→バリュー・ステートメント　　　　　　10［松村洋平］

経験曲線 (experience curve)

経験が増すにつれて（累積生産量の増大）コストや価格が低下する関係を示すカーブを意味する。ボストン・コンサルティング・グループは、ある時点での企業の累積生産量（製品を生産し始めてからその時点までの生産量の合計数量）と単位コスト（外部から購入する部品を除くすべてのコスト）との間に、ある明瞭な関係（経験効果）があることを発見した。累積生産量が2倍になると単位コストが10～30％低下するというのである。縦軸にコスト（または価格）、横軸に累積生産量をとったグラフでは、右下がりの曲線が描かれる。この累積生産量と単位コストとの関係を示す曲線が、経験曲線と名づけられた。経験曲線は、市場占有率の増大にともなって、単に生産の単位コストだけでなく、その他の単位コストも下がるとした点に特徴がある。

市場占有率の拡大は、累積生産量の増大を導き、製品の単位当たりコストは競争相手よりも低くなる。販売価格が一定であるとすれば、製品コストの低い企業はそれだけ多くの収益を獲得できる。市場占有率の拡大は、企業の収益の増大をもたらすことになり、価格競争の面で優位に立てるのである。→学習曲線、経験効果、コスト・リーダーシップ戦略、PPM　　　　　　　　　　　　2［高橋成夫］

経験効果 (experience effect)

ここでいう経験とは、科学的には検証することが事実上不可能であるが、実際には高い確率で発生が予測できるような状況を指す。ボストン・コンサルティング・グループは、1960年代に数千に上る製品のコスト分析から、ある製品の累積した生産量が倍増することによって、当該製品1単位当たりの生産コストがある程度予測できる範囲で低下するという経験則を明らかにした。これが経験効果とよばれる。累積生産量が増すにつれて、①学習が積み重ねられ作業者の能率が向上するため（習熟効果）、②作業方法が一定の基準に合ったもの（標準的なもの）へと収斂されていくため（標準化）、③工程に無駄がなくなり短縮されるため（工程改善）、④生産設備が改善・改良されるため（性能の向上）、コストが低減していく。この経験効果は、企業規模が大きくなると単位当たり生産コストが低減していくという規模の経済とは異なる。

経験効果は、自然発生的なものではなく、あくまでも意識的なコスト削減の努力が不可欠なのである。→経験曲線、PPM

2［高橋成夫］

経済的便益 (economic benefit)

資産が有する基本的属性として用いられる抽象的概念のこと。資産とは何であるかという問に対しては、財産的価値物として資産を説明する考え方や、商品や固定資産等のように将来費用化するものとして説明する考え方等、歴史的にさまざまな考え方が示されてきたが、企業にとって将来収益をもたらす経済

的源資としてのサービス・ポテンシャル(収益をもたらす潜在的な力)を資産の本質としてとらえるときに、これを包括的に経済的便益と称する。資産にはさまざまな形態があるように、経済的便益の態様も、包括的なものから個別具体的なものまで分類されうる。近年では、資産負債アプローチのもとで、資産の基本的属性を示す概念として用いられるが、将来のキャッシュ獲得に貢献する便益の総体として解釈するのが一般的である。→資産負債アプローチ　　　　　・7［大倉　学］

経済統合 (economic integration)

複数国家間での協定に基づく地域内での市場経済の統合。その市場経済統合の程度により、①自由貿易地域(free trade area)、②関税同盟、③共同市場、④経済・通貨統合、⑤完全な経済統合の5段階に分けられている。①自由貿易地域の段階では、複数国間での自由貿易協定(FTA：Free Trade Area)に基づき、地域内での関税および非関税障壁の撤廃がなされる。②関税同盟では、域内での自由貿易に加え、域外からの輸入に対して共通の関税や統一的な輸入規制がなされる。③共同市場の段階になると、労働力(ヒト)や資本(カネ)やサービス・情報など経営資源の移動についての制限も撤廃される。④経済・通貨統合では、域内統一通貨の導入と金融政策を決定する域内中央銀行が設立され、マネーサプライを通じた経済政策が統合される。⑤完全な経済統合では、各国の税制の統一など財務政策も統合化され、経済政策が完全に統合化される。NAFTA(北米自由貿易協定)は、関税同盟をとっておらず自由貿易地域の段階にある。EUは、統一通貨ユーロの導入が一部加盟国でなされており、関税同盟、共同市場の段階を経て経済・通貨統合への移行段階とみることができる。経済統合の目的は、経済政策の連携による政治的および政策的安定性、経済成長への波及効果である。→EU, FTA, NAFTA　　5［茂垣広志］

KJ法 (KJ Method)

文化人類学者川喜多二郎が現地調査の結果をまとめる方法として開発し、1970年代から80年代にかけては日本企業の多くの企業で問題解決のために活用され、氏の氏名の頭文字(Kawakita Jiro)を取って名づけられた。

主要手順は、①テーマに基づき、意見・アイデアを出しカードに記入、②類似カードのグループ化(小グループ)、③グループの見出しづけとカード記入、④タイトルの類似カードのグループ化(中グループ)、④中グループの見出し付けとカード化、大グループにまとめ、見出し付け、⑤グループの配置、全カードの貼り付けと作図である。

ビジネスにおいては整理がむずかしい問題点あるいは改革案のまとめに使われ、またグループで行えば全員の意見も最終図解に織り込まれ、参画的技法ともいわれている。→収斂思考法　　　　　16［根本　孝］

形式知 (explicit knowledge)

知識は形式化できるかどうかにより、形式知と暗黙知に分けられる。形式知は、言語、数式、チャートなどによって形式化できる客観的な知識であり、ドキュメント、データベース、規程、マニュアルなどである。これに対し暗黙知は、語ることがむずかしい、言語化・形式化できない主観的な知識である。野中郁次郎の組織的知識創造理論によって経営における形式知と暗黙知の重要性が認識されるようになった。組織的知識創造理論の中では、SECIモデル、ファイブ・フェイズ・モデルといった暗黙知と形式知の相互変換、循環のプロセスが理論化された。今日では、これらの理論を背景としたナレッジ・マネジメントがITの活用とともに実践されている。→暗黙知、SECIモデル、ナレッジ・マネジメント、ファイブ・フェイズ・モデル　　13［歌代　豊］

経常損益 (current balance)

わが国の損益計算書で示される各種利益(損失)のひとつ。営業損益に営業外収益を加算し、営業外費用を減算して示される。主に金融・財務取引に係る収益・費用である営業外収益と営業外費用を加減した結果としての損益であるところから、特別な項目ないし

は臨時的な項目の関係しない，企業の通常の継続的活動結果を示す指標として重要視される．特に間接金融中心の企業ないしは時代にあっては，借入コストである支払利息等が経常的計算項目として加味されていることから「ケイツネ」と称される重要な経営分析指標として用いられる．たとえば，営業利益に比して経常利益が小さい企業は，本来の営業にともなう利益獲得能力に比して金融費用負担が大きいとして，逆に営業利益に比して経常利益が大きい企業は本来の営業活動能力に比して金融活動が活発であるといった判断などに用いられる．→損益計算書　　　7［大倉　学］

継続企業 (going concern)

会計制度を成立させるための基礎的前提として示される会計公準のひとつ，または国際会計基準の概念フレームワークで示される基礎的前提のひとつ．ここに継続企業とは，永続的に活動を遂行する組織体として企業をとらえる考え方である．こうした前提からは，会計報告をするために，もしくは企業の状況を把握するために，人為的な会計期間を設定する必要性が求められることになる．すなわち，企業活動の終了，ないしは一時的停止をもって帳簿を集計するという考え方が成立しないことから，人為的な会計期間の設定およびそれに基づく擬制的な帳簿集計という操作が必要になるのである．また，帳簿集計（決算）は企業の継続的事業を仮締めするのであるから，将来事象に係る予測や見積が求められることになり，ここに，会計行為には必然的に主観的判断をともなう予測計算，見積計算が介在せざるを得ないという会計処理上の特質が指摘される．　　　7［大倉　学］

傾聴能力 (listening ability)

他者の発言の表面的な意味のみならず「何をいいたいのか」「何を主張しようとしているのか」に耳を傾け，じっくり聴きとり，心を読み取る能力が傾聴能力といわれている．

ビジネスの世界では相手を説得，納得させるような提案，発言，表現ができるプレゼンテーション能力あるいは説得能力も重視されるが，特に管理者には積極的に他者，部下の意見や心を聴く態度，姿勢である積極的傾聴（active listening）が求められている．最近では部下に質問し，自ら問題解決方向を築かせることに焦点をあてた，傾聴能力に類似，関連する質問力やコーチング力が注目を集めている．→カウンセリングマインド

16［根本　孝］

啓発された自己利益 (enlightened self-interest)

啓発された自己利益は，企業による公益活動を通じて社会全体が正常に発展することにより，企業の営利活動に十分な成果としてはねかえってくるという考えである．社会的責任論において，経済的機能（営利活動）のみならず社会的機能，すなわち公益活動まで含め，企業は社会に貢献すべきという考え（積極論という）に対して，株主の利益にならないため，あるべき姿を逸脱しているとの批判がある．こうした批判に対する回答のひとつが，啓発された自己利益である．社会になんらかの問題がある場合，社会の発展は妨げられる（経済の問題とは限らない）．社会が十分に発展しなければ，企業は十分な利益をあげる機会を失うことになる．→企業市民，フィランソロピー，メセナ　　10［松村洋平］

ケイパビリティ (capability)

ケイパビリティは，広義では経営資源と同様のものとして解されるが，より正確を期するならば，経営資源の活用能力と解することのほうが妥当である．ただし，こうした能力は単なるノウハウのようなかたちのものを意味するのではなく，長期間における経営活動およびそこでの経験をとおして培われるものを指す．そのため，持続的な競争優位性を構築することができるとする点に，従来の競争戦略論とは異なる視点と論理的秀逸性がある．バーニー(Barney, J. B.)に代表される「リソース・ベースト・ビュー(RBV)」とよばれる，保有する経営資源に焦点をあてた最新の経営戦略論において重要な意味をもつ概念であり，個々の企業が保有する経営資源をい

かに有効に活用できるかどうかが競争優位性の構築を決定づけるというものである．

RBVはポーターの競争戦略論とは一線を画し，企業が保有する経営資源の内容ならびに質，性格によって持続的な競争優位性が構築できるとし，とりわけ，個々の企業がそれぞれに保有している経営資源をいかに活用しうるかどうかという点に重要な意味があるとしている．→バーニー，VRIO，リソース・ベースト・ビュー　　　　　　2［吉村孝司］

経費
(manufacturing expense, factory expense)

材料費と労務費以外のすべての原価要素の総称であり，減価償却費，賃借料，保険料，修繕料，電力料，旅費交通費，棚卸減耗費などからなる．経費は製品との関連から直接経費と間接経費とに分類されるが，その多くは間接経費であり，直接経費として把握できるものは外注加工賃，特許権使用料（製品の生産量に基づいて使用料を支払う契約の場合）などのごく限られたものである．経費は消費高の把握方法の違いにより，支払経費（外注加工賃，旅費交通費など），月割経費（減価償却費，賃借料など），測定経費（電力料，ガス代など）および発生経費（棚卸減耗費，仕損費など）の4つに分類される．なお，発生経費については，実際発生額を計上するのではなく，年間発生額を見積り，これを月割りし，月割経費として処理する場合がある．実務上はこの方法が一般的である．→原価，材料費，費目別計算，労務費　　8［山浦裕幸］

契約社員 (contract worker)

雇用形態としては，有期契約の直接雇用社員であり，一般には特別な専門能力をもった優れた人材であるが，企業はその専門能力を一定期間のみ活用したい場合に，契約社員として採用する．雇用制度（従業員区分制度）には，雇用期間が限定されない（無期契約）正規社員と，雇用期間が限定されている（有期契約）非正規社員に区分される．さらに，非正規社員には，直接雇用（直用）としての契約社員，パート・タイマー，臨時社員・アルバイトの区分があり，間接雇用（非直用）としての出向社員，派遣社員，請負従業員の区分がある．これらの区分にしたがって，労働時間，賃金，福利厚生，勤務場所などの労働条件が異なる．→非正規社員

12［金　雅美］

ゲスト・エンジニア制度
(guest engineer system)

組立メーカーの製品開発部門や品質改善部門が，取引をしている部品メーカー側の技術者たちをゲストに招いて共同で新製品開発，コスト削減，品質改善を行う制度．この制度は，自動車メーカーのトヨタと部品サプライヤーのデンソーとの間で始まった制度ともいわれている．というのも，自動車の製品アーキテクチャーは，部品設計を相互調整し，製品ごとに最適設計しないと製品本体の性能を十分に出せない特徴をもつため，メーカーとサプライヤーの関係が運命共同体のように濃密であり，相互が長期的に緊密な関係性を構築しているからである．現在，同制度はトヨタのみならず，ホンダやルノーといった主要メーカーでも導入されているといわれるほど，優れた制度として認められている．→アーキテクチャー　　　　　　4［松崎和久］

ゲーム理論 (game theory)

相互依存性のある状況における合理的な行動に関する考え方である．相互依存性とは，どんなプレイヤーもその他のプレイヤーたちの行動から影響を受けることを意味し，合理的な行動とは，プレイヤーが自分たちの見地から最善を尽くそうとする努力であると定義される．ゲーム理論の創始者は，ハンガリー出身の天才数学者ジョン・フォン・ノイマン（John Von Neumann：1903-1957）．彼は，1920年代から40年代にかけて，チェスやポーカーなどゲームの数学的構造の解明に取り組み，1944年，経済学者オスカー・モルゲンシュテルンと共著で『ゲームの理論と経済行動（*Theory of Games and Economic Behavior*）』を出版．その後，ゲーム理論は，経済学，経営学，政治学などの社会科学全般

だけでなく，生物学やコンピュータ・サイエンスなどと影響を及ぼしあう学問分野まで成長した．1994年，ジョン・ナッシュ，ジョン・ハルサーニ，ラインハルト・ゼンテンら3人のゲーム理論研究者に対して，ノーベル経済学賞が与えられた．特にジョン・ナッシュによって解明されたライバルが戦略を変更しなければ，自社もまた戦略を変えない状態が戦略の均衡状態であるとする「ナッシュ均衡」は，非協力ゲームにおける解概念としてあまりにも有名である．→バリューネット

4［松崎和久］

原価 (cost)

企業が一定単位の製品を生産・販売し，あるいは一定単位のサービスを提供するために消費した経済的諸資源（原材料や，労働力，機械設備など）を貨幣額で表したものである．

原価はさまざまな観点から分類される．たとえば，原価がいかなる形態で発生したかにより材料費，労務費，経費に，製品に直接跡づけられるか否かにより直接費と間接費に，操業度（生産能力の利用度であり，営業量ともいう．具体的には，生産量や売上高で表される）の増減に対してどのように変化するかにより固定費と変動費に分類される．→経費，固定費，材料費，製造間接費，変動費，労務費

8［崎　章浩］

原価管理 (cost control, cost management)

原価の削減を起点とした管理であり，原価計画と原価統制からなる企業の総合的管理の一手法である．売上高−原価＝利益の公式によれば，不況期や強度の市場競争などにおいて，売上高の増加がみこめない場合，利益を獲得するためには原価を削減するしかない．これが原価管理（コスト・マネジメント）である．これには狭義と広義の解釈がある．前者（コスト・コントロール）は経営の諸条件は一定のままで，原価の削減を行う．この場合，事前に目標を設定し，経営活動を統制し，その結果を目標と照らし合わせて評価する．後者は経営の諸条件を抜本的に見直して，原価を削減する．

最近では新しい枠組みとして，戦略と絡んだ議論の俎上に上るようになっている．これが戦略的コスト・マネジメントである．企業にとって長期的な安定を目指すために，「企業環境を熟慮し，適切に経営資源を配分すること」，すなわち戦略が不可欠となり，原価管理は戦略策定と遂行という新しい任務が課せられた．このために，原価管理はJIT方式，品質管理，ライフ・サイクル，コンピュータ・テクノロジーといったさまざまな学際的諸方法と結びつく必要性が出てきた．→標準原価，標準原価計算

8［建部宏明］

原価企画
(target costing, target cost management)

製品（群）別の目標利益を実現するために，製品開発プロセスに沿って総合的な原価低減ないし戦略的な利益管理を図る，事前的な製品（群）別利益・原価管理手法である．原価企画は，狭義に，顧客のニーズに適合する性能・品質，価格，納期などの諸目標を，最小のライフサイクル・コストで達成する，総合的原価低減を目的とする．これは，主に製品開発プロセスの開発設計段階を管理対象として，目標原価を設定し，これを取引先をも含めた部門・組織横断的な原価低減活動によって達成することで目標利益の実現を図る，製品（群）別原価管理手法である．また，原価企画は，広義に，競争優位を実現し，企業の存続・発展に必要な利益を確保する，戦略的利益管理を目的とする．これは，狭義の原価企画の管理対象を，さらに製品開発プロセス上流の製品企画段階と下流の製造初期流動段階まで拡大して原価低減活動を行うとともに，製品企画段階で検討された開発製品の採算性を，製品開発プロセス全体にわたって監視しながら，積極的に目標利益の実現を図る，製品（群）別利益管理手法である．→原価管理，目標原価，ライフサイクル・コスト，利益管理

8［大槻晴海］

原価計算 (costing, cost accounting)

企業が製品を生産・販売し，サービスを提供するために発生した経済的諸資源（原材料

や，労働力，機械設備など）の消費額（これを原価という）を，一定単位の製品あるいはサービス（これを給付あるいは原価計算対象という）にかかわらせて，認識し，測定し，記録し，計算する技術である．原価計算は，基本的に給付単位計算であり，費目別計算→部門別計算→製品別計算の手続きを経て，製品単位当たりの製造原価を計算する．

原価計算には，財務諸表作成目的，原価管理目的，利益管理（予算管理）目的および経営意思決定目的がある．財務諸表作成目的とは財務諸表の作成に必要な原価資料，つまり製品や仕掛品などの棚卸資産の評価のための原価資料を提供することである．また，原価管理目的とは，原価管理に必要な原価資料，つまり実際原価と標準原価を提供することであり，利益管理目的とは，短期利益計画（予算の編成と予算統制）のために必要な原価資料，つまり予算原価（予定原価）や直接原価を提供することである．そして最後の経営意思決定目的とは，部品の自製・購入，生産設備の取替といった経営意思決定に必要な原価資料，つまり差額原価や現在原価を提供することである．

また原価計算は，適用される業種の違いにより個別原価計算と総合原価計算に，財務会計機構との関係から財務会計と結びついて常時継続的に行われる原価計算制度と，財務会計とはかかわりなく随時断片的に行われる特殊原価調査に分類される．→個別原価計算，製品別計算，総合原価計算，費目別計算，部門別計算　　　　　　　　　　8［﨑　章浩］

権限受容説
(acceptance theory of authority)

「ひとつの命令が権威をもつかどうかの意思決定は受容者の側にあり，『権威者』すなわち発令者の側にあるのではない」という考え方である．近代的組織理論を打ち立てたC. I. バーナードによってはじめて提唱された権威に関する逆説的な理論であり，組織内においてある命令が受け入れられ実行されるのは，その命令を発した側に何らかの特性，たとえば経済力や名誉，カリスマなどがあればこそと考えるのが常識的な見地であるが，このバーナード理論にたてば，命令を受け取る側が発令者や命令自体の正当性を受容しなかった場合，発令者の権威は消失し命令は実行されることなく終わる．そのため，発令者側は，①命令の内容が受令者にとって理解可能なこと，②命令内容が組織目標と矛盾しないこと，③命令内容が受令者の個人的利害と両立しうること，④受令者が精神的かつ肉体的に命令に従いうる状態にあること，という4つの条件を満たすよう常に留意しなければならない．→パワー理論　　　　　11［西本直人］

権限と責任の原則
(principle of authority and responsibility)

権限とは，自分の決めたことに他人を従わせるパワーである．逆にいえば，他人の決定に影響を与えるパワーである．このパワーは，組織の目的を遂行するために職務（job）に応じて組織から公式に付与されるものである．端的にいえば，上司に権限があるからこそ，部下は命令に従うのである．部下に問題があったとしても，責任を問われるのは上司である．職務について権限が付与されるということは，職務を完遂する責任を負うのである．権限と責任は一致しなければならない．

上司が権限を独り占めしてしまうと，部下はいちいち決裁を仰がなくてはならず，現実的ではない．むしろ，上司は部下に権限を譲り，部下が自由裁量のもと決定をしていくことがよくなされている．権限を部下に委譲すれば，上司も日常的な業務から解放され，例外的業務に専心できる（例外の原則とよばれる）．しかし，権限を委譲しても上司に責任がなくなるわけではなく，結果に対する責任は上司に残ると考えられる．→管理過程学派
1［松村洋平］

現在価値 (present value : PV)

将来（あるいは過去）の貨幣価値を現時点での貨幣価値に換算した額である．たとえば，1年定期預金の利回りが10%である場合，1年後の100万円の現在価値は，90.91万円である．その理由は，今，90.91万円を定期

預金に預け入れれば，1年後には100万円[=90.01万円×(1+0.1)]になるからである．

一般に，現在価値の計算式は，次のとおりである．

$$現在価値 = \frac{i年後の貨幣価値}{(1+利子率)^2}$$

ただし，企業が将来期間において獲得することを期待できるキャッシュフローの現在価値を求めるときには，次のように「利子率」という言葉に代えて「資本コスト」という用語が使われている．

$$i年後のキャッシュフローの現在価値 = \frac{i年後のキャッシュフロー}{(1+利子率)^i}$$

→資本コスト　　　　　　　　　1［鈴木研一］

現地化 (localization)

国際経営で用いられ，ホスト国でのビジネスのあり方についての用語である．そこでは，企業活動（機能）と要素（ヒト，モノ，カネ，情報）の2つの軸で「現地化」の尺度が設定される．たとえば，ある製品を現地国で販売する場合，日本や第三国から輸出するのではなく，現地生産を行う，というのは生産という機能を現地におくということで生産の現地化ということができる．その意味では，現地製造業者に生産を委託しても生産面では現地化しているといえる．これは生産という機能の現地化である．また，その現地で生産する製品の開発や設計をやはり現地で行うとなれば，開発・設計機能の現地化である．このように，現地でどのような機能を遂行しているかが現地化を測るひとつの尺度となる．しかし，たとえば，現地で開発しているとしてもそこでのエンジニアが日本本社からの派遣者ばかりであったとしたら，そこの要素としてのヒトは現地化していない．経営という機能でも同様である．現地に意思決定権限を委譲し，経営機能は現地化していたとしても，経営層が日本人ばかりであれば，ヒトという側面では現地化していない．このように，現地化という場合，2つの側面でみる必要があり，ひとつの側面だけではその測定は不十分である．また，現地化がどの程度必要とされるのかは，現地法人という部分最適化のみならず多国籍企業グループ全体での最適化をも考える必要もある．→マルチドメスティック戦略　　　　　　　　1［茂垣広志］

源流管理

原価企画の基本概念であり，実際にコストが発生する段階ではなく，コストの発生原因が決定する段階に遡ってコストを管理し，将来におけるコストの発生を予防するという原価管理思想をいう．製品やサービスにかかわるコストは，製品やサービスの企画段階から次第に発生し，生産段階に入ると急激に増加する．しかし，製品やサービスの仕様が確定すれば，その原価構造も確定するため，発生するコストの約80％は，生産段階前にすでに決定されてしまう．したがって，生産段階に入って原価管理を始めても，製品やサービスの仕様と原価構造を所与とした生産段階以降の原価低減の余地は，20％ほどしかない．しかも，JIT生産方式やTQMなどにより，生産プロセスや購買プロセスにおけるムダを極力排除し，大幅な原価低減を実現しているリーンな生産体制のもとでは，もはや原価低減の余地などほとんど残されていない．したがって，生産段階以降で原価低減を図るよりも，生産段階前のより早い段階で原価低減を図っていく方が効果的である．また，その効果は，設計段階→開発段階→企画段階と，製品ライフサイクルのより源流に遡れば遡るほど大きくなる．→原価管理，原価企画，JIT，TQC，TQM，リーン生産方式

8［大槻晴海］

権力格差指標 (power distance index)

ホフステッド (Hofstede, G.) が，多国籍企業内における子会社間の経営文化の相違を測定するために設定した指標のひとつ．この権限格差指標は，彼が先行研究から導出した仕事に関する文化次元で，「それぞれの国の制度や組織において，権限の小さい成員が，権限の不平等に分布している状態を予期し，そ

れを受け入れている程度」と定義されている．この背景には，適切な権限格差の水準が文化によって異なるという仮説がある．この権限格差は，①部下が上司に反対を表明することをしり込みする程度，②上司が実際行っている意思決定スタイルについての部下の知覚，③上司の意思決定スタイルとして部下が好ましいと思っているスタイル（部下が理想と考える管理スタイル）の3つの項目で測定されている．後者2つの項目は，リカートによるリーダーシップの測定方法が援用されている．この測定結果によると，権限格差指標のスコアが高いのは，マレーシア，グァテマラ，パナマ，フィリピン，メキシコの順であり，権限格差が小さいのは，オーストリア，イスラエル，デンマーク，ニュージーランド，アイルランド共和国である．日本は53ヵ国（地域を含む）中33位であり，平均よりやや権限格差が大きいポジションにあった．彼は，リーダーシップとの関係で，参加型リーダーシップは，権限格差の大きい国では有効には機能しないことを示唆している．→異文化経営，個人主義指標　　　　　5［茂垣広志］

こ

コア技術 (core technology)

　企業にとって持続的競争力の源泉となるような中核技術のことである．企業においては，コア技術の強化を中心とした研究開発投資を行い，そしてコア技術を応用した製品開発を進めることが重要である．コア技術は，一般的に以下の3要件を満たす必要があるといわれている．第一は，多様な製品開発に応用できる基盤技術であることである．たとえば，キヤノンの画像処理技術や光学技術，精密加工技術である．キヤノンはデジタルスチールカメラ，デジタルビデオカメラ，銀塩カメラ，レーザープリンタ，インクジェットプリンタなど多様な製品を開発しているが，その多くは，上記の基盤技術を応用したものである．第二の要件は，独自性が高いことである．容易に模倣が可能で，競合他社も保有している技術であれば競争力の源泉にはなりえない．キヤノンはデジタルカメラのコンピュータ部分の開発に当たっては，汎用性の高い技術を用いるカメラ制御領域の技術開発は行わず，独自技術を応用できる撮像カメラ制御領域に開発を集中した．

　そしてもう一つの要件は，高い顧客価値に結びつくことである．たとえ技術的な評価が高くても，その技術を顧客のベネフィットに結びつけることができなければ，事業として成立しえないことはいうまでもない．→コア・コンピタンス　　　　　6［坂本雅明］

コア・コンピタンス
(core competence：中核的能力)

　企業が競争環境の中で，競争を優位に展開させていくうえで必要とされる中核的能力をいう．ハメル (Hamel, G.) とプラハラード (Prahalad, C. K.) による『コア・コンピタンス経営 (*Competing For The Future*)』(1994) の発刊によってコア・コンピタンスという概念が広く知られるとともに，企業が中核的能力としての企業力の強化に努めることとなった．

　企業力を再考するうえで，何をもって中核的能力とするかが論点とされるが，ハメルとプラハラードによれば，企業にとって中核的能力となりうるためには，①顧客価値（顧客に認知される価値），②競合他社との違い（業界のどこにでもあるようなものではなく，競合他社には見受けられないようなユニークな競争能力），③企業力の拡大（常に新製品市場への参入を図ること），の3つの条件が満たされる必要があるとされている．

　多くの企業が競争戦略論における差別化を中心にコア・コンピタンスの強化を図るという認識上の誤りをおかしているが，真のコア・コンピタンスとは，当該企業に対し，未来への扉を解き放つものでなければならないことが何よりも重要とされる．→コア技術，

コア・リジディティ　　　　2［吉村孝司］

コア社員 (core employee)

 広い意味では文字どおりコア・中核社員を指し、明確な定義や範囲が一般化しているわけではない。すなわち、業務の中心的役割を担う社員であり、雇用形態が多様化し、非正規社員比率が高い企業においては正社員全員がコア社員となる。しかしより限定的に「業績・成果を達成できる社員」「経営幹部候補」「ビジネス・リーダー」などを、コア社員もしくはコア人材ともよぶ場合も少なくない。

 コア社員は長期・安定雇用が基本であり、中長期的にも経営の中核を担う人材として、そのモチベーション向上や能力開発が重視される。コア社員と非コア社員（ノンコア社員）の比率をどう設定するかは業務や業種によって異なるが、非コア社員比率を高めたことによって、企業への一体感やモチベーションの低下を招き秘密漏洩やチームワークの崩れ、業務の遅延や改革の停滞などの問題も生じてきており、再びコア社員の増加といった対策を講じる企業も少なくない。　　12［金　雅美］

コア・リジディティ (core rigidity)

 企業に競争優位性をもたらしてきたコンピタンスが、時間の経過とともに硬直化し、逆に競争劣位の源泉になってしまうことをいう。コア・リジディティが発生する第1の理由は、経済的な要因である。つまり、新しい環境に対応するコンピタンスを確立する必要性を認識していても、そのコンピタンスを確立することで、既存の製品ラインや知識、スキルを不要なものにしてしまう恐れがあるからである。つまり、既存の経済基盤を壊しかねないからである。第2の理由は、組織の政治的な要因によるものである。新しいコンピタンスを確立することは、今までの組織のコンピタンスを形成してきた中核事業部門の激しい抵抗を受けることになる。新しいコンピタンスを確立することになる事業部門というのは、一般的にトップからの特別な支援を受けない限り、今までの中核事業部門からの激しい抵抗に屈することになる。第3の理由は、行動学的な要因によるものである。既存のコンピタンスは、長い時間をかけて、日常の業務ルーティンの積み重ねから形成されてくるものである。そのため、深く組織内にしみ込んだルーティンは、新しい環境には弊害であると認識していても、簡単に取り除くことはできなくなる。コア・リジディティは、これら3つの要因が相互に作用することで生み出されるのである。→コア・コンピタンス

4［高井　透］

高コンテクスト文化 (high context culture)

 ホール (Hall, E. T.) が異文化コミュニケーションにおいて導入した用語。コンテクストとは、コミュニケーションでの送り手と受け手の間の物理的、心理的、時間的な環境状況についての共通理解の程度を意味している。このコンテクストにおいて高い文化と低い文化が存在し、それぞれに有効なコミュニケーションが異なる。高コンテクスト文化では、共通の理解度が高く、メンバー間での状況理解が高い。このような文化では、ある意味を伝えるために必要な情報は少なくてすむ。多くの部分をコンテクストの共有部分で補ってくれるからである。阿吽の呼吸や以心伝心が可能となる。しかし、低コンテクスト文化 (low context culture) においては、ある意味を伝えるためには、状況の理解を含めた情報の伝達が必要となる。さもなければ誤解が生じ、コミュニケーションはうまくいかない。日本企業が海外ビジネスで不評を被るのは、日本企業の内部は、長期雇用や就業後の「ノミニケーション」（同僚たちと飲みながら会社の話をする）などにより、高コンテクスト文化が定着し、それに基づくコミュニケーションが可能である。そのため、短い会話で効率よく意思を伝えることができる。しかし、海外に行けば（たとえば、海外子会社へ管理者として出向）、そこは低コンテクスト状況である。そのため、ローカルスタッフにとって分かりにくい、指示が明確でないなどの不評や、意思がきちんと伝わらないというようなコミュニケーション・ギャップが生じ、さらには異文化摩擦を引き起こすことに

なる．→異文化コミュニケーション
5［茂垣広志］

公私合同企業 (the third sector)

企業はその出資形態および法律上の分類として，「公企業」「私企業」，さらにその中間的存在としての「公私合同企業」に分けてとらえられる．

公企業とは，その設立に際し，出資が国もしくは地方自治体によって行われる企業を指し，事業内容もきわめて公共性の強いものとされる．かつての日本国有鉄道や日本専売公社などに代表される公社・現業が該当する．また地方自治体による水道事業やガス事業などにいまでも公企業としての形態をみることができる．第一セクターともよばれる．しかし周知のように国営企業および事業の多くは民営化され，現在に至っている．

私企業とは，その設立に際する出資が法律上の「私人」によってなされる企業を意味し，企業のほとんどがこの形態をとっており，第二セクターともいう．

公私合同企業とは，公企業と私企業との中間的位置づけとされ，出資が国または地方自治体と，私人の双方によって行われる企業をいう．通常，こうした性格から「半官半民企業」とも称されることも多く，第三セクターともいわれている．一例としては，東京で観光バス事業を営む「はとバス」は東京都と民間事業体としてのはとバスが共同で出資して設立・運営している事業体である．このほかには水道，ガス事業等において公私合同企業の形態をとるケースも時々みられる．→株式会社
1［吉村孝司］

工程管理 (process control)

工程とは，仕事を遂行する過程，その過程を構成する個々の要素，またはそれらの要素の順序関係を示した系列を意味している．工程管理は，工程から生産される製品，サービスの特性のバラツキを低減させ，維持する活動のことである．その活動の過程の中で，工程の改善，標準化，技術蓄積を進展させていく．たとえば，工程の設備条件や作業条件を固定して生産したとしても，そこから生産された製品特性は常に変動し，バラツキがあり，一定ではない．そこで，この特性のバラツキの原因を発見するために，工程分析などの手法を用いて，ひとつあるいは複数の工程の効率化を図る工程改善を行うのである．このことから，工程管理の目的は，製品特性のバラツキを低減し，その特性が統計的管理における許容範囲内に収まるように維持するといえる．→生産計画，生産統制
14［島谷祐史］

工程別総合原価計算
(continuous process cost system)

総合原価計算において製造工程を複数の連続する工程に分けて，工程ごとに工程製品の原価を計算する方法である．ここで工程とは，原価部門の一種で，製品が完成するまでに通過しなければならない製造部門のことであり，補助部門は含まれない．工程別計算を行う目的は，製品原価の正確な計算と原価管理である．工程別総合原価計算の製品原価の計算方法には，累加法と非累加法がある．前者は，各工程完了品の原価を順次，次工程に振り替えていって製品原価を計算する方法であり，後者は，各工程において工程完了品原価を計算し，これらを合計して完成品原価を計算する方法である．また，集計する原価要素の範囲により，全原価要素工程別総合原価計算と加工費工程別総合原価計算（加工費法）に区分される．→製品別計算，総合原価計算，部門別計算
8［山浦裕幸］

行動規範 (code of conduct)

行動指針 (action guideline) ともいう．行動規範は，存在意義（ミッション）や経営構想（ビジョン）を実現するために，従業員が心掛け，遵守すべき指針や規範のことをいう．存在意義，経営構想，行動規範をあわせて，経営理念とよぶこともある．家訓や家憲の流れをくむ行動規範は，内部志向のものが多く，組織内部の統合を意図して制定されることが多い．しかし，近年，さまざまな不祥事事件を受けて法令順守（コンプライアンス）

が求められ、また、コーポレート・ガバナンスの観点からステークホルダーとの健全な関係が求められるようになるにつれて、たとえば、インサイダー取引の禁止や守秘義務の徹底など、外部志向のもの、いわば外部環境への適応を意図して制定されるケースが増えてきた。 →経営理念、コンプライアンス

10 [松村洋平]

行動文化 (behavioral culture)

企業文化の構成要素のひとつ。梅沢正による。企業哲学や経営理念など観念文化が内面化あるいは行動化して、メンバーの思考や行動の様式である行動文化になる。行動文化について具体例をあげれば、メンバーの思考パターンや議論の方法、振る舞い方(スタイル)や接客態度、あるいはこれらが織り成す職場の空気などであろう。観念文化が、直接的に行動文化に影響する(内面化され思考パターンになったり、行動化する中で行動スタイルになる)こともあるが、規則や儀式といった制度文化を通じて、また、ユニフォームや社歌といった視聴覚文化を通じて、間接的に行動文化に影響を与えることも考えられる。ただ、観念文化と行動文化が必ずしも一致するとは限らない。

デービス(Davis, S. M.)が指導理念と日常理念を区別したように、観念文化と行動文化も、建前と本音のような関係になってしまうことも多い。 →観念文化、視聴覚文化

10 [松村洋平]

公平理論 (equity theory)

動機づけ研究における代表的理論のひとつ。人は自分が行った貢献(努力)と、その見返りとして得た結果の交換比率を他者と比較して、自分が公平に扱われているかどうかを判断し、貢献の量を調整するという考え方を基本とした理論である。人は、社会的比較をしつつ、自己存在を確認している。職場での行動(業務遂行)では、およその場合、同じような仕事、同じような立場・役割の他者を比較対象にすることが多い。アダムス(Adams, J. S.)は、この理論において、貢献をインプット、報酬など見返りの結果をアウトプットとよび、自分のインプットに対するアウトプットの割合と、比較他者のインプットに対するアウトプットの割合が不等号になる場合、その両辺のバランスをとって等しい割合になるようにすることが、個人の行動の動機づけとなるとした。実際には、他者のインプットやアウトプットを操作するのは、組織内では高リスクであるか、あるいは不可能である。したがって、アンバランス解消の方法としては、自分のインプットを変化させるのがもっとも容易であり、また、それぞれのインプット、アウトプットの認知評価を変える方法もある。どうしてもバランスが回復されない場合は、比較対象者を変える、さらには、その組織と離別することもある。

11 [田中聖華]

5S運動

5Sは整理(Seiri)、整頓(Seiton)清掃(Seisou)清潔(Seiketsu)、躾(Shitsuke)の五つの頭文字を意味するが、新設工場等で品質・生産管理や安全管理の基礎として従業員にその徹底と習慣化を図るための運動を指す。

整理は必要なものと必要でないものの区分と処理、整頓は何がどこにあるかの明確な配置と区分、清掃はきれいにし、清潔はそうした状態を維持し続け、躾は、そうした行動を自ら率先して行うことである。そうした職場、職場環境を保つことが、品質のみならず納期もコストも維持し、さらに改革する基本として取り組んでいる。国内工場や事務所のみならず、海外進出した日本企業はこの5Sを徹底するための運動を創業時から愚直に行っているのである。 →3S

14 [根本 孝]

顧客満足 (customer satisfaction)

顧客満足に関する統一的な定義は存在しない。フィリップ・コトラー(Kotler, P.)は、マーケティング・マネジメントの中で、満足とは、ある製品に知覚された成果(あるいは結果)と購買者の期待との比較から生じる喜びまたは失望の気持ちである、とした上で、満足度とは、知覚された成果と期待との相関

関係で決まる．成果が期待を下回れば，顧客は不満を覚える．成果が期待を上回れば，顧客は満足する．また，顧客満足は事業運営の基本構造の中心的な役割を果たしている．顧客満足が新規顧客を顧客維持につなげる要因であるからである．さらに，顧客満足に関連する概念には，顧客歓喜，顧客満足保証，顧客価値，顧客ロイヤルティ，サービス・プロフィット・チェーン，顧客資産，CRM，バランス・スコアカードなどがあり，経営には欠かせない顧客満足度の指標がデータとしてとられるようになっている．→CRM

3[片山富弘]

国際会計基準

(International Accounting Standard：IAS)

1973年設立の国際会計基準委員会が作成した企業会計の国際的統一基準である．経済のグローバリゼーションにより，企業活動のグローバル化のみならず，投資家（株主）もまたグローバルに投資活動を行っている．しかし，従来は国や地域によって会計基準が異なり，財務諸表をみてもその内容を理解することは困難であった．また，企業にしても進出先ごとに適合する財務諸表を作成しなければならず，煩雑化していた．この国際会計基準の統一化の目的は，厳密な会計処理とそのディスクロージャーである．日本でも，1999年度決算から国際会計基準が適用された．国際会計基準の適用を義務づけられる対象は，証券取引法の適用会社，つまり株式を公開している企業である．従来の日本での会計基準は，単独決算，原価主義，オフバランス処理であったが，国際会計基準では，連結決算，時価主義，オンバランス処理となる．これらの厳密な会計処理が求められるとともにディスクロージャーが求められることから，経営の透明性が期待される．→グローバル・スタンダード，ディスクロージャー

1[茂垣広志]

国際競争戦略

(international competitive strategy)

ライバル会社に対して国際的な競争優位を構築するための戦略．代表的論者はポーター（Porter, M. E.）である．彼によれば，国際競争戦略を策定するベースとなるのは，国際的な業界構造の分析である．彼は，それを2つのタイプに分けている．ひとつはグローバル業界であり，もうひとつはマルチドメスティック業界である．国際的に共通製品が供給可能であり（市場ニーズの同質化），各国市場へのアクセスが自由化されている業界では，競争優位の源泉として，製品開発，部品調達，生産という川上部門での規模の経済の発揮である．他方，マルチドメスティック業界では，市場ニーズが国や地域によって大きく異なったり，各種規制のための各国市場へのアクセスが自由ではないような業界である．この業界では，国際競争優位を達するためには，現地適応化が基本となり，戦略の基本単位も国別戦略となる．これら業界構造の特徴により，価値連鎖における国境を越えた活動間の調整の程度が異なる．→競争戦略

5[茂垣広志]

国際経営組織

(international management organization)

海外での事業活動，海外子会社をどのような権限－責任関係で統括するのかを示したものであり，その構造は組織図で示される．国際成長戦略と国際経営組織（組織構造）の関係についての伝統的な研究ではストップフォードとウェルズ（Stopford, J. M. & L. Wells）の研究が有名である．彼らのアメリカ企業についての調査によれば，国際化の初期にみられるのが国際事業部の設置であり，その後の経営組織の展開（世界的製品別事業部制か世界的地域別事業部制か）は，国際成長戦略によって異なることを見出した．すなわち，海外での製品多角化により成長を志向した企業は，世界的製品別事業部制へ移行し，製品多角化ではなく少数の既存製品の海外売上高の向上により成長を志向した企業は，世界的地域別事業部制へと移行した．また，製品多角化と海外売上高の両方により成長を志向する企業は，グリッド構造（グローバル・マトリクス構造）を採用することが示

唆された．近年の研究では，経営組織の構造的分析よりも，マネジメントプロセス，組織プロセスが重視されている．→グローバル・マトリクス組織，国際事業部制構造，世界的製品別事業部制，世界的地域別事業部制

5［茂垣広志］

国際合弁事業 (international joint venture)

まず，合弁事業とは，独立した複数の企業が出資し，かつ経営に参加する共同事業体を指している．「独立した複数の企業」とは，同一企業グループ内投資による会社の設立には該当しないことを意味している．また，経営に参加するというのは，その合弁事業の活動に必要な資源を投入し，その経営にタッチすることを意味し，経営に参加しない場合は，単なる資本参加となる．国際合弁事業とは，国際的な合弁事業を意味し，それには2つのタイプがある．第1のタイプは，出資企業の国籍は同一であるが，合弁事業を設立する場所が海外であるタイプである．日本では，商社と手を組み海外で合弁事業を行うケースが散見される．第2のタイプは，国内の企業が海外の企業と共同で行うというタイプである．通常，国際合弁事業でイメージするのはこの後者のタイプで，しかも現地企業と行うというパターンであろう．国際合弁事業のメリットとしては，①投資リスクの分散化が可能になること，②同様に一社ではなしえない規模の事業が可能となること，③相手側の資源との相互補完によりシナジー効果が期待できること，④共同で事業を遂行することにより相手側の知識やノウハウ等を学習できること，⑤現地国に外資出資比率に規制が存在する場合にそれをクリアできること，などがあげられる．しかしながら，デメリットとしては，①収益は相手側と分配しなければならないこと，②相手側との調整が必要で，自社で完全にコントロールすることはできず，対立が生じるとその解消には調整コストや時間を要すること，③相手側に自社の優位な知識やノウハウが漏出する可能性があること，などがある．→海外直接投資　　5［茂垣広志］

国際事業部制構造
(international divisionalized structure)

国際経営組織において，国内部門に海外部門（国際事業部）が付加された組織構造．ストップフォードとウェルズ (Stopford, J. M. & L. Wells) によれば企業の多国籍化の初期，グローバル構造への移行過程でみられる過渡的な形態であるとされる．日本企業の場合，直接輸出を主要な海外市場へのアクセスの手段としていたが，その輸出を扱っていたのが輸出部である．しかし，海外生産が開始されてくるとそれら少数の生産拠点から輸出以外の海外生産に関わる知識やノウハウが求められてくる．その結果，輸出部では対応できず，海外生産での技術援助などで海外事業を一元的に管理する形で国際事業部（あるいは海外事業部の名称）が形成された．海外事業に関する権限と責任がこの国際事業部に付与され，海外子会社をコントロール下に置き統括するというのが基本形である．しかし，海外子会社の自立性を認める場合や，製品事業部門主導で海外事業展開が行われる場合には，調整や窓口のようなスタッフ的役割を担うことになる．この国際事業部制は，本質的に国内事業と海外事業を区別してマネジメントを行うという体制であるため，海外事業の売上の増大，および海外生産が本格化すると，この構造では対応できなくなり，世界的製品別事業部制構造や世界的地域別事業部制構造，あるいはグローバル・マトリクス構造のようなグローバル構造に移行することになる．→グローバル・マトリクス組織，世界的製品別事業部制，世界的地域別事業部制，直接輸出

5［茂垣広志］

国際出願制度
(international application system)

特許協力条約 (Patent Cooperation Treaty：PCT) に従って行われる特許出願制度をいう．特許権は，原則的に各国ごとに成立するため，各国ごとに定める法令の書式に従った出願書類をそれぞれの国の言語で作成し，国別に出願を行わなければならなかった．する

と，同一発明の多数国への重複出願およびこれにともなう各国特許庁における重複審査に基づく出願人，各国特許庁の負担が生ずるため，その軽減のために特許協力条約が締結された．この制度に基づき，出願すると，ひとつの出願で，条約加盟国の国内出願の束を出願したことになる．国際段階で，出願公開され，国際調査が行われる．最初の出願から30月以内に，指定国への国内手続き移行を行う．具体的には，各指定国への翻訳文の提出，手数料の支払い等である．国際段階では，ひとつの手続きで済むこと，各国への移行までに30月の猶予期間があるので，その間に発明の評価をさらに行うことができる等のメリットがある． 6［久保浩三］

国際製品ライフサイクル理論
(International Product Lifecycle Theory：IPL 理論)

バーノン(Vernon, R.)が戦後アメリカ企業の多国籍化を説明するために用いた理論．ある製品に関する製品ライフサイクルには，国（技術および所得分布の相違）によりタイムラグが存在する．その時間的経緯により生産技術の標準化・平準化，ライフサイクルの上昇によるコスト低下と競争の激化により価格低下が生じ，そのことにより順次より所得の低い国で製品ライフサイクルが発生し，生産拠点も生産技術の平準化により途上国へとシフトするという考え方である．この考え方から，製品を国際的にどのような順番で供給するかという国際マーケティング上の問題，および生産拠点を国際的にどのようにシフトさせるかという示唆を有している．しかしながら，戦後アメリカの技術優位と所得の高さを前提にすれば，1950年代から60年代のアメリカ企業の多国籍化をかなり説明することができる．また，日本企業のアジア展開もよく説明できるが，現在のように，国による技術的優位性の多様化，地理的分散化，および所得格差の縮小により説明できない事象が多くなってきている．この理論では，海外直接投資の方向は，先進国から途上国へという一方向しか説明できない．たとえば，日米欧の間での相互投資状況は，この理論では説明できないし，中国企業の対米投資も説明できない．→海外直接投資 5［茂垣広志］

国際調達センター
(International Procurement Center：IPC)

企業のグローバル・ソーシングを実施するために設置された調達拠点である．国際調達センターの設立が相次いだ理由には，2つある．ひとつは，1990年代以降のコスト競争，価格競争の激化である．特にエレクトロニクス製品では，部品コストが総コストの8割を占めるといわれ，この部品の調達コストが企業のコスト競争力に大きく影響を与える．製品構造がモジュール化し，インターフェイスがオープン化されているような部品は，専門業者による規模の経済を利用した低コスト化，および市場取引における買い手と売り手の交渉力から，外部化し，しかも事業部を超えて共同購入する方が価格交渉力を有するようになる．そのような理由から，標準品あるいは汎用品については，本国および海外の生産拠点がバラバラに購入するのではなく，国際調達センターが共同購入の調整役となる．また，これら部品については，世界のどこから購入すれば安いのかを常にモニタリングする必要があり，また部品コードの統一化も必要とされる（グローバル最適調達）．もちろん，部品の購入に当たっては，QCD（品質・コスト・納期）が重要となるため，これらの評価は欠かせないものとなる．また，もうひとつの役割は，グループ内での資材の融通・調整，現地調達率の高まりとともに発生する調達関連のトラブルにも対応することが求められてきている．これらのことから，本社の調達本部および各工場との連携は不可欠であり，グローバル・ソーシングの中心的役割を果たすことが期待されている．→QCD，グリーン調達 5［茂垣広志］

国際特許分類
(International Patent Classification：IPC)

世界的に使われている特許の分類であって，日本では，すべての特許情報にこの分

類が付されている．大きくAからHの8セクションに分けられ，それがさらにサブセクション，クラス，サブクラス，メイングループ，サブグループに分類されている．現在，特許情報は，特許電子図書館 (Intellectual Property Digital Library) を通じて，インターネットにより，すべて無料でみることができるが，国際特許分類は，その中のパテントマップガイダンスをクリックして調べることができる．国際特許分類同士のAND検索やOR検索が可能であり，また国際特許分類とフリーキーワードとのAND検索やOR検索も行うことができる．特許調査は，フリーキーワードを用いて行うのが，一番簡便であるが，複数のフリーキーワードのAND検索を行うと，目的のものが落ちることが多いので，たとえば，2語のフリーキーワードのAND検索でノイズ（目的以外のもの）が多すぎる場合には，国際特許分類で，絞っていくと効率的な調査を行えることが多い．→特許権　　　　　　　　　　　6［久保浩三］

国民文化 (national culture)

経営に影響を与える文化，すなわち経営文化の中でも，国家国民単位のものを指す．ホフステッド (Hofstede, G.) によれば，文化とは，集合的に人間の心に組み込まれるメンタル・プログラムであるが，ある国で成長すれば，ある国に固有のプログラムを身に付けることになる．これが国民文化である．個人主義か集団主義かといったことも，国民文化の違いとしてとらえることができる．ホフステッドは，国民文化の違いを，①権力格差，②不確実性回避，③個人主義と集団主義，④男性化と女性化，⑤短期志向と長期志向によって説明し，国民文化が企業経営に及ぼす影響を研究した．→経営文化，権力格差指標，個人主義指標，男性度指標，長期志向指標，不確実性回避指数　　　　　10［松村洋平］

個人主義指標 (individualism index)

ホフステッド (Hofstede, G.) が，多国籍企業内における子会社間の経営文化の相違を測定するために設定した指標のひとつ．この指標は，「個人の仕事目標」に関する14の質問項目の因子分析からもたらされている．第1因子として「個人の私的な自由時間」「仕事上の自由」「やりがいがあり達成感のある仕事」という3つの項目が正の負荷量を示しており，これらいずれも個人が組織から自立することを強調しており，コスモポリタン的心理を表すものであることから「個人主義化指標」と名づけられた．この個人主義化指標のスコアが高い国は，アメリカ，オーストラリア，イギリス，カナダ，オランダの順であり，スコアが低いのは，グァテマラ，エクアドル，パナマ，ベネズエラの順であった．日本は，55ヵ国中22位でほぼ中間に位置していた．この個人主義化指標は，いくつかの要因との関係がみられた．第1は，GDPが高い国は個人主義化指標が高く，貧しい国々ではほとんどの場合スコアが低いこと，すなわち，経済発展との相関がみられた．第2は，個人主義化指標が高い国は，権限格差指標で低く，両指標の間には逆相関の関係がみられた．しかし，フランスとベルギーは，個人主義指標でも高く，権限格差もやや高いという特異なケースがみられた．いずれにしても，この個人主義化指標は，先行研究や概念から導き出された指標ではなく，あくまで仕事に関する目標に対する回答結果から導出されたものであり，これを個人主義化指標として妥当性があるかについて批判も多い．→異文化経営，権力格差指標，国民文化，男性度指標，ホフステッド　　　　　　　　　　　5［茂垣広志］

コスト・ドライバー (cost driver：原価作用因)

ABCで用いられる概念であり，コストを発生させる，または，変化させる要因となるものをいう．戦略上重要なコスト・ドライバーには，構造的コスト・ドライバー (structural cost drivers) と業務執行的コスト・ドライバー (executional cost drivers) がある．前者は，経営の基本構造にかかわるものであり，規模，範囲，経験，技術，複雑性などがある．他方，後者は，事業の執行方法にかかわるものであり，従業員の参加

度，TQM，稼働率，工場レイアウトの効率性，製品仕様などがある．また，ABCにおいて，コスト・ドライバーは，原価計算対象に間接費を割り当てる配賦基準を意味する言葉として用いられる．これには，資源ドライバー (resource drivers) と活動ドライバー (activity drivers) がある．前者は，発生した間接費を，それを発生させた原因となる活動ごとに割り当てる基準である．他方，後者は，活動ごとに割り当てられたコストを，その活動を通じて生産された製品やサービスに割り当てる基準である．ただし，通常は，後者をコスト・ドライバーとよぶことが多い．
→ ABC/ABM　　　　　　　　8 [大槻晴海]

コスト・リーダーシップ戦略
(cost leadership strategy)

ポーター (Porter, M. E.) は，業界の平均以上の業績を達成するためには，3つの基本戦略（コスト・リーダーシップ戦略，差別化戦略，集中戦略）のうちいずれかを追求しなければならないと指摘した．コスト・リーダーシップ戦略は，競合企業よりも低いコスト水準を達成することで，コスト面での優位性を確保し，高マージン，または販売増を目指す戦略である．コスト・リーダーシップは経験効果，規模の経済に基づいて説明されることが多いが，業務活動の連結や共同化，業務品質向上による効率化など多様な方法がある．→ 差別化戦略，集中戦略　　2 [歌代　豊]

COSOフレームワーク

アメリカのトレッドウェイ委員会組織委員会 (COSO：the Committee Of Sponsoring Organization of the Treadway Commission) は，これまでに内部統制および全社的リスク・マネジメント (ERM：Enterprise Risk Management) に関するフレームワークを公表してきた．1992年，COSOは『内部統制：統合フレームワーク』(COSO I) を発表した．内部統制は，業務の有効性と効率性，財務報告の信頼性，コンプライアンスに関する目的を達成するために，合理的な保証を提供することを意図した，取締役会，経営者，および従業員によって遂行されるプロセスである．COSOの内部統制フレームワークは，バーゼル委員会『銀行組織における内部管理体制のフレームワーク』(1998) や，日本の『金融検査マニュアル』(1999) でも参考にされた．COSOは，2004年に，『全社的事業リスクマネジメント (ERM)：統合フレームワーク』を発表した．内部統制の目的に加え，戦略（組織ミッションに関する最高次の目的）が新たに目的として加えられ，ERMは内部統制を内包した包括的体系になっている．→ 内部統制　　　　　　　　13 [歌代　豊]

5W1H

漏れのない思考のための重要なチェック法として5W1Hがもっとも基本とされている．すなわち，何を (What)，いつ (When)，誰が (Who)，どこで (Where)，なぜ (Why)，どのように (How) するかの5つのWと，ひとつのHである．何かを伝え，表現，提案する際の備えておかなければ必須の5条件である．

また最近では誰に (Whom) や，いくらで (How much) が加えられ6W1Hとか5W2Hといわれる場合が多くなってきている．もれのない現状分析や，行動計画立案を行うためのひとつのチェックリストであり，もっとも基本的かつ伝統的な思考法である．→ 発散思考法　　　　　　　　16 [根本　孝]

コーチング (coaching)

指導者が対象者と対等な立場で効果的な質問を投げかけることにより，自発性を促し能力や意欲を引き出すためのコミュニケーションスキル．コーチングはティーチング (teaching) と異なり，指導者が一方的に何かを教えたり指示をしたりするものではない．コミュニケーションの過程で指導者が適切な質問を行うことで，対象者が自己の目標とそこに至るまでのプロセスや新たな意識などを導き出し，かつそれに動機づけられることにより，成果を向上させることを目的とする支援活動である．コーチングの主なスキルには，傾聴，承認，質問，フィードバックなど

があるが，基本は質問にある．その質問とは，指導者が知りたいことを聞くという意味での直接的な質問ではなく，質問することによって対象者が考え，自ら答えを導き出すためのものである．質問形式としては答えがひとつに特定できる特定質問と，答えがひとつに特定できない拡大質問，また，時間的なものとして，これまでの事柄を聞く過去質問と，これからの事柄を聞く未来質問に分類される．指導者は対象者が自分自身に立ち返り，自ら考え，答えを決められるよう，これらの質問を適切に組み合わせることが求められる．→リーダーシップ　　　　　11 [上村和申]

固定費 (fixed cost)

操業度の変化とは無関係に一定期間において総額では変化しない原価要素であり，定額法や定率法で計算した減価償却費，固定資産税，役員給料などが具体例としてあげられる．このように固定費とは，操業度との関連により分類された原価要素であるが，これを原価発生源泉からみるとキャパシティ・コストになる．キャパシティ・コストは，短期的には管理不能なコミッテド・コスト（減価償却費や固定資産税など）と経営者の裁量により決定できるマネジド・コスト（広告宣伝費や研究開発費など）に分類される．固定費を図で示せば次のとおりである．→原価，変動費

8 [山浦裕幸]

COBIT (Control Objectives for Information and related Technology)

COBITは，アメリカのITガバナンス協会（IT Governance Institute）が作成し，普及を図っているITガバナンスのためのフレームワークである．組織が必要とする情報を提供するためのIT，および関連するリスクを管理するための基準が示されている．1996年にCOBIT第1版が発行され，34のITプロセス，5つのIT資源，7つのIT基準からなるフレームワークが提示された．2000年の第3版では成熟度モデルを取り入れ，マネジメントガイドラインが追加された．そして，2005年に，COBIT 4.0が発行された．計画と組織，取得と実現，供給とサポート，モニタと評価という4つの領域に関してITプロセスが定義され，プロセスごとにCSF（Critical Success Factor: 主要成功要因），KGI（Key Goal Indicator: 重要目標達成指標），KPI（Key Performance Indicator: 重要成果達成指標），成熟度の基準が示されている．→ITガバナンス　　　　　13 [歌代 豊]

個別原価計算 (job-order costing)

個別の製品ごとに単位原価を計算する方法である．総合原価計算とともに製品別計算の方法のひとつであり，顧客の注文に応じて，種類，規格，大きさなどが異なる製品を個別に生産する業種（個別生産・受注生産形態の企業），たとえば造船業，建設業，重電機製造業などに適用される．個別原価計算は部門別計算を行うか否かにより単純個別原価計算と部門別個別原価計算に分類される．→製品別計算，総合原価計算　　　8 [﨑 章浩]

コーポレート・アイデンティティ (corporate identity：CI)

「当社とは何か」，すなわちその企業や組織のアイデンティティ（自己同一性）を明確化するもので，もともとアメリカで開発されたマーケティング手法であり，CIと略称される．さまざまな製品・サービスを扱う企業にとって，ロゴマークやシンボルカラーなど視覚要素を統一することで，消費者にはっきりとしたイメージを抱いてもらう必要があったからである．日本に導入された当初のコーポレート・アイデンティティも導入理由は同じであった．しかし，日本においては，イメージの形成ないし刷新を意図した視覚要素の統一という内容（ビジュアル・アイデンティ

ティ)から，方針や戦略の転換を意図した経営哲学や企業理念の再確認・再構築という内容(マインド・アイデンティティ)へ，さらに，メンバーの意識改革や体質改善を意図した規範や標語の作成への取り組みという内容(ビヘイビア・アイデンティティ)へと，拡大していったのである．そして，ビジュアル，マインド，ビヘイビアの三位一体のコーポレート・アイデンティティは，まさに組織のアイデンティティともいうべき企業文化の形成や変革に深く関わるものとして論じられるようになったのである．→コーポレート・コミュニケーション　　　　　　　2［松村洋平］

コーポレート・ガバナンス
(corporate governance)

「企業統治」と訳される概念であり，最近の企業経営においてもっとも重要な課題のひとつとされる．企業はその出現と同時に統治が行われなかったわけではないが，企業が肥大化，複雑化，高度化するのにともない，副次的に発生してくる企業不祥事や不適切な経営といった弊害をあらためて解決するための措置として企業統治が検討されるに至った．とりわけ，1980年代のアメリカにおいて企業業績の低下に対する措置としてコーポレート・ガバナンスが検討されはじめたのが契機となり，わが国においては，バブル経済の崩壊とともに企業業績の低迷，経営のグローバル化，さらには多発する企業不祥事などへの対策としてのコーポレート・ガバナンスの確立が急務とされてきた．

コーポレート・ガバナンスの主たる目的は，経営の健全化・適正化，ステークホルダーに対する責任(主として説明責任としてのアカウンタビリティ)の行使，トップ・マネジメントの責任の明確化，経営情報の開示，などがある．

コーポレート・ガバナンスの徹底のための措置としては，「社外取締役」の配置とその機能の促進化，「委員会設置会社」の選択，「内部統制の強化」，「企業倫理憲章の制定」などがある．またこうした背景としては，わが国における商法の改正および会社法の制定などの法整備といった環境要件も関連している．
→社外取締役，ステークホルダー

1［吉村孝司］

コーポレート・コミュニケーション
(corporate communication)

コーポレート・コミュニケーションは，ステークホルダー(利害関係者)と良好な関係を構築するために，企業全体レベルで情報を受信し，発信することである．その意味で，パブリック・リレーションの延長にあるともいえる．そして，情報の受信や発信によって，さまざまなステークホルダーの要求する価値を理解するとともに，訴求する価値をステークホルダーたちに説明することができ，企業全体レベルのブランド，すなわちコーポレート・ブランドを確立する一助となる．また，コーポレート・コミュニケーションによって，イメージの形成や刷新，理念体系の再確認や再構築，メンバーの意識改革や体質改善が三位一体となったコーポレート・アイデンティティがはじめて可能となり，企業文化変革のエンジンとなりうるのである．もちろん，コーポレート・ガバナンスの視点からも，アカウンタビリティ(説明責任)やディスクロージャー(情報公開)の手段として，コーポレート・コミュニケーションがいかに重要かがわかるであろう．→コーポレート・アイデンティティ　　　　　　　10［松村洋平］

コーポレート・センター

コーポレート・ヘッドクォーターのことであり，本社，戦略本社とも訳される．コーポレート・センターは，事業範囲と経営範囲のクロスから主に4つのタイプに分類される．第1は単一事業で国内経営の本社，第2は単一事業で多国籍経営の本社，第3は複数事業を営み国内中心の経営に該当する本社，第4は複数事業を営み多国籍経営に該当する本社である．一方，Goold, Campbell & Alexander (1994)によれば，コーポレート・センターによる価値創造のタイプは主に4つあげられる．最初は「スタンドアローン」であり，コーポレート・センターの支援や関与

を通じて，各ビジネスユニットの戦略や成果の強化を図り独り立ち(Stand-Alone)させることである．第2は「リンケージ」であり，異なるビジネスユニット間の連結価値を高めることである．第3は「機能&サービス」であり，価値創造にとって重要な機能&サービスの資源やノウハウは，コーポレート・センターがもっている．最後は「コーポレート開発」であり，ビジネスユニットのポートフォリオの構成を変えることで価値創造することである．→ペアレンティング 9［松崎和久］

コーポレート・ブランド
(corporate brand)

　個々の製品・サービスに関するブランドではなく，企業全体に関するブランドであるコーポレート・ブランドは，企業がどれくらいの利益を生み出すかという企業価値という視点から論じられている．企業価値を決める要素は，有形資産から無形資産までいろいろあるが，無形資産のひとつとして注目されているのが，ブランド価値である．伊藤邦雄によれば，コーポレート・ブランドは，顧客・従業員・株主のステークホルダーがいかなるイメージをもっており，それがどのような財務効果をもたらすか，を測定することで評価でき，企業価値を算出しようとするものである．顧客にとっての価値，従業員にとっての価値・株主にとっての価値をあげていくことで，コーポレート・ブランドは高まり，それがステークホルダーの価値をさらに高めることになる．→ブランド 10［松村洋平］

コーポレート・ユニバーシティ
(corporate university：企業内大学)

　コーポレート・ユニバーシティとは，企業内の教育センターのことであり，全社的な観点から教育に関する計画や運営を行う専門機関のことである．企業内大学ともいわれる．もともとは，アメリカにおいて1990年代以降から多く設立されるようになり，その後わが国においてもベネッセやアサヒビールなど多くの企業で設立されてきている．コーポレート・ユニバーシティで考えられている教育は，これまでの教育とは少し異なり，企業の経営戦略と教育とを連動させていることに大きな特徴をもっている．すなわち，戦略的人的資源管理の進展によって，企業の持続的競争優位を獲得するために，人材の価値を高めることの重要性が認識されるようになり，その戦略的役割をコーポレート・ユニバーシティが担っているのである．根本孝によれば，わが国のコーポレート・ユニバーシティは，①自社ばかりでなく関連企業や顧客を含めた関係者全員の企業内教育を目的とするものと，②上級管理者やエグゼクティブ養成を目的とするものとの大きく2つに分類される．特に前者の自社や関連企業，顧客を含めた関係者全員の企業内教育を目的とするコーポレート・ユニバーシティでは，研修形態としてeラーニングの導入が進んでいる．→eラーニング 12［竹内倫和］

ゴミ箱モデル (garbage can model)

　コーエン，マーチとオルセン(Cohen, M. D., March, J. G. & Olsen, J. P.)によれば，意思決定は組織化された無秩序(organized anarchy)のもとでなされるという．組織化された無秩序とは，①合意を得やすくするため，あるいは行動しやすくするため，目標と基準があいまいになる，②因果関係がわからないまま，試行錯誤が続けられ，先例重視が横行する，③参加者が出席したり，しなかったりと流動的である，という意思決定の問題をあらわすものである．そこでは，目的から手段を選択する舞台である「選択機会」において，「参加者」がせわしなく出たり，入ったりし，議論すべき「問題」を投げ込んでいくこともあれば，問題に対する「解決」をもたらすこともある(選択機会，参加者，問題，解決が意思決定の構成要素となる)．さらに，問題が投げ込まれたままほっとかれることもあり，解決から遡って問題がはっきりすることもある．まさに，選択機会というゴミ箱に参加者が入れ替り立ち代り問題や解決を投げ込んでいき，ゴミ箱がいっぱいになると，かたづけが始められ，問題と解決の中から選択決定がなされる．→意思決定 1［松村洋平］

雇用保険 (employment insurance)

　労働保険の一種で離職者の生活保障のための失業給付と，雇用三事業とよばれる雇用安定，能力開発，雇用福祉事業に関する総合的保険を指し，1975年に施行された雇用保険法が基盤となっている．公務員，船員を除く全雇用労働者を対象としており，強制加入の制度であり「国」が保険者であり，その事務はハローワークが担当している．

　失業給付は離職し，再就職の意思のある者，すなわち失業者に一定期間支払われる求職者給付や就職促進給付等があり，また労働者が自ら職業訓練を受けたときに支払われる教育訓練給付もある．また雇用維持に対する高年齢者継続給付や育児休業給付，介護休業給付等がある． 12 [根本 孝]

コラボレーション
(collaboration：**共同作業，共同制作**)

　複数企業や複数の立場の人びとが，協力し，連携して，商品・サービスを作り上げることである．コラボと略されて使用されていることもある．この言葉は，芸術の分野でよく用いられているが，近年では，流通業界や経営・情報の分野でも使われており，アパレル業界では，よく聞かれる用語である．基本的には，メーカーと小売業が，消費者ニーズに合った商品・サービスを共同で開発し，価格設定，広告，販売プロモーション，あるいは物流面に至るまで協力体制を構築し，市場で企業活動をしようとするものである．たとえば，デザイナーとセレクトショップ(専門店)，アスリート(運動選手)とスポーツメーカー，食品会社とアミューズメント会社，さらには製菓会社と音楽出版会社など，多方面にわたり共同制作したコラボレーション商品が数多く登場している．特に，ライフスタイルの変化やIT (Information Technology)技術の進歩などにより，異業分野との意外な協調体制で付加価値を高めている商品・サービスも多くみられる．また，総合スーパー(GMS：General Merchandise Store)では，店内の売場をすべて直営で構成することにこだわらず，家電の量販店，玩具のカテゴリーキラー，薬・化粧品の専門店，あるは書籍の有名店など，その分野において有力な企業とコラボレーションして，店舗を運営することが目立ってきた．→開発輸入，製品コンセプト，ブランド 15 [今村 哲]

個を活かす組織
(individualized corporation)

　組織や戦略の礎とは「ヒト」や「人材」であり，優れた企業は「人的資本」を最大限に活かす経営や組織を実行していること．従来，伝統的なパラダイムとは，戦略策定を通じて組織が作られシステムでヒトを動かすものであった．つまり，組織の構造や設計の最適化に多くの時間とエネルギーが費やされてきた．ところが，複雑で高度な組織を設計したにもかかわらず，多くの企業では，迅速な意思決定が停滞したり，新しいイノベーションが生起されない深刻な問題に陥った．Bartlett & Ghoshal (1997) は，伝統的な戦略構造パラダイムから，人的資本 (Human Capital) 中心のパラダイムへの転換を主張する．つまり，人的資本のパラダイムとは，企業の目的を明確化して，学習やイノベーションのプロセスを作り上げながら，組織の人間たちを単なる従業員から，自立した企業家へ変身させる考え方である．こうした指摘から，今日のビジネスでは優れた才能を有する人材獲得競争 (War of Talent) が激化している．→オルフェウス室内管弦楽団，バックマン・ラボラトリーズ社 9 [松崎和久]

コンカレント・エンジニアリング
(concurrent engineering)

　製品開発においてコンセプト設計/詳細設計/生産技術設計の各種設計活動を同時並行的に行うことである．近年，製造業は顧客ニーズの多様化，製品ライフサイクルの短縮化に対応するために，開発期間の短縮化・開発効率，品質向上を同時に実現することが求められている．つまり，製造業を取り巻く競争環境に対応するために，迅速な設計活動を行うために，複数の設計者が共同作業を効率

的に進展させることを指している．特に，製品開発プロセスの成否に影響するのは，製品設計と生産技術間の並行化であり，設計初期段階から製品設計部門と生産技術部門の両部門が，いかなる製品設計が生産活動の円滑化につながるのかを一緒になって検討する．その際，製品設計の図面や情報を生産技術に伝え，生産準備の迅速化に役立てるのである．また，情報共有は，CAD/CAE等の情報共有システムが大きな役割を果たしている．また，コンカレント・エンジニアリングの広義には，企画・開発から販売・リサイクルに至る製品ライフサイクルの全フェーズに関連するすべての部門が参加・協働することを意味している．→ CAD　　　　　　　14［島谷祐史］

コングロマリット
（conglomerate：複合企業）

まったく相互に関連のない異業種企業を吸収合併していく複合企業のことである．それゆえ，従来の市場独占を目指す水平的合併（同業種間の合併）や技術関連的な垂直的合併（生産段階での合併）とは異なる異業種企業間の合併で，このような合併を通して多角化することが特徴となっている．

アメリカにおいて1950年代から1960年代末にかけて急激にこの形態が発展した．コングロマリットの形成要因としては，①従来の企業合併が独占禁止法などに触れる恐れがあること，②技術革新に対応すること，③景気循環の影響を免れることなどがあげられる．短期間に株式取得の方法で手当たりしだいに吸収合併を繰り返すことにより小企業が巨大企業へ成長し注目されたが，収益率の低下から下火となった．

企業合併が非関連の複数の業種にまたがるということは，まったく異質なものが一緒になることであり，調整や統合に困難が生じる可能性がある．→ M&A，多角化戦略
2［高橋成夫］

コンセプチャル・スキル
（conceptual skill）

コンセプチャル・スキルは，企業の中で働く管理職者に必要な重要なスキルであり，大局的な観点から状況を捉え，概念化する能力のことを指し，具体的には，問題発見および問題解決能力，戦略の立案能力などがこのスキルに該当する．管理職者には，さまざまなスキルが必要とされるが，それらは総称して管理スキル（managerial skill）といわれる．カッツ（Katz, R. L.）によれば，管理スキルは，①技術スキル（technical skill），②人的スキル（human skill），③コンセプチャル・スキル（conceptual skill）の3つに分類されている．技術スキルは，特定の職務領域における専門的知識や技術のことを指し，人的スキルは，人に関連するスキルのことであり，人間関係能力やリーダーシップ能力，交渉力のことを指す．管理職者は，これら3つの管理スキルを発揮することが求められるが，管理職者の職階によってその比率は異なる．すなわち，下位（ロアー）管理職者には，より技術スキルが求められ，中間（ミドル）管理職者になると，技術スキルの割合は減り，人的スキルのウエイトが大きくなってくる．そして上位（トップ）管理職者では，人的スキルのウエイトが減り，コンセプチャル・スキルを発揮することがもっとも重要になる．
12［竹内倫和］

コンティンジェンシー理論
（contingency theory）

組織構造をはじめとする組織のあり方や特性について，唯一最善のもの（ワン・ベスト・ウエイ）はなく，環境や技術など組織を取り巻く状況に応じて，有効な組織のあり方や特性は変わっていくという考え方である．なお，組織レベルのみならず，集団レベルや個人レベルを対象とする．条件適合理論と訳される．たとえば，外部環境が安定していれば機械的組織が，外部環境が不安定ならば有機的組織が，それぞれ有効であるという研究結果がある（バーンズとストーカーによる研究）．

コンティンジェンシー理論の特徴は，①唯一最善のものを否定して，普遍妥当性に疑問を投げかける（中範囲理論とよばれる），②組織は環境と何らかのやりとり，すなわち

交換関係があり，組織は環境に左右される（オープン・システム），③仮説を構築し，調査を実施し，データに基づき検証を行う（実証研究）ものである．他方，コンティンジェンシー理論について，チャイルド（Child, J.）は，環境によって従属的に組織の内容が決まってしまうという考え方を環境決定論として批判するなど，問題点もいくつか指摘されている．→機械的組織，有機的組織

1［松村洋平］

コンテクスト（context）

情報をいかに解釈するか，すなわち意味するものを解釈するバックグラウンドがある程度，共有されていなければ，コミュニケーションは正確に行えない．このバックグラウンドや状況が，コンテクストである．ホール（Hall, E. T.）は，異文化コミュニケーションの視点から文化を高コンテクスト文化と低コンテクスト文化に分類した．コミュニケーションをとる場合，相手の言葉を理解する際に相手との関係や，その場の状況といったコンテクストも考慮する．そして，コンテクストに依存したコミュニケーションをとる文化を高コンテクスト文化とよぶ．日本のような高コンテクスト文化においては，メッセージに情報が少なく，あいまいになりがちである．阿吽の呼吸とか以心伝心の世界である．対して，アメリカのような低コンテクスト文化においては，メッセージにはっきりとした意味の情報が盛り込まれることになる．→高コンテクスト文化

10［松村洋平］

コンテント・セオリー（content theory）

欲求の内容や種類に関する研究が，コンテント・セオリー（内容理論）とよばれるもので，動機づけの過程に関する研究（プロセスセオリー：過程理論）と区別されている．組織の目的を達成するために，メンバーの貢献しようとする意欲を引き出さなくてはならない．メンバー一人ひとりのやる気をうまく引き出せるかどうかが組織の成果に大きな影響をもたらす．動機づけ（motivation）は，一般的にやる気を起こさせることであるが，上司が部下を動機づけしようとするとき，部下がいかなる欲求をもっているのか（内容），さらにどのように欲求を刺激して行動を喚起するか（過程）を知らなければならない．

コンテントセオリーの代表となる研究は，マズロー（Maslow, A. H.）の欲求段階説であろう．生理的欲求，安全の欲求，社会的欲求，自我の欲求，自己実現欲求というように欲求が階層構造をなしており，低次の欲求が満たされると，高次の欲求が現れるという欲求段階説に影響を受けて，アージリス（Argyris, C.）の未成熟-成熟モデル，マグレガー（McGregor, D.）のX理論・Y理論，ハーズバーグ（Herzberg, F.）の動機づけ-衛生理論などたくさんの研究が生まれたのである．→アージリス，衛生要因，X理論・Y理論，ハーズバーグ，マグレガー，マズロー，欲求五段階説

1［松村洋平］

コンピテンシー（competency）

コンピテンシーとは，高い業績を達成している社員の資質や能力，行動特性のことを意味している．日本語では「実力」に近い言葉であり，顕在能力ともいわれている．組織においては，企業での役割・職務に対応して成果を出すための必要な資質・能力・行動様式を整理・体系化し，基準化してものを利用する．それをコンピテンシー・モデルやコンピテンシー・ファイルとよび，この基準に従って社員の評価をする仕組みを「コンピテンシー制度」とよぶ．コンピテンシー制度は，人材の採用（企業が求める人材像），配置（能力の期待レベル），育成（育成するべき能力），キャリア形成（能力の自覚），コア社員の早期選抜（コア社員に求める人材像）など多様な領域において活用されるが，その内容は活用目的によって異なってくる．日本企業においては，これまで曖昧であった職能等級制度の評価基準を明確化するために使用するケースが目立つ．近年では，退職・転職者に対する支援活動を企業が行う際にコンピテンシー制度を活用するケースもみられる．→コア社員

12［金 雅美］

コンプライアンス (compliance)

コンプライアンスとは,法令やルールを遵守すること,すなわち順法を意味する.遵守する対象は,法令にとどまらず,社会道徳や企業倫理にも及ぶものである.粉飾決算や不当表示など企業にまつわる不祥事が後を絶たない今日,企業外部にある法律や道徳から逸脱しないことはもちろんのこと,企業内部で倫理基準や社内規則を制定すること,さらには,基準や規則を従業員にしっかりと遵守させ,もし違反した場合には処罰するといった徹底した姿勢が求められている.これこそがコンプライアンス経営であり,コンプライアンス経営を丁寧に地道に実践していくことこそが,失墜した信用を取り戻す唯一の手段といえよう.→企業倫理　　　10 [松村洋平]

さ

在庫管理 (inventory control)

在庫 (inventory) とは，生産ラインの末端に存在する原材料，部品，製品のことである．さらに，生産ラインの中の仕掛品を中間在庫とよんでいる．在庫は企業経営上，プラスの影響とマイナスの影響があるといえる．たとえば，材料，部品不足により生産活動が進展せず，仕掛品が多く留まっていると生産期間の遅延が生じて，販売損失を招き，顧客満足が達成できなくなってしまう．この場合は，意図的に在庫を作り出して対応する必要があり，在庫の存在はプラスの要因となる．一方，過剰に在庫が累積されることにより，経営の効率性にも影響を与えてしまう場合がマイナス要因である．需要予測の正確さに欠け，製品の作り過ぎから，売れ残りが発生してしまうなどが主な原因である．つまり，過剰在庫は在庫品の品質劣化やデッドストックを招き，高コスト状態になり，利益を低下させてしまうのである．すなわち，在庫管理は，原材料，仕掛品，製品等の形で企業内に存在している在庫を最適な量と質の状態に維持するための活動をいう．また，在庫管理の方式は，製品ごとに発注点を決めておき，在庫が発注点になった時点で一定量を発注する定量発注方式，事前に定めた発注間隔で，その都度発注量を決めて発注する定期発注方式に分類可能である．→工程管理，JIT　14[島谷祐史]

サイコグラフィック要因 (psychographic factor)

消費者行動や顧客のニーズ分析に際して焦点をあてる価値観などの心理的要因をサイコグラフィック要因とよぶ．伝統的には年齢や性別，学歴や居住地域，所得といった要因，それは人口統計学的要因 (demographic) を中心に進められてきた．しかし，消費者の行動や態度の多様化によって，それだけでは詳細な分析・把握が不可能となりサイコグラフィック要因等へ注目が集まり，ライフスタイル区分による分析などが実施されてきている．→市場細分化戦略　16[根本 孝]

再調達原価 (replacement cost)

資産を評価・測定する際に選択されうる測定属性のひとつ．ここに再調達原価とは，当該資産に関して「購買市場と売却市場とが区別される場合における購買市場の時価に，購入に付随する費用を加算したもの」(「棚卸資産の評価に関する会計基準」企業会計基準第9号)を指す．したがって，再調達原価は，現在保有している資産を，評価・測定する時点であらためて購入するとしたならば必要とされる金額を示すことになる．購入市場での価格変動を勘案して，過去の購入時点での価額(取得原価)との間に差がある場合，当該差額は，もしも購入時点を現時点まで遅らせていたならば生じたであろう損益として解釈することができるが，一般に，すべての資産に対してこのような解釈を付すことには限界があるとされる．制度上は，たとえば棚卸資産に低価基準を採用するときの代替的評価・測定基礎として用いられる．→取得原価，正味実現可能価額　7[大倉 学]

サイバースペース (cyber-space)

コンピュータ・ネットワーク上に形成される'仮想空間'を意味するものであり，'電脳空間'とも訳される．もともとは，SF作家ウィリアム・ギブソン (Gibson, W.) が近未来の超ハイテク社会の姿を象徴するために生み出した造語であったが，そこに描かれた仮想世界は，あくまで物理的には存在しないバーチャルな空間でありながら，すでにわれわれにとって一定の現実感を帯びるものとなってきている．すなわち，すでに情報通信革命は，インターネット上で世界中の情報を検索し，会話し，商品やサービスの売買をするといったことを容易かつ低コストで，タイムレスに行うことを可能にしている．一方，そうしたネットワーク上で生まれる脅威(情

報流出を導くウイルスやサイバーテロ）も社会にきわめて大きな影響を与えるようになってきている．ゆえに，こうした「サイバースペース」とよばれるネットワーク上の仮想社会（空間）は，われわれが実際に生きているリアルスペース（現実空間）と並存し，ときに交わりながら，ますます拡大するとともにその存在感を高めていくものと予想される．
→ IT　　　　　　　　　　　9［石坂庸祐］

財閥解体 (zaibatsu dissolution)

　第2次世界大戦の終結後，アメリカGHQ（連合国軍総司令部）の占領政策の一環として実施された日本の「財閥」に対する解体措置を指す．財閥とは，戦前期の日本で，諸産業分野におよぶ多数の大企業を特定の家族ないし同族が持株会社（holding company）による株式所有を通じた支配によって形成された企業集団であり，三井，三菱，住友，安田などの主要財閥が日本の経済社会において，きわめて大きな支配力・影響力をもっていたとされる．しかし，日本の敗戦にあたって，これらの財閥組織は日本の軍事的対外侵略の経済的基盤となったとみなされ，主要な支配装置としての持株会社の解体，財閥家族所有の持株売却，また指定財閥家族や企業役員の経済界追放といった解体措置が「経済民主化」の名のもとに推し進められた．しかし後に，主要財閥の傘下にあった企業の多くは「株式の相互持合い」や「社長会」（グループ参加企業のトップによる定期的会合）の設置などを通じてふたたび再結集し，「総合企業集団」とよばれるゆるやかな企業グループを形成している．→株式の相互持合い
　　　　　　　　　　　　　　9［石坂庸祐］

サイバー・テロリズム
(cyber terrorism)

　コンピュータやネットワークを駆使した政治的主張や理想を達成するための破壊的行為のこと．情報システムやネットワークが社会システムの重要な基盤となったため，情報システムやネットワークはテロの標的となりうる．行政，金融，航空管制，電力等の情報通信システムに不正侵入することにより，システム自体の誤動作，停止，破壊および重要情報の不正取得，改ざん，ウィルス投与を行うといった行為が想定される．アメリカでは，1990年代半ばに，サイバー・テロリズムの危険性に対する警告と対応策の必要性が指摘されるようになった．　　　13［歌代　豊］

財務安全性分析 (analysis of stability)

　企業が負債を返済するに十分な現預金などを有し，債務支払能力があるかどうかの分析であり，財務安全性を示す指標には，流動比率，当座比率，負債比率などがある．
　流動比率（％）は「流動資産÷流動負債×100」で求められ，企業の短期支払能力を知ることができる．また，当座比率（％）は「当座資産÷流動負債×100」で求められ，流動比率と同じく，企業の短期支払能力を知ることができる．さらに負債比率（自己資本比率）（％）は「自己資本÷他人資本×100」（「他人資本÷自己資本×100」）で求められ，他人資本に依存しすぎていないかを知ることができる．→財務諸表分析　　　　8［﨑　章浩］

財務会計 (financial accounting)

　企業会計の一領域であり，企業外部の利害関係者（ステークホルダー：株主，債権者，顧客，仕入先，税務当局など）に対して，貸借対照表や損益計算書，キャッシュフロー計算書などの財務諸表を通じて投資や融資などの経済的意思決定のために有用な会計情報を提供することを目的とした会計である．企業外部の利害関係者に対して情報を提供することから，外部報告会計ともいわれる．また，財務諸表により報告することから，財務諸表会計ともいわれる．→管理会計，企業会計，財務諸表　　　　　　　　　　8［﨑　章浩］

財務諸表 (financial statements)

　企業の経営状況を表示する計算書であり，貸借対照表，損益計算書，キャッシュフロー計算書などがある．貸借対照表は，特定時点の財政状態，すなわち資産と，負債，資本との関係を表示する計算書であり，損益計算書

は，一定期間の経営成績，すなわち損益状況を表示する計算書であり，キャッシュフロー計算書は，キャッシュフローに関する情報を表示する計算書である．また，損益計算書の売上原価の内訳項目である当期製品製造原価の明細を表示する計算書として製造原価明細書（製造原価報告書）がある．→キャッシュフロー計算書，損益計算書，貸借対照表

8［﨑　章浩］

財務諸表分析
(analysis of financial statements)

投資家や債権者などの企業外部の利害関係者（ステークホルダー）や企業内部の経営管理者が，投資や融資，戦略の策定にあたって合理的な意思決定を下すために，その企業の現状を把握し，問題点を探る目的で，貸借対照表や損益計算書などの財務諸表を分析することをいう．

財務諸表分析は，分析主体の観点から企業外部の投資家や債権者などによる外部分析と，企業内部の経営管理者による内部分析に，また分析目的の観点から収益性分析，財務安全性分析，生産性分析などに，さらに分析方法の観点から売上高などの金額のまま分析する実数分析と，利益に対する資本の割合といった比率にして分析する比率分析に分類される．→財務安全性分析，財務諸表，収益性分析，生産性分析，損益計算書，貸借対照表

8［﨑　章浩］

財務リスク (financial risk)

投資行動における種々のリスクの中で企業の財務構造に起因するリスクのこと．特に株式購入等を通した企業への資本に係る投資において，事業リスクとともに投資リスクを構成する．このことは，企業の資産に対する債権者持分と株主持分の関係，および会計上の支払利息と支払配当の計算構造に関する知識が理解の一助となる．企業の資産に対して，債権者は貸付元本の返還と利息の支払という持分を有し，株主は配当の支払（および残余財産）に対する請求権を有する．会計処理上，企業の支払利息は配当原資である利益計算の途中で費用として収益から控除される．企業が債権者に対して支払う利息の金額（利子率）は固定的であり，またその支払は株主に対する配当の支払に先行する．これらの諸点を勘案すると，資本に係る投資では，企業が借り入れによる資金調達への依存度が高まれば高まるほど，株主に対する利益分配は不安定さを増すことになり，財務リスクの増大へとつながることになる．→事業リスク，持分

7［大倉　学］

サイモン
〔Herbert Alexander Simon, 1916-2001〕

アメリカのウィンスコンシン州に生まれる．シカゴ大学で学び，1949年よりカーネギーメロン大学で教鞭をとった．1978年にノーベル経済学賞を受賞した．バーナード（Barnard, C. I.）が先鞭をつけた意思決定論を発展させ，意思決定の合理性を追求した．サイモンによれば，意思決定とは，目的を達成するための手段をいくつかの代替案の中から選択することである．しかし，認知限界があるため，個人レベルで合理的な意思決定をすることはむずかしいとサイモンは指摘する（制約された合理性）．完全を期待せず，ある程度で満足するしかないのである（管理人）．そこで，事実前提や価値前提に働きかけて，組織レベルで合理的な意思決定に近づけようとする（組織影響力理論）．意思決定支援システムの構築や人工知能研究と活躍を続けた．主著に Administrative Behavior, The Free Press, 1945（松田武彦・高柳暁・二村敏子訳『経営行動』ダイヤモンド社，1989年）がある．→意思決定，事実前提，制約された合理性

1［松村洋平］

材料費 (material cost)

物品を消費することによって発生する原価であり，形態別分類によれば，主要材料費（原料費），買入部品費，補助材料費，工場消耗品費および消耗工具器具備品費に区分される．また，製品との関連による分類では，直接材料費と間接材料費に区分される．直接材料費は一定単位の製品に直接跡づけられる材

料の消費額であり，主要材料費と買入部品費から構成される．他方，間接材料費は一定単位の製品に直接跡づけられない材料の消費額であり，補助材料費，工場消耗品費および消耗工具器具備品費から構成される．材料の購入原価は，理論的には材料購入代価に，その材料の引取から作業現場への出庫までにかかるすべての付随費用を加算したものである．こうした付随費用は材料副費とよばれ，外部材料副費と内部材料副費から構成される．また，材料消費額は材料消費数量に材料消費価格を乗じて計算する．実際消費量を把握する方法には，原則的な方法である継続記録法や棚卸計算法などがある．また，消費価格の計算では，実際価格に基づく方法と予定価格に基づく方法があるが，前者では，払出単価の計算に先入先出法，移動平均法，後入先出法，総平均法および個別法などを用いる．→経費，費目別計算，労務費　　8［山浦裕幸］

裁量労働制 (discretionary labor system)

使用者は，労働者の労働時間を管理する義務を負うが，労働者の業務の性質上，それが困難な場合，仕事のやり方や時間配分を大幅に労働者の裁量に委ねる制度である．裁量労働制には，専門性や創造性の高い業務を行う場合に適用される専門業務型裁量労働制と，企画，立案，調査，分析を高い裁量性のもとに行っている場合に適用される企画業務型裁量労働制とがある．それぞれの対象業務は厚生労働省令によって限定されており，これ以外の業務に適用することはできない．また，専門業務型裁量労働制の場合は労使協定で，企画業務型裁量労働制の場合は労使委員会の決定で，それぞれ，業務の対象範囲や，みなし労働時間の範囲，業務遂行手順や時間について使用者の具体的指示を受けないこと，協定や決定の有効期間等，一定の条件を制度適用の事前に定めておくことが用件であり，これら一連の決定事項は，所管の労働基準監督署長に届け出なければならない．裁量労働制は，実労働時間とは関係なく，一定の時間働いたものとみなして労働時間を取り扱う「みなし労働制」であるため，長時間労働やいわゆるサービス残業の隠れみのとなりやすい．そのため，その適用や運用には，常に労使双方のチェック機能が働かなくてはならない．特に，恒常的に長時間業務につかざるを得ない実態がある職場には，安易に導入することは避けなければならない．→労働基準法

12［田中聖華］

差額原価 (differential cost)

意思決定の結果変化する原価のことをいい，関連原価（relevant cost），増分原価（incremental cost）と同意義に扱うことが多いが，増分原価は増加分だけを指し，減少分に対しては減分原価（decremental cost）と区別していう場合もある．典型的な差額原価としては，限界原価，すなわち変動費があげられる．差額原価の多くは変動費であるが，追加設備を獲得するために，新工程を追加したり，変更したりする場合には，固定費も差額原価になりうる．たとえば，ある製品の生産・販売を中止するか，継続するかの意思決定をする場合，その製品の生産のための直接材料費や直接労務費などの変動費は，意思決定によって変化するので差額原価である．また，その製品に固有の生産設備の減価償却費は，その製品の生産・販売中止によってその生産設備が処分され，変化するので，差額原価になる．→固定費，差額原価収益分析，変動費　　8［長屋信義］

差額原価収益分析
(differential cost analysis)

代替案で共通に発生し変化しない収益・原価は意思決定上考慮せず，異なる収益・原価あるいは変化する収益・原価のみを差額収益・差額原価として把握し，その差額である差額利益を計算し，差額利益によって代替案間の有利・不利を分析すること．増分分析，差額分析，増分利益分析，差額利益分析ともいう．複数の代替案の中からひとつを選択する場合に用いられる分析手法である．実際に意思決定をする場合には，この分析結果のほかに，定性的分析を行い総合的に判定される．自製か外注かの意思決定や追加加工の意思決定な

どが，これを用いる代表的な意思決定問題である．→差額原価　　　　　　8［長屋信義］

サクセッションプラン (succession plan)

後継者育成計画を意味し，経営者等の経営幹部が自分の後継者を指名・育成し，自分の後継者として自らの責任で育てていくことを指している．中小企業から大企業までこれらサクセッションプランは重要であるが，国際経営の領域においても近年，このサクセッションプランの重要性が指摘されている．その理由は，日本企業における海外子会社への日本人エクスパトリエイトの多さである．ヒトの現地化を進めるために，このサクセッションプランを導入する企業が出てきている．その場合，海外派遣（出向）管理者は，その派遣ミッションのひとつとして，自分の後任者を現地スタッフから選び，育成していくことが明確な形で明記され，帰国時にはその後任者を指名することが求められる．もし，帰国時に指名できない場合には，その理由を明確に示すことが求められることになる．このようなサクセッションプランが有効に機能するには，それを派遣者個人に丸投げするのではなく，そのポジションの要件（必要な経歴や能力）を示し，幹部登用プログラムを企業として整備する必要がある．→エクスパトリエイト，現地化，直接的コントロール

5［茂垣広志］

サーチエンジン (search engine)

Webページの情報について分野を限定せずに収集し，それらを文字列によって検索するシステム．学術論文の検索や資料の所蔵情報に関しては，データベースの利用が有効であるが，たとえば政府や官公庁，シンクタンクなどが提供する情報，企業・業界情報，時事情報，ニュースなどを収集するうえで，サーチエンジンは有用なシステムである．サーチエンジンは，主にディレクトリ型とロボット型の2つに分類される．ディレクトリ型とは手作業によってWebサイトをカテゴリー別に分類し，それを階層構造にした検索システムである．階層をたどって検索することができるため，初心者にもわかりやすいシステムである．ロボット型とはWebページに含まれる情報の収集や索引ファイルの作成をプログラム（検索ロボット）によって自動的に行う方式であり，多くのサーチエンジンはこのタイプを採用している．人手ではなく自動で収集が行われるので，情報量が非常に多く，広い範囲からの情報検索に適している．ディレクトリ型とロボット型のどちらの方式にも一長一短があり，検索する目的によって，どちらを使うかは，または併用するかを選択する必要がある．→AND検索，OR検索

16［上村和申］

サービス・エンカウンター (service encounter)

サービス・マーケティングにおいて，サービス商品を介在し顧客とCP (Contact Personnel：従業員，接客要員) が直接的に向き合う接点をサービス・エンカウンターとよぶ．サービス業において，CPのはたす役割はきわめて大きい．それはサービス商品に対する顧客の要求水準がそれぞれ異なり，そのためサービス商品の品質はCPに負うところが大きくなるためである．そこで，異なる顧客の要求水準を満たしていくためにはCPが顧客に対して直接的にサービス商品を提供する一過性の時，あるいは瞬間が重要になってくる．たとえば，ホテルであれ，レストランであれ，アミューズメント施設であれ，顧客はその場でサービスを消費し，その品質について個人的評価をくだす．したがって，そのサービス商品全体についての満足感や不満足感はその場で決定してしまい，ますますサービス・カウンターのマネジメントが重要となってきている．　　　　3［竹内慶司］

差別化戦略 (differentiation strategy)

他社が満たしていない顧客ニーズに対応することにより製品・サービスを差別化し，プレミアム価格による高マージンを得たり，顧客ロイヤルティを高める戦略である．ポーター (Porter, M. E.) は，業界の平均以上の業績を達成するためには，3つの基本戦略（コ

スト・リーダーシップ戦略，差別化戦略，集中戦略)のうちいずれかを追求しなければならないと指摘した．差別化の方法としては，機能，性能，品質，デザイン，パッケージ，広告宣伝，信頼性，商品配送，アフターサービス等，製品や活動のさまざまなポイントで作ることができる．しかし，競合企業に容易に模倣されたり，対抗されないことが重要である．→コスト・リーダーシップ戦略，集中戦略　　　　　　　　　　　　2［歌代　豊］

3S

3Sは，簡素化(Simplification)，標準化(Standardization)，そして専門化(Specialization)を意味する．複雑な手順，仕組みをいかに簡素にするか，そして，例外を除いて標準化することである．そして類似の業務は集約し，それを専門に担当するものに分担することが安定的・持続的に業務遂行を行い，それを促進するための基本的原則である．

一方の5Sは，Seiri(整理)Seiton(整頓)，Seiketsu(清潔)，Seiso(清掃)，Shitsuke(躾)の頭文字の5Sである．すなわち，要るものと要らないものを区分し，要らないものを排除する整理，必要なものを簡単に取り出せる整頓，ゴミを除き常にきれいに保持する清潔，そしてそれを保つ清掃，常に実行できるように習慣化する躾である．海外に進出した日本企業の工場は，現場にこの原則の徹底を図る5S運動を活発に展開してきている．→5S運動，専門化　　　　　11［根本　孝］

産学連携 (Industry-Academia Alliances)

一般に，産業界と大学の間で，人材面や研究活動面を中心に行われる，広範な連携を指す．具体的には，委託・受託・共同研究，人材育成・交流，技術移転などがあげられる．特に，産学連携において，技術移転は非常に重要な意味をもつものである．アメリカでは1970年代以降，シリコン・バレーを中心とする産学連携の成功モデルの形成にともない，さまざまな法的整備も進められた．1980年のバイ・ドール法(Bayh-Dole Act)では，連邦政府資金による研究が生み出した特許などの知的財産もその研究を実施し発明を実現した当の大学に帰属させることが可能になり，大学は特許などを扱う部門(TLO：Technology Licensing Organization)を設け，ライセンス供与なども活発に行うようになった．企業も中央研究所など自前主義による研究開発からの脱却をはかり，他の企業や大学など外部組織との連携・協力による研究開発体制へと移行していった．→TLO
　　　　　　　　　　　　6［下山聖美］

三種の神器 (three sacred treasures)

本来の意味は天皇の皇位を示す三種の宝物であるが，これを転じて特定の社会現象の重要な三要素を示す用法が高度成長期頃に広まった．高度成長期にもっとも有名な三種の神器は「白黒テレビ」「冷蔵庫」「洗濯機」であるが，日本的経営ないし日本的労使関係の三種の神器といえば「終身雇用」「企業別組合」「年功制」の3つを指す．この3つの制度が三種の神器とよばれるようになったのは，OECD(経済開発協力機構)の『OECD対日労働報告書』の日本語版(1972年)で用いられたことによる．この報告書は敗戦後から高度経済成長にいたる日本の経済的成功に，日本企業の特徴である「終身雇用」「企業別組合」「年功制」が深く関係しているとしてその意義と課題を検討し，日本語版の序文でこれらを「三種の神器」として紹介した．→企業別労働組合，終身雇用制，年功序列
　　　　　　　　　　　　12［山下　充］

サンプリング誤差
(sampling error：標本誤差)

標本調査を行った場合に生じる標本値と母集団値の差のこと．標本調査とは，母集団の中から標本(サンプル)を選び出し，その標本に対してのみ調査を行う方法である．したがって，母集団全体の調査を行う全数調査の場合，標本誤差は発生しない．

この誤差がどの程度の大きさで生じるかは，確率的に算出することができる．標本誤差は標本数を多くするほど小さくなるが，標本数の増加分に比例して誤差が縮小するわけ

ではない．また，標本誤差は標本抽出の方法によって異なるとともに，同じ標本数であっても調査結果の比率によっても相違が生じる．標本誤差は調査結果の比率が50%の場合にもっとも大きくなり，50%から数値が離れるにしたがって小さくなるという特徴がある．たとえば，単純無作為抽出法で標本抽出を行った際の標本誤差は，標本数500，信頼度95%とすると，調査結果の比率が50%の場合は±4.5%となり，調査結果の比率が10%または90%の場合は±2.7%となる．また，標本数を2倍の1000に増やし，他が同条件とすると，調査結果の比率が50%の場合は±3.2%，10%または90%の場合は±1.9%となる．標本調査を行う場合，標本誤差を十分に考慮した上で，調査目的や予算を踏まえて，標本数と抽出方法を検討する必要がある．→信頼度，単純無作為抽出

16［上村和申］

し

CIO
(Chief Information Officer：情報統括役員)

情報統括役員のことであり，情報管理やITマネジメントを統括する担当役員である．アメリカでは，1980年代後半からCIOの役職が増加した．CIOは，経営戦略の一部としてのIT戦略の立案と実行を統括し，IT投資やITにかかわるリソースを管理する．また，ITの開発と運用に関してIT部門と利用部門の調整を図るという役割を果たす．日本においては，アメリカのようなCIOが必ずしも設置されず，情報システム部門長がその一部の役割を果たしている場合も多かった．

13［歌代　豊］

CRM (Customer Relationship Management：カスタマー・リレーションシップ・マネジメント)

顧客の生涯価値の拡大による顧客資産の増大を目指すことである．顧客との長期的で良好な関係を築き，その管理が重要となっている．ワン・トゥ・ワン・マーケティングの経営手法として用いられるものである．企業が営業，インターネットなどを通じて得た顧客データに基づき，顧客ニーズにスムーズに対応することが可能となる．顧客との信頼関係確立のためには，自社にとって大切な顧客は誰かを明らかにすることが重要である．顧客をよりセグメントする手法で，RFM分析がある．顧客別の最終購入日(Recency)，来店頻度(Frequency)，購入金額(Monetary)によって顧客を区分し，具体的なアクション・プランを実行していくことになる．→顧客満足

3［片山富弘］

CRP (Continuous Replenishment Program：連続自動補充プログラム)

小売業における連続自動補充プログラムである．CRPでは，在庫管理を行うとともに，店頭販売をPOSで把握し，販売量に応じて情報システムで自動的に商品を補充発注する．CRPによって，在庫の適正化，品切れの防止が図られ，その結果，在庫回転率の向上につながる．CRPは，VMI(Vendor Managed Inventory)と組み合わせるとより効果が高まる．→ECR，QR，VMI

13［歌代　豊］

C&D (Connect and Development：提携開発)

提携開発のことであり，他社と提携し，研究や開発を行うことである．R&D(Research and Development)は研究開発を一般的に指すが，暗に自社で研究を行い，その研究成果に基づき開発するアプローチを意味する．しかし，技術革新と市場ニーズの多様化にともない製品革新のスピードが加速しており，必要な技術を自社だけで研究開発することが困難になってきた．そこで，外部の研究機関や企業との連携により事業化を推進するというオープン・イノベーションが提唱されるようになった．C&Dはオープン・イノベーションの考えに基づくひとつの形態といえる．同

様に、他社を買収することによって製品・事業開発を加速する A&D (Acquisition and Development：買収開発) もある. →R&D, A&D, オープン・イノベーション

6 [歌代 豊]

JIT (Just In Time)

ジットとよばれ「必要なものを、必要なときに、必要な量だけつくる」といった同期化を基本思想としたトヨタ自動車が考案したオペレーションシステムである. その本質は、ムダな生産と過剰在庫の排除を実現することを目的としており、工程間の仕掛在庫を最小に抑えることを狙いとする. つまり、JITは、生産工程における原材料、部品、製品の物流をタイミングを高精度にコントロールし、必要とされる時点で同期化して到着させることで在庫を必要最小限に留めるのである. JITを実現するために有効な技術には、かんばん方式、一個流し、平準化生産などのロジスティクス手法がある. 特に、かんばん方式は、JITの中心的な要素技術であり、かんばんを利用することで、モノの移動や加工組立ての指示を自動的に起動し、業務プロセスを同期化することを実現させている. →かんばん方式

14 [島谷祐史]

シェアード・サービス・センター (Shard Service Centre)

間接業務機能の強化と業務コストの削減のため、経理や財務、人事、総務、ITといった企業グループ内で共通する間接業務を一ヶ所に集約して、独立採算制の組織をつくる企業変革の一手法のこと. プロフェッショナル・サービス・センターともよばれている. 長い間、間接業務の担い手は本社であった. ところが、最近の本社改革によって、本社は計画管理、財務管理、知識創造などの戦略業務に集中する一方、人事や総務といった間接的な支援・サービス業務は、本社から切り離して分社化し、一括管理する動きが国内外において強まってきた. 今日におけるシェアード・サービス・センターの導入状況としては、フォーチュン500にランクされた欧米企業のうち、30%以上の企業がすでに導入している. また、日本企業の場合、東証一部上場企業のうち、71%の企業がすでに導入済みであるものの、その導入成果は、評価が大きく二分されているという調査データが発表されている. →コーポレート・センター

9 [松崎和久]

CSR (Corporate Social Responsibility)

企業が利害関係者に果たすべき責任を意味し、今日ではCSRが一般的に使用されてきている. 経済的機能、すなわち、製品・サービスの提供によって獲得される利益がステークホルダー（株主など）に配分されることで、経済の拡大につながることが、（企業にとっての）社会的責任の原点といえるであろう. しかし、利潤の追求が公害問題や欠陥商品といった副作用をもたらすことがわかってくると、経済的機能だけではなく、社会的機能、すなわち、営利活動のみならず公益活動にもたずさわることが求められ（企業市民）、法律の遵守や倫理の確立、さらに寄付行為やボランティア活動まで、社会的責任の概念が拡大していった. 経済的機能を重視する消極的責任論と社会的機能を重視する積極的責任論がある、といえよう. 積極的責任論に対しては、株主の利益を犠牲にして貢献に励むことに疑問がある. 公共の福祉はあくまで政府の責任である、といった批判があることにも注意したい. なお、キャロル(Carroll, A. B.)は、社会的責任についてさらに細かく、①経済的責任、②法的責任、③倫理的責任、④貢献的責任に分類している. →企業市民、フィランソロピー、メセナ

10 [松村洋平]

CMM (Capability Maturity Model：ソフトウェア能力成熟度モデル)

ソフトウェア能力成熟度モデルを意味する. 組織におけるソフトウェアプロセスの成熟度を示す参照モデルである. カーネギーメロン大学ソフトウェア工学研究所で開発されたソフトウェア開発に関するモデルが最初のCMMである. 組織の能力はレベル1～5で示され、各レベルで必要となるプロセスを規

定している．その後，ソフトウェア調達，人材開発，統合プロダクト開発など分野ごとにCMMが開発された．1999年にはCMMI (CMM Integration) として統合化された．ソフトウェア開発のプロセス改善のための指標として世界中の企業，組織で採用されつつある． 13［歌代　豊］

時価主義会計 (fair value accounting)

会計上の要素を時価で評価するという基本思考のこと．一般には貸借対照表項目である資産・負債を時価で評価することを指すが，費用性資産に関してみると費用の時価評価も示すこととなる．会計項目を認識した時点での原初記録価額を決算時等に再評価する手法につながる．その意味では，取得原価主義に比して，資産・負債の価値変動を示すところから企業の経済的実態を示すという意味における利点が指摘されるところであるが，一方で，評価に適切な時価が選択されうるのか，一律に時価評価することに意味があるのか（価値変動を示すに相応しい項目であるのか）といった問題点も指摘される．また，原初記録価額（取得原価）と時価との差額（評価差額）を損益として処理するのか，資本調整項目として処理するのかという問題は，会計目的やそこでの計算構造のあり方に依拠するところが大きいので，純粋な意味での時価主義にはさまざまな検討を要する．→取得原価主義
7［大倉　学］

時価総額 (market capitalization)

上場株式をある時点の株価で評価した場合の金額．個々の企業単位（個別銘柄）と市場単位（上場銘柄すべて）の両方で使用され，「時価総額＝株価×発行株式数」で計算される．個別銘柄でみた時価総額は，その銘柄に対する株式市場の株価を通じた評価（時価価値）を示し，市場における当該企業の評価価値であるといえる．すべての上場銘柄を集計したものは，その株式市場の規模を示すことになる．

個別銘柄でみた場合，時価総額は，株主全員にとっての価値を示すものであり，株主時価総額ともいわれる．また，株式市場での株価から算出されることから「市場時価総額」や「時価資本総額」とよばれる．企業を買収するという側面からみれば，時価総額は企業の値段（企業の時価）とみることができ，企業の価値を示すものといえる．時価総額は，企業の将来のキャッシュフローから有利子負債を差し引いたものと一致すべきであり（収益予測から導出される理論時価総額），資産規模も大きければ時価総額も高くなる．しかし，株式市場は上下に変動し，短期的にみても一定ではない．発行済株式数が多いほど株価の変化により大きく時価総額も変動する．時価総額が正しく企業価値を示しておらず，時価総額が低い場合には，株式購入や当該企業買収の魅力度は高くなる．経営者は，株価を単に上げるテクニックを駆使するのではなく，理論時価総額を上昇させるのが本来の役割であり，またその情報を正しく伝えることが株主に対する責任である．→M&A，ディスクロージャー 5［茂垣広志］

事業戦略 (business strategy)

経営戦略のうち，事業レベルのものを事業戦略とよぶ．より上位にある企業戦略において決められた事業構想ないし事業領域に基づいて，コストの低減，マーケットシェアの向上，などそれぞれの事業単位に目的が付与され，事業戦略が構築されることとなる．もちろん戦略の構築にあたり，企業戦略において配分と蓄積が決められた経営資源の範囲内で，という制約もかかる．

通常，ひとつの事業単位には，いくつか競合企業が顕在的に存在するか，あるいは参入企業が潜在的に存在するため，競合企業や参入企業にいかに対処して，競争をうまく回避したり，あるいは，優位な立場を確立するなど，いわゆる競争戦略が事業戦略の中心的課題になる．たとえば，ポーター (Porter, M. E.) によるコスト・リーダーシップ戦略，差別化戦略，集中戦略などがこれにあたる．→企業戦略，機能別戦略，経営戦略

2［松村洋平］

事業部制組織
(divisionalized organization)

社長と本社スタッフから構成される本社組織の下に、製品別、地域別、顧客別などに分割された半自律的な事業部を配置させた組織形態である。技術革新や経済発展にともなって、企業が多様な製品、複数の事業に進出するようになると、製造技術、販売地域、顧客層などが異なる事業を同時に管理することが必要になる。このような状況で、各機能部門の調整や管理を行うことは大変むずかしい。そこで、多角化した事業を製品、地域、顧客別といったように分け、それぞれが自主的に日常の管理を行った方がより効率的であると考えられるようになった。社長と本社スタッフは、事業部レベルを超えた全社的な問題に対応し、各事業部はひとつの事業体として、運営における幅広い権限を与えられ、独立採算的に管理責任を負う「プロフィット・センター（利益責任単位）」として位置づけられる。事業部制組織のメリットとしては、高い自律性が与えられているため、①環境変化への迅速な対応と高い機動力が確保されること、各事業部が独立採算であるため、振替価格（transfer price）の導入により市場原理を組織内に導入することができ、その結果として、②効率性を向上させることができること、事業部長にはある程度の経営が任され、そこで総合的な意思決定を行うことになるため、③トップレベルの人材の育成といったメリットがある。反面、各事業部が自分の事業部のことしか考えなくなる場合、セクショナリズムが容易に発生するといったデメリットも存在する。→地域別組織　　　9［山田敏之］

事業リスク (business risk)

投資行動における種々のリスクの中で企業の事業活動に起因するリスクのこと。特に株式購入等を通した企業への資本に係る投資において、財務リスクとともに投資リスクを構成する。事業活動に起因するリスクとは、まさに当該企業の収益獲得活動に関連するリスクである。一企業を対象としてみた場合には、販売取引の低迷や種々の費用負担増が事業リスクを高める結果をもたらすし、業種を対象としてみた場合には、調達・販売市場の価格変動が不安定であったり競争状況が激しかったりする場合に事業リスクは一般に高くなる。→財務リスク　　　7［大倉　学］

自己実現欲求 (self-actualization needs)

自己の能力を認識し、それを限りなく成長させていくことにより自己実現を目指すという、行動そのものを目的とする欲求のこと。アメリカの心理学者マズロー (Maslow, A. H.) により提唱された欲求理論である欲求五段階説 (need hierarchy theory) におけるもっとも高次の欲求。欲求五段階説は人間の欲求は低次から高次に向かって、生理的欲求、安全欲求、社会的欲求、尊敬欲求、自己実現の欲求の5段階に区分される階層構造をなすとされる。低次の欲求が充足されるとより高次の欲求に移行し、この過程は不可逆的であり、自己実現欲求は通常、生理的欲求、安全欲求、社会的欲求、尊敬欲求が満たされた場合にそれらを基礎として出現する欲求である。生理的欲求、安全欲求、社会的欲求、尊敬欲求の4階層の欲求が欠乏欲求とされるのに対して、自己実現欲求は成長欲求として他の4階層と区別される。マズローは自己実現的人間の特徴として、現実のより有効な知覚とそれとの快適な関係の保持、自己と他者、自然に対する受容、自発的行動、超越性、自立性、創造性などをあげている。→欲求五段階説　　　［上村和申］

自己組織化 (self organization)

自発的な秩序形成のこと。他者による制御またはコントロールなしに自分自身で自らの組織や構造を作り変えていくことをいう。

現在、自己組織化の研究は、生物学、物理学、人類学、コンピュータ・サイエンス、経済学など多様な分野まで広がりをみせ、これらは通称、複雑系 (Complexity) の科学ともよばれている。われわれの身の回りで起こっている自己組織化の現象をあげてみると、脳神経や免疫系などの細胞の増殖や形態形成、

雪の結晶成長を含む気象現象，ナノマシンのようなナノテクノロジー，都市の発達や集積の形成など多岐にわたる．企業またはビジネスを自己組織化としてとらえることを'複雑系のマネジメント'とよんでいる．複雑系のマネジメントの主な特徴として，開放系（Open）の組織，自発的な個のふるまいが全体の秩序を生み出す創発（Emergence）システム，個と個の相互作用（Interaction）などがあげられる．→オープンシステム，複雑系思考　　　　　　　　　　1［松崎和久］

資材所要量計画
(Material Requirement Planning : MRP)

　最終製品に対して生産，部品構成票，在庫などの情報をもとにして資材の必要量と必要時期などを求める在庫管理システムである．1960年代にアメリカで開発された当初は，材料・部品の発注量と発注時期を求めるための材料計画の一手法であった．その後，基準生産計画をもとに，最終製品の生産日程と構成部品の所要量を求めるような現在用いられているMRPシステムに拡張された．MRPを導入することで，①最終製品に用いる部品の種類と数量および必要時期の算出と発注までが早期化する，②従来の手作業からコンピュータを用いることで業務の効率化が図られる，③ミスの事前防止，④原材料・部品の在庫ロスによる，納期遅延の防止，といったメリットが得られる．最近の製品は多機能化が進展するとともに，部品点数も増加していることから，MRPの重要性は一段と増している．現在では，MRPに要因，設備，資金等の資源を付加して，生産活動全般を計画・管理する統合的生産管理手法MRP ⅡやERPへと引き継がれている．→ERP
　　　　　　　　　　　　14［島谷祐史］

資産 (asset)

　「過去の取引または事象の結果として，報告主体（entity）が支配（control）している経済的資源（economic resources）またはその同等物」（「討議資料『財務会計の概念フレームワーク』財務諸表の構成要素第4項」会計基準委員会）である．資産には歴史的にも理論的にもさまざまな定義や解釈が付されてきたが，先に示すように，近年ではアメリカFASB基準において規定された資産負債アプローチに基づく資産の定義に基づく内容のものが一般的になっている．ここに，報告主体が支配しているとは「報告主体がその経済的資源を利用し，そこから生み出される便益を享受できる状態」（『同』脚注2）を指し，必ずしも法的所有権の存在を前提とはしないものである．また，経済的資源とは「キャッシュの獲得に貢献する便益の集合体」（『同』脚注2），その同等物とは「典型的には，将来において支配する可能性のある経済的資源」（『同』脚注2）を意味する．→経済的便益
　　　　　　　　　　　　7［大倉　学］

資産負債アプローチ
(asset-liability approach)

　会計上の5要素である，資産・負債・持分（資本）・収益・費用の相互関係または有機的関係性をどのような視点から説明するかという問題に際して，ストック系統である資産と負債を上位に位置づけて説明する方法．資産や負債の具体的な定義を扱う論点ではなく，構造的関係性を示す用語法として用いられる．アメリカFASBの概念フレームワークでは，資産を主概念とし，その犠牲概念として負債を位置づけ，資産と負債の差額概念として持分（資本）を位置づける．さらに，この持分（資本）の増加原因として収益を，減少原因として費用を位置づける．すなわち，負債・持分（資本）・収益・費用の4要素は，結果として資産に依存するという構造において，5要素の相互関係性が有機的に示されることになる．資産負債アプローチと収益費用アプローチとは相いれない視点であるとする見解もあれば，どちらか一方によってのみ計算構造の説明がなされるわけではないとする見解もある．→収益費用アプローチ
　　　　　　　　　　　　7［大倉　学］

事実前提 (factual premise)

　意思決定の段階の随所で必要となる判断の

材料となる情報や判断の基準となる価値をサイモン(Simon, H. A.)は,意思決定前提とよんだ.意思決定前提には,事実前提と価値前提がある.事実前提とは,〜すれば…になる,という因果関係に関する情報や技術を指す.対して,価値前提は,〜すべきである,という価値基準に関する理念や規範を指す.事実前提は,科学や経験によって検証できるのに対して,価値前提は検証できない.

組織の目的の達成にとって有効な意思決定を個人がするよう,各々の事実前提や価値前提に影響を及ぼすことで,意思決定の合理性を確保しようというのが,サイモンの研究の特徴である(組織影響力理論).具体的には,能率の基準を個人に根づかせたり,コミュニケーション経路を通じて,事実前提に刺激を与えるとともに,組織忠誠心に訴えかけたり,権限を行使することで,価値前提に刺激を与えることである.→意思決定,価値前提,サイモン,制約された合理性　1[松村洋平]

支出原価 (outlay cost)

実際の貨幣の支出額と結びつけて把握される原価であり,機会原価と対立する概念である.たとえば,ある製品の製造のために100円で購入した材料を消費すれば,その製品の直接材料費は100円と評価される.

通常,原価といった場合には支出原価を意味し,財務会計機構に組み込まれ,財務諸表作成のために用いられる原価概念である.→機会原価　8[崎　章浩]

市場細分化戦略
(market segmentation strategy)

市場をある一定の基準に基づいて細分化し,対象市場を絞り込むことを意味する.このことをマーケット・セグメンテーション(市場区分)ともいう.これにより,効率的な市場への戦略が可能となる.市場を細分化する基準には,4つの基準がある.①地理的基準:行政区画,地方,人口密度,気候など地理上の違いによるもの.②人口属性基準:性別,年齢,職業,所得,学歴などの個人プロフィールの違いに基づくもの.③心理的基準:性格,ライフスタイルなど個人の考え方や価値観の違いに基づくもの.④行動基準:製品に対する知識,態度,使用状況などの行動に基づくもの.通常,これらの基準を複数組み合わせて最適な市場細分化を行うことになる.市場細分化が有効であるためには,①市場が定量的に把握できること(測定可能性),②市場を構成する人に実際に接触できること(到達可能性),③製品とサービスを提供するのに効果的なプログラムが設計できること(実行可能性)などがある.→エリア・マーケティング,製品差別化戦略
3[片山富弘]

市場成長率 (market growth rate)

特定の製品市場における総売上高の年間の成長率のことであり,戦略的マーケティングで議論されるボストン・コンサルティング・グループが開発した製品ポートフォリオ管理では相対的市場シェアとともに重要な変数である.市場成長率の値は,当該年度の総売上高から前年度の総売上高を引いた増加分を,前年度総売上高で割り,100を乗じることで算出されることになる.→市場占有率
3[菊池一夫]

市場占有率⇒マーケット・シェアー

シーズとニーズ (seeds & needs)

シーズとは,ビジネスの種であり,記述・特許・素材・部品・システムなど企業の対応可能な能力のことである.技術的に可能であることから新商品や新規事業を生み出すことをシーズ志向という.新商品開発において,お客様の言葉を体系的にまとめたニーズと企業側の対応可能な能力のシーズをマトリックス表でマッチングさせることによって新商品開発を進める.そのマトリックス表のことを品質表という.一方,ニーズとは,食料,空気,水,衣服といった人間の基本的要件である.こうしたニーズがそれを満たす特定のものに向けられると欲求になる.たとえば,アメリカ人にとって食料はニーズであるが,欲求はハンバーガー,フライドポテトなどであ

る．マーケティング活動は顧客ニーズを発見し，対応することにある．特に，消費者の求める商品機能や問題解決から新商品や新規事業を生み出すことをニーズ志向という．

3 [片山富弘]

持続的競争優位性
(sustainable competitive advantage)

企業がいったん構築した競争優位性を長期間維持することを持続的競争優位性という．経営資源をベースとした戦略論でよく取り上げられる概念であるが，どの程度の期間，競争優位性を維持すれば持続的競争優位性構築というのかということについては，必ずしも明確ではない．多く研究者が持続的競争優位性の源泉として指摘するのが，競合企業からの模倣不可能性である．そして，模倣不可能な資源の条件として，資源の希少性，成功の因果関係の不明瞭性，企業独自の歴史的条件などを取り上げることが多い．しかし，持続的競争優位性を生み出すためには，このような独自性の高い資源を，競争優位性に結びつくように使いこなすケイパビリティの構築が必要不可欠とされるのである．たとえば，翌日配送を可能にするフェデラルエクスプレスの競争的な強みは，飛行機，配送車，追跡機械，自動荷分け設備などの複数の経営資源が連動することによってもたらされている．これらすべての資源がひとつのシステムとして調整できるケイパビリティによって，フェデラルエクスプレスの競争的な強みが生み出されている．競争企業は，個々の業務の模倣はできても，システム全体を調整するケイパビリティを模倣することはきわめて困難であるからである．→ケイパビリティ

4 [髙井 透]

視聴覚文化

シンボルカラーやロゴマーク，ユニフォーム，社歌や社章など，企業文化が目に見える形あるいは耳に聞こえる形で表現されたものである．ある意味で，製品やサービスも企業文化を表現していると考えられる．視聴覚文化も，制度文化と同じように，観念文化を組織の隅々まで浸透させ，行動文化に影響を与えることに貢献する．ただ，視聴覚文化は，制度文化と違って，内部者のみならず，外部者にも影響を与える．すなわち，イメージの形成や刷新である．視聴覚文化は，内部者に直接的に影響を与えるが，外部者のイメージに働きかけて，その態度を変えさせ，接触する内部者に間接的に影響を与えることもある．このような効果は，コーポレート・アイデンティティの研究分野でも注目されている．→観念文化，行動文化，コーポレート・アイデンティティ

10 [松村洋平]

シックスシグマ (Six Sigma : 6σ)

ミスやエラーの発生確率を6σ，すなわち100万分の3.4を意味するが，マネジメントの分野では，そのレベルに低下させることを目標に推進する品質改革活動のことである．アメリカの民間企業主導により構築された品質経営の体系，手法である．1970年末から品質に関する日本への対応策として，日本のTQCをアメリカ流にアレンジして導入・試行がなされ1987年にモトローラ社によって構築され，その後90年にはIBM, TI, コダック，ABB社などが導入し，その後ポラロイドやGE等が導入するにいたり，急速に普及することとなった．

シックスシグマの大きな特徴はトップダウンとプロジェクト組織による推進にある．それは推進組織の管理階層，役割そのためのそれぞれの教育プログラムが明示されている．そしてプロジェクトの選定を行い，プロジェクト推進の責任者はブラックベルト，推進中核メンバーとしてのグリーンベルト，メンバーであるイエローベルトが任命，セミナーが実施され，組織化され，活動が進められるのである．こうした推進者等の名称も柔道の"黒帯"をイメージさせる点は日本の影響の象徴といえよう．→ TQM，品質経営

14 [根本 孝]

実際原価 (actual costs)

原価はその集計の時点によって，実際原価と予定（標準）原価に分けることができる．

実際原価は実際にかかった原価を計算する．すなわち，実際原価は実際価格×実際消費量で算定する．この場合，実際原価は偶然的な要素を含んでしまう．特に，価格変動による製品原価の変動は原価の信頼性を損なうものであるので，価格要素は実際価格の代わりに長期平均思考に基づく予定価格で計算する．すなわち，予定価格×実際消費量で算定する．そこで，2種類の実際原価が生じる．前者は歴史的原価とよんで，後者の実際原価とは区別する．現在，実際原価は通常後者を指すことが多い．実際原価を算定する原価計算を実際原価計算という．→原価

8［建部宏明］

実施権 (license)

特許権について，契約等により，第三者に実施をさせる権利をいう．内容，期間，地域等により，許諾条件を定めることができる．専用実施権と通常実施権がある．専用実施権は，その設定範囲では，独占的に実施を行うことができるもので，設定範囲においては，特許権者も実施できなくなるので，実務上は，専用実施権を設定することはほとんどない．通常実施権は，独占権ではないので，複数の者に，同じ範囲を重ねて設定することができる．通常実施権者は，特許権を実施して，売上が上がっても，他の者の参入を止めることができないので，実務上は，その者にだけ通常実施権を与えるという独占的通常実施権を設定することが多い．専用実施権と異なり，独占的通常実施権の場合は，特許権者だけは実施することができる．→特許権，ライセンシング

6［久保浩三］

GDP (Gross Domestic Products)

一定期間内（たとえば1年間）に国内で新しく産み出された付加価値の総額であり，国内総生産と訳される．国家の経済規模を示す指標として用いられる．経済成長率はこのGDPの伸び率で測定されることが多い．1980年代まではGNP（Gross National Product：国民総生産）が用いられてきた．GNPには，「国民」を対象としており，外国に住む国民の生産も含んでいる一方，国内での外国人によるものは含まないという，その国内の経済力を測る指標としては，グローバリゼーションの進展とともに，そぐわなくなってきたためである．GDPは，国籍ではなく「国内居住者」であるかどうかで判断され，国民であっても外国での生産活動分を除き，また，国内の外国人居住者の生産を含んでいる．

GDPの計算においては，市場で取引された総額（総産出額）から中間生産物の取引額を引いたものとなるが，市場取引の集計からこれを識別することは難しく，付加価値の合計として集計することになる．その金額が名目GDPとよばれ，名目GDPから物価変動の影響を除いたものが実質GDPである．この名目GDPを実質GDPで割ったものをGDPデフレーターといい，その数値がプラスとであればインフレーション，マイナスであればデフレーションと判断される．しかしながら，GDPの概念上，国内の付加価値額に限定されているため，輸入価格の上昇等の影響が反映されないことになる．そのため，消費者物価指数が上昇してもGDPデフレーターがマイナスということも見受けられ，その判断の根拠としてのGDPデフレーターに関しては疑問が出てきている．　［茂垣広志］

指導理念

リーダーが示す経営哲学や経営理念であり，めったに変わるものではなく，「物事はどうあるべきか」を示すものである．デービス（Davis, S. M.）は，企業文化を指導理念と日常理念に分類しているが，一方の日常理念とは，メンバーが日々の活動の中で拠り所となる規則や習慣であり，状況に応じて変わるものであり，「物事をどのように行うか」を示すものである．戦略との関係について指導理念が戦略策定の基礎となるのに対して，戦略実行に影響を与えるのが日常理念である．そして，指導理念は日常理念に文脈を提供し，日常理念に方向を示すものである．したがって，指導理念と日常理念が整合していれば，おのずと戦略は策定されたものがスムーズに

実行されることになる．乖離していれば，策定された戦略は実行されにくくなり，文字どおり，絵に描いた餅になってしまう．→経営理念　　　　　　　　　10［松村洋平］

シナジー (synergy)

　経営分野における相乗効果である．たとえば，異なる事業を連携して行う場合，個々に行うよりも利益が大きくなることを事業間のシナジーという．アンゾフ (Ansoff, H. I.) は，①製品・市場の領域，②成長ベクトル，③競争優位性，④シナジーを経営戦略の4つの構成要素としてあげている．成長戦略を考える上で，資源展開の観点から事業間のシナジーを考慮することが重要である．シナジーは範囲の経済によって生ずる．販売チャネルを共有したり (販売シナジー)，生産設備を共有したり (生産シナジー)，共同で研究開発したり (投資シナジー)，知識やノウハウを共有する (マネジメントシナジー) ことによって得られる．→範囲の経済　　2［歌代　豊］

シナリオライティング法
(scenario writing method)

　未来予測の代表的手法のひとつがシナリオライティング法である．一般にシナリオライティング法は"楽観，中立，悲観法"とも名づけられる2つの極端なストーリーとその中間的ストーリーを描くものが一般的であろう．また焦点課題を特定し影響要因を分析，シナリオ・ロジックを選定して，シナリオを描く"シナリオ・ロジック法"ともよぶべき方法もある．その"シナリオ・ロジック法"にも演繹的シナリオ (全体的枠組み設定とデータの位置づけ)，帰納的シナリオ (入手データをもとに段階的にストーリー組立て)，逐次的シナリオ (オフィシャルな未来をもとにシナリオ展開) に区分される．

　マクロ的な世界や経済の長期予測あるいは企業においても長期戦略計画を策定する際の経営環境の予測あるいは特定な市場やプロジェクトの将来予測に活用されている．特にロイヤルダッチシェル社におけるシナリオライティング法の活用は世界的に知られている．　　　　　　　　16［根本　孝］

死の谷 (death valley)

　基礎研究から事業化へと移行する過程に存在する大きな障壁のこと．研究開発を終えて事業化する段階では，死の谷という気候条件の厳しい砂漠に直面する．これは，研究の成果の事業化への見極めが困難なことから，資金不足におちいり，研究の成果が死んでしまう状態を意味する．今日では，特に新規性の高い研究開発成果の事業化は，資金的な問題以外にも，研究業績を正当に評価する能力の不足，既存事業との間に生じるコンフリクトやジレンマなど，マネジメント上の問題が数多く存在する．さらに，技術イノベーションの加速化，技術の複雑化などの背景により，従来の自前主義による研究開発では，さまざまな事業化を妨げる要因への対応に限界があり，積極的な企業間提携や産学連携が必要となってきている．→ダーウィンの海
　　　　　　　　　　　　　　6［下山聖美］

CPFR (Collaborative Planning Forecasting and Replenishment)

　メーカー，卸売業者，小売業者が共同して供給計画，需要予測，商品補充を行うプログラムである．ウォルマートとその取引先による取り組みが著名である．CPFRはQR (Quick Response) やECR (Efficient Consumer Response) を発展させた形態であり，メーカー，卸売業者，小売業者の企業間情報システムにより，販売情報，在庫情報，需要予測，生産計画，販売計画を共有し，EDI (電子データ交換) によって受発注情報を交換する．また，CRP (Continuous Replenishment Program)，VMI (Vendor Managed Inventory) を導入することによって効率的な補充発注を行う．CPFRによって在庫の削減と販売機会の拡大が図られる．
→ECR, EDI, QR, CRP, VMI
　　　　　　　　　　　　　13［歌代　豊］

CVP分析 (CVP analysis)

　利益計画を実施する際には，自社の利益

決定構造が明確でなければならない。そこで，CVP分析を実施する。すなわち，CVP分析は原価（cost），営業量（volume），利益（profit）の相互関係を分析し，短期利益計画に役立てる技法である。短期利益計画では，利益を前提として経営活動を計画するが，この場合，「売上高をいくら上げたら，利益が生じるのか」，「希望利益を獲得するためには，いくら売り上げなくてはならないか」などの情報が必要になる。このために，CVP分析は図表および式によって，原価，営業量，利益の3者間にみられる相互関係を分析する手法である。もともと，CVP分析は損益分岐点分析が基礎となっている。損益分岐点分析は利益が0となる販売数量，売上高を算定し，販売政策に役立てる手法であるが，CVP分析はこれに加えて，希望利益を得る販売数量，売上高，希望売上高利益率を得る売上高などより広い原価，営業量，利益の分析である。また，安全余裕率などの企業の健全性を示す指標も提供する。→安全余裕率，短期利益計画，直接原価計算，利益管理

8［建部宏明］

資本 (capital)

資本という用語は多岐にわたって用いられる用語である。貸借対照表の負債の部を他人資本，資本の部を自己資本と称するが，ここでは貸借対照表の貸方を資金調達源泉を示すものとしてとらえた場合の両者の源泉としての同質性を資本という用語であらわしたうえで，その帰属の相違をあらわす用語として用いられている。また，資産から負債を控除した部分を資本という場合もある（「会社法」においては貸借対照表上の名称として純資産の部という）。さらに，この純資産の部に示される各項目において，株主資本の部分を資本と称する場合もある。純資産という意味においては，それは「資産と負債の差額をいう。これは報告主体の所有者である株主（連結財務諸表の場合には親会社株主）に帰属する資本と，その他の要素とに分けられる」（「討議資料『財務会計の概念フレームワーク』財務諸表の構成要素第6項」会計基準委員会）と説明される。

7［大倉 学］

資本コスト (cost of capital)

一般に資金調達コストのことを資本コストという。これは，投資者側からみれば投下したか投下する予定の資金に対する期待利回り（期待収益率）のことであり，一方，調達資金の運用者（企業）側からみれば資金運用における目標利回りのこととして解することができる。投資行動において割引現在価値計算を用いた判断を行う場合，見積キャッシュフローとともに割引率の適切な選択が重要である。適切な割引率としては，リスクの度合いに応じた資本コストを選択する必要がある。→期待収益率，投資家，割引現在価値

7［大倉 学］

資本生産性 (capital productivity)

生産性とは，投入量（input）と産出量（output）の比率のことである。投入量に対して，産出量の割合が大きいほど生産性が高いことになる。投入量に関しては，労働，資本，土地，原材料，機械設備などの生産要素があげられる。産出量は，生産量，生産額，売上高，付加価値，GDP等に置き換えられる。このように生産性は，労働生産性（Labor Prodctivity），資本生産性（Capital Productivity），全要素生産性（Total Factor Prodctivity），国民経済生産性（GDP per person employed）に分類可能である。資本生産性は，通常，機械や設備等の有形固定資本と生産量との比率で示され，機械設備1単位当たりの生産量，運転時間当たりの生産量などの形で測定される。また，生産性は，効率や能率と同じ概念であり，効率性を示す指標であるが，効率・能率と違い具体的な数値尺度をもっている特徴がある。資本生産性の関係式は，資本生産性＝生産量÷有形固定資産である。→労働生産性

14［島谷祐史］

自民族中心主義 (ethnocentrism)

カタカナでエスノセントリズムということもある。自分たちの社会の価値や基準といった「ものさし」（を絶対のものと考えて）

で，ほかの社会の人びとを低く評価したり，否定したりする態度や姿勢を指す．サムナー(Samner, W. G.)による造語といわれている．ステレオタイプ化してしまう（偏見につながる）きらいがあるなど，異文化理解を妨げる可能性もある．対極にあるのが文化相対主義(cultural relativism)である． 10［松村洋平］

CIM (Computer Integrated Manufacturing)

コンピュータ統合生産のことである．つまり，受注から製品開発・設計，生産計画，調達，製造，物流，納品等の製造に関わる業務をコントロールするためにそれらの情報をネットワークで結び，また，組織間でも情報を共有して利用するために，一元化されたデータベースとしてコンピュータで統括的に管理・制御するシステムといえる．近年では，LAN (Local Area Network)等のネットワークシステムを介して，FMS，CAD/CAM，生産管理システムに加えて，経営管理システムなどのマネジメント・システムを取り込み，設計開発，生産，経営計画などの各業務を真に統合化することを目指したCIMの構築が急がれている．→ CAD 14［島谷祐史］

シャイン〔Edgar H. Schien, 1928-〕

シカゴ大学，スタンフォード大学，ハーバード大学で学び，MITスローン・スクールで教授を務める社会心理学者である．一貫して，社会心理学の立場から，組織開発，組織文化，キャリアなど最先端を走る研究者である．シャインは，ひとりの人間がさまざまな動機や価値を併せもち，状況に応じていろいろ変化するという複雑人モデルを提示し，リーダーによるメンバーの共感機能や診断機能が大切であることを説いた．また，組織文化について，人工物から価値，価値から基本的仮定へと，深層部分にアクセスしなければ，組織文化を理解できないことを指摘した．キャリアについても，，①管理能力，②技術的・機能的能力，③安全性，④創造性，⑤自律と独立といった，キャリア発達の方向を左右する自覚された才能と動機と価値の型ともいうべきキャリア・アンカーを導き出したことで有名である．→組織文化，複雑人モデル 10［松村洋平］

社会化 (socialization)

個人は，生まれながらにして何らかの集団ないしは社会に所属している．個人が，その誕生の時から，他者とのかかわり合いを通して，所属集団における適切な考え方や行動様式を獲得し成長していく発達過程を社会化という．（ただし，心理学的に用いられる場合と社会学的に用いられる場合とでは，この意味で多少の解釈の相違がある．また，経済学的には，社会主義化を指す．）従来は，個人が所属集団の規範の学習を通じてそれらを内面化し，その規範に同調して自ら進んでそれらに合致した行動をとるようになっていく過程に注目されていた．この場合，個人は社会に対して受動的な立場としてとらえられる．しかしながら，近年の研究から，個人が社会に積極的に働きかけ，自らの価値観や行動を社会に提示していこうとする，社会化における個人の積極的，能動的側面にも関心が抱かれるようになっている．私たちの身近な例としては，所属集団の最初期としての家庭，地域，学校での社会化，さらには職業生活における組織への社会化が考えられる．特に組織への社会化は，個人のキャリア発達の過程と密接に関連しており，企業中心の社会にあっては，職業生涯全般から引退後までを通して，個人に影響を与え続けると考えられる．→キャリア 11［田中聖華］

社会的アイデンティティ (social identity)

社会的アイデンティティは，所属する集団に基づき他者と同様の存在として自分自身を定義することである．人間には，自分が所属する集団（内集団という）を優遇して，所属しない集団（外集団という）を冷遇する傾向があることがわかっている．いわゆる内集団ひいきである．内集団ひいきが意味するものは，人間は，「自分とは何か」を自分自身を所属する集団によって定義することであり，それを社会的アイデンティティという．一方，

個人的アイデンティティは，他者とは違う独自の存在として自分自身を定義することである．すなわち，個性化の側面と社会化の側面である．→コーポレート・アイデンティティ
10［松村洋平］

社会的責任投資
(Socially Responsible Investment : SRI)

投資家たちは，一般的に投資収益率をはじめとするさまざまな財務指標に基づいて投資決定するが，判断材料に当該企業が社会的責任をどれだけ果たしているかを加えようというのが，社会的責任投資である．社会的責任投資によって，投資家本人も社会的責任を果たすことができる．また，社会的責任に熱心な企業は，熱心でない企業より業績が高いという調査結果もある．さらに，社会的責任に熱心な企業は，リスク・マネジメントもしっかりしていることが多い．すなわち，株価が高くなるのである．法令を遵守しているか，倫理を尊重しているか，芸術・文化を支援しているか，社会に貢献しているかなどを考慮して，企業を評価して，投資決定することとなる．具体的には，環境保全に取り組んでいるか，人権擁護や雇用促進がしっかりとしているか，地域のコミュニティの発展に寄与しているか，といった項目でスクリーニングしていく．
10［松村洋平］

社外取締役

取引や資本関係がない外部から選任される非常勤取締役をいう．通常，取締役会はこの社外取締役と社内取締役の異なる2種類の役員から構成される．社外取締役は，企業経営が自社の利益に寄与するためだけの自己都合的経営に陥らないために，外部の者からの意見を反映するための工夫である．最近では商法が改正され，社外取締役の設置が義務づけられるとともに，監視機能の強化が進められている．

しかし，かつては最重要事項の意思決定を社内取締役のみで行いたいために「常務会」などの非公式的機関を設ける場合や，取締役会での意思決定をコントロールできるような社外取締役の任命（グループ企業などからの相互担当など）といった社外取締役の形骸化が蔓延していたことも事実である．

社外取締役をはじめとしたコーポレート・ガバナンスの機能化が今後一層期待されるところである．→コーポレート・ガバナンス，取締役会
1［吉村孝司］

社内公募制
(in-house staff recruitment system)

企業内における新規事業の立ち上げや，一部のポジションの欠員が生じた場合に，社内で人材を公募する制度であり，大企業を中心に4割の企業で導入されている．定期的な社員のローテーションのために行うケースもある．公募の方法には，本人が直接応募する場合と，上司を通して上司の了承のものに行う場合の2つに区分される．この制度の目的は，社員の主体性やモチベーションなどを高めたり，人材の活用を促進しコミットメントを高めることにある．実際には，企業が選択したいと思う社員が応募しない場合もあるが，応募者の中にふさわしいと思う人材がいない場合は外部から採用することになる．欠員の有無にかかわらず自ら新たな職種や職場に移籍を申し立てる制度をプロ野球の他チームと自由に契約できる制度になぞらえる FA (Free Agent) 制も1割の企業で導入されている．

大企業においては社内のネットで社内公募し，数百人を超える人材の部門間異動が行われる事例も出てきており，さらに海外の関連子会社との人事異動の実現を目指す国際社内公募制度も設置されてきている．こうした自らの意思で職種・職場を選択し，キャリア形成をすすめる動きは活発化し，その権利はキャリア権と名づけられ，注目されている．→ジョブ・ローテーション
12［金 雅美］

収益 (revenue and gains)

「純利益または少数株主損益を増加させる項目であり，原則として資産の増加や負債の減少を伴って生じる」（「討議資料『財務会計の概念フレームワーク』財務諸表の構成要素第13項」会計基準委員会）ものである．また，

「収益を生み出す資産の増加は，原則として，（事実としての）キャッシュインフローの発生という形をとる」(『同』同項）と説明されるように，最終的にはキャッシュフローの形態をとる．わが国の会計制度では，伝統的に，価値増加の確定性を重視する実現主義の原則に基づいた収益の認識が行われてきた．資産負債アプローチを基底とするならば，収益は資産概念から従属的に導出されるような表現で規定されることになるが，先に示したように，純利益（ないしは少数株主損益）との関係性を重視している点がわが国においては特徴的である．損益計算書上では，売上高，営業外収益，特別利益の各区分において収益項目が報告されることになる．→資産負債アプローチ，収益費用アプローチ，費用

7［大倉　学］

収益性分析 (profitability analysis)

企業が利益を獲得する能力の分析であり，収益性を示す主要な指標に総資本経常利益率，自己資本経常利益率（株主資本経常利益率：ROE），経営資本営業利益率などがある．

総資本経常利益率（％）は「経常利益（年間）÷総資本（年間の平均）×100」で求められ，企業活動全体の収益性を知ることができる．また，自己資本経常利益率（％）は「経常利益（年間）÷自己資本（年間の平均）×100」で求められ，自己資本の収益性を知ることができる．さらに，経営資本営業利益率（％）は「営業利益（年間）÷経営資本（年間の平均）×100」で求められ，企業の経営活動の収益性を知ることができる．→ ROI，財務諸表分析

8［﨑　章浩］

収益費用アプローチ
(revenue-expense approach)

会計上の5要素である，資産・負債・持分（資本）・収益・費用の相互関係または有機的関係性をどのような視点から説明するかという問題に際して，フロー系統である収益と費用を上位に位置づけて説明する方法．収益や費用の具体的な定義を扱う論点ではなく，構造的関係性を示す用語法として用いられる．伝統的には，収益とそれに対応する（収益獲得に対して直接的・間接的に犠牲にされた価値減少としての）費用を中心とし，ある会計期間の期間収益と期間費用に帰属しない項目を資産・負債・持分（資本）として位置づける考え方である．このようなアプローチのもとでは，適正な期間損益計算の重要性が主たる会計目的として示される傾向にあり，資産・負債・持分（資本）が集計される貸借対照表は会計期間と会計期間とを結ぶ連結環の役割をもつものとして把握されることになる．

資産負債アプローチと収益費用アプローチとは相いれない視点であるとする見解もあれば，どちらか一方によってのみ計算構造の説明がなされるわけではないとする見解もある．→収益費用アプローチ　　7［大倉　学］

終身雇用制 (lifetime employment)

一般に，終身雇用とは新規学卒で採用された労働者が定年まで雇用される制度およびその社会的期待を指す．

ジェームズ・アベグレン (Abegglen, J. C.) が『日本の経営』(1958年）において日本企業と従業員との特徴的な雇用慣行を lifetime commitment（生涯にわたる関与）と表現したことを，占部都美が「終身雇用」と意訳したことがはじまり．この定義に該当する労働者が国内にどの程度存在するのか，またそれが日本的な特徴といえるのかについては論争的な議論が交わされてきた．字義どおりの意味で雇用が保障されていたのは公共セクターおよび業績の安定した大企業の男性正社員の一部に限定されており，女性や非正社員の平均勤続年数も国際的に長いとはいえないため，量的な意味で日本の雇用慣行の一般的な特徴であるとは言い難い．しかし，第2次世界大戦後において労働組合が雇用保障を強く求めたこと，「解雇権濫用の法理」が裁判を通して形成されたこと，新規学卒者を前提とした内部労働市場を活用する人事制度が発達したことなどにより，特定企業への長期勤続が労使双方にとって合理的期待となり，「終身雇用」という言葉が日本的な雇用保障のあり方としてモデル化されたといえる．→経営家

族主義,年功序列 　　　12[山下　充]

従属変数 (dependent variable)

　想定される因果関係の結果と仮定される変数のこと.基準変数,目的変数ともよばれる.これに対して,因果関係における原因と仮定される変数を独立変数あるいは説明変数という.独立変数を操作することにより,従属変数を測定することになる.仮説を検証する上で,説明する方の変数が独立変数であり,説明される方の変数は従属変数であるが,この関係は相対的なものであり,ひとつの変数がある変数に対しては独立変数となり,他の変数に対しては従属変数となる場合もある.統計分析を行う場合,独立変数,従属変数が質的変数であるか,または量的変数であるかによって,用いる分析手法が異なる.独立変数,従属変数とも質的の場合はクロス表,数量化2類,順位相関などを,独立変数,従属変数とも量的の場合は相関分析や回帰分析を,独立変数が質的で従属変数が量的の場合はt検定や分散分析を,独立変数が量的で従属変数が質的の場合は判別分析やロジスティック回帰分析を,独立変数に質的,量的変数が混在し従属変数が量的の場合は共分散分析などを用いることになる.→多変量解析

16[上村和申]

集団凝集性 (group cohesiveness)

　集団成員のあり方からいえば,集団のまとまりの度合い,結束力のことである.また,集団を主語とすれば,その集団が成員を集団にとどまらせようとする力の総体のことである.集団には,成員間に共通の価値基準や行動様式(集団規範)がある.これは,各成員に考え方や行動の仕方についての斉一性の圧力がかけられるからであり,それによって成員の同調行動が引き起こされる.したがって,集団規範がより強固なものとなり凝集性が高まる.成員は,こうした集団内の動きに従うことによって,自らの正当性,妥当性を確認し,心理的安心感を得ることになる.ただし,この関係は,個人がその集団にとどまりたいという気持ちがなければ成立しない.

個人がその集団を離れたくない理由,いいかえると集団凝集性が高まる条件としては,主として次の事柄が考えられている.①集団の目標や活動が個人にとって魅力的であること,②集団のメンバーが個人にとって魅力的であること,③「その集団に所属している」ということが何かの役に立つ(集団の道具的価値)と考えられること,④代替集団が存在しないこと,⑤対立集団が存在すること,⑥集団の意思決定に参加できる機会があること(参加型リーダーシップが存在するとき),などである.→集団思考　　　11[田中聖華]

集団思考 (group thinking)

　思考過程のうち,集団である課題を解決しようとする場合の一連の過程およびその形態をいう.グループ・ダイナミックス研究における,中心的テーマのひとつである.複数の人びとが合議する場合の利点としては,個人の単独思考よりも情報収集量が多くなること,さまざまな発言により偏見が減少し,より良識的な判断がなされること,参加者全員に責任感が生じることなどが期待できることである.逆に,集団思考の欠点は,他者の意見を聞くことによって意見がより極端なものになり,かえって偏った視点からの決定になる,あるいは非合理的判断を下す,というものである.後者は,特に集団的浅慮ともいわれる.本来ならば,民主的,参加的行動の代表と考えられる「話し合い」が,後者のようなマイナス結果を生じる原因として,以下のものが考えられている.①強制的リーダーシップの存在,②不十分なコミュニケーション,③集団への過信,④閉鎖的心理状態,⑤斉一性への圧力などである.③~⑤は,特に凝集性の高い集団における標準化,構造化,斉一化の高まりが呼び起こすマイナス面であるといえる.解決すべき課題の性質,それをとりまく環境,集団の構造などを加味すると,必ずしも集団思考のほうが優れているとは限らない.→集団凝集性　　11[田中聖華]

集中戦略 (focus strategy)

　集中戦略は,市場を細分化(セグメンテー

ション）し，自社の能力に適合する一部のセグメントに焦点を合わせる戦略である．ニッチ戦略ともいう．絞られた特定セグメントで低コスト，あるいは差別化で優位に立とうとする．セグメントは，特定の製品カテゴリ，特定の顧客層，特定の地域，特定の用途などにより区分される．ポーター（Porter, M.E.）は，業界の平均以上の業績を達成するためには，3つの基本戦略（コスト・リーダーシップ戦略，差別化戦略，集中戦略）のうちいずれかを追求しなければならないと指摘した．
→コスト・リーダーシップ戦略，差別化戦略

2［歌代　豊］

周辺特許 (application patent)

技術の中心となる基本特許に対して，その周辺を固める特許のことをいう．最初の概念発明で，基本特許を取得するが，それから応用的に発生する技術をすべてひとつの特許でカバーすることは通常，困難なので，周辺特許を積極的に取得していく．周辺特許を，実施するときに，基本特許を実施しなければいけないときは，基本特許の利用ということになり，たとえ，周辺特許が成立しても，基本特許の実施許諾を得なければならない．ただ，基本特許の特許権者も，周辺特許を実施する際には，周辺特許の特許権者の許諾を得なければならず，実際の実施を止められてしまう場合がある．その場合には，お互いに実施を許諾するクロスライセンスを行うことが多い．そのため，企業では，基本特許が取得できなくとも，その周辺の特許を積極的に取得することによって，ビジネスを有利に進めることができる．→クロスライセンス

6［久保浩三］

自由貿易協定
(Free Trade Agreement：FTA)

貿易に関する関税や数量制限その他非関税障壁などの障壁を相手国と相互に撤廃する国際的協定．2ヵ国間協定と多国間協定がある．NAFTA（北米自由貿易協定）やAFTA（アセアン自由貿易協定）は多国間協定である．世界貿易機関（WTO）はすべての加盟国・地域を無差別に扱う「最恵国待遇」が基本原則であるが，FTAには自由貿易を推進する効果があり，域外に対する経済ブロックとならない限りその締結を例外として認めている．多国間FTA締結による自由貿易圏（free trade area）が形成されると，企業はその地域内での生産要素費用の差を利用した生産拠点の配置および再編成を行ったり，地域内での最適ロジスティクス（調達・部品生産，組立，最終市場への配送）を再設計するように影響を与える．また，それら地域内の拠点の活動を調整するための地域統括本社を設置する場合もみられる．→EU，経済統合，地域統括本社，NAFTA

5［茂垣広志］

重量級プロジェクトマネジャー

製品開発を行う組織には，製品開発に必要な技術創造を重視した機能重視組織と，製品としてまとめあげて市場投入することを重視したプロジェクト組織がある．機能重視組織は，特定技術分野のイノベーション促進や知識を体系的に蓄積することに優れている．一方，プロジェクト重視組織は，特定製品の開発を成功させるために，機能部門間の壁を越えて開発担当者全員を同じ目標に向かわせることがメリットである．たとえば，開発担当者全員が製品コンセプトを共有可能になることで，担当技術と製品コンセプトが合致しているのかを常にチェックできる．さらに，最終製品に向けた技術・部品間での調整が効率的に行える．そして，プロジェクト成功のためには，プロジェクトマネジャー（以下，PM）の役割が重要とされる．PMは，複数部門に所属するエンジニアを統合的にマネジメントする必要があり，機能部門の部門長以上のリーダーシップが必要とされている．ハーバード大学研究グループ（キム・クラーク教授，藤本隆宏教授が中心）によれば，PMのリーダーとしての影響度合いは，責任範囲の広さと権限の強さによって決まるとされる．軽量級PMの責任範囲は，設計・技術に関係する開発業務をスムーズに推進するための調整役であり，プロジェクト全体を直接統括するものではない．一方，重量級PMはプロジェクトの調整

よりも，製品コンセプトの策定，主要な技術・スペックの選択，販売目標，原価・利益管理への責任，コアメンバーの選定，直接的な技術統括など軽量級PMよりも責任範囲と権限が拡充し，より強いリーダーシップを必要とする．特に，重量級PMは，市場・顧客ニーズの不確実性が高く，製品開発の意思決定スピードの迅速化を重要になるほど，その役割が大きくなるのである．→プロジェクト・マネジメント
14［島谷祐史］

収斂思考法 (convergent thinking)

多様な情報，アイデアを集約，まとめ，ひとつの方向に収斂させる思考ないし技法である．問題解決法は一般的に発散思考と収斂思考という2種類の思考法に区分され，発想を自由にし，多様な視点からアイデアを次つぎに提示する発散思考に対応するのが収斂思考である．問題解決プロセスで具体的に考えれば，たとえば問題設定の段階で，まずはどのような問題が存在するのか，多様な角度から発散的に問題点を提示し，幅広く問題点を提起することが必要となる．そして数多くの問題点の中から，現状において何を優先的に取り上げるか，重点を絞って収斂させ問題設定をすることが求められる．このように発散思考と収斂思考を交互に活用する必要がある．他の段階でも同様であり，問題解決のプロセスでは発散と収斂の繰り返しにより，問題解決がなされるのである．収斂思考法としての代表的方法がKJ法である．→KJ法，発散思考法
16［根本　孝］

受託責任 (stewardship)

企業と株主等の出資者との間の資金の関係を，委託・受託の関係として捉えた場合，会社経営者（取締役）は，善良なる管理者としての注意義務や忠実義務をもって当該資金委託に付随する委任事務を行わなければならないとする考えに基づく責任のこと．受託者（会社取締役）は，その処理内容，結果顛末，すなわち，受託責任遂行状況について資金委託者に対して報告を行わなければならない．会計情報をもって当該報告を行うことを会計責任 (accountability) ともいう．会計報告の機能を，この受託責任遂行状況に求める場合には，会計情報の客観性・信頼性が重要な情報特性として求められることになるので，たとえば，資産の測定行為においては取得原価主義の考え方に通ずることとなる．会計目的ないし会計の機能において意思決定有用性が重視される場合においても，受託責任会計の考え方が排されたということにはならず，現代においても会計報告システムにおける重要な機能として認識されている．→アカウンタビリティ，意思決定有用性

7［大倉　学］

出向

親企業に在籍した状態で関連企業などに移動して業務に従事することを意味する．詳細には，この出向は在籍出向といわれ，後述の最初から転籍する移籍出向，そして最初は在籍出向で，途中から移籍する移籍条件付出向の大きく3分類されよう．

その逆の関連企業から親会社に出向することは逆出向などとよばれている．一般には出向中の受け入れ企業での賃金が低く差がある場合は，出向元の親企業が差額を補填している．しかしながらバブル不況以降は親会社もスリム化を図るため，一定期間後に移動先に転籍する移籍条件付出向（片道切符の出向）や，最初から移籍する転籍（移籍出向）などが増加してきている．多くの出向・移籍先は300人以下の中小企業であり，親会社からの中高年者の引き取り依頼が少なくないが，受け入れ企業への人材投入による強化や出向者の能力開発やグループ経営の拡充が目的とされる．
12［根本　孝］

取得原価 (historical cost)

「取得原価とは，資産取得の際に支払われた現金もしくは現金同等物の金額，または取得のために犠牲にされた財やサービスの公正な金額をいう．これを特に原始取得原価とよぶこともある．原始取得原価の一部を費用に配分した結果の資産の残高は，未償却原価と呼ばれる．原始取得原価を基礎としているこ

とから，未償却原価も広義にとらえた取得原価の範疇に含まれる」(「討議資料『財務会計の概念フレームワーク』財務諸表における認識と測定，第11項」会計基準委員会). 取得原価は，ここに示されるように取引における対価を測定基礎とするところから，会計数値の客観性・信頼性が高いと指摘される. また，原始投下額であるという点からは，企業活動を通じて，将来回収されるべき投資残高を示すという意味があり，資産の価値を表す貨幣額というよりも資産の使用・利用を通した費用額計上において有用な貨幣額である. →取得原価主義　　　　　　　　7［大倉　学］

取得原価主義 (historical cost basis)

取得原価で測定された資産の原始帳簿価額を維持するという基本思考のこと. 資産の市場価値ないし経済価値が変動しても，原則として，それを再評価して帳簿の原始取得原価を変更するという手続きをとらない. 取得原価主義の考え方には，取得原価という測定属性が有する有用性の視点（客観性・信頼性）から支持する見解や，取得原価を帳簿上維持するところから未実現収益の排除がなされるという視点から支持する見解，さらには投資額の回収剰余額を利益計算の基本目的に置くという視点から支持する見解などがある. 一方で，資産保有中の価値変動を反映させないことに対しては，企業の経済的実態が示されないことが欠点として指摘される. →時価主義会計　　　　　　　　　7［大倉　学］

需要の価格弾力性
(price elasticity of demand)

ある財の価格の変化率に対する需要量の変化率の比をいう. すなわち，需要量の変化率を価格の変化率で除した数値が需要の価格弾力性として示される. この数値の絶対値が1より大きいとき，需要は弾力的であるといい，1より小さいときは，需要は非弾力的であるという. すなわち，価格が1％変化したとき，需要量の変化が1％以上のときは弾力的であり，1％以下のときは非弾力的であるという. 　　　　　　　　　　3［竹内慶司］

準拠集団 (reference group)

準拠集団とは，その規範や価値観によって個人の行動や態度に対して同調に向かわせる影響を与える集団のことである. ある消費者にとっての準拠集団は，彼（女）がその集団の構成員であってもよいが，必ずしも構成員でなくてもよい. 準拠集団はさまざまに分類できる. たとえば，一次集団と二次集団の分類や願望集団と分離集団の分類の方法がある. 前者の一次集団と二次集団において，一次集団とは互いに面と向かって情報伝達できる小集団（家族，大学のゼミナール）であり，他方で，二次集団とは，継続的な相互作用の生じにくい集団である（同業者の組合）. 後者において，願望集団とは，ある消費者にとってのあこがれの対象であり，たとえば，若者が人気タレントの髪型をまねるといったことはこれに該当する. また，分離集団とは，否定的な意味での準拠集団であり，自分が所属することを拒否する集団である.
　　　　　　　　　　　　　3［菊池一夫］

純資産 (net assets)

「純資産とは，資産と負債の差額をいう. これは，報告主体の所有者である株主（連結財務諸表においては親会社株主）に帰属する資本と，その他の要素に分けられる. その他の要素には，報告主体の所有主以外に帰属するものと，いずれにも帰属しないものとがある」(「討議資料『財務会計の概念フレームワーク』財務諸表の構成要素 第6項」会計基準委員会). ここで示されるその他の要素のうち，報告主体の所有主以外に帰属するものとしては，たとえば連結財務諸表における少数株主持分がこれに該当し，いずれにも帰属しないものとしては，たとえば，リスクから解放されていない投資成果（投資の目的にてらして不可逆的成果が得られていないもの）がこれに該当する. このように純資産の内訳が区分化されることによって，純利益を生み出す正味の投資が明確になり，利益獲得効率の把握に有用性が高まることになる. →純利益
　　　　　　　　　　　　　7［大倉　学］

純粋持株会社 (pure holding company)

他社の株式を所有することにより、その会社の事業活動を支配することを主な事業とする会社を持株会社という。純粋持株会社とは、特に、株式の保有、管理を主な業務とし、事業活動などはいっさい手がけない会社をいう。純粋持株会社は、戦前の三井、三菱などの旧財閥の主要な支配形態であった。この支配形態を活用して、旧財閥は、金融などの基幹産業を支配し、さらには政治にも大きな影響を及ぼしていたため、戦後は独占禁止法によって禁止された。しかし、90年代から加速化したグローバル化や規制緩和の高まりを受けて1997年に独禁法を改正し、半世紀ぶりに設立が解禁された。純粋持株会社のメリットとしては、株式の取得・売却を行うことにより、事業部門(子会社)の買収・設立や売却が可能となることや、各子会社の経営の自由度が増すので、機動的な事業展開が可能となることなどがあげられる。当初、この形態を多く採用したのは、業界の垣根を越えて再編が加速している金融機関であった。しかし、昨今では、多様な事業展開を行っている電気、商社業界でも本格的に導入されはじめている。→持株会社　　　　　4［髙井　透］

シュンペーター
〔Joseph Alois Schumpeter, 1883-1950〕

シュンペーターは、現代の企業経営において不可欠とされるイノベーションについての概念化を初めて行った孤高の経済学者として知られる。彼が"孤高"と称される理由は、20世紀初頭の経済学において、経済の循環的変動をめぐる解釈に対し、彼の考え方が大きく異なっていたことに起因している。当時は経済の状態を良好に維持するための経済施策を検討することが経済学の使命であるとされていた中で、シュンペーターは経済変動の存在を経済の健全な状態と考え、経済の循環的変動が企業行動の波及的効果によるものととらえため、当時の経済学の世界からは隔絶された存在を余儀なくされたのであった。しかし、彼は経済の発展の本質は企業による生産諸要素の「新結合」に存在すると提起し、その後の代表的著作である『経済発展の理論』(1912年)において、生産諸要素の新結合の実行主体としての企業者の定義を図り、経済における企業者の重要性を説くとともに、「企業による創造的破壊・イノベーション・企業家精神」といった概念を提起したことは、半世紀以上を過ぎた現代においては経済学における定説とされるとともに、経営学の領域においても、きわめて大きな意味を有するものとなっている。→イノベーション、イノベーター、企業家　　2［吉村孝司］

純利益 (net income)

「純利益とは、特定期間の期末までに生じた純資産の変動額(報告主体の所有者である株主、子会社の少数株主など)のうち、その期間中にリスクから解放された投資の成果であって、報告主体の所有者に帰属する部分をいう。純利益は、純資産のうちもっぱら資本だけを増減させる」(『討議資料『財務会計の概念フレームワーク』財務諸表の構成要素 第9項』会計基準委員会)。ここで、リスクから解放された投資の成果とは、収益獲得を目的として究極的にはキャッシュフローの獲得を目的として投下された事業投資のうち、事業リスクに拘束されない独立の資産として獲得された部分を意味する(『同』第60項参照)。すなわち、キャッシュフローによる裏づけが獲得された部分の説明概念としてみることができるものである。→純資産、包括利益
　　　　　　　　　　　　　　7［大倉　学］

ジョイント・ベンチャー
(joint venture：合弁企業)

複数の会社が共同出資した会社であり、合弁企業ともいう。戦略提携のひとつの形態である。合弁企業における経営の発言権は、出資比率の多寡による。そのため、主導権を握る企業の出資比率を他の企業の出資比率よりも多くする。経営者や中核となる従業員などの人的資源も出資企業が供給する場合が多い。したがって、合弁企業内には、出身企業や経歴の異なる人材が混在するため、経営ス

タイルや組織文化の融合がマネジメント上の課題となる．なお，建設業においては，建築・土木案件を受注し，実施する際に，複数の会社が共同で受注するケースがあり，複数の建設業が共同で組織を形成する．これは共同企業体，あるいは略してJVとよばれる．建設業における共同企業体は法人格を有しない団体である． 2［歌代 豊］

商圏 (business area)

アメリカ・マーケティング協会の定義によれば，「規模は通常，商品，サービスの販売および配達あるいはその一方のために，マーケティング・ユニットないしはグループにとって経済的である境界により決定される地域」と規定している．論者によって，表現の違いがあるものの，商圏を端的にいえば，「個々の店や商業集団に来店を期待しうる地理的範囲」であるといえる．商圏設定の方法については，大きく3区分される．第1は，実施調査法であり，店頭調査法，訪問調査法，ドライブテスト法である．第2は，官公庁の資料利用法，タイムフェア法，販売記録利用法である．第3は，商圏設定モデル法であり，ライリー（Reilly）の法則，コンバース（Converse）の法則，ハフの確率モデルである．商圏設定には，時間と費用が許す限り，いくつかの種類を用いながら現実的に対応する必要がある．商圏設定モデルとして，有名なハフモデルの基礎にあるのは，「ある地域に住む消費者のある商業集積での購入確率は，商業集積の売場面積の規模に比例し，そこに到達する時間距離に反比例するというもの」である． 3［片山富弘］

証券取引所 (stock exchange)

株式や債券などの有価証券の売買を証券取引法に基づいて設置された機関である．

東京，大阪，名古屋，札幌，福岡の5箇所があり，東京・大阪・名古屋の3つには，大企業を中心とする第一部市場と中堅企業を中心とする第二部市場がある．また店頭市場として2004年にはジャスダック（JASDAQ：Japanese Association of Securities Dealers Automated Quotations）証券取引所も創設されている．ジャスダックは中小企業向けの市場とされ，取引業務を行うジャスダック・サービスと証券各社との間はオンライン化され，売買が行われる．

また新興企業，ベンチャー企業向けの株式市場として東京証券取引所はマザーズ（Market of the hi-growth emerging stocks：Mothers），大阪証券取引所はヘラクレス（Hercules）を開設している．→株式公開，投機家，NASDAQ 15［根本 孝］

証券取引法
(securities and exchange law)

証券取引法（昭和23年法律第25号）とは，「国民経済の適切な運営及び投資者の保護に資するため，有価証券の発行及び売買その他の取引を公正ならしめ，且つ，有価証券の流通を円滑ならしめることを目的」（証券取引法第1条）として規定された法律であり，証券市場に係る用語の定義や有価証券取引に係る規定が設けられている．証券取引法においても投資者の投資意思決定に資するべく企業内容の開示が求められるが，その用語，様式，作成方法に関しては「財務諸表等規則」および「財務諸表等規則ガイドライン」が詳細な規定を設けている．近時，金融先物取引法等の金融商品に係る法律等と証券取引法を統合し，「金融商品取引法」として一本化することが決定している． 7［大倉 学］

消費財と生産財
(consumer goods and industrial goods)

財はその用途から消費財と生産財（産業財）に分けられるが，消費財とは最終消費者が生活のために消費する財のことである．他方で生産財とは生産のための消費される財のことである．したがって，同一のパソコンでも消費者が購入し利用すれば消費財であるし，企業が購入し，利用すれば生産財として見なすことになる．つまり財の利用者が消費者か，組織なのかという点で分けられるのである．

まず消費財は，消費者の購買慣習から，最

寄品，買回品，専門品に分類されるのが一般的である．最寄品は消費者が最小限の努力で購入し，最寄の小売店で頻繁に買われ，安価な商品である．たとえばガム，パン，洗剤で，消費者の関与も低い．買回品とは，消費者が複数の商品，小売店から比較・検討をして購買されるものである（たとえば婦人衣料）．消費者の関与は最寄品よりも高くなる．専門品は，消費者が購入にあたり特別な努力を払い，高価であるが価格にあまりとらわれず，ブランド忠誠の高いもの（たとえば自動車）である．専門品に対する消費者の関与は高い．

他方，生産財は主要設備品（たとえば工作機械），補助ないし付属設備品（たとえばフォークリフト），業務用消耗品（たとえばグリス），組立てないし構成部品（たとえばタイヤ，ドア），そして原材料（たとえば鉄鉱石）などに分類される． 3［菊池一夫］

消費者情報処理モデル
(consumer information processing model)

消費者情報処理モデルでは，消費者個人を限界合理性を有するひとつの情報処理システムと見なしている．そこでは，自ら目標を設定して目標達成のために主体的に情報探索を行う存在として仮定されることになり，消費者の意思決定過程の多様性は消費者個人の情報処理能力によって説明されるとしている．この点で消費者を刺激に対して受動的な存在として仮定した刺激 – 反応モデル，刺激 – 生体 – 反応モデルと異なっているといえる．消費者情報処理モデルは，情報がどのように取得，統合，貯蔵されるのかという視点で主に消費者の購買選択に関する意思決定過程を説明しようとするものである．心理学における認知科学への注目から，情報処理，記憶や知識に関する研究を背景にしており，1970年代から現在に至る消費者行動研究の主流を占めている． 3［菊池一夫］

正味現在価値 (net present value：NPV)

投資判断指標のひとつであり，割引現在価値計算において，適切な見積キャッシュフローを適切な割引率によって割り引いた現在価値から現時点において支払われる金額（投資額）を控除した差額のことである．正味現在価値がプラスの時に当該投資案件は実行に値するという判断に用いられる．投資判断に際して発生主義に基づく会計情報ではなくキャッシュフロー情報を用いることから複数の投資案件を同一レベルで比較できるという点や，割引率（資本コスト）の選択においてリスクを勘案しているという点．また，貨幣の時間価値を反映していることからキャッシュフローの時系列的把握が可能となる点等の利点があるとされる．→発生主義，割引現在価値 7［大倉 学］

正味実現可能価額 (net realizable value)

「正味実現可能価額とは，購買市場と売却市場とが区別される場合において，売却市場（当該資産を売却処分する場合に参加する市場）で成立している価格から見積販売経費（アフターコストを含む）を控除したものをいう」（「討議資料『財務会計の概念フレームワーク』財務諸表における認識と測定 第25項」会計基準委員会）．売却市場で成立している価格による測定値は，現在保有している資産を売却する場合に回収できるであろう資金をあらわすことになるので，原始取得原価とこの正味実現可能価額との差額は，評価時点で当該資産を売却したならば生じたであろう損益を示すことになる．売却を予定していない保有目的資産ないしは継続的な保有を意図している資産に関して当該差額を投資効果として把握することには一定の限界があるが，制度上は，たとえば棚卸資産に低価基準を採用するときの評価・測定基礎として用いられる．→取得原価 7［大倉 学］

静脈産業 (venous industry)

廃棄物の回収・処理やリサイクルにかかわる産業のこと．体中に栄養を運ぶ動脈に対し，老廃物質を回収・浄化する静脈になぞらえた用語である．廃棄物の適正なリサイクルや処分を行うための物流を静脈物流という．社会の持続的発展のためには，大量生産→大

量消費→大量廃棄というサイクルから，循環型社会への転換が不可避である．日本政府は，「循環型社会形成推進基本法」を 2000 年に制定し，廃棄物の処理に当たって，①廃棄物の発生抑制，②再利用，③再生利用，④熱回収，⑤適正処分という優先順位を定めている．廃棄物の発生抑制は最も重要であるが，まったく出さないというわけにはいかない．そこで出された廃棄物をできる限り循環資源としてとらえ，廃棄物を有用なものとして考え，循環させることも重要となる．②～④がその循環的利用にかかわっており，その循環利用率を高めることが目指されている．さらに，不法投棄や不法処理を防ぐために，「排出者責任」を明確にし，生産者が廃棄物処理まで一定の責任を負う「拡大生産者責任」が規定されている．この基本法の精神の下に「個別リサイクル法」（包装リサイクル法・家電リサイクル法・建設リサイクル法・食品リサイクル法）が定められている．このような社会の流れの中で静脈産業は，今後成長が見込まれるビジネス・チャンスとしてもとらえられている．

しかし，現実には，小規模の業者が多く，またリサイクル資源の回収，分解や再加工の費用面，さらに再生品の需要面での問題に直面し，事業化が難しい側面もある．→環境マーケティング，環境マネジメント・システム，リサイクル　　　　　　　5［茂垣広志］

将来価値 (future value)

現在の名目的貨幣額（現在の手許現金）と将来の名目的同額の現金とは価値が異なると考えるときの将来の価値のこと．現時点における現金の価値を現在価値と称し，将来の一定時点における現金の価値を将来価値と称する．たとえば，現在手許に現金 1,000 円があるとして，金利が年 10％とすると，3 年後の価値は，$1{,}000 円 \times (1.1)^3 = 1{,}331$ 円と計算される．将来価値は 1,331 円である．この金銭の時間価値を考え合わせ，将来の一定時点での名目的貨幣額が現在時点ではいくばくの価値を有するかを計算すると割引現在価値が求められることになる．すなわち，1,331 円 $\div (1.1)^3 = 1{,}000$ 円となる．この際，計算に用いた利率を割引率という．→金銭の時間的価値，割引現在価値　　　　7［大倉　学］

職能等級資格制 (personnel ranking system based on job skill and job experience)

社員の序列づけを行う制度のひとつであり，職務遂行能力を基準に評価し，等級格付けされ，社員全員をどこかの等級に位置づける仕組みである．制度設計のためには，企業内の職務分析をベースに求められる職務遂行能力を明らかにし（職種分類や能力の等級区分を決める），等級区分して職能資格基準を作成する．5-10 段階の等級区分が一般的であるが，それぞれ 1 級，2 級，3 級…などの名称がつけられるが，よりわかりやすい呼称として理事，参事，副参事，主事などの称号が付けられる．最近では管理職位につけない者のモチベーションのために役職名称にマネジャー，ディレクターやリーダーとつけ，職能等級資格の呼称として課長，次長，部長など使う企業もありそれが名刺に付されている場合もある．

アメリカでは能力ではなく，就いている仕事のレベルで等級を決める「ジョブグレード制（職務等級制）」とよばれる制度が広く採用されている．近年では，職務等級資格制における，格付け評価が経験・勤続年数を中心とする年功序列的になってしまうことを避けるために，ジョブグレード制への転換を図る企業が少なくない．→トーナメント型競争

12［金　雅美］

職務発明 (service invention)

「従業者，法人の役員，国家公務員又は地方公務員（従業者等）が行った発明が，その性質上，当該使用者等の業務範囲に属し，かつ，その発明をするに至った行為がその使用者等における従業者等の現在又は過去の職務に属する発明」（特許法第 35 条）をいう．まず業務範囲に属する必要があるので，製薬会社で，楽器の発明を行っても，職務発明とはならない．また，従業者の現在または過去の職務に属する発明をいうから，製薬会社で，

医薬の発明を行っても，事務職員とか自動車の運転手とか職務と関係のない発明は，職務発明とはならない．これを自由発明という．発明ができた場合，特許を受ける権利は，原始的に発明者が取得するが，職務発明については，契約，勤務規則等により，使用者に権利を承継させることができ，その際には，相当の対価の支払いを受ける権利を有する（同条第3項）．近年，裁判により，高額の補償金が認められているケースが多数あるが，この規定に基づくものである．→特許権

6 [久保浩三]

ジョブ・ローテーション (job rotation)

企業内での部門間や職務間の異動を意味する．すなわち組織の横異動であり，縦の異動すなわち昇進，昇格はプロモーションとよばれる．多くの日本企業では，4月や10月といった期や半期ごとに，社員からみれば3年ないし5年ごとに定期的なジョブ・ローテーションを行う傾向がある．その理由は，①複数の職務を経験することにより，適性の発見や多様な能力開発を可能にする，②異なる部署や部門間に，人材の間に，フローをつくり，コミュニケーションを円滑にする，③職務と人材の過剰な密着性による不正回避やマンネリズムを打破し活性化を図ることなどである．

終身雇用や長期雇用を前提とする日本企業における伝統的な人材育成および組織の活性化や組織開発の方法であり，ジェネラリストの育成には欠かせないとされてきた．しかし，特定分野の職務に精通した専門化であるスペシャリストやプロフェッショナルの育成を妨げるという弊害も指摘されてきている．しかしIBMなど欧米企業でもこうしたローテーションを実施する企業もみられる．→社内公募制，スペシャリスト 12 [金 雅美]

所有特殊優位
(ownership specific advantage)

企業が所有する特殊的（排他的）な資産を保有することによって発生する優位性である．企業の多国籍化を説明する寡占優位モデルでは，寡占業界における企業での所有特殊優位の存在が，企業の海外直接投資に向かわせるとみなしている．その代表的研究者であるキンドルバーガー (Kindleberger, C. P.) は，海外直接投資を誘発する特殊優位として，①製品市場での優位性（製品差別化能力，価格維持能力，マーケティング技術・ノウハウ），②要素市場での優位性（特許，資金調達能力等），③規模の経済性をあげている．なお，この所有特殊優位は，投資を受け入れる国や地域の立地上の特殊を示す立地特殊優位とは区別される．→海外直接投資，寡占企業優位モデル，所有特殊優位，内部化優位 5 [茂垣広志]

所有と経営の分離
(separation of management and ownership)

株式会社の規模拡大にともない，所有（資本）者と実際に経営にあたる経営者の分離を意味する．それは専門経営者の登場を含意している．すなわち所有の分散傾向は，経営を専門的に行う専門経営者および管理者を要請し，出現させたのである．企業のリーダーシップは，次第に株主から専門経営者へと移転され，所有者である株主が，企業経営に直接関わり，決定を下すことはむずかしくなっていった．ほとんど不可能になりつつある．所有と経営とはますます分離する傾向を強め，現在における大企業の所有と経営の関係は，株主と専門経営者との関係に置き換えられよう．このような背景には，①経営の専門化が進んだことによる専門経営者の必要性，②所有者と経営者の癒着を防ぎ，不正な行為を防止する，③資本を集めやすくする（所有者を増やす），ことが歴史の中で必要とされてきたからである．→コーポレート・ガバナンス，ステークホルダー 1 [金 雅美]

シリコンバレーとルート128
(Silicon Valley and Route 128)

シリコンバレーとルート128は，いずれも著名なアメリカのハイテク企業集積地域である．シリコンバレーは，西海岸サンフランシスコベイエリアの南部に位置する．トランジスタの発明者であるショックレー

(Shockley, W. B.) が，1955年に研究所を設立し，そこからインテル (Intel, Co.) 等多くの半導体企業が派生した．そのため地域一帯はシリコンバレーとよばれるようになった．その後，ヒューレット・パッカード (Hewlett-Packard, Co.)，サン・マイクロシステムズ (Sun Microsystems, Co.) 等のエレクトロニクス企業や，IT，ネットベンチャーが誕生した．ルート128は，東海岸ボストンのルート128沿い地域を指している．ルート128沿いには，1980年代にはミニコンピュータのトップ企業であったDEC等多くのIT企業が集まっていた．しかし，90年代以降はシリコンバレーの成功に圧倒されるようになった．両地域とも産学連携が盛んであり，シリコンバレーではスタンフォード大学，ボストンではMITが中核になっている．→産学連携　　　　　　　　　　6［歌代　豊］

人工物 (artifacts)

シャイン (Schein, E. H.) によれば，企業文化には人工物，価値，基本的仮定の3つのレベルがあるという．態度や行動，制度や儀式，英雄や神話，シンボルマークやロゴタイプなどの人工物は，一番表層にあるもので，外部者にとって見える・聞こえる・話せる部分である．しかし，人工物をいくら眺めていても，企業文化をすべて理解できるわけではない．断片的な人工物をパズルのようにつなぎあわせていくと，より深層にある価値にアプローチできるようになる．また，一番表層にある人工物・文物は，マネジメントしやすいものである．したがって，企業文化を変革しようとするならば，ここからアクセスして，より深層にある価値，さらに意識されなくなった基本的仮定を揺さぶることができるものと考えられる．→価値，基本的仮定，シャイン10
［松村洋平］

人事部人事

人材の調達（採用）から退職までの一連の人事機能の人事部門への集中化・集権化による管理は一般に「人事部人事」ともよばれている．それは人事異動による人材活用の全社的な最適化，評価および報酬等の公平性の確保，福利厚生サービスあるいは全社管理共通的な教育研修の集中化による効率化，労働組合への統一的対応が狙いとされており，日本型人事管理の大きな特徴としても指摘されている．

しかし一方では，個別のニーズや状況への対応のむずかしさ，人事部への人材の集中，規模拡大，その結果としての人事部への権限集中などが問題点として指摘されている．

アメリカ型人事管理はライン部門へ分権・分散化されており，「ライン人事」とよばれている．個人の尊重，事業部による最適な人事管理の選択の要請の中でライン人事への改革が叫ばれているが，人事部人事のメリットを活かしながら，どうライン人事を導入するかが大きな課題となっている．

12［根本　孝］

シンプルグローバル戦略 (simple global strategy)

ポーター (Porter, M. E.) がグローバル業界におけるひとつの戦略オプションとしてあげた国際競争戦略．価値連鎖における価値活動のうち買い手の近くに配置すべき川下活動を除いた川上活動および支援活動を1ヵ国に集中配置し，海外に分散化した川下活動に輸出するという戦略である．これら川上活動を1ヵ国に集中配備するメリットしては，①研究開発費の世界的売り上げによる回収，②調達および生産面での規模の経済の発揮，③学習や経験の集中的蓄積とその利用，④地理的に集中配置した活動間の調整の容易さ，⑤集中配置した国の立地特殊優位の利用，などである．しかし，輸出中心の国際戦略のため，国際環境の変化（為替レートの変動，貿易摩擦等）に脆弱な側面を有している．日本企業が1980年代前半まで中心としていた戦略である．→グローバル業界，グローバル戦略
5［茂垣広志］

シンボリズム (symbolism)

象徴主義と訳される．自分や他人の経験したこと，あるいは身の回りで生起する現象

を，いかに理解するかは，解釈が必要である．すなわち，意味を与えることである．組織の中で人びとの活動に意味を与えるものが，組織文化だとすれば，組織文化は，「共有されたシンボルおよびその意味のシステム」と考えられる．伝承される武勇伝や不思議な儀式，固有の会話や象徴的な行為を分析していくことで，組織文化に迫ることができる．シンボリック・マネジャーとしてのリーダーは，これらを活用していくことで，意味を創造しながら，組織文化の変革にのぞむことが求められる．→シンボリック・マネジャー

10［松村洋平］

シンボリック・マネジャー
(symbolic manager)

文化の特徴を理解し，理念，英雄，儀礼・儀式，ネットワークを巧みに使いこなして，文化をうまく管理する管理者である．ディールとケネディー(Deal, T. E. & Kennedy, A. A.) の著作 *Corporate Cultures*, Addison-Wesley, 1982（城山三郎訳『シンボリック・マネジャー』新潮社，1983年）によれば，業績が高い企業のほとんどが，価値や規範を理念，英雄，儀礼・儀式，ネットワークによって，組織に広くそして深く組織文化を浸透させているという．そして，リスクが高いか・低いか，フィードバックが早いか・遅いかによって，①逞しい，男っぽい文化，②よく働きよく遊ぶ文化，③会社を賭ける文化，④手続きの文化に分類する．いずれの文化であっても，価値や信念がよくゆきわたっている「強い文化」が業績を向上させる．強い文化を形成し，維持するのは，象徴的管理者（シンボリック・マネジャー）である．

10［松村洋平］

信用リスク (credit risk)

与信投資行動における種々のリスクの中で企業の安全性に起因するリスクのこと．金利リスクとともにリスクを構成する．たとえば，社債購入による企業への投資や固定金利による貸付投資という行動を取った際に，投資対象企業が倒産等で元利とも回収不能となるリスクを指す．与信行動においては，信用格付会社によるリスク評価が，このリスクを指標化したものである．→割引現在価値

7［大倉　学］

信頼 (confidence level)

サンプルから母集団の統計量を推定する際に真の値を含む確率のこと．仮にサンプルの平均値から母集団の平均値を推定する場合，その値は一定の幅をもって推定されることになる．このようにサンプルから得られたデータによって母集団を一定の範囲内で推定することを区間推定といい，その幅のことを信頼区間という．信頼度95％とは，同じ母集団からサンプルを100回抽出し，それぞれのサンプルの平均値から母集団の平均値の推定を行うとするなら，95回は母集団の平均値が信頼区間の範囲に含まれることになる．しかし，統計的には100回のうち5回は，平均値が信頼区間の範囲から外れる可能性がある．つまり，危険率5％であり，信頼度95％と同様の意味をもつ．一般に，信頼度として95％が使われることが多いが，調査の目的によって信頼度を増減する場合もある．もっとも，信頼度を高くするとその分，信頼区間の範囲が広くなるので注意が必要である．

信頼度を変更せずに信頼区間の範囲を狭くするには，サンプル数を増やす必要がある．→サンプリング誤差

16［上村和中］

信頼性 (reliance)

意思決定有用性ある会計情報に求められる質的特性のひとつであり，会計情報は信頼にたる情報であることを求める概念．たとえばアメリカの概念的枠組みでは，会計情報の信頼性は，表現上の忠実性，中立性，実質優先主義，慎重性，完全性等の下位概念に支えられる．表現上の忠実性とは会計情報が表示しようとするか表示されることが期待される取引や事象が忠実に表現していることを求める特性，中立性とは会計情報が中立的であること，つまり不偏的であることを求める特性，実質優先主義とは会計情報が単に法的形式に則るものではなくその実質が経済的実態に即

して処理・表示されていることを求める特性，慎重性とは会計情報が将来の不確実性にも対処して処理・表示されていることを求める特性，完全性とは会計情報が脱漏や虚偽によって情報利用者の判断を誤らせることのないようなものであることを求める特性である．→比較可能性，目的適合性，理解可能性

7［大倉 学］

す

垂直立ち上げ

　メーカーの量産開始直後，できるだけ早期にフル生産体制を実現することである．垂直立ち上げが必要な背景にあるのは，近年の製品ライフサイクルの短命さ，価格下落から生じる企業間競争にある．なぜなら，垂直立ち上げを実現しなければ，初期需要を失い，先行者の優位を逸してしまうからである．そのため，製品を市場投入する初期段階で一気に販売攻勢をかけて，市場シェアを獲得し，それを固定化するのである．高シェアを維持しておけば，競合他社の参入や中国等への生産シフトにより生じる値下りにも対処可能で，利益を生み出すこともできる．これを実現するには，製品の発売の初期段階で，高品質の製品を大量に世界市場に集中投入する垂直立ち上げが必要なのである．また，垂直立ち上げを行うには，生産プロセスにおいて熟練の作業者が重要になってくる．作業者や段取りの熟練度がなければ，品質の安定化や迅速な製品供給に影響を及ぼすのである．さらに，高品質で低コストな製品を供給するには，生産技術部門を製品開発の初期段階から参加させるコンカレント・エンジニアリング（開発と生産の同期化）やフロントローデング（問題解決の前倒し）も必要になってくる．
→コンカレント・エンジニアリング

14［島谷祐史］

垂直的マーケティング・システム
（vertical marketing system）

　その頭文字をとってVMSともよばれる統合型マーケティング・システムを指す．一般に流通経路は個々の生産者，卸売業者，小売業者で構成されているが，VMSは生産から卸売，小売までの各段階が統合された流通経路を指す．川上（生産）から川下（小売）までを統合することから「垂直的」とよばれている．VMSには各チャネルを一連のシステムとして統合・管理するチャネル・キャプテンが存在しており，そのキャプテンの下に集結した構成員（チャネル・メンバー）の結びつきの強さから，企業型VMS，契約型VMS，管理型VMSの3つのタイプに分けることがでる．企業型VMSとは，生産から小売までの一連の流通すべてを自社で行うシステムで，各流通段階を高い水準でコントロールすることができる．管理型NMSとは，あるチャネル・キャプテンの下に協力企業が集まり，一連の流通段階において協力・調整するシステムのことを指す．シェアが高いブランド，強いブランドをもっている企業がチャネル・キャプテンになることが多く，チャネル・キャプテンによるコントロールがある程度発揮できる．契約型VMSとは，フランチャイズ契約やボランタリー・チェーンなどに代表されるように，独立した企業同士が契約によって結びつくことによって，単独では達成できない販売効果・経済効率を達成しようとするシステムを指す．→パワー・コンフリフト，リベート，流通系列化

3［竹内慶司］

垂直統合と水平統合
（vertical integration & horizontal integration）

　垂直統合とは，製品を市場に供給するために必要な業務や生産工程の段階を社内や企業グループに取り込んで企業活動の範囲を拡張することを指す．たとえば，自動車メーカーによる自動車販売会社を活用した系列化は流通段階の川下に向けた垂直統合のひとつである．また，同様に自動車メーカーによる部品の製造供給会社の設立は生産工程の川上に向けた垂直統合のひとつである．企業は，垂

直統合によって生産や販売へと自社のコントロールの範囲を広げることが可能になり，種々の競争手段をもつことができる．また，生産と販売の一体化を進めることによって経営効率を高めることも可能になる．一方，同一製品やサービスを提供している複数の企業が一体化することによって同一市場における規模の経済性を実現しようとするものを水平統合という．水平統合は，企業規模を拡大することで，その市場におけるシェアの拡大をはかり規模の経済性を実現し，市場における自社の影響力を拡大することができる．たとえば，ダイムラーとクライスラー，日産とルノー，マツダとフォードなどにみられる自動車メーカーの提携は，水平統合のひとつである．→多角化戦略　　　　　　　3 [竹内慶司]

スキャニング・システム (scanning systems)

スキャナーのレーザー光線によって，バーコードをすばやく読み取り，大量のデータを正確に収集するシステムであり，ホスト・コンピュータに伝送するデータ送信システムを含んで，さまざまな管理レベルの意思決定に利用されている．従来はレジの作業の短縮化，ミスの低減に導入当初の目的が置かれていたが，スキャニング・システムから獲得できる情報は品揃え，棚割などの戦略的な側面に利用されつつある．これによって購買時間，購買品目，購買数量，支払方法などの消費者の購買行動の結果情報を把握することができる．　　　　　　　　　3 [菊池一夫]

ステークホルダー (stakeholder)

企業にとっての利害関係者（集団）を意味し，投資家，従業員，取引先，債権者，消費者（顧客），地域社会（住民），政府（規制当局）などを含む．

かつては企業経営における要点は，投資家に対する利益の還元（配当），従業員に対する雇用の安定と経済的安定の保障，消費者に対する優良製品の提供といったごく主要な点に限られていたが，経営環境の多様化，社会価値の変化，経営のグローバル化・高度化・複雑化などといった変化が企業にとっての利害関係者としてのステークホルダー自体を巨大化・多様化させていった．

最近においては，企業の社会的責任のあり方があらためて問われる中で，こうしたステークホルダーに対する責任の行使の仕方が企業評価における重要な規準となりつつある．また環境をはじめさまざまな国際基準（ISOなど）に適合した経営を遂行することも不可欠とされるようになってきており，ステークホルダーを主軸にしたコーポレート・ガバナンス（企業統治）ならびにコンプライアンス（法令遵守）が今後一層重要な経営課題とされてくる．→コーポレート・ガバナンス
1 [吉村孝司]

ストックオプション (stock option)

あらかじめ決められた価格で会社の株式を購入できる権利のこと．この権利を取締役や従業員に与える仕組みをストックオプション制度といい，法律上は新株予約権の無償発行にあたる．将来，会社の株価が上昇すれば，権利の保有者はあらかじめ決められた価格（権利行使価格という）で会社の株式を取得し，即座に売却することによって，差額を利益として得られる．ストックオプション制度は，賞与などとならび，取締役や従業員への報酬制度のひとつであるが，報酬額が企業業績の反映である株価に直接連動して増減するため，会社への帰属意識や業績向上への意欲を高める効果が期待できる．株式公開前のベンチャー企業にストックオプション制度の導入事例が多いのは，株式公開に成功すれば大きな株式売却益が期待できるため，権利保有者へのインセンティブが特に強く働くという点を利用するためである．資金に余裕が少なく，高水準の給与や現金賞与を支払えないベンチャー企業にとって，ストックオプション制度は，当座の現金支出をともなわずに優秀な人材を獲得できる格好の手段である．この他，重要取引先との連携強化，創業者の持株比率維持，敵対的買収への防衛などへの活用も多い．→会社法，所有と経営の分離，成果主義　　　　　　　　　15 [田中延弘]

ストレス耐性（stress tolerance）

　個人に対して，あるストレッサー，すなわち主体に歪みを生じさせる刺激が与えられたときに，どの程度まで精神的，身体的，社会的障害が生じることなくその人が耐えられるかという程度をいう．ストレス過程における個人要因に属するもので，ストレス調整要因（ストレッサーとストレス反応の間で，両者の関係を強めたり弱めたりする要因）のうちに位置づけられる．同じストレッサーでも，人によって感じ方が違う．何事もなくやり過ごす人もいれば，非常に深刻にとらえて夜も眠れなくなる（やがて，心身の異常が生じる）人もいる．それは，人によって，ストレッサーのとらえ方（認知評価）が異なることが，感じ方の違いを生むからである．ストレス耐性は，個人の認知評価（ストレッサーをどのように認知するか）に影響する要因である．ストレス耐性の強弱は，個人の属性（年齢，その分野での経験など），個人のパーソナリティ（性格特性，気質，信念，価値観など），知的能力（精神発達障害や認知症の有無など），自我機能（現実検討能力や自我の防衛機構，自我同一性など）のあり方によって左右されるといわれる．　　　　12［田中聖華］

スパイラル型開発

　情報システムの開発において，プロトタイピングなどの手法を採用し，設計と要件に対する適合性の確認を同時並行的に進めながら開発する方式を指す．従来のウォーターフォール方式では，システム分析，要件定義，機能設計，システム設計，プログラミング，試験といった工程が逐次展開される．しかし，ウォーターフォール方式では，開発後期で業務要件との不整合が発見されることが多いため，開発初期の段階で運用イメージを確認するプロトタイピング手法が採用され，各フェイズをオーバーラップするスパイラル方式がとられるようになった．→プロトタイピング　　　　　　　　　　13［歌代　豊］

スピンアウト（spinout）

　企業の一部門や，事業，さらには研究開発の成果等を本体企業から分離・分割し独立させ別企業として，事業展開を行うことである．

　スピンオフ（spinoff）ともよばれ，同じ意味で使われる場合が多い．またスピンオフは親会社が株主に子会社の株式を分配すること企業分割の手法を意味する．

　1980年代から90年代には福利厚生部門，情報システム部門，教育研修部門のスピンアウトが多くみられたが，90年代末以降はニッチ市場を対象とする事業やベンチャー事業等スピンアウトが増加している．さらに人事・経理部門を分離・独立させグループ企業へのサービス提供を行うシェアード・サービス会社としてのスピンアウトも増加している．→シェアード・サービス・センター，ニッチ市場，のれん分け制度，ベンチャービジネス
　　　　　　　　　　　　　　　15［根本　孝］

スペシャリスト（specialist）

　専門的な深い知識や熟練によるスキルをもった人材を一般的にスペシャリストとよんでいる．70年代から80年代の日本企業では，高度な専門能力の育成や組織運営の柔軟化のために専門職制度に関する企業の関心が高まり，社員全員の専門化・専門職の設置などが進められた．しかし，一方では管理職に就けないベテラン社員を処遇しモチベートするために専門職に就けるといったことも行われ，専門職制度は必ずしも機能しなかった．そうした中で，ハイポテンシャルな専門能力保持者に対し，管理職と同等あるいはそれ以上の処遇をするために，取締役と同等な資格，給与を与えたり，自由裁量権を与え，専門職制度を純化したり，永年の経験者で職場の神様の存在である熟練的スキルや経験的知識を有する者をエキスパート（expert：専任職）として区分する企業もある．

　90年代に入ると，世界的なIT革命や成果主義のトレンドとともに，それまでの「スペシャリスト」という企業内の専門知識を重視する人材像から，世間に通用する専門能力，

そして専門性を成果に結びつけることが重視され, そうした専門性や能力をもつ「プロフェッショナル」という人材像へと変化してきている. →成果主義　　　　　　12［金　雅美］

スマイルカーブ (smile curve)

台湾PCメーカーのエイサー (Acer) の創業者であるスタン・シー会長が使い始めた概念である. 組み立て型製造業の価値活動を分解した場合, 部品材料, 組み立て, 流通・販売に分けて考察することが可能である. その際, 部品材料, 流通・販売プロセスの利益率は大きく, 組み立てプロセスの利益率が少ないと主張した. グラフにした場合, 縦軸に収益性, 横軸に価値活動をプロットすると, 両端 (部品材料と流通・販売プロセス) が高く, 真ん中 (組み立てプロセス) が低いカーブとなり, カーブの形が人間が笑った時の口の形に似ているためにスマイルカーブと呼称されている. スマイルカーブの概念の背景には, 近年のPC, デジタル家電等を代表とするエレクトロニクス製品における「モジュラー型アーキテクチャー」の傾向, 組み立て加工部門の収益性を確保するための国際分業の進展があげられる. モジュラー化は, 組み立て加工部分の技術的制約を低下させ, 玩具のレゴの組み立てのように誰でも組み立て加工ができるようになり, この活動の収益性を低下させている. この結果, 収益性を確保するために, より安価な労務コスト・物流コストを実現するために中国への工場移転が進んだといえる. つまり, 中国工場でのOEM・EMS活動の促進は, モジュラー型製品のこうした特質にあると考えられる. その一方で, 部品材料部門では, 個々の部品デバイスの価値を向上させることに傾倒し, 同時に, 販売・サービス部門では最終製品の差別化を高め, 顧客満足度を高めるための体制づくりが重要になってくる. →EMS企業, モジュラー型アーキテクチャー　　　　　　14［島谷祐史］

3PL (Third Party Logistics)

物流業務における「Third Party (第三者)」, つまり, 荷主ではない第三者的事業主を活用したロジスティクス機能の一括アウトソーシングサービスのことである. 荷主企業の輸送・管理業務を運輸専門業者に委託するという従来型の物流アウトソーシングから発展したサービスといえる. 3PL事業者は, まず第1に, 物流業務を中心にしつつも, 受発注業務・物流センター運営等の周辺業務を広範囲に実施することで, 荷主企業の業務の効率化を図っている. 第2に, 広範囲に渡る業務を効率的に実施するために情報システムを構築している. 第3に, 自社保有の運輸・保管機能等の資産活用にとらわれず, 荷主企業の物流に最適な業者の組み合わせを行っている. 以上の特徴から, 3PL事業者は, 荷主企業のロジスティクスを支援する上で荷主企業の業務最適化を最優先課題として活動しているのである. しかし, その一方で, 3PLは国際的に普及しつつあるサービス形態であるが, 日本では十分に浸透していないのが実情といえる. その理由は, サービスの定義と効果が把握しにくく, 業務上のメリットがどれ程かを把握することが困難なためである. →SCM, ロジスティクス

14［島谷祐史］

SWOT分析 (SWOT Analysis)

企業が経営戦略を策定するために必要とされるツールのひとつであり, 企業を取り巻く外部ならびに内部環境に関する分析を行ううえでの4つの視点を指す.

「S」とは企業がその内部に保有する強み (strength) を指し,「W」とは逆に企業が抱える弱み (weakness),「O」とは外部環境に存在する機会 (opportunities),「T」とは外部環境からの脅威 (threats) をそれぞれ意味する.

企業はこれらの4つの視点に基づく分析をとおして, それぞれに適応しうる戦略を構築することができ, そのことによってはじめて自社の経営資源に基づく戦略的経営, すなわち「リソース・ベースト・ビュー (RBV)」による経営を展開することが可能となる. また同時に経営環境の変化に適応しつつ, 競合企業に対する有効な競争優位性を構築することが可能となるのである. →競争優位, PEST

せ

成果主義 (result-based principle)

年齢や勤続年数に応じて職位や資格そして賃金などが上がっていく処遇制度である年功主義に対して,業績・成果を中心とした処遇制度は成果主義とよばれている.

成果として何を,どのように評価するかが最大の課題,難問であるが,一般的に1年ないしは半期ごとの業績目標をできる限り定量的に設定し,その達成度で評価する目標管理制度を基盤にしている.そのため数字化しやすいしかも達成しやすい業績目標のみに意識や活動にのみ焦点が当てられ,長期的,挑戦的課題や定量化しにくい課題,さらには他者,他部門との連携や,部下指導などの活動がおろそかにされる問題が現実化し,成果主義への反省が高まっている.しかも業績達成などの評価が直接賃金や賞与に反映されるシステムが広く採用されたため,金銭的報酬のみが強調され,精神的報酬である達成感や自己実現・成長感といった側面が軽視され,内的モチベーションが高まらないといった問題も指摘されている.達成目標の質や困難度や挑戦性,成果として短期的な結果としての業績のみならず,人材育成や開発の成果の評価,さらには活動のプロセスである他部門,他者との協力・支援,挑戦や努力の質や量も評価する方向への改革が進められている.さらには成果達成による処遇も単なる金銭的な報酬のみならず,挑戦的職務や地位や能力開発の機会の拡大といった伝統的な日本的経営の報酬のあり方を再認識する動向もみられる.→年功序列　　　　　　　　12[金　雅美]

生産計画 (production planning)

生産統制とともに工程管理の主要な機能を成しており,生産量や生産の日程計画を決定することである.つまり,実際の生産が行われる前に,品種,数量,場所,生産時期,費用を需要動向に基づいて決める計画のことである.生産計画は,計画期間の長さによって3つに分類される.大日程計画は,半年から年度単位の年間レベルの計画で,事業部や工場ごとに売り上げ目標を達成するために,工場全体が量産に移行するための生産品種,生産数量,製造原価を決定する.また,生産に必要とされる労働力の算出も行われる.中日程計画は,1～3ヵ月の月間レベルの計画で,工場内の製造部門別の生産量,最終製品の組み立て,外注部品の調達手配の着手・完了日程の決定を行う.小日程計画は,1～10日の週間レベルの計画で,製造現場内の機械別・作業者別で,製品・ロットの作業者への割当てを決定する.→生産統制

14[島谷祐史]

生産性分析 (productivity analysis)

生産活動に投入された資源と生産活動により産出された成果との割合で示される生産性を分析することである.その指標には,労働生産性,設備生産性などがある.

労働生産性は「付加価値÷平均従業員数」で求められ,従業員1人当たりどれだけの付加価値を生み出したか,つまり従業員の生産性を示す指標である.ここに付加価値とは企業の生産・販売活動によって新たに付け加えられた生産物の価値のことである.また労働生産性は,有形固定資産を媒介に労働装備率と設備生産性に分解できる.すなわち,労働生産性を求める式「付加価値÷平均従業員数」は,一方では労働装備率を示す「平均有形固定資産有高÷平均従業員数」と,他方では設備生産性を示す「付加価値÷平均有形固定資産有高」に分解できる.労働生産性を高めるには,これらのどちらかまたは両者を高める必要がある.　　　　　　8[崎　章浩]

生産戦略 (production strategy)

生産管理・技術管理は,基本的に現場レベルでの管理や改善を中心としたオペレーショ

ンレベルの側面に焦点が当てられている.しかし,現代の製造企業は,複数の生産工程や工場,製品開発プロジェクトを有しており,それらを連携・統合させることで,企業全体・事業の競争力やブランド,収益性や株主価値を高めようと試みている.経営戦略は,「全社戦略」「事業戦略」「機能戦略」に分類できるが,生産戦略は機能戦略のひとつであり,企業が競争力を維持・向上するという目的に関して,生産に関する意思決定や活動のパターンであると定義できる.アメリカの生産戦略論によれば,生産戦略の構成要素は,第1にトップ経営層の決断を要する意思決定や計画策定として,生産戦略のハード的な側面(生産能力の決定,自社工場のネットワーク構築,生産技術の開発,垂直統合等),第2に従業員全体の行動パターンにより形成される知識,ノウハウ,組織能力としてのソフト的な側面(労働力,品質,IE,情報システム,サプライヤー・システム等)に分類可能である.つまり,生産戦略は,トップレベルの意思決定を要する戦略と現場レベルでの活動を重視する戦略の両者が必要であり,それらを上手くバランスさせることで競争力を発揮するのである. →事業戦略　14［島谷祐史］

生産統制 (production control)

生産計画と実際の製造活動のパフォーマンスの差異の把握,差異が生じた原因の追求を実行して,当初の生産計画の納期と生産量をできるだけ遵守できるように製造活動を「コントロールする機能」であるといえる.生産統制には,「製作手配」(生産計画の現場への伝達・命令),「差立(さしだて)」(作業開始に際して,現場監督者から現場作業者への作業分配・作業指示),作業指導(実際の作業のやり方に関する現場での指示),作業準備(材料,治工具,図面などを現場に配備する)を含んでおり,以上の「製作手配」「差立」「作業指導」「作業準備」は作業開始時点までの生産統制である.その後,作業開始後における生産計画とパフォーマンスが発見され,原因追求がなされる,つまり「作業統制」が必要になってくる.作業統制は,生産計画の

日程計画・工数計画・材料計画に対応している.つまり,「進度管理」は,小日程計画の作業終了時期に対して作業の進捗状況を把握して,納期を遵守するように調整するのである.「余力管理」においては,実際の仕事量と工数計画を比較して人や機械の能力を十分に活用するように修正することである.「現品管理」は,原料や仕掛品の数量・所在を把握して,同様に計画と比較して修正するのである.また,最後に,作業終了後の事後処理も生産統制に含まれ,後始末・不良や事故の処理・作業実績の「資料管理」などがある.「資料管理」とは,毎日の生産実績を記録し,将来の計画において参考になるように必要な書類をまとめることである. →生産計画

14［島谷祐史］

製造間接費 (production overhead cost)

一定単位の製品に直接跡づけられない,つまり複数の製品に共通的に発生する原価要素であり,一般的には,間接材料費,間接労務費および間接経費から構成される.製造間接費は,適切な基準により各製品に配分する必要があるが,この配分手続きのことを製造間接費の配賦という.配賦基準としては,金額基準(直接材料費基準や直接労務費基準など)と物量基準(直接作業時間基準や機械作業時間基準など)がある.また,一定期間において実際発生した製造間接費を製品に配賦することを実際配賦とよぶが,この方法では計算の遅延や操業度の変動による製品単位原価のいちじるしい変化という欠点が生じる.このため,製造間接費は予定配賦することが合理的である.製造間接費予定配賦率と製品への予定配賦額は,次の式で求められる.

製造間接費予定配賦率
$$= \frac{一定期間の製造間接費予算額}{同期間の予定配賦基準数値}$$

製造間接費予定配賦額
$$= 各製品の実際配賦基準数値 \times 製造間接費予定配賦率$$

→経費,材料費,労務費　　8［山浦裕幸］

成長永続価値

毎期同額のキャッシュフロー（キャッシュインフローまたはキャッシュアウトフロー）が一定の成長率をもって継続的に増加していくと想定した場合の，総キャッシュフローの割引現在価値のことで，投資行動における投資対象の価値把握に係る指標のひとつである．成長永続価値は1年後のキャッシュフロー見積額÷（割引率＋成長率）で求めることができる．成長率をゼロとすると永続価値の考え方と同じになるので，その応用として用いることができる．→永続価値，割引現在価値，割引率　　　　　7［大倉　学］

製品アーキテクチャー
(product architecture)

製品を設計する際の基本的な考えである設計思想である．とりわけ，製品の構成要素の分け方とつなぎ方に関する思想を指す場合に用いられる．そのような観点から製品アーキテクチャーを分類すると，モジュラー型アーキテクチャー（modular architecture）とインテグラル型アーキテクチャー（integral architecture）に分類できる．モジュラー型アーキテクチャーとは，製品の構成要素間の相互依存関係が低いシステムであり，設計者はあらかじめ決められたデザイン・ルール（design rule：構成要素のつなぎ方に関する取り決め）にのっとり，主に標準部品を使用して設計する．たとえば，デスクトップパソコンはMPU，OS，ディスプレイ，電源ユニットなどの標準品を集めれば，相互の調整をせずにパソコンを組み立てることができる．一方，インテグラル型アーキテクチャーとは，構成要素間の相互依存関係が高いシステムであり，設計者は微妙な調整を繰り返して設計を行う．同じパソコンでも，超小型薄型モバイルパソコンはインテグラル型アーキテクチャーの傾向が強い．狭いスペースに部品を配置しなければならず，部品同士の干渉や，部品が発する熱による影響が不具合の原因になるため，試行錯誤しながら最適解を探さなければならないのである．→モジュラー型アーキテクチャー，オープン・アーキテクチャー　　　　　6［坂本雅明］

製品技術 (product engineering)

製品技術は，製品の中に組み込まれる技術であり，製品の動作原理や中核部品の要素技術である．たとえば，自動車は，エンジン，トランスミッション，ブレーキ，ステアリング，シャシー，ガラス，ボデー，ランプ，制御用半導体，制御ソフトウェア等さまざまな部品によって構成されている．製品技術の体系は，このような部品構造にマッピングすることができる．採用する製品技術の新たな結合によりプロダクト・イノベーションが可能となる．自動車では，これまでガソリン・エンジン，ディーゼル・エンジンを動力源としてきたが，環境に配慮するために，もうひとつの動力源として電気モーターを組み合わせたハイブリッドカーが開発され，商用化された．なお，製品技術に対して，製品の生産方法，生産手段に関する技術を生産技術という．→プロダクト・イノベーション
　　　　　6［歌代　豊］

製品コンセプト (product concept)

製品コンセプトとは，製品に対する考え方や見方である．マーケティングにおける製品の捉え方は便益の束として考えられている．たとえば，女性が口紅を買うのは単に口紅そのものが欲しいからではなく，美しくありたいという問題解決のために買うのである．製品コンセプトには3つのレベルがあり，中核部分が「コア・ベネフィット」といわれ，顧客が何を求めて商品を買うのかという根本的な問いに答えるものである．次のレベルは，「実態商品」とよばれ，機能，品質，味・香り，スタイル，ブランド，パッケージなどである．さらに，アフターサービス，取り付け，保証などの「付随的サービス」がある．また，3つのレベルでなく，5つのレベルで捉える場合は，コア・ベネフィット，基本製品，期待製品，膨張製品，潜在製品である．→製品ポジショニング　　　　　3［片山富弘］

製品差別化戦略
(product differentiation strategy)

　製品に特別な機能,形態,ブランド等を付与し,自社製品の独自性を強調することによって同一市場における競合他社製品との差異化を図ることによって競争優位を形成しようとする戦略である.製品差別化には,①製品の外観などの違いによる物理的差別化,②ロゴやブランド名などのブランド要素とブランドの特徴(ベネフィット,情緒的イメージなど)の組み合せ等のブランドによる差別化,③顧客が特定の供給業者との関係に満足を覚えるようになるようなリレーションシップによる差別化がある.製品差別化による競争優位を形成した製品には,ブランド認知度や顧客ロイヤルティがあるが,新規参入者にはそのような認知度やロイヤルティがないことが多い.この場合,新規参入者は生産開始にともなう標準的なコストを負担するのみならず,既存企業がもっている差別化による優位性を克服するためのコストも負担しなければならない.このようにして製品差別化は参入障壁としても作用する.→差別化戦略,市場細分化戦略　　　　　　3 [竹内慶司]

製品・市場ミックス
(product-market mix)

　いかなる市場にどのような製品を展開するか,すなわち,製品と市場の組み合わせをいう.アンゾフ(Ansoff, H. I.)は新規の製品か・既存の製品か,新規の市場か・既存の市場か,の組み合わせによって,4つの類型に区分した.

　既存市場・既存製品の組み合わせは,市場浸透(market penetration)とよばれる.市場浸透とは,広告・宣伝などによって購買意欲を刺激しつつ,競争相手からシェアを奪うことである.新規市場・既存製品の組み合わせは,市場開発(market development)とよばれる.市場開発は,今までと異なる性別・年齢・地域のターゲットに既存の技術による製品・サービスを提供することである.反対に,既存市場・新規製品の組み合わせは,製品開発(product development)とよばれる.技術の改良や革新によって,今までと異なる製品・サービスを既存のターゲットに提供することである.新規市場・新規製品の組み合わせは,多角化(diversification)とよばれる.現在の事業とは本質的に異なる分野で事業を営み,成長の機会を求める戦略である.→アンゾフ,多角化戦略　　　　　　2 [松村洋平]

製品別計算

　原価計算手続きのひとつであり,原価要素を一定の製品単位に集計し,単位製品の製造原価を計算する手続きであり,原価計算における第3次の計算段階である.製品別計算では,原価を製品別に計算するために,原価を集計する一定の製品単位を定める.これを原価単位(原価計算単位)といい,個数(1個,1本など),重量(1kg,1オンスなど),大きさ($1m^2$, $1m^3$)など,業種の特質に応じて適当に定められ,それぞれの単位当たりに製造原価が計算される.製品別計算は,適用される業種(生産形態)にしたがって,個別原価計算と総合原価計算に大別される.総合原価計算はさらに,生産される製品の種類により単純総合原価計算,等級別総合原価計算,および組別総合原価計算に分類される.→組別総合原価計算,原価計算,個別原価計算,総合原価計算,単純総合原価計算,等級別総合原価計算　　　　　　8 [崎　章浩]

製品ポジショニング
(product positioning)

　ターゲットとする市場セグメントにおいて,自社製品・自社ブランドの位置づけを競合製品・競合ブランドとの関係でとらえ,そこから自社製品の差別化戦略を形成しようとする考え方である.製品ポジショニングの具体的手法は,まず製品に対する消費者の期待するニーズや便益を2つの軸で設定し,この2軸で構成された4つの象限に,市場で競合する商品の属性を評価して配置する.そして,ここで競合関係を把握し,同一市場で競合している製品間の中で改良のポイントを見つけ出す商品改良や,不利

な位置に置かれている自社製品を新しい位置に移動させるなどのポジショニング戦略を検討していく．また，絶え間なく変化する市場動向のなかでは，どのようなポジションも永続的なものとはいえないため，常に市場の変化に合わせて製品のポジショニングを再設計することも重要である．→製品差別化戦略　　　　　　　　3［竹内慶司］

製品ライフサイクル (product life cycle)

製品の売上と利益がその市場導入から廃棄までの時間的経過にともなって変化することを示す一種のマーケティング・モデルである．これは，縦軸に金額・数量と横軸に時間をとり，製品と利益のS字カーブがみられ，時間の経過とともに，導入期，成長期，成熟期，衰退期の4つに区分される．各期の主な特徴は，導入期は売上が少なく，流通コストとプロモーション費用がかかることから収益はマイナスである．競合他社もほとんどなく，顧客はイノベーターといわれている．成長期は売上が上昇し，利益も上昇する時期で，競合他社の市場参入がみられ，顧客は初期採用者といわれている．成熟期は売上の伸びも横ばいで高利益となる．競合他社も参入がみられなくなり，顧客は大衆といわれている．衰退期は売上の減少がみられ，利益も減少する．競合他社も減少し，顧客は遅滞者といわれている．製品のライフサイクルにともなって，マーケティング戦略も構築されることになる．→市場成長率　　　　　　3［片山富弘］

制約された合理性 (bounded rationality)

サイモン (Simon, H. A.) によって提示された，人間の合理性は完全なものではなく制約，限定されているということである．すなわち，意思決定において，①代替案を「すべて」列挙できない，②代替案がもたらす結果を「完全に」予測することはできない，③結果について「客観的に」評価できないということで制約されているのである．すなわち，完全に合理的な意思決定は無理であり，現実の世界では，完全を期待せず，ある程度の満足のもと，意思決定がなされる．これが制約された合理性のもとでの意思決定である．限定された合理性ともいわれる．

制約された合理性のもとで意思決定する個人であるが，合理性を高めることはできる．サイモンによれば，個人の事実前提や価値前提に組織が働きかけていく（組織影響力という）ことで，各々の意思決定を一定の刺激-反応のパターンに従属させ，それによって各々の意思決定を組織目的に向けて調整・統合し，その過程で意思決定の合理性を高めることができるという．→意思決定，サイモン，事実前提　　　　　　　1［松村洋平］

制約条件の理論
(Theory Of Constraints：TOC)

企業活動の中でもっとも弱い部分に着目して，そこを集中的に改善することによって強化し，最小のインプットで最大のアウトプットを獲得しようとする経営管理手法のことである．イスラエルの物理学者エリヤフ・ゴールドラット博士が1984年に著書『ザ・ゴール』でその考えを展開し，アメリカの生産管理やSCMに大きな影響を与えたといわれている．これまでの，生産管理の特徴は，生産工程の各プロセスの改善の積み重ねが，プロセス全体の改善につながるという考え方であったが，TOCでは，生産ラインのボトルネック（制約条件）を改善することで，プロセス全体が改善するという考えである．TOCは，①制約条件を特定する（ボトルネックの発見），②制約条件の活用（ボトルネックの効率を改善する），③制約条件への従属（ボトルネック以外の工程を，ボトルネックの効率が最大化するように改善する），④制約条件の強化（ボトルネックを強化する），⑤再度，制約条件を特定する（さらなる生産性向上のボトルネックを特定する），といった5つのプロセスにより実行される．また，TOCは，生産プロセス全体を最適化するだけではなく，戦略決定，マーケティング，プロジェクト管理等，企業活動のあらゆる面で適用可能なシステムである→ボトルネック工程

14［島谷祐史］

セオリーZ (theory Z)

オオウチ(Ouchi, W. G.)は，著書 *Theory Z*, Avon Books, 1982(徳山二郎監訳『セオリーZ』ソニー出版，1982年)において，日本とアメリカの経営システムを比較し，日本の組織の特徴を，①終身雇用，②遅い人事考課と昇進，③非専門的な昇進コース，④非明示的な管理機構，⑤集団による意思決定，⑥集団責任，⑦人に対する全面的な関わり，とした．これをJ型組織とし，対照的なアメリカの組織の特徴をA型組織とした．オオウチは，J型組織と類似したアメリカ企業が成功をおさめていることを指摘し，Z型組織と命名した．個人主義のアメリカであっても，日本の経営システムを移植することが十分可能であることをセオリーZは唱えているのである．

10 [松村洋平]

世界共通製品 (global product)

グローバル標準化製品ともいわれ，製品を構成する機能，部品，アクセサリー，デザイン等が世界的に同一である製品を指している．代表的には，ビデオカメラ，デジタルカメラ，ポータブル・オーディオ製品などAV機器，精密機械機器である．これらの製品に対するニーズが，世界的に同質化したセグメントが存在し，そのニーズに同一製品で応えることが可能な製品群である．企業は世界同一モデルを開発し，それを世界中で販売する．このような戦略をグローバル戦略といい，この方法によって企業は，そのモデルの開発費を世界中の売上で回収することが可能になり，また部品や部材の調達や生産面での規模の経済が発揮できる．それに対し，国や地域，あるいは民族宗教によって嗜好が異なったり，タブーが存在し，それらへの対応が大きく売上に係る場合には，それぞれにあった製品を企画し，製造・販売することが求められる．このような場合には，世界共通製品で各国の市場を狙うことは，コスト面では優位でも現地適応化で劣位にあり，売上増には結びつかない．→グローバル戦略

1 [茂垣広志]

世界的製品別事業部制 (global product division)

製品系列ごとに事業部を形成し，その事業部単位で世界的視野に立って計画とコントロールを行い，利益責任と権限が各事業部に付与される経営組織(組織構造)である．そのため，個々の国や地域に配置されている海外子会社は，各事業に属し，世界的な事業を構成するユニットとなる．そのユニットは，世界的にみた比較優位や国家特殊優位，立地特殊優位，主要市場へのアクセスを基本として，企業内国際分業の下でその活動，役割が専門化され，それらが統合的にマネジメントされる．その統合的マネジメントを行うのが各製品事業部となる．そのため，主要意思決定は，各製品事業部への集権化がなされ，統一的な指揮の下で運営される．しかしながら，この体制は，本国事業部が世界中の各拠点にかかわる主要意思決定を行うことから，現地適応化という面では限界がある．したがって，この世界的製品別事業部制は，多角化企業で，しかも各製品系列の市場ニーズが世界的に同質化しているグローバル業界に適している．→グローバル業界，グローバル戦略

5 [茂垣広志]

世界的地域別事業部制 (global area division)

地理的近接性，政治経済体制，市場ニーズの同質性等，社会文化的諸条件の類似性に基づいて，世界をいくつかの地域に分割し，その各地域ごとの業務全体にわたる責任を有する地域担当部門を編成するという国際経営組織構造である．地域ごとに統括するための事業部を設置し，そこに権限─利益責任が付与される．この構造のメリットは，地域ごとの環境条件の相違に対応しやすい構造であり，現地適応化を進める企業には適している．しかしながら，各地域事業部に大きな権限と責任が与えられているため，地域間の調整は困難となる．また，多角化企業においては，製品事業間での技術─製品─市場の相違が大きく，多様であるほど地域事業部責任者がそれ

らを的確に認識し，判断を下すことが困難となる．したがって，この構造が適するのは，①製品系列の数が少なくあまり多角化が進んでいない企業，②地域によって事業環境が大きく異なり，地域内完結型の事業システムが有効な場合である．→国際事業部制構造，世界的製品別事業部制，グローバル・マトリクス組織，地域統括本社，マルチドメスティック戦略　　　　　　　　　　　5［茂垣広志］

SECI モデル (SECI model)

野中郁次郎が提唱した組織的知識創造理論の中の知識変換プロセスのモデルである．知識は，言語やデータにより明示化されている形式知と，個人や組織に内在するが表出されていない暗黙知に分けられる．野中郁次郎によれば，知識は暗黙知と形式知の相互変換を通じて創造され，そのプロセスには，①共同化 (socialization)，②表出化 (externalization)，③連結化 (combination)，④内面化 (internalization) という4つの変換モードがあるという．共同化では，協働，共体験により暗黙知を共有する．表出化では，暗黙知を言語等で形式知化する．連結化では，形式知から新たな形式知を導出する．内面化では，形式知をもとに行動し暗黙知として内在化する．この4つのモードはスパイラルに展開される．各モードの頭文字をとり SECI モデルとよばれている．→暗黙知，形式知，ナレッジ・マネジメント，ファイブ・フェイズ・モデル　　　　　13［歌代　豊］

石門心学

『都鄙問答』（とひもんどう）を著した石田梅岩（1685-1744）の教えを石門心学という．石田梅岩は，倹約と正直，堪忍といった教えをとき，正しく商売することによって，「商人の利は御免じある禄の如し」すなわち，商人の利益は武士の俸禄と同じように正当なものとなることを強調した．当時の商人を蔑視する風潮に反駁し，利潤の追求を正当なものとするために，商人の道徳を説いたのである．この石門心学が，商人たちに大いに受け入れられ，家訓や店則に影響を与えることとなったのである．　　　　　　10［松村洋平］

セクショナリズム (sectionalism)

階層化は部門分化をともない，それぞれ自部門の利益を中心に認識・行動をと*強め部門中心主義，すなわちセクショナリズム (sectionalism) は，自部門の利益を中心に認識・行動する考え方であり部門中心主義ともいわれている．専門分化の行き過ぎ，官僚制や大企業組織に生じやすいといわれている．

それを超えるメカニズムとして縦型階層組織に横串を通す，水平組織，水平メカニズムが開発されてきた．委員会，プロダクトマネジャー，プロジェクトチームがその代表的存在である．今日では日産のゴーン社長（当時）が活用した「クロスファンクショナル・チーム」の名称が頻繁に使われている．セクショナリズムを打破するために，機能部門を越えた全社的な視点から現状を分析し，改革案を考え，実行する発想と実現が期待されているのがクロスファンクショナル・チームに他ならない．また IT の活用により組織のコミュニケーション力が高まり，中抜き，すなわち管理階層の縮小，具体的には課長制廃止や次長制廃止も進められ，階層的ピラミッド組織の階層の縮減が進められてきている．それを一般的には組織のフラット (Flat：水平) 化とよび，その典型的な組織は，紙を押さえる文鎮のように平板で握りの部分のみが高く若干の階層がみられる文鎮型組織とよばれている．→階層化，官僚制，大企業病

11［根本　孝］

セクハラ (sexual harassment)

セクシャル・ハラスメントの略称で性的いやがらせを意味し，2007 年の改正男女雇用均等法によりその対策が事業主に義務づけられた．

こうした人権侵害や性的いやがらせの，上司などの職権をもとにしたものはパワーハラスメント (power harassment) とよばれ，教育研究の場でのそうしたいやがらせはアカデミックハラスメント (academic harassment) といわれており，同様にその対応が求められ

ている. 12［根本　孝］

設計品質 (quality of design)

設計する段階で，販売・技術・原価などの観点から設計者が設計図において規定した品質である．ねらいの品質ともいわれ，顧客の要求・要望が製品とサービスの質にどれだけ合致しているかで測定される．顧客の立場に立った品質である．→総合品質，適合品質，品質　　　　　　　　　　6, 8［長屋信義］

7S モデル (7S model)

一般に「マッキンゼー (McKinsey & Company) の "7つのS"」とよばれるものであり，経営コンサルティング会社のマッキンゼー社によって提唱された．経営戦略や組織などの7つの視点から企業経営全般を分析・検討する手法をいう．

ここでいう7つの「S」とは，

① 戦略 (Strategy)：企業にとっての持続的な競争優位性
② 組織 (Structure)：基本的な組織形態
③ 社内システム (System)：マネジメントシステム
④ 人材 (Staff)：採用，育成，トップ・マネジメント，リーダー
⑤ スキル (Skills)：企業の付加価値活動
⑥ 経営スタイル (Styles)：トップ・マネジメントの意思決定スタイル
⑦ 共有の価値観 (Shared value)：企業の存在意義，ビジョン

を意味し，経営成果に優れた企業は，これらの7要素の的確な組み合わせまたは連携が図られていることが検証されており，それによって企業変革が実現されるとしている．

こうした背景には，企業にとっての唯一最善の戦略などは存在せず，環境の変化に適合した組織がよい組織であるとする考え方が存在しており，これら7つの要因の整合性がとれた経営こそがよい経営とされている．

1［吉村孝司］

セリーズ原則 (CERES Principles)

環境保護団体である環境に責任をもつ経済機構のための協議会（セリーズ）が，1987年に発表した環境問題に対する取り組みの基準である．かつて，アラスカ湾で原油流出事故を起こした船の名前をとってバルディーズ原則とよばれた．なお，セリーズは，この原則を受け入れた企業に投資をしている．セリーズ原則は，以下の10項目から構成される．①生物圏の保護，②天然資源の持続可能な活用，③廃棄物の削減と処分，④エネルギーの保全，⑤リスク削減，⑥安全な製品とサービス，⑦環境の復元，⑧情報の提供，⑨経営者の関与，⑩監査と報告書．　10［松井洋平］

セル生産 (cell production system)

組立製造業において，1人から数人の作業員が部品の取り付けから組立，加工，検査までの全工程を担当する生産方式のことであり，屋台生産方式ともよばれる．U字型等に配置したセルとよばれるライン（作業台・屋台）で作業を行う．セル生産は，トヨタ生産方式の「改善」「多能工」を進化させて創出されたもので，1992年にソニーの工場に導入されたのが初めで，最近では小型の家庭電化製品や情報機器の組立生産の現場で多く導入されている．また，工作機械や自動車等の分野でも導入が進むとともに，アパレル分野ではセル生産方式のイージーオーダー縫製工場も登場している．つまり，セル生産導入の背景には，消費者ニーズの多様化やプロダクトライフサイクルの短期化に対処するために，国内製造業が市場に製品を迅速に提供する生産体制といえ，生産コストの引き下げを目的として海外で大量生産を行う戦略等とは一線を画している．セル生産のメリットは，部品箱の入れ替えやセル内での作業員の作業順序を変更するだけで，生産品目を容易に変更できるので多品種少量生産への対応に優れていることである．

同時に，セル内の人数やセル数の増減により生産量の調整が対応し易い．一方，デメリットとしては，1人で多工程を担当しているので熟練に達するまでの時間が長期間を要すること，作業効率が作業者個人の習熟度やモチベーションに依存するので製品のアウ

プットに差が生じることにある.

14 [島谷祐史]

ゼロベース思考 (zero-base thinking)

まったく白紙,ゼロから発想するという思考方法であり予算設定などでよく活用され,ゼロベース予算 (zero base budgeting: ZBB) などとよばれている.すなわち,予算策定作業はどうしても前年度をベースに何を追加するか,何を減額させるかという発想になる傾向が強い.前年踏襲,前例継続ということになりやすい.そこで一度白紙に戻して,ゼロから発想することによって過去の慣行的課題,予算を断って,新たな状況やニーズに応じた課題,予算設定を行う発想法である.状況変化に応じたロジカルな思考を実現するためのひとつの発想法といえよう.

16 [根本 孝]

先願主義 (first-to-file system)

複数の特許が出願されたときに,もっとも先に出願されたものに権利を認める考え方をいう (特許法第39条).

また,特許出願は,原則として出願から1年6ヵ月経過後にすべて公開されるが (出願公開),後から出願されたものが,前に出願公開された明細書,図面に記載されたものは特許を受けることができず (同法第29条の2),広義には,この拡大された後願に該当しないことも含めていう.世界の特許法を有するすべての国は,アメリカを除き,すべて先願主義を採用している.アメリカだけが,先発明主義を採用しており,先に発明したことを立証すれば,特許を受けることができる.そのためには,発明ノート (laboratory notebook) が必要であり,ページ数の記載された閉じたノートに,日付,研究者・証明者のサインされた研究経過を克明に記述していき,後日,争った場合に,インターフェアレンス (interference) という手続きにより,決着する.日本における発明でも,アメリカで権利化する際には,この先発明を主張することができるので,今後,日本でも,発明ノートの作成が重要になってくるものと思われる.→先発明主義,特許権

6 [久保浩三]

センゲ [Peter M. Senge, 1947–]

アメリカMIT大学の教授で学習する組織センターの管理者であり,学習する組織論の先導者として知られている.1990年に出版した *The Fifth Discipline : The Art and Practice of Learning Organization* (守部信之訳『最強組織の法則』徳間書店,1995年) は学習する組織論のバイブルといわれ,幅広く読まれている.学習する組織を「人々が継続的に能力を広げ,望むものを創造したり,新しい考え方を育てたり,集団のやる気を引き出し,人々が互いに学び合う場」と定義し,それを構築するために,5つの原則を主張している.すなわち自己マスタリー (自己の視点の明確化と深化),固定概念の打破,共有ビジョンの構築,チーム学習そしてシステム思考をあげている.特に第5のシステム思考は他の4つを統合するものであり,全体の動態的構造の理解の重要性を指摘している.1994年にはその実践のためのマニュアル書 The Fifth Discupline Fieldbook (柴田昌治・スコラコンサルト訳『フィールドブック 学習する組織「10の変革課題」―なぜ全社改革は失敗するのか』日本経済新聞社,2004年) も発行されている.→学習組織

9 [根本 孝]

先行研究 (prior studies)

自らの研究テーマに関連するすでに発表された研究成果である論文や著作,あるいは学会等での発表を指す.研究テーマがユニークであればあるほど先行研究は少なく,一般的なテーマであれば数多くの先行研究を論文集や学会誌の中から見出すことができる.しかし,それもはじめから,どれが自らの研究の先行研究であるかは不明であり,研究分野の参考文献を読み進めるうちに,重要なあるいは興味深い研究課題群に絞りこまれ,それに関連する文献を探索している中から重要な先行研究を見出すことができるのである.

16 [根本 孝]

潜在能力 (potential ability)

特定の業務における知識やスキルなどの従業員がもっている潜在的な職業能力のことである．従業員の潜在能力は，実際の職務行動という形で顕在化され（顕在能力），職務成果に大きな影響を及ぼすことになる．なぜなら，特定業務における知識やスキルが乏しく，潜在能力が低ければ，効率的な職務行動をとることができず，結果として従業員の職務成果は低くなってしまうからである．逆に，特定業務における知識やスキルを高い水準で保有し，従業員の潜在能力が高ければ，高い職務成果を期待することができる．そこで，企業では教育訓練施策を用いることによって，従業員の潜在能力を高めるための人材開発を行うのである．また，企業で求められる従業員の潜在能力は，時代によって変わる可能性がある．技術革新によって，ある時点で有効であった知識やスキルが陳腐化し，それに代わる新しい知識やスキルを獲得する必要性が生じるからである．このような従業員の潜在能力の転換に対応するためにも企業では人材開発を継続的に行う必要がある．→コンピテンシー　　　　　　 12［竹内倫和］

選択と集中 (selection and concentration)

「（経営資源の）選択と集中」が特定事業領域への集中による企業競争力の強化のための経営戦略をいう．企業が経営活動を行ううえで重要な課題とされるのが「経営資源の調達（確保）」であり，その展開である．また経営上のリスクを分散させるために複数の事業を展開させること（事業の多角化）も重要な施策と考えられてきた．

しかし限られた経営資源を確実に調達し，有効に展開させていくためには，企業にとって本当に必要とされる経営資源に絞り，経営成果としての寄与が期待できる事業分野に絞った資源展開を図ることのほうが有効性が高い．こうした考えを初めて提唱したのが元GE会長のジャック・ウェルチ（Welch, J. F. Jr.）である．

企業経営に関する考え方は経営環境の変化とともに常に推移しており，かつては多角化が有効な戦略とされた時もあったが，経済の低迷とともに，本業としての主力事業への傾注が叫ばれるようになり，「選択と集中」が有効な戦略と考えられるようなった．→多角化戦略　　　　　　　　　　　 1［吉村孝司］

先発明主義 (priority of inventorship)

特許制度において，先に発明した者に特許を付与する考え方を意味する．世界の中でもそうした考え方は少数派であり，アメリカがその立場にたっている．それに対して日本やEU諸国は先に出願した者に特許を付与する先願主義にたっており，先発明主義はどのように他者より先んじて発明したかを証明することが容易ではなく，アメリカの先願主義への移行が期待されている．こうした考え方の調和を図り，早急な世界特許システムの実現が待たれている．→先願主義，特許権

6［根本　孝］

全部原価 (full costs)

原価はその集計の範囲によって，全部原価と部分原価に分けることができる．全部原価は製造領域において発生したすべての原価要素を製品原価，販売領域において発生したすべての原価要素を期間原価として把握する伝統的な原価の考え方である．これに基づく原価計算は全部原価計算という．公表財務諸表作成の際に，棚卸資産の計算，売上原価の計算などの局面において不可欠な原価概念である．しかしながら，全部原価に内包する固定費は，操業度変化における単位原価の算定などに悪影響を及ぼす．したがって，全部原価は意思決定目的には適切な原価概念ではない．→部分原価　　　　　　　　 8［建部宏明］

専門化 (specialization)

専門化はマネジメントにおいては，業務を分割し，同種の特性をもつ作業をまとめ特定の人材に配分し，その仕事に専念することによって効率的な業務の遂行を目指すことを意味する．それは管理原則のひとつである「専門化の原則」であり，一般的な分業の原則と

同意である。生産工程における専門化のみならず、事務的業務、さらにはスタッフ業務や管理業務も専門化が進められ、専門職、管理職として位置づけられてきている。

しかし過度の専門化は業務の単純化、断片化、機械的処理をもたらし、そして全体目的との分離化を生じさせ、担当者のモチベーションの低下や、専門業務に埋没し、その効率的処理しか考えない、いわゆる「専門バカ」を生じさせてしまう。今日では多能工や複数の専門領域をもつマルチ専門職の育成が志向されてきている。→3S　　　　　11［根本　孝］

専有可能性 (profitability of innovation)

イノベーションによる利益を専有できる能力をイノベーションの専有可能性とよぶ。企業はイノベーションの成果を事業成果に結実させることを目的としている。しかし、イノベーションは伝播し、他社に模倣されうる。したがって、イノベーションの成果をできるだけ長く専有することが課題となる。専有可能性は、産業・製品分野や、製品ライフサイクルによって状況は異なる。グラント (Grant, R.M.) は、専有可能性を左右する要因として、①特許等の知的財産権、②補完資源や補完技術、③複雑性、暗黙知等の技術の特性、④模倣者参入のリードタイムの4つをあげている。→イノベーション

6［歌代　豊］

戦略管理会計
(strategic management accounting)

戦略マネジメントのための管理会計をいい、管理会計を戦略的に利用することではなく、戦略策定や戦略実行などの戦略マネジメントの諸局面において会計情報を利用することを意味する。戦略管理会計は、特に事業戦略レベルを中心に展開され、その目的は、経営管理者やその他の組織メンバーに、企業が競争優位性を獲得・維持する上で有用な会計情報を提供することにある。伝統的な管理会計は、短期的視点に立ち、単一組織内部の経営管理に有用な会計情報、特に財務的情報を提供するものであった。戦略管理会計は、長期的視点への立脚、外部環境への適応志向、財務的・非財務的情報双方の提供、および組織内ないし組織間における価値創造活動とその相互作用の重視などを特徴とし、伝統的な管理会計を補完する。戦略管理会計の代表的な手法には、競合他社分析、価値連鎖分析、およびバランス(ト)・スコアカードなどがある。また、コスト・マネジメントの側面に焦点をあてて展開される戦略管理会計の一分野は、戦略的コスト・マネジメント (strategic cost management) とよばれ、ライフサイクル・コスティング、原価企画、ABC/ABM、および品質原価計算が位置づけられる。→ABC/ABM、原価企画、バランス(ト)・スコアカード、品質原価計算、ライフサイクル・コスティング　　　　8［大槻晴海］

戦略事業単位 (Strategic Business Unit：SBU)

GE (General Electric, Co.) 社で1970年代初めに導入された組織でSBUと略称される。多角化の進展により、事業部制が拡大し、事業部数が増大してくると、広範囲にまたがる事業部を管理することが次第にむずかしくなってきた。複数の事業部間に関連した市場・製品展開で、複数の事業部が協同して新しい事業に対応する場合に、従来の事業部制では機能しないので、SBUが提起された。個々のSBUは、ひとつあるいは複数の事業部で構成される。

SBUは本社の最高経営層によって設置され、①単一事業である、②明確な独自のミッションがある、③独自の競争相手が存在する、④責任者たる管理者が存在する、⑤独立の戦略的計画を立案できる、⑥一定の経営資源をコントロールできる組織である。事業部制組織が、戦略遂行のための組織であるのに対して、SBUは全社的な戦略的意思決定を目的とした戦略策定のための組織である。SBUは、PPMと結びつけて運用される。→事業戦略、PPM　　　　　2［高橋成夫］

戦略的意思決定 (strategic decision)

企業環境にかかわる経営の基本構造の変革をともなう随時的な意思決定であり、多角化

戦略、拡張戦略、M&A、財務戦略、国際戦略など企業の経営構造を変革する意思決定が含まれる。この意思決定は、企業の生産(ないしサービス)能力の変革をともない、投資額が巨額であり、意思決定の効果が長期にわたるので、一度決定がなされると、それを変更することはきわめて困難であるか、あるいは不可能であるという特徴がある。そして、効果が及ぶ期間が長期であるために資本コストを用いて、貨幣の時間価値を計算する必要がある。→業務執行的意思決定、金銭の時間的価値、資本コスト　　　8［長屋信義］

戦略的ポジション (strategic position)

一般には、自社の事業や製品・サービスを、競合他社との差別化の観点から市場に位置づけることをポジショニングという。すなわち、事業領域、市場セグメント、そして顧客の認知マップ上で競合他社に対して自社を差異化することである。企業は、ポジショニングをとおし自社の位置づけ、すなわち戦略的ポジションを明確にし、自社製品・サービスを選択した市場や顧客に対して提供し、差別化を実現する。なお、戦略的ポジションは、ポーター(Porter, M. E.)らのポジショニング・スクールに関連した概念として用いられる場合もある。ポーターは、産業組織論のSCPモデルを土台に、業界の平均的業績は業界の競争レベルによって規定することを示した。さらに、業界内の企業は戦略の類似性からいくつかの戦略グループに分類できるが、戦略グループの平均的業績はその競争レベルによると論じた。→SCPモデル、差別化戦略　　　2［歌代　豊］

戦略的ミドル (strategic middle)

単に組織の「中間にある職」ではなく、企業戦略の中核的な担い手としての中間管理職をいう。ますます多様で複雑な課題を企業につきつける変化の激しい昨今の企業環境、ならびにすでにキャッチアップ段階を終えたといわれるわが国企業の現状においては、企業経営の最高責任者であるトップのみならず、組織のすべての階層(全体)に対して俊敏な

変化への対応と未来を切り開く創造力の発揮が要求されている。こうした現代企業の直面する状況は、現代のミドル・マネジメントに新たな役割を担うことを求めている。すなわち、より進化したミドルには、階層上の中間に位置する単なる情報の'媒介者'ではなく、トップによる抽象的な理念やビジョンに込められた'理想'と現場レベルの経験に根ざした情報の示す'現実'の矛盾や葛藤に立ち向かう中で、自ら重要な戦略課題(目標)を見出し、新たな事業コンセプトやビジネスモデルの発信源となる'創造者'としての役割が期待されている。→ミドル・マネジメント
9［石坂庸祐］

戦略マップ (strategy maps)

バランス(ト)スコアカード(BSC)の4つの視点における業績評価指標間の因果連鎖を大局的に目にみえるように図示したものである。そこでは、戦略を実現するための重要成功要因が矢印で結びつけられており、矢印の向きは各重要成功要因間の因果関係の方向を示す。ここで、因果関係とは、あるものとあるものとの間に原因と結果の関係があることをいう。戦略は、いわば組織目標を達成するために結びつけられた一連の因果関係の仮説である。BSCは、そのような戦略を構成する因果関係の連鎖(因果連鎖)に基づいて構築される。しかしながら、因果連鎖は、たやすく見出せるものではない。戦略マップは、そのような因果連鎖を見出す手段として活用されるものである。→バランス(ト)スコアカード　　　8［大槻晴海］

戦略リーダー (strategic leader)

グループ企業の中には、多様な資源や能力をもった子会社群が存在する。戦略リーダーとは、資源や能力の点において、親会社と同等またはそれ以上の子会社をいう。この概念が出てきたのは、グローバル経営において子会社の役割分担を明確にすることで、グローバルレベルでシナジーを創り出すことを狙いとしたからである。たとえば、バートレットとゴーシャル(Bartlett, C. K. & S. Ghoshal,

1986)は，現地環境の戦略的重要性と子会社のもつ資源と能力という2つの軸から，海外子会社を次のように4つのタイプに分類している．戦略リーダーとは，戦略的に重要なロケーションに位置し，なおかつ現地子会社のリソースや能力が高い子会社である．貢献者とは，戦略的にはさほど重要でないマーケットに進出しているが，その子会社自体が高い資源と能力をもっている子会社である．実行者とは，戦略的に重要ではない市場で現地の事業を維持する以上の余剰能力がない子会社である．ブラックホールとは，戦略上重要な市場に進出しているにもかかわらず，その市場に適合する能力を所持していない子会社である．このように分類した子会社の能力を連携させてシナジーを創り出すためには，やはり，本社スタッフの高度な能力が要求されることになる．→関係会社管理，親子関係

4［髙井　透］

そ

層化抽出法 (stratified sampling)

標本調査における標本抽出法であり，多段抽出法の手法のひとつであり，まず母集団を，たとえば年齢や性別といった属性により層化を行い，それに基づいて母集団とサンプルの構成比を一致させる方法である調査には，全数調査（悉皆調査）と標本調査がある．全数調査とは，母集団全体に調査を行うものであり，標本調査とは，母集団の中から標本（サンプル）を選び出し，その標本に対してのみ調査を行う方法である．母集団から抽出したサンプルの回答から母集団全体の傾向を推計することを目的としているため，標本の抽出（サンプリング）を行う場合，母集団を忠実に代表できるような方法を用いて誤差を最小限にとどめる必要がある．こうした母集団の代表性を保つための標本を選び出す手法を，無作為抽出法（ランダム・サンプリング）という．無作為抽出の手法は多数あるが，代表的なものとして，単純無作為抽出法，系統抽出法，多段抽出法，層化抽出法などがある．層化抽出法は，サンプリングの精度を高める手法といえる．なお，この過程を2段階に渡って行うのが，層化2段抽出法であり，世論調査など，多くの全国調査はこの方法を採用している．→サンプリング誤差

16［上村和申］

創業者利潤 (founder's profit)

ハイテク企業をはじめとするベンチャービジネスやハイテク企業以外の中堅企業が株式公開を果たすことで，創業者であるオーナーが保有する自社の株式を売却することを通じて獲得することができるキャピタルゲインのことをいう．創業者利益，企業利得ともいう．ここで生じるキャピタルゲインは，株式の公開を行うことで，当該企業の株式が株式市場で評価された時価と株式の額面価格との間に生じる差額のことである．注意しなければならない点は，株式公開 (initial public offering) による資金調達の結果，創業者の持株比率が下がり，企業統治に問題が起こったり，株式市場に浮動株が多くなり過ぎたり，あるいは投資家から受ける評価によって，株価が安値になることもある．→株式公開，ベンチャービジネス

15［森下　正］

総合原価計算 (process costing)

個別原価計算とともに製品別計算の方法のひとつであり，一定期間における総製造費用をその期間の生産数量で除して，その平均単位原価を計算する方法である．種類，規格などが統一された標準製品を反復連続的に生産する業種（見込生産・市場生産形態の企業），すなわち繊維，食品，ガラス，セメント，石油，製紙，自動車製造などの業種に適用される．製品原価計算は，量産する製品の種類により，単純総合原価計算，等級別総合原価計算，および組別総合原価計算に分類される．また，工程（部門）別計算の有無により，単一工程総合原価計算と工程別総合原価計算に

分類される．→組別総合原価計算，工程別総合原価計算，個別原価計算，製品別計算，単純総合原価計算，等級別総合原価計算，部門別計算． 8［崎　章浩］

総合職 (main career track)

　企業の中の基幹業務に従事し，従業員の同意なく国内外の転居をともなう勤務地の変更が可能なコースのことである．複線型人事管理制度の下で，企業で働く従業員は，いくつかのコース区分がなされ，それに適応した人事管理制度が適用されている．そのコース区分もホワイトカラー（事務・技術職の従業員）とブルーカラー（技能職の従業員）によって異なるが，ホワイトカラーを対象とした代表的なコース区分に，総合職（コース），一般職（コース）区分が存在する．一般職とは，定型的な補助業務に従事し，転居をともなう勤務地の変更のないコースのことである．すなわち，総合職は，将来，企業の中で管理職として昇進が期待されているコースのことである．この総合職と一般職のコース区分は，従業員の募集・採用の段階から異なっており，一般的に，総合職は大卒男性従業員が圧倒的に多く，女性従業員の多くが一般職である場合が多い．このような実態から募集・採用における女性差別を指摘する意見もある．なお，近年では，この総合職，一般職区分に加えて，基幹的な業務に従事し，勤務地が限定されている中間的な勤務地限定職やエリア総合職といったコースを設定している企業もある．→管理 12［竹内倫和］

総合品質 (total quality)

　製品の品質だけではなく，従業員の資質，取り組み姿勢，技術，営業，製造，管理サービス等の企業活動すべての品質のこと．企業価値と同義と考えてもよい．日本経営品質賞で考えている経営品質は，この総合品質であると考えられる．TQC (Total Quality Control) や TQM (Total Quality Management) は，品質を総合的 (total)，あるいは全社的にコントロール，マネジメントするもので，必ずしも総合品質向上を目指していない．→設計品質，TQC & TQM，適合品質，品質
 8［長屋信義］

創造的破壊 (creative destruction)

　企業が従来からの経営行動パターンを自ら変化させ，いままでとは根本的に異なる新しい行動をとることをいう．シュンペーター (Schumpeter, J. A.) が資本主義経済における景気変動メカニズムの解明をはかる際に用いたイノベーション概念を構成する中心的概念のひとつが創造的破壊である．

　シュンペーターは資本主義経済が循環的な景気変動に直面することによって，好況，不況，恐慌といったステージにさらされる理由のひとつとして，企業による経営行動の存在を指摘した．なかでもこれらの企業による革新的な行動としてのイノベーションが大きく経済を変動させると捉えた．

　イノベーションがこれからの企業経営において最重要課題とされるなかで，企業が自ら既存の経営枠組み（経営のパラダイム）を創造的に破壊し，あらたな経営枠組みを構築していくことの重要性ははかりしれない．→イノベーションのジレンマ，イノベーション・マネジメント，イノベーター，シュンペーター 2［吉村孝司］

創発的戦略 (emergent strategy)

　時間の経過とともに修正が余儀なくされ，既定のものとは大きく異なる内容のものとして策定される戦略を創発的戦略という．企業は自社に関する分析や外部環境としての経営環境に関する分析を通して，もっとも有効性の高い戦略の策定を試みている．そしてこうしたプロセスを通じて策定された戦略は最強のものといえるはずであるが，実際には経営を展開させていく過程において，当初の戦略が予定していた結果とはかなり異なる結果に至ったり，環境要件の思わぬ変化によって，既定の戦略の変更が余儀なくされたり，まったく新たな戦略が策定されることとなることも多い．

　当初の目的とはまったく異なる用途に転されることによって巨大な市場を形成した製

品に関する戦略や，急激な環境変化に対応するかたちで新たに作り出された戦略などの事例は多い．企業はこうした戦略策定における柔軟性をもつとともに，創発的戦略をたくみに生み出すことのできる能力を有することが重要といえる．→経営戦略，ミンツバーグ

2［吉村孝司］

組織 (organization)

人びとが集まって，目的を達成すべく協力し合う仕組みは組織とよばれる．その目的によって，企業組織，病院組織や学校組織，行政組織などさまざまな形態があり，最近ではNPOやNGOとよばれる非営利組織，非政府組織が関心を集めている．現代社会はそうした多様な組織を中心とする社会であり，組織の時代などともいわれている．

経営学の父といわれているバーナード (Barnard, C. I.) は，組織の本質を協働と考え，組織を「複数の人々による意識的に調整された活動や諸力の体系」と定義している．そして，組織が成立するためには，少なくとも，①共通の目的，②貢献意欲，③コミュニケーションが必要であるとし，組織成立の条件として提示している．→バーナード

9［根本　孝］

組織開発 (organizational development : OD)

組織における個人あるいは集団に働きかけて，硬直して沈滞した組織を変化に適応できるような柔軟で活力ある組織に変革しようとする手法を組織開発（ODとも略称される）という．対人関係能力を高めたり，問題解決能力を高めることなどが目指される．行動科学の学問成果を応用するところに特徴がある．具体的には，感受性訓練やQC活動など小集団活動，目標による管理の導入などが組織開発としてあげられる．→QCサークル

10［松村洋平］

組織学習 (organizational learning)

個人と同じように集団や組織が学習することを意味する．そのプロセスは組織メンバーである個人が既存知識の変革や新知識の獲得により学習し，それが他の組織メンバーへ伝達され，共有されることによって集団ないしは組織知識として獲得，記憶・蓄積される．

ナレッジ・マネジメントも組織学習を進める重要な方法であるが，今日では特に組織的な知識創造が課題とされ，SECIモデル等が提示されて，個人の能力開発のみならず，組織学習の促進およびそれが持続される学習組織の構築が経営課題として多くの企業で取り組まれている．→学習組織，SECIモデル

9［根本　孝］

組織間学習 (interorganization learning)

組織学習が，一企業内で行われる学習に分析の焦点を当てているのに対して，組織間学習は，組織間で行われる学習を意味する．組織間学習が最初に注目されたのが提携研究の分野であろう．たとえば，ハメル (Hamel, G.) は，欧米日の企業間提携の分析を通じて，日本企業が提携を通じて多くのことを学習していることを解明した．その理由は，日本企業は，提携によって，欧米企業のもつ経営ノウハウやスキルを学習することを意図しているからであるという．つまり，提携では，秘めたる意図をもったパートナーほど相手企業の競争優位性を学習し，自社の競争能力を高めるということである．しかし，このような学習のロジックは，競争関係にある企業との提携を通じた学習である．実際には，組織間学習は競争企業の間だけではなく，顧客，供給者，研究所などの競合関係のない外部組織とも行われる．特に，組織間学習の大きな効果というのは，異質なパートナーの知識に接することで，単独企業では非常に困難な組織文化や事業構造の変革を誘発することである．

4［高井　透］

組織間関係 (interorganizational relations)

組織は孤立した環境の中で活動しているわけではない．組織と，顧客企業，供給者，競争相手，子会社，研究機関，非営利組織など多様な外部関係者との諸関係が組織間関係といわれている．組織間関係は，パートナーとの間で結ばれる契約によってその関係の特性

は変わってくる．たとえば，大手企業同士の提携関係であれば，互いに自律し，しかも異なる目標をもちながら相互に依存するという関係の特性を有することになる．しかし，系列化などの場合は，むしろひとつの組織の内部取引に近い関係になる．今日，組織間関係が特に注目を集めるようになったのは，単一企業のもつ経営資源だけでは環境に適応することが困難になってきたからである．そのため，他の組織のもつ外部資源を，いかに自社の内部資源に連動させるかが，競争優位性構築の鍵になりつつある．この組織間関係を解明しようとした理論が組織間関係論である．
→関係会社管理　　　　　　　　4［高井　透］

組織的怠業（systematic soldiering）

　本能や性格によって怠業し，自然に作業能率が落ちてしまう自然的怠業ではなく，組織ぐるみで意識的に作業能率を落とすことをいう．

　南北戦争後のアメリカの工場で大変よくみられた．この問題に真正面から取り組んだのが，テイラー（Taylor, F. W.）である．テイラーは賃金制度に問題があると考えた．出来高にかかわらず賃金が一定である日給制は，熟練労働者と未熟練労働者を同一に扱うものであり，熟練労働者が納得しない．出来高に応じて賃金を増やす単純出来高給制にすれば，熟練労働者は納得する．しかし，単純出来高給制のもとでは，熟練労働者が奮起すればするほど労務費がどんどん嵩んでいくので，経営者は作業標準（ハードル）を達成したとしても賃率を下げるか，あるいは，ハードルそのものを上方に修正してしまう．それゆえ，組織的怠業が生まれるのである．テイラーは，組織的怠業を打破するために，動作研究や時間研究によって作業標準（課業とよぶ）を算出し，課業によって賃金と賃率に格差をつける格差出来高給制を考案したのである．→科学的管理法，課業管理，成行管理，テイラー，動作研究　　　　　1［松村洋平］

組織デザイン（organization design）

　組織の構成要素を組み合わせ，全体として組織を組み立てていくことである．組織内で仕事をするためには，専門性の視点から分業が行われなければならない．一方，分業された仕事は協働によって統合されなければ組織としての目的を達成することはできない．組織デザインは，分業と協働のバランスをとり，外部環境に適応できるように組織の仕組みや制度，仕事のやり方や手続きを設計していくために必要となる．組織デザインの基本要素としては以下の5つが存在する．①分業関係（仕事の分担や役割の決定），②権限関係（上司と部下の間の役割の決定），③部門化（分業の調整のため人と人，仕事と仕事を結びつける決定），④コミュニケーションと協議の関係（誰と誰がどのような状況で連絡をとり，協議するのかという決定），⑤ルール化（対応方法などをあらかじめ決定しておくこと，プログラム化）．組織デザインを実際に行う際には，①規模（サイズ），②技術，③外部環境といった要因による影響も考慮しておく必要がある．→ライン・アンド・スタッフ組織　　　　　　　　　　　9［山田敏之］

組織風土（organizational climate）

　風土とは，地域や土地に固有の気候・地味・地勢などを意味するが，組織風土は，組織のメンバーが認知する組織の特徴や性格のことを指す．あくまで個人の認知がベースとなる．知覚される組織の特徴や性格はばらつきがあるが，平均されたものが組織風土とよばれる．組織文化と組織風土は違う．共有された価値や規範，すなわち組織文化があろうがなかろうが，組織風土は存在するのである．リーダーシップなどさまざまな組織の要素が絡み合い，組織の特徴や性格がイメージや印象として知覚される．組織の要素がいかなるものであったとしても，むしろ知覚された組織の特徴や性格こそが，個人のモチベーションにより大きく影響することは想像しやすいであろう．→組織文化　　　　　10［松村洋平］

組織文化（organizational culture）

　組織のメンバーに蓄積され，共有され，伝承される価値や規範のことをいう．簡潔にい

えば，組織において，外部に適応するために，あるいは内部をまとめていくために，大切なこと，信ずること，守るべきこと，を指す．また，企業文化，官庁文化，学校文化，病院文化などの総称が組織文化である．シャイン（Schein, E. H.）によれば，価値や規範には，外部者にもわかるような浅いレベルのものから，当然のものとして内部者の意識にのぼらなくなる深いレベルへと至る構造があるという．組織文化は，明示的なものから暗黙的なものへと，メンバーに浸透していく中で，メンバーの思考や行動を左右するようになり，思考や行動の様式，すなわちパターンやスタイルを生み出すのである．→価値，基本的仮定，人工物，組織風土　　　10［松村洋平］

ソーシャル・キャピタル (social capital)

パットナムによれば，ソーシャル・キャピタルとは，「相互利益のための調整や協力を促進するような，社会組織におけるネットワーク，規範，社会的信頼関係といった特性」である．「ソーシャル・キャピタル」という用語が論文の中で初めて使われたのは1916年であるといわれているが，近年，この言葉が注目されるようになったのは，政治学者パットナム（Putnam, R.）が1993年に発表したMaking Democracy Workという著作がきっかけである．パットナムは，豊かで文化的なイタリア北部と，経済的に立ち遅れたイタリア南部とを比較研究し，その違いを生み出しているのがソーシャル・キャピタルであると結論づけた．それがコミュニティの発展において大きな役割を果たしている．また，この概念を企業組織に応用したコーエン（Cohen, D.）とプルサック（Prusak, L.）は，「ソーシャル・キャピタルは，人的ネットワークやコミュニティのメンバーどうしを結びつけて協力的な行動を可能にするような，信頼，相互理解，共通の価値観や行動といった，人々の間の積極的な関係の蓄積によって形成される」と定義している．ソーシャル・キャピタルは，企業にとって有用な無形資産の一種であり，社会的資本と訳されることが多い．→ネットワーク，無形資産　　4［佐藤耕紀］

ソフトウェア特許 (software patent)

ソフトウェアに関する特許をいう．1970年代は，ソフトウェアに関し，特許否認説と特許容認説，さらには，ソフトウェアの内容により，特許を認めるべきであるという中間説があった．中間説は，コンピュータは単なる倉庫（ウェアハウス）であって，ソフトウェアがあって初めてその意味をもつものであるから，その内容によって定めるものであるというものである（ウェアハウス理論）．1980年代から法保護の形態議論があったが，1985年にコンピュータプログラムが著作権で保護されるということで決着した．ただし，これはプログラムの表現のみであって，アルゴリズム，フローチャートを保護するためには，特許によらなければならない．その当時から，財務に関する特許，数学に関する特許，ゲームに関する特許，金融に関する特許，インターネットに関する特許等へと保護対象が広がってきている．発明の成立性に関しては，特許庁から，時代に応じ，コンピュータプログラムに関する発明の審査基準（1975），マイコン運用指針（1982），ソフトウエア関連発明の審査基準（1993），ソフトウエア関連発明の審査運用指針（1997），コンピュータ・ソフトウエア関連発明審査基準（2000）が出されている．→ビジネスモデル特許
6［久保浩三］

SOHO (Small Office Home Office)

文字どおり小さなオフィス，自宅兼用のオフィスを意味するが，空間や場所としての意味だけではなく，ITを活用した小規模な独立的事業あるいはそうした新たな就労もしくはテレワークなど勤務形態も含んだ意味で使用される場合も少なくない．最近では独立業務請負人（インディペンデント・コントラクター Independent Contoracter：IC）すなわち専門性の高い業務を一定期間の請負契約で複数の企業から請け負い雇う独立した個人ないし集団が着目されているが，そうしたものの事務所でもある．→インディペンデント・コントラクター　　12［根木　孝］

損益計算書 (profit and loss statement：P/L)

企業の経営成績を示すために作成される主要財務諸表のひとつのこと．勘定式損益計算書と報告式損益計算書との2形式がある．わが国の損益計算書では，利益の表示に関して，売上総損益，営業損益，経常損益，税引前当期純損益，当期純損益という5つの区分を設けている．売上高（商品・製品，サービスの販売総額）から売上原価（販売された商品・製品の原価総額）を控除したものが売上総利益であり，そこから販売費および一般管理費（人件費や種々の営業経費）を控除したものが営業損益として示される．営業損益に営業外収益（金融・財務取引に関係する収益）を加算して営業外費用（金融・財務取引に関係する費用）を控除したものが経常損益であり，そこに特別利益（臨時的な価値増加）を加算して特別損失（臨時的な価値減少）を控除したものが税引前当期純損益である．→財務諸表　　　　　　　　　　7［大倉　学］

た

大企業病

企業が中小規模から大規模へと発展した後に大企業が陥りやすい症状を意味している．初めて提示したのはオムロン（旧立石電機）の創業者立石一真氏であり，1983年の創業50周年の年頭挨拶で，この「大企業病」を指摘し，大企業病の退治への挑戦を指示した．すなわち，大企業病は特に管理・統制志向の強化や部門のもたれ合い，意思決定の遅れや硬直化が問題として指摘され，その対応策としてはベンチャー精神の復活やイノベーション志向そしてスピーディーな意思決定などを特に重視している．その後，大企業病の用語も一般化し，トップ・マネジメントの独善独断のワンマン体質，セクショナリズム，形式主義や保守主義などにより変化に柔軟に対応できない小回りのなさ，さらにはイノベーションや挑戦には無縁な組織体質を意味する言葉として使われている．→学習組織，官僚制

9 [根本 孝]

貸借対照表 (balance sheet：B/S)

企業の財政状態を示すために作成される主要財務諸表のひとつ．借方に資産，貸方に負債と純資産が表示される．個別財務諸表を例にすれば，資産は流動資産・固定資産・繰延資産の3区分が設けられ，固定資産はさらに有形固定資産，無形固定資産，投資その他に区分される．負債は流動負債と固定負債に区分される．資産・負債の区分表示における流動・固定分類は，営業循環基準（当該企業の正常な資金循環過程の枠内にある資産・負債を流動項目とし，それ以外を固定項目とするルール）と1年基準（貸借対照表日の翌日から起算して1年以内に決済や換金をむかえる項目を流動項目とし，それ以外を固定項目とするルール）によって分類される．純資産の部は株主資本と株主資本以外の各項目に区分し，株主資本は，資本金，資本剰余金および利益剰余金に区分する．さらに，資本剰余金は資本準備金およびその他資本剰余金に，利益剰余金は利益準備金およびその他利益剰余金に，株主資本以外の各項目は，評価・換算差額等および新株予約権に区分する．→財務諸表

7 [大倉 学]

態度 (attitude)

類似の対象や事象に対して一貫した一定の反応傾向を示すものをいう．したがって消費者購買行動に態度概念を適用してみると，態度とは製品，サービス，ブランド，企業，店舗といった一定の対象あるいはアイデアに対して一貫した方法で知覚したり，行動するように学習された傾向であり，購買行動の準備段階に該当するということができる．したがって購買意思決定プロセスでは，態度は代替案の評価において重要な役割を果たす．態度は一般的に以下の特徴をもっている．①態度は学習によって形成される，②態度は一定の対象がある，③態度には一貫性・安定性がある，そして，④態度には方向性と強度がある．しかし，態度は必ずしも固定的なものではないため，プロモーションや製品デザインの変更等を通じて企業は自社製品の購買につながるような態度を顧客に形成させたり，変容させようとする．

3 [菊池一夫]

ダイバーシティー・マネジメント
(diversity management：多様性管理)

マイノリティーのもつ異質性を理解・尊重し，その人たちが創出する多様な価値を組織内に積極的に取り入れ活用することにより，競争優位を確立していこうとする組織的取り組みを意味する．これは，1990年代以降，経済成長の鈍化や経営のグローバル化に直面したアメリカで，企業が生き残りをかけた戦略として取り組み始めた経営改革のひとつである．アメリカは，1960年代の公民権運動に端を発しアファーマティブ・アクションの義務化など機会均等に向けた活動の歴史が長く，組織内でも多くの努力が積み重ねられてきた

が，そこでのマイノリティーに対する基本的スタンスは弱者救済にあったといえる．しかしダイバーシティー・マネジメントにおいては，マイノリティーを無理やりマジョリティーと同じ土俵に乗せるという従来の考えを脱し，両者が対等な立場から互いの違いを認め合いそれぞれの価値の相互作用を起こすことによって，組織を活性化させようという考え方へ変化した．→ポジティブ・アクション

12［牛尾奈緒美］

対立仮説 (alternative hypothesis)

統計的検定を行う場合に設定される仮説．統計的検定とは標本から母集団の特性を推定しようとするものであり，母集団について設定された仮説が統計的に支持されるかまたは棄却されるかによって判断するものである．

対立仮説とは変数間に関連があるとする仮説のことである．これに対して，変数間に関連がないとする仮説を帰無仮説 (null hypothesis) という．たとえば，性別と商品Aの所有率の関係を調べる場合，性別と商品Aの所有率に関連があるとする仮説が対立仮説であり，関連がないとする仮説が帰無仮説である．検定は，帰無仮説が成り立つ確率があらかじめ設定した基準より低いときに，帰無仮説が棄却されると判断し，対立仮説を支持するという手順で行われる．つまり，帰無仮説を棄却することにより対立仮説を証明することが検定の目的といえる．帰無仮説を棄却するかどうかを判定するための基準を有意水準（危険率）という．有意水準には検定の事象が偶然に発生することはほとんどないと考えられる非常に小さな確率が採用される．有意水準は通常，5％または1％が使用される場合が多い．→カイ二乗検定

16［上村和申］

対話 (dialogue)

対話は相手の発言を徹底的に傾聴し，考え方や視点の違いを認識，理解するためのコミュニケーションのひとつの形態である．学習組織づくりにおいては特に重視され，単なるおしゃべり，世間話などの会話 (talk) とは区分されている．すなわち，相手の話を聴くことによって自分とは異なる，見方，感じ方，意味づけを知り，驚き，共感し，納得し，共通理解をすることである．対話には，信頼関係そして情緒の共有，共感が基盤にあることがきわめて重視されている．そして送り手のメッセージ，使われる言葉も重要な役割をもつことはいうまでもない．受け手に反発を感じさせたり，不快感をあたえるような態度，言動では対話は成立しない．相互にオープン・マインドな状況を維持する心構えとスキルが深い対話を可能とするのである．→学習組織

9［根本 孝］

ダーウィンの海 (Darwinian Sea)

基礎研究から事業化，イノベーションへと移行する過程に存在する大きな障壁のこと．イノベーション・プロセス (innovation process) では，死の谷 (death valley) を乗り越えて事業化されても，生存競争している多くの生命体（既存製品や競合企業など）が満ち溢れているダーウィンの海において，外敵や嵐（技術的困難や企業化リスク）に耐え抜えたもののみが，イノベーションや，ニュービジネスへの進化を遂げることが可能となる．死の谷と同様に，技術イノベーションの加速化，技術の複雑化などの背景により，従来の自前主義による研究開発では，技術的困難や，企業化リスクへの対応に限界があり，積極的な企業間提携や産学連携が必要となってきている．→死の谷

6［下山聖美］

多角化戦略 (diversification strategy)

企業において既存の事業とは異なる新しい事業分野に進出し事業分野を複数にする戦略である．多角化は内部育成以外に，M&Aといった外部資源の調達による場合がある．既存事業の収益性低下，リスクの分散，あるいは未利用資源の有効活用などのために多角化が進められる．

多角化には，既存事業との関連の度合いに応じて，大きく分けて関連型と非関連型の2つの方向がある．関連型は，企業を構成する各事業が生産技術や流通チャネルなどの経営

資源を共有して,シナジーが期待できるような多角化である.企業にとっては,比較的安定した成長が望める.それに対して,非関連型は,他の事業との間に財務あるいは一般的なマネジメント以外に関連性がない.この場合,蓄積された知識や能力あるいは市場や技術的シナジーを期待できない.アメリカにおけるコングロマリットのように,関連型に比べて不安定であることが多い.→M&A,コングロマリット,シナジー　2［高橋成夫］

多国籍企業
(Multinational Corporation：MNC)

本国以外にも海外直接投資によって現地法人を有する国際的企業グループ.たとえば,ソニーは日本で法人登記している日本法人,すなわち国籍的には日本企業である.日本法人のソニーがアメリカに直接投資を行い,ソニー・オブ・アメリカを設立し,アメリカで法人格を取得すれば,その会社はアメリカ国籍の企業である.しかし,出資関係からみれば,日本のソニーの子会社という位置づけになる.多国籍企業とは,このように,1つの企業が複数の国籍を有するというものではなく,海外に現地国籍の子会社(現地法人)を有する国際的企業グループを指している.しかし,企業の国際事業展開の方法は多様であり,研究者によってどの側面に注目するかによってその定義も多様化している.たとえば,国連の定義では,「少なくとも本国以外に生産設備やサービス施設を所有あるいは支配する企業」としている.また,たとえ海外に販売子会社を多数保有していても,海外に生産拠点を持たない企業は多国籍企業としては認めないという見方もある.

さらには,国内企業と多国籍企業の質的相違に着目し,国内に大規模設備を有するが,海外には少数の設備しか有さない場合,それを多国籍企業とみなしても国内企業と質的な変化が認められず,概念上なんら意味がないという意見もある.このように多国籍企業の定義は必ずしも明確に一致しているわけではなく,用いる論者の研究および政策上の視点によって大きく異なっているのが実情である.→海外直接投資　5［茂垣広志］

タスク環境 (task environment)

企業が直接的影響を受け,また影響を与える環境を意味し,直接的環境ともいう.労働市場,株式市場,原材料市場,製品・サービス市場があげられよう.また,各々の市場にまつわる個人や団体もタスク環境である.具体的には,労働者や労働組合,株主や投資家,サプライヤー,消費者,競争相手などである.さらに,関連技術や施設・機械・道具,インフラや立地,規制や補助,流行やマスコミなどは,一般環境と区別しにくいものであるが,組織および業務が影響を受けるとともに与えるという意味でタスク環境とよばれている.
2［松村洋平］

多能工・単能工

多能工とは,1人で複数の職務を遂行できる労働者のことである.一方,単能工とは,1人がひとつの職務しかもたない労働者である.たとえば,大量生産のように連続的に同一製品を生産する場合には,モジュールごとに作業者をつけて単能工による同一作業の繰り返しで生産効率を向上させることが可能である.しかし,ニーズが多様化している現在では,多品種少量生産に対応するための能力が必要とされるが,単能工では生産変動に対応することは困難である.たとえば,旋盤,フライス,仕上,研磨といった単能工集団の内,ある工程の作業員に欠員が生じた場合,その工程は生産のネックとなる.そこで,複数工程を1人の労働者で対応できる多能工が求められるのである.多能工は,対象製品や工程が変更になっても,身に着けた技能で多種生産に対応していくことが可能である.多能工の導入は,少人数でライン編成可能で,労働者の削減にもつながる.また,他の労働者の援助や欠員の穴埋めにも役立つ.しかし,多能工を育成するには,相当な長期間と費用が必要となる.近年では,エレクトロニクス業界において,対象製品を工程の最初から最後までをすべて1人で対応できる超多能工を導入する企業もあるが,技能を

身に付けた人員の退職や転職のため技術が消失してしまう問題も指摘されている．→多品種少量生産　　　　　　　14［島谷祐史］

多品種少量生産 (low volume production of a wide variety of products)

大量生産や少品種少量生産と比較して，操業度の変動が大きく，柔軟で弾力性のある生産体制を構築することを目指すものである．その背景にあるのは，近年の需要の多様化にある．世界中でモノが増加し，人びとの生活が豊かになるにつれて，消費者のニーズは高度化し，個性化を求めて多様化してきた．このことから，消費者のニーズの変化を踏まえつつ，製品種類は増加し，生産方式は，少品種大量生産から多品種大量生産へと変化しているのである．そこで，製造業が，こうした困難な需要構造に取り組み，利益を創出するためには柔軟で弾力的な生産システムが必要なのである．たとえば，FMS (Flexible Manufacturing System) は，ひとつの生産設備やひとつの生産ラインで，複数の製品を生産することが可能なシステムである．日本の製造業では，多品種製品の生産が可能な仕組みとして柔軟性のある産業用ロボットや無人搬送車を活用することで，異なる製品でも生産設備間で情報共有を行うことでFMSの導入を図ってきた．さらに，90年代後半以後，生産設備間の情報処理を進めることで，多品種少量生産に対応するFMS化が進展している．その他にも，セル生産システム，CADシステム，ERPの導入は多品種少量生産時代には重要なシステムである．→FMS，セル生産，多能工・単能工　　　14［島谷祐史］

WTO (World Trade Organization)

世界貿易機構を指す．多国間主義に基づく世界貿易の自由化を推進するための国際機関である．ガット・ウルグアイ・ラウンドで合意されたガットに代わり1995年に設置された．その特徴は，WTOに加盟すると本体協定，付属協定を一括受諾しなければならないという，調印国すべてが批准する国際条約であること，モノ貿易に加えてサービス貿易を含んでいること，紛争処理機関が設置されていることなどがあげられる．特に紛争処理では，ネガティブ・コンセンサス方式（全会一致で否決されない限り自動的に紛争処理委員会にパネルが設置される）を採用しており，二審制で再審要請も可能である．以上のような特徴をもつWTOは，二国間の貿易紛争を回避し，多国間交渉の中で自由貿易を推進していくことを目的としている．→グローバリゼーション　　　　　　　5［茂垣広志］

多変量解析 (multivariate analysis)

複数の変数をもつデータをもとに，変数間の相互関連を分析することにより，データの構造を明らかにしたり，データを要約したりするための統計的手法のこと．多変量解析は独立変数（説明変数）と従属変数（基準変数・目的変数）の関係や，独立変数同士の関係を分析することにより，その関係を明らかにしようとするもので，扱う変数の種類や目的に応じて多くの手法がある．独立変数から従属変数の変動を説明，予測する手法として代表的なものをあげると，独立変数，従属変数とも量的変数の場合は重回帰分析，独立変数，従属変数とも質的変数の場合は数量化2類，独立変数が質的変数で従属変数が量的変数の場合は数量化1類，独立変数が量的変数で従属変数が質的変数の場合は判別分析などがある．また，外的基準がなく，データを集約，分類したり，変数間の関連を要約したりする場合に用いられる手法には，量的変数を扱うものとして主成分分析や因子分析，質的変数を扱うものとして数量化3類などがある．→独立変数と従属変数　　　　16［上村和申］

多面評価 (360 degree feedback)

上司や人事部の一方的な評価だけに頼らず，部下や同僚，外部の仕事関係者，顧客，取引先なども評価し，社員を多面的に評価する方法である（360度評価）．一面的で主観的な評価の偏りを避けるために，広い視点からの公正な評価を目指している．この評価制度を導入するためには，評価者の慎重な選定や，評価者の客観的，公平な評価能力を高め

るための評価者訓練が重要である．多面評価は処遇を決定するために行うよりも，被評価者の個人の能力開発，特に管理者の部下や同僚管理職からの評価を管理職のマネジメント能力の開発に活用する企業も少なくない．また他者による評価よりも自己評価（自分自身に対する評価）の比重を高め，自分の仕事や周りの人間関係，将来のキャリアを考えてもらうきっかけとして，多面評価を活用する企業もある．→アセスメント評価12［金　雅美］

短期利益計画
(short-range profit planning)

企業は会社の経営方針や戦略に従って，利益計画を策定する．こうした利益計画には短期利益計画と長期利益計画がある．短期的な（半年ないし1年）視野から企業の活動計画を策定する．短期利益計画は予算の設定，実施，分析，是正という一連の行動の結果として設定され，業務的な部分にかかわる計画である．特に，短期利益計画は長期利益計画を実行する上で，欠くことのできない経営要具であり，それは長期利益計画を実現するために，1年ごとに見直して策定される．長期的な営業活動は結果的には単年度の営業活動の集合体なので，長期利益計画は直接的には短期利益計画によって実現される．この場合，利益は企業活動の結果として生じるものではなく，事前に計画するものとして考える．したがって，短期利益計画は，「必要とする利益」「獲得するべき売上高」「許容される費用」の3つの要素が明確にとらえられることによって初めて可能になる．→CVP分析，長期利益計画，予算，予算管理，利益管理

8［建部宏明］

単純総合原価計算
(single process cost system)

単一種類の製品を反復連続的に生産する生産形態に適用される総合原価計算の形態である．これには，単一種類の製品を単一工程で生産する生産形態で採用される単一工程単純総合原価計算と，複数工程で生産する生産形態で採用される工程別単純総合原価計算がある．この方法では，まず，費目別計算により費目ごとに製造費用を求めておき，次に1原価計算期間の完成品数量を計算し，その完成品数量の生産にかかった製造費用を求め，その製造費用を完成品数量で割ることにより，製品の単位原価を計算する．一般的には，月初・月末に仕掛品が存在するので，1原価計算期間に発生したすべての原価要素を集計して当月製造費用を求め，これに月初仕掛品原価を加え，この合計額を完成品と月末仕掛品に配分計算することにより完成品原価を計算し，これを完成品数量で割ることにより完成品の単位原価を計算する．これを算式で示すと，次のようになる．

完成品原価
　＝当月製造費用＋月初仕掛品原価
　　－月末仕掛品原価
完成品単位原価
　＝完成品原価÷完成品数量

この算式からもわかるとおり，完成品原価は，まず月末仕掛品原価を計算し，それを当月製造費用と月初仕掛品原価の合計額から差引くことにより計算する．そのため，月末仕掛品原価の計算は，正確な完成品原価を計算するために重要である．→製品別計算，総合原価計算
8［山浦裕幸］

単純無作為抽出
(simple random sampling)

サンプリング台帳に掲載されている母集団に番号をつけ，無作為に番号を選ぶことである．母集団の中から標本（サンプル）を選び出し，その標本に対してのみ調査を行う標本調査のひとつである．母集団から抽出したサンプルの回答から母集団全体の傾向を推計することを目的としているため，標本の抽出（サンプリング）を行う場合，母集団を忠実に代表できるような方法を用いて誤差を最小限にとどめる必要がある．こうした母集団の代表性を保つための標本を選び出す手法を，無作為抽出法（ランダム・サンプリング）という．無作為抽出の手法は多数あるが，代表的なものとして，単純無作為抽出法，系統抽出法，多段抽出法，層化抽出法などがある．

標本の選択は，乱数表や表計算ソフトによって，重複がないように必要な標本数に達するまで行うことになる．単純無作為抽出法は精度の高い抽出法といえるが，サンプリング作業に手間がかかり，また母集団の範囲が広い場合，サンプルが広範囲に分散する場合は，時間や予算などの実査の負担が大きい．→サンプリング誤差，層化抽出法　16［上村和申］

男性度指標 (masculinity index)

①収入，②承認，③昇進，④やりがい，⑤上下関係，⑥協力関係，⑦居住地域，⑧雇用の保証について，職務の目標として重視するかどうかを質問することで導き出された国民文化を示すひとつの指標．ホフステッド (Hofstede, G.) が国民文化の次元のひとつにあげた．「男性らしさ」を特徴とする社会は，男性と女性の性別役割がはっきり分かれており，「女性らしさ」を特徴とする社会は，男性と女性の性別役割が重複しており，あいまいである．ここでの男性らしさとは，自己主張が強く逞しく，物質的な成功を目指すものであり，女性らしさは謙虚でやさしく，生活の質に関心を払うものと考えられる．

①〜④の項目が男性らしさを示し，⑤〜⑧が女性らしさを示す．ちなみに，男性度指標のスコアがもっとも高かったのは，日本であり，オーストリア，ベネズエラ，イタリアが続く．男性度指標のスコアがもっとも低かったのは，スウェーデンであり，ノルウェー，オランダ，デンマークなど北欧諸国が続く．→権力格差指標，国民文化，個人主義指標，ホフステッド　10［松村洋平］

ち

地域統括本社 (regional headquarter)

世界各地域（たとえば，欧州・北米・東南アジアなど）での海外子会社数の増大により，本社機能を地域統括会社に移転し，リージョナル戦略の策定および地域内の子会社の統括に当たるものである．したがって，本来，地域統括本社は，持株会社の形態をとり，地域内の子会社の株式を所有し，地域戦略を策定，実施する権限が与えられる．このような地域統括本社は，日本企業においても1980年代後半から1990年代前半にかけて，世界三極体制，世界四極体制の構築という目的のために設立が相次いで行われた．また，この背景には，EU，NAFTAなどの地域経済統合の動きが加速化したこともある．地域内での自由貿易を前提に域内企業内分業を構築しようとしたわけである．しかしながら，実際には，多くの地域統括本社の機能は，「複数の域内拠点の共通機能の一元化・効率化，サービス・スタッフ機能の提供」という要素が多く，本格的な地域戦略の策的機能を有するものはほとんどなく，きわめて限定されたものであった．地域内で自己完結する事業システムでは，規模の経済，投資の重複ロス，技術や知識ノウハウの世界的共有化・共同利用という面では問題が多い．また，世界本社と地域内の子会社の間に位置するために，意思決定や情報ルートが冗長なものとなり，「屋上屋を架す」という点も問題視された．したがって，多くの地域統括本社は，自己完結的なリージョナル戦略の策定と執行というよりも，地域内生産・販売拠点の相互協力・補完関係を構築し，現適応化を推進するとともに，地域間の相互補完体制を築くことによってグローバルな統合化を図ろうとするものであり，現地適応とグローバル統合のバランスを図る機能が重視されているといえる．そのため，製品軸あるいは機能軸と，地域軸としての地域統括本社というマトリックス的運営形態となっている場合が多い．→グローカル経営，グローバル・マトリクス組織

5［茂垣広志］

地域別組織
(regional divisionalized organization)

事業部制組織のバリエーションのひとつであり，地域を単位として，複数の職能をもっ

た事業部を構成するものである．地域別組織のメリットは，意思決定権限が担当の地域別組織に委譲され，自主的な判断が可能になることである．このような権限委譲により，製品開発，生産，販売・マーケティングなどの意思決定を，ターゲットとする市場の近くで行うことができるようになる．反対に，地域別組織のデメリットとしては，まず第1に，地域別に製品開発を行うため，地域間での製品開発の重複が発生し，地域別スタッフと本社スタッフの間で責任が重複する可能性があるため，コミュニケーションの階層も増加し，余分なコスト増を招くことになってしまうことがあげられる．第2に，研究開発の調整が困難になる点である．地域別組織が勝手に研究開発に着手して，互いに調整ができない場合，グローバルな製品開発の立案は非常に困難になってしまう．この結果，本国の新製品をグローバル市場で販売したり，逆に海外子会社で開発された製品を本国に導入することも遅れてしまう．これは，本国と地域間での知識・ノウハウの移転が困難になり，イノベーションの創造がなされなくなる危険性，さらに，各地域で学習された知識・ノウハウを，グローバル・ネットワークの中で活用しにくくなるといった欠陥もはらんでいる．→事業部制組織　　　　　　　9［山田敏之］

知覚 (perception)

　知覚とは，人が刺激を選択し，統合し，そして解釈をして，意味があり，まとまりのあるものにする複雑なプロセスをいう．たとえ同じ状況で同じ動機をもっていても，その状況をどう知覚するかは消費者によって異なる．このように人間は五感を通じてものごとを知覚する．つまり知覚によって自分自身のいる世界を解釈し，理解するのである．われわれが知覚していることはわれわれの目標や経験に依存するため，知覚は学習されたものである．毎日われわれは，膨大な量のマーケティング情報に接しているが，選択的な知覚を通じてこれらの情報を扱っている．選択的な知覚では選択的注目，選択的歪曲および選択的保持があるといわれている．知覚は問題解決への代替案が識別される購買決定の段階で重要な役割を果たす．→態度 3［菊池一夫］

知識 (knowledge)

　広辞苑によると，ある事項について知っていることであり，認識によって得られた成果であり，原理的かつ統一的に組織づけられ，客観的妥当性を要求しえる判断の体系とされている．

　人間が有する知識には異なる2種類の知識，すなわち形式知 (explicit knowledge) および暗黙知 (tacit knowledge) が存在している．形式知とは，文法に基づいた文章，数学的表現，技術仕様，マニュアル等にみられる形式言語によって表すことができ，形式化を可能とする知識である．それに対して，暗黙知とは，形式言語では表現しきれないものであり，一人ひとりの体験に根ざす個人的な知識であるとともに，信念，ものの見方，価値システムといった無形の要素を含むものである．また，暗黙知は技術的側面と認知的側面の異なる2つの側面をもっている．前者はノウハウととらえられるのに対し，後者はスキーマ，世界観，信念などを含むメンタル・モデルによって代表されるものであり，無意識に属し，表面化することがほとんどないものである．企業に内在する知識とその変換メカニズムに着目し，知識変換プロセスとマネジメントの関係を理論化したのが，ナレッジ・マネジメントである．→経営戦略，ナレッジ・マネジメント　　　　　　　2［高橋成夫］

知識連鎖 (knowledge link)

　バダラッコ (Badaracco, J.) によって，戦略提携を説明するために提示された概念である．バダラッコは，戦略提携の本質は知識連鎖であるとし，知識を移動型知識と密着型知識に分類している．移動型知識とは，製品や技術などの言語や文章などで他の企業に容易に伝達し，移転可能なものである．密着型知識とは，企業文化などの特定企業に密着したものであり，企業間を容易に移転することができないものである．バダラッコは，このように知識を分類した後で，戦略提携を製品リ

ンクと知識リンクに分類している．製品リンクとは，競争市場で勝ち残るために，当該組織がもつ製品ラインのギャップを埋めるために行われる提携である．しかし，製品リンクは，競合企業を創り出したり，本業に必要な変革の大胆案になってしまう危険性もある．それに対して，知識リンクとはある組織が他の組織のスキルや能力に接近したり，また新たな能力を創造するために他の組織と共同するような提携をいう．さらに，知識リンクの場合，企業以外の研究開発機関などに提携相手が広がる可能性を秘めている．パダラッコは，複数の知識連鎖を活用することによってコア能力を革新したり，新しいコア能力を構築できる知識リンクの戦略的重要性を指摘している． 4 [高井 透]

知的財産 (intellectual property)

人間の知的な活動から生み出された成果のことをいう．知的財産基本法（平成14年法律第122号）第2条によると，知的財産とは，「発明，考案，植物の新品種，意匠，著作物その他の人間の創造的活動により生み出されるもの（発見又は解明がされた自然の法則又は現象であって，産業上の利用可能性があるものを含む），商標，商号その他事業活動に用いられる商品又は役務を表示するもの及び営業秘密その他の事業活動に有用な技術上又は営業上の情報」と定義されている．

知的財産は，法的に権利として保護されているもののみを指す狭義の意味で使われるケースと，法的に権利としては保護されていないが財産的価値があると思われるものを加えた広義の意味で使用されるケースがある．

法的に権利として保護されているものの具体的な例としては，特許・実用新案，商標，意匠，半導体集積回路配置，種苗，著作物，営業秘密，ノウハウ等をあげることができる．法的に権利としては保護されていないが財産的価値があると思われるものの例としては，取引先，のれん，能力，人的ネットワーク，公式，集合的企業組織，組織的文化，顧客の満足等をあげることができる．→特許権
6 [桐畑哲也]

チャネル管理 (channel management)

チャネルとは商品が生産者から消費者の手に渡るまでの流れを意味しており，流通経路とよばれるものである．また，チャネル選択とチャネル管理の意思決定を行うことをチャネル政策という．チャネル選択とは，チャネルに関して広狭，長短，提供システムの3つの意思決定を行うものである．チャネルの広狭とは，商品を扱う小売店をどのように設定するかによって，できる限り多くの店舗を販売窓口とする開放型チャネル，何らかの基準で店舗を絞り込む選別型チャネル，きわめて限定した店舗を対象とする専売型チャネル排他型（きわめて限定した店を対象）の3つがある．チャネルの長短は，メーカーから最終顧客までの間にいくつの段階を設けるかということであり，メーカーが直接販売を行えば段階はゼロということになり，消費財に多くみられる卸売業者と小売店が存在する場合は2段階チャネルということになる．提供システムとは，チャネルを通じてどのような機能を提供するかを決めることであり，ターゲットとなる顧客の要望水準に合わせて卸売業者と小売店が担う商流，物流，情報のシステム等の提供機能を設計される．チャネル管理とは，チャネル・メンバーに対する動機づけ，コンフリクト管理，システム統制という3つの視点で行われる．動機づけとは，チャネル・メンバーのインセンティブを創出したり帰属意識を醸成するために行われる経済的報酬があげられる．コンフリクト管理とは，チャネル・メンバー間の競争・均衡状態を管理することであり，チャネル・メンバーとの協調関係，適度な緊張関係を維持することを目的として行われる．システム統制とは，チャネル・システムを具現化する商流，物流，情報の各システムの成果判定指標を明確にし，現状の評価と修正すべきことを明らかにすることである．→垂直的マーケティング・システム，パワー・コンフリクト，リベート，流通系列化
3 [竹内慶司]

チャンドラー
〔Chandler, A. D. Jr., 1918–〕

経営史研究の大家で,ハーバード大学ビジネススクール名誉教授である.チャンドラーはアメリカの大企業5社(デュポン,GM,スタンダード石油,シアーズ・ローバック)の歴史的発展プロセスに焦点を当て,事業が拡大し,多数の製品がつくられ,広い地域で事業が行われる(多角化戦略)こととあわせて,組織(事業部制組織)がつくられるプロセスを詳細に考察し,「組織(構造)は戦略に従う(structure follows strategy)」という有名な仮説を提示した.この研究は,1962年に『組織は戦略に従う』(Strategy and Structure)という著書にまとめられている.同書は戦略という概念の重要性を初めて指摘したものとしても有名である.チャンドラーは企業全体の基本的な目的を決定し,これら諸目的を遂行するために必要な行動方式を選択し,諸資源を割り当てることを戦略的決定ととらえ,業務を円滑かつ効率的に運営していくために必要な日常的管理活動に関するものであり,戦略的決定の執行機能である戦術的決定と区別している.チャンドラーには,市場の「見えざる手」から管理による「見える手」の役割が大きくなるプロセスを解明した『経営者の時代』,組織能力の国際比較を行っている『スケール・アンド・スコープ』といった著書もある.→アンゾフ,事業部制組織　　　　　　　　　　　9［山田敏之］

中央値 (median)

測定値を大きさの順に並べた場合,中位に位置する値のこと.代表値のひとつ.代表値とグループ全体を代表する値のことで,中央値のほかに,平均値,最頻値などがある.代表値のどれかひとつだけでは,測定値全体の中心を表す指標として機能しない場合があるので,データを正しく理解するためには,平均値,中央値,最頻値といった代表値を把握する必要がある.中央値は測定値が奇数個の場合は,中位に位置するひとつの数値となり,測定値が偶数個の場合は,中央に位置する2つの値の平均値となる.たとえば,「1,3,6,8,10」といった奇数個のデータの場合の中央値は6となり,「1,4,6,8,11,15」といった偶数個のデータの場合は中央に位置する2つの値である6と8の平均値である7が中央値となる.平均値とは,データの値をすべて足したものをデータ数で除したものである.最頻値とは,データの中でもっとも頻繁に現れる値のことである.たとえば,「1,3,3,3,6,8,8,10」といったデータの場合,3が最頻値となる.　　　　16［上村和申］

中間組織 (intermediate form)

市場でのスポット的(一回限りの)取引と企業による完全な組織への内部化の両方の要素を含んだ,まさに中間的な企業取引を行うシステムで「中間組織」とよばれ,第3の取引形態として規定される.あらゆる企業は,多くの場面で「メイク・オア・バイ(make or buy)」,すなわち,ある製品やサービスに関して,それを自社内部で生産ないしサービスの供給を行うか,それとも市場を通じて外部(他社)から製品やサービスを購入するかという選択に直面する.しかし,日本の代表的な企業間関係の特徴のひとつである「系列」は,基本的に市場を通じた企業間取引でありながら,まるでひとつの組織内部で行われているかのような支配-従属関係あるいはギブ・アンド・テイクの協力関係が成立し,長期にわたる継続的取引が遂行されてきた.また,それは日本製造業の安定性および効率性の高さが評価されるにしたがって,市場取引のもつ機動性と柔軟性,また内部組織のもつ統制力と安定性といった両者のメリットをあわせもつ取引形態として一定の評価をえるようになった.→企業系列,組織間関係
　　　　　　　　　　　　　　　9［石坂庸祐］

中小企業
(small and medium sized enterprises)

中小企業という概念は,絶対概念でなく,大企業と比較して,はじめてその意味をもつ相対概念である.大企業よりも企業規模が小さいというだけでなく,経営面などにひ弱さ

が目立って，質的にも劣っているというニュアンスを含めたものが中小企業と考えられる．具体的には，中小企業問題を中小企業の「低い生産性」「経営の不安定性」「劣った労働条件」の3つをあげることができる．中小企業基本法における中小企業の範囲とは，①製造業，建設業，運輸業その他に業種は，資本金3億円以下または常時雇用する従業員300人以下の会社および個人企業，②卸売業は，資本金1億円以下または従業員100人以下，③小売業は，資本金5,000万円以下または従業員50人以下，④サービス業は，資本金5,000万円以下または従業員100人以下，となっている．また，小規模企業とは，従業員20人以下の企業（ただし，商業およびサービス業については，従業員5人以下）としている．たとえば2004年の中小企業を事業所・企業統計でみると，事業所数は99.2％，従業者数は79.4％を占めている．さらに，製造業の出荷額は50.7％，卸売業の販売額は64.0％，小売業の販売額は71.4％と高い数値であることがみてとれる．このように，わが国の経済の発展や国民生活の向上に大きく寄与していることがうかがえる．→開業率と廃業率，ベンチャービジネス　15［今村　哲］

長期志向指標 (long-term orientation index)

ホフステッド（Hofstede, G.）による国民文化の次元のひとつであり，長期志向とは，秩序や序列を遵守し，いたずらに結果を求めず，忍耐や倹約を尊重する，（短期的な）見栄をはらないが，（長期的に）恥をかかないようにする，といった傾向のことをいう．これは中国の孔子の教えに関連させて，儒教ダイナミズム（confucian dynamism）ともよばれている．ボンド（Bond, M. H.）の調査に基づく．長期志向指標のスコアが高かったのは，中国，香港，台湾，日本，韓国など東アジア諸国である．→国民文化，ホフステッド

10［松村洋平］

長期利益計画 (long-range profit planning)

企業は会社の経営方針や戦略に従って，利益計画を策定する．こうした利益計画には短期利益計画と長期利益計画がある．長期利益計画は1年以上の長期にわたる利益計画であり，経営方針に沿って長期経営計画が樹立され，これに基づいて設定される．したがって，長期利益計画は長期的な展望（5年ないし10年）に立脚した企業活動計画であり，工場建設計画，販売市場開拓など主として構造的な部分にかかわる個別計画を総合調整したものである．これら長期利益計画の策定は，おもにトップ・マネジメントのかかわる仕事であるといえる．→短期利益計画，予算，予算管理，利益管理　　　　　　　　8［建部宏明］

直接金融 (direct financing)

企業などが株式や債券などの証券を発行し，資金保有者（個人，機関投資家など）から直接資金の提供を受けること．それに対し，預金者が余剰資金を銀行に預け，銀行がそれを資金需要のある個人，企業，公共団体などに融資する形態は間接金融という．直接金融取引にも証券会社という介在者は存在するが，あくまでも取引の仲介や手続きの代行役であり，資金の流れには関与しない．日本の企業金融においては，高度成長期まで間接金融が主流を占めていたが，これには，証券市場が未発達，資金調達コストが相対的に割安，メインバンク制が存在したなどの理由があった．その後，市場の整備，株式，社債の多様化，発行方法の弾力化が進むと，企業は時価発行などの有利な手法を用いた資金調達を選択するようになり，直接金融の増加をみた．直接金融における資金提供者は，証券の発行者の倒産や債務不履行による損失を直接被ることになる．このため直接金融の健全な発展には，情報開示の徹底と投資家側の自己責任意識の浸透が欠かせない．→金利リスク，証券取引法，信用リスク　　15［田中延弘］

直接原価計算 (direct costing)

直接原価計算は短期利益計画策定用の原価計算である．短期利益計画を行うためには，原価，営業量，利益の間に明確な比例関係（CVP関係）が存在しなければならない．そ

こで，原価を変動費と固定費とに分け，売上高から製造関係の変動費を引いて，変動製造マージン，ここから販売関係の変動費を引いて限界利益を計算し，ここから固定費を差し引いて営業利益を算定する．特に，限界利益は固定費を回収し，利益の創出に貢献するので，貢献利益ともよばれ，直接原価計算の中心概念である．直接原価計算は変動費を製品原価とし，固定費を期間原価として取り扱うので，部分原価計算の範疇に分類される．したがって，製造原価をすべての原価要素で計算する全部原価計算とは対峙される．直接原価計算は伝統的な原価計算に潜むわかりにくさを払拭した原価計算である．→固定費，CVP分析，短期利益計画，部分原価，変動費

8［建部宏明］

直接的コントロール (direct control)

直接部下を監督し，その行動をコントロールすること．これに対し，間接的コントロールとは，直接監督によるのではなく，アウトプット（成果）によってコントロールする方法である．直接的コントロールが問題になるのは，本社による海外子会社のコントロールで日本企業が多用していることがあげられる．すなわち，海外子会社への主要ポジションに本社から日本人を派遣し，管理し，子会社の行動をコントロールするというものである．日米欧の多国籍企業を比べると，欧米系に比べ日系子会社では，この本社からの派遣者（エクスパトリエイト）が非常に多いことが1980年代から指摘されてきたが，現在でもまだその状況は続いている．本社の指揮のもとに子会社をコントロールする有効な方法ではあるが，ヒトの現地化の面でみると日本人中心の体制で，非常に遅れている点が問題点としてあげられ，日本企業はマネジャー層ではグローバルな人材の活用がなされていない，ということが指摘される．→EPRGモデル，現地化

5［茂垣広志］

直接輸出 (direct export)

自社で輸出部門を設置，あるいは自社グループ企業として輸出会社を設置し，仲介業者（商社等の他の貿易会社）を通さず自社において輸出業務を行う輸出形態．輸出先海外市場では，現地ディストリビューター（現地代理店等）に直接引き渡す形態と，現地販売子会社を設立し，そこで販売活動および販売の統括を行うという2つの付随的形態がある．この直接輸出を採用する要因は，第1に，輸出セクションを設置するコストを回収できるだけの売上が，海外市場で継続的に存在することである．したがって，海外での利益計画，販売計画が全体の計画の中で経常的に位置づけられていなければならない．第2は，その設置コストを上回るその有効性が存在するかどうかである．その有効性のひとつの判断要因は，輸出先海外市場の情報の重要性についてである．製品差別化戦略をとっている場合には，現地市場（セグメント）の開拓および浸透においてニーズやウォンツについての情報は特に重要である．この情報ができる限り他者のフィルターを通さないかたちで本国の開発部隊に届くことが差別性の実現には重要である．このような場合，できるだけ，顧客の近くまで自らの手で活動を行った方がよいことになるが，当然，それだけ販売関連の海外直接投資が必要となり，固定費部分が増加し，間接費もかかることになる．逆にいえば，差別化が困難で，低コスト性の実現により競争優位を構築しようとする場合には，商社等を用いた間接輸出が有利になる．→海外市場参入モード，間接輸出，シンプルグローバル戦略

5［茂垣広志］

DSS (Decision Support Systems：意思決定支援システム)

DSSは，ゴリーとスコット・モートン (Gorry, G. A. & M. S. Scott-Morton) により命名され，「半構造的および非構造的意思決定を支援する情報システム」と定義される．また，スプレーグとカールソン (Sprague, R. H. Jr. & E. D. Carlson) は，DSSの構成と機能を提示しているが，データベース管理機能と対話管理機能に加え，モデルベース管理機能が含まれている点が特徴的である．モデルベースには，問題解決のための財務モデル，統計モデル，数理科学モデルが，汎用ライブラリとして，あるいは個別作成され，管理される． 13 [歌代 豊]

TLO (Technology Licensing Organization：大学技術移転機関)

大学の研究者が生み出す技術研究の成果を，事業化可能性の観点から評価し，特許権などの形で知的財産化する業務と，それを産業界に移転するための仲介業務を行う機関．技術移転による産業振興への貢献と，特許権使用料などの収入による研究資金源の確保とを目的とする．TLOの活動はアメリカでは1980年代から活発化し，企業が大学からライセンスを受けて製品化するケース，起業家が大学の技術を買って創業するケース，大学研究者が企業と共同で起業するケースなどを実現させ，大学の研究情報の発信と大学発技術の事業化に貢献している．日本では，1998年の「大学等技術移転促進法」施行により設置が進み，株式会社，財団法人，大学内部局など，さまざまな組織形態をもつTLOが生まれた．文部科学省および経済産業省の承認を受けたものは2006年度初の時点で40機関を超えている．承認を受けたTLOは，技術移転費用の補助金，特許手続費用の減免，産業基盤整備基金による助成金などが受けられる．TLOの定着により，日本でも，大学内に産業界にとって魅力のある技術があれば，それを移転できるパイプが整った．→国際出願制度，国際特許分類，産学連携，知的財産，特許権 15 [田中延弘]

TOB (Take over Bid)

被買収企業の取締役会の合意を得ずに強引に買収を仕掛ける敵対的買収 (hostile takeover) のひとつの手段として有名であり，「株式公開買い付け」と訳される．TOBは，経営権の取得や支配権強化のため，取得したい企業の株式を市場価格より高い価格で買い付けることを公表し買い取る手段である．外食企業のオリジン東秀を巡ってイオンとドンキ・ホーテが互いにTOBを仕掛けて競い合うなど，近年，その件数は増加の一途をたどっている．TOBを含む敵対的買収に対抗する防衛策としては，大きく「事前の防衛策」と「事後の対抗策」に区別できる．事前の主な防衛策には，株主にあらかじめオプションを付与しておき，敵対的買収の際，買収コストが高くつくことで買収を困難にする策であるポイズン・ピル (poison pill)，買収された企業の経営陣が解任された際，巨額の退職金が支給される雇用契約を結ぶ策であるゴールデン・パラシュート (golden parachute) などがあげられる．一方，事後の主な対抗策には，買収を仕掛けた企業に逆に買収を仕掛ける策であるパックマン・ディフェンス (pac-man defense)，買収を受けた企業にとってより好ましい友好的な別の会社に買収を依頼する策であるホワイト・ナイト (white knight)，株式市場でターゲット企業の株式を買い集め，逆にターゲット企業へ買い取りを迫る策であるグリーン・メイル (green mail)，買収企業に狙われている被買収企業の事業や子会社を第三者へ売却する策であるクラウン・ジュエル (crown jewel) などがある．→M&A 4 [松崎和久]

TQC&TQM (Total Quality Control & Total Quality Management)

日本では1990年代前半まで全社的品質管理運動，TQCが展開されていた．しかし形式重視，提案件数のノルマ管理　職場，部門のみの部分最適の追求といった問題点も生じ，推進団体の日本科学技術者連盟は1996年にTQMへと名称変更して，品質経営の向上を目指す新たなスタートを切っている．その理由については諸外国ではTQMという呼称が一般的になっていて，TQCを国際的に通用する言葉にする必要があること，TQCを企業環境の変化に対応できる経営活動に，より一層役立つようにする必要がある点を指摘している．すなわち，TQCのCはコントロールであり統制，制御という意味からより総合的経営的な視点からの品質経営を目指す運動へと転換したものといえよう．すなわち，「顧客の満足する品質を兼ね備えた品物やサービスを適時に適切な価格で提供できるように，企業の全組織を効果的・効率的に運営し，企業目的の達成に貢献する体系的活動」(「デミング賞のしおり」)としている．→QCサークル　　　　　　　14 [根本　孝]

t検定 (t-test)

量的データにおいて2つのサンプル間における平均の差が母集団においても認められるかどうかを推測する統計的検定法．3つ以上のグループの平均の差を検定する場合は，分散分析を用いることになる．t検定は帰無仮説が正しいと仮定した場合，統計量がt分布に従うことを利用して検定を行う．t検定における帰無仮説は2つのグループの平均に差がないとするもので，算出したt値がt分布表の値よりも大きい場合に帰無仮説が棄却され，グループ間に有意差が認められることになる．t検定は2つのサンプルの間に対応がある場合と対応がない場合によって手順が異なる．対応がある場合とは，運動をする前とした後や，話を聞く前と聞いた後などのように，同じ被験者から2つのサンプルを得ることを意味する．たとえば，ある商品に関する説明を受ける前と受けた後ではその商品に対する評価点に差が認められるかといった場合である．対応がない場合とは，男性と女性や，小学生と中学生などのように，構成メンバーが異なるサンプルを意味する．たとえば，大学1年生と大学2年生ではアルバイトによる収入に差が認められるかといった場合である．→カイ二乗検定，帰無仮説，分散分析

16 [上村和申]

TCP/IP (Transmission Control Protocol/Internet Protocol)

インターネットで標準的に使われる通信プロトコルである．TCP/IPは，アメリカの国防総省の通信ネットワークプロジェクトDARPANET (Defense Advanced Research Project Agency Network)の中で開発された．DARPANETはその後ARPANETとなり，大学の研究者に不可欠なネットワークとなり，今日のインターネットに発展した．その結果，TCP/IPは現在もっとも利用されている通信プロトコルといえる．→インターネット，LAN　　　　　　　13 [歌代　豊]

DCF法 (Discounted Cash Flow method)

割引現在価値を計算する方法のこと．投資がキャッシュインフローで表せる場合，投資判断対象がどのような形態であっても，どのような種類のものであっても割引現在価値という貨幣計数による共通尺度で比較可能とすることができるという利点が指摘される．→割引現在価値　　　　　　　7 [大倉　学]

ディスクロージャー (disclosure：情報開示)

企業が株主や債権者など利害関係者に経営情報などを開示ないし公開することを意味する．

制度的に会社法や証券取引法，あるいは税法など法律によって強制されるものを制度的ディスクロージャーといい，株主や消費者など利害関係者に企業が自発的に経営戦略や方針，投資や財務状況のアニュアルレポート，さらにはCSRレポートや環境白書などを公開する自主的ディスクロージャーに区分され

ることが少なくない．企業の社会的責任履行への要請が強まり，また説明責任としてのアカウンタビリティーが求められる中で，企業広報としてのディスクロージャーはますます重要となってきている．→アカウンタビリティ，CSR　　　　　　　　　8［根本　孝］

DBMS (Database Management System)

データベース管理システムを指す．データベースを構築・運用するときに，データベースの定義，管理，アクセスコントロール，検索，レポート作成などの機能を提供するソフトウェアである．データベースの形態により，リレーショナル，カード，オブジェクト指向などの方式に分類される．企業の中で用いられているデータベースの多くはリレーショナル型である．　　　13［歌代　豊］

テイラー
〔Frederick Winslow Taylor, 1856-1915〕

テイラーは，南北戦争後のアメリカで活躍した機械技師（エンジニア）である．彼は，工場管理において問題となっていた組織的怠業を克服すべく科学的管理法を確立し，能率増進運動の第一人者となり，「科学的管理法の父」とよばれている．1856年，フィラデルフィア出身．眼疾のためハーバード大学への入学を断念し，小さなポンプ工場でキャリアを築き始める．ミッドベール・スチール社で機械工から技師長まで勤め上げ，ベスレヘム・スチール社の顧問となった．

当時の問題であった組織的怠業に真正面から取り組み，目分量で恣意的に作業を決めていた成行管理に原因を求め，動作研究と時間研究に基づく課業管理を提唱した．課業管理を賃金制度に反映させ，格差出来高給制を考案したり，職長制度にもメスを入れ，職能別職長制，現在のファンクショナル組織を考案した（テイラーシステム）．能率増進運動の中心的存在であったが，労働組合から批判を受け，議会の公聴会に喚問されたが，テイラーは，科学的管理法の本質は，経営者と労働者の精神革命にあると主張し，科学主義と労使協調を説いた（テイラーリズム）．*A Piece-Rate System*, trans. ASME, vol.16, 1895, *Shop Management*, trans. ASME, vol.24, 1903, *The Principals of Scientific Management*, Harper, 1911（上野陽一訳・編『科学的管理法』新版，産業能率短期大学出版部，1969年はテイラーの著作集になっている）．→科学的管理法，課業管理，組織的怠業，動作研究，成行管理

1［松村洋平］

適合品質 (quality of conformance)

製造品質 (quality of manufacture) ともいう．JISでは「設計品質をねらって製造した製品の実際の品質，できばえの品質」といっている．製造によって製品に作り込まれる品質のことで，製品設計・仕様との整合性（不良率，手直し率等の低減，直行率等の向上など）のことである．→設計品質，総合品質，品質　　　　　　　　　　　8［長屋信義］

テキスト・マイニング (text mining)

電子化された文章情報を解析し，新たな情報を抽出する技術である．IT化によって電子化された文書情報が企業の中で重要な財産になっている．また，インターネットの普及により，インターネットリソースとしても文章情報がアクセス可能になっている．たとえば，単語の出現頻度から，文書間の相関関係や類似度を判別したり，顧客のクレーム情報から製品に関する改善ニーズを抽出することができる．テキスト・マイニングに対して，数量データから新たな情報を抽出する技術をデータ・マイニングという．　13［歌代　豊］

適用-適応モデル

安保哲夫を中心とした日本多国籍企業の研究グループは，『日本企業のアメリカ現地生産』（東洋経済新報社，1988年），『アメリカに生きる日本的生産システム』（東洋経済新報社，1991年）等の著書の中で見出された理論モデルである．日本の製造企業がアメリカで行う現地生産活動において，多国籍企業論における企業特殊的要因，つまり，アメリカ工場がいかなる経営・生産システム上の

優位性を有しているのかといった側面(「適用」の側面),その一方で,現地特殊的要因すなわち現地化の要請に応えながらその優位性をどのように発揮しうるかといった側面(「適応」の側面)のジレンマに直面する中で,これを「適用—適応のモデル」とよび,2つの側面が日系アメリカ工場では実際にどのようになっているのかを実態調査を通じて明らかにしようとした.親会社のマネジメント方式と現地方式を交配・融合させた経営はハイブリット経営(hybrid management)ともいわれている.
14[島谷祐史]

デザイン・イン (design in)

設計段階でサプライヤーが開発参加することをデザイン・インという.完成品メーカーと部品メーカーとの関係には,いくつかの取引形態がある.第1は,部品メーカーが設計し,市販する部品を完成品メーカーが購入する形態である.第2に,完成品メーカーが部品設計を行い,その仕様に基づき部品メーカーが製造する形態である.第3は,設計段階で完成品メーカーと部品メーカーが共同し,部品については部品メーカー側の提案に基づき,設計を進める形態である.この形態がデザイン・インである.部品メーカーが作成した設計図を完成品メーカーが承認することから,承認図方式ともよばれる.
6[歌代 豊]

デザイン・ツー・コスト
(Design To Cost:DTC)

製品の企画・開発・設計に先立って,目標とするライフサイクル・コストを設定し,企画・開発・設計段階における,顧客や社会からの要求事項と,それを満たすために発生が予測されるコストとのトレードオフを通じて,目標とするライフサイクル・コストの枠内に,実際のライフサイクル・コストを収めようとする原価管理思想である.デザイン・ツー・コストは,もともとアメリカ国防総省で用いられていた考え方であり,物品の入札に際して,納入業者にライフサイクル・コストの提示をもとめたことに始まるとされる.

従来,企業は,生産者の視点におけるコストを管理するための考え方としてデザイン・ツー・コストを導入していたが,今日では,生産者だけでなく顧客や社会の視点も含めたライフサイクル・コストを管理することが重要である.デザイン・ツー・コストにおいて,ライフサイクル・コストの目標は,挑戦的だが必ず達成すべき目標として設定される.これには,コストを製品やサービスの企画・開発・設計における制約とすることで,技術者たちから最大限のコスト低減努力を引き出そうとする狙いがある.→ライフサイクル・コスト
8[大槻晴海]

デザイン・フォー・エックス
(Design For X:DFX)

製品やサービスの企画・開発・設計段階において,生産者だけでなく顧客や社会の視点をも取り入れたさまざまな設計特性(x)を検討しようという考え方である.設計特性には,生産性,組立性,分解性,信頼性,保守性,または環境性などが含まれる.デザイン・フォー・エックスの中では,従来から,生産者の視点に立って生産性と組立性を考慮するDFMA (design for manufacturing and assembly) がよく知られている.また,最近では,顧客の視点に立って信頼性を考慮するDFL (design for liability) や保守性を考慮するDFS (design for service) が,さらに,社会の視点に立ってリユースやリサイクルといった環境性を考慮するDFE (design for environment) などの概念が登場している.デザイン・フォー・エックスは,デザイン・ツー・コストと併用され,ライフサイクル・コストの目標を達成させながら,顧客や社会から要求されるさまざまな設計特性の同時実現を目指した開発設計活動が行われる.→デザイン・ツー・コスト,ライフサイクル・コスト
8[大槻晴海]

デジタル化 (digitization)

デジタル (digital) は,ラテン語のdigitus (指) が語源で,人間の指が10本あることに結び付けて,十進法の数字や桁を意味する.

コンピュータ分野でのデジタル化とは，情報を0101の配列で信号化し，大量に遠隔地へ劣化なく送信することや文書，帳票，図面，あるいは写真などのアナログデータをデジタル信号に変換して記録，保管することを指す．近年，この言葉は，各方面でも使用されており，経済・経営活動におけるデジタル化は，インターネット，テクノロジー，グローバリゼーションが結びつき，付加価値の高い新製品やビジネスモデルの変革などによって，新しい市場機会を創出し，市場に新風を吹き込んでいる．また，デジタル信号を扱えるデジタルオーディオ機器，デジタルテレビ，デジタルカメラ・ビデオ機器などの製品，およびパソコンに接続機能を有するインターネット，電子メールなどをデジタル家電とよんでおり，生活のさまざまな側面でデジタル化が進んできている．しかし，アナログ蓄音機，アナログレコード，アナログカメラ，あるいは万年筆などのデジタル製品にはない，味わいやぬくもりをもつアナログ製品の支持層も根強くいる．→アナログ思考，インターネット，グローバリゼーション，ビジネスモデル特許　　　　　　　　　　15［今村　哲］

デジタル・ディバイド (digital divide)

コンピュータ等でデジタル化された情報の入手および発信の手段をもつ者ともたざる者の間に生じる情報の量と質に関する格差．1990年代以降，社会のさまざまな側面でコンピュータおよびITが導入され，さらに，それらがネットワーク化されるようになると，それら機器の保有および操作習熟の格差が経済的格差につながるという指摘がなされてきた．たとえば，IT機器を保有することが経済的に困難である人は，それに基づく情報格差により，ますます貧しくなるという経済格差が生まれるという指摘である．情報通信技術の利用環境や活用能力の差が経済的格差を産み出すのであれば，それを解消するためには，機器類の低価格化によりその社会的普及を高めていくことが必要となるとともに，それら機器類のユニバーサル・デザイン化を進めていく必要がある．すなわち，誰でも使用できる情報端末の開発とその普及である．アメリカではIT利用と人種間の格差（人種による所得格差）が問題となったが，日本では高齢者や障害者の操作習熟が問題となっており，その点でもユニバーサル・デザインの思想は重要である．他方，情報化社会におけるリテラシー（読み書き能力）として情報リテラシー教育もまた重要なものとなる．また，情報格差に含まれるが通信手段による格差を通信格差という．　　　13［茂垣広志］

デジュリ・スタンダード
(de jure standard)

ISO，BIS，国際会計基準など，公の標準化機関が設定するような規格である公的標準を意味する．それに対し，実際の市場競争において大勢から支持されるようになった規格であり，事実上の標準（デファクト・スタンダード）と命名されている．デジュリ・スタンダードとは，公の標準化機関が設定するような規格であり，たとえば，国際標準，地域標準，国家標準，業界標準，企業内標準など，その対象範囲は多岐にわたる．デジュリ・スタンダードの特徴としては，第1に標準の決定者が公の標準化機関である．第2に標準の正当性が公の標準化機関の権威である．第3に標準化の動機が標準化しないと製品の機能が発揮できない．第4に主な対象分野として他社とのやり取りが製品の本質機能である分野である．第5に標準化のカギは公の標準化機関の強制力，参加企業数，有力企業の参画である．第6に標準化と製品化の順序は標準の決定から製品化に進むことがあげられる．→グローバル・スタンダード，デファクト・スタンダード　　　　　　　　　4［松崎和久］

テスト・マーケティング (test marketing)

テスト・マーケティングは，実際の代表的な市場を選定して，その製品とマーケティング・プログラムに問題がないかどうかに関して将来予測のための市場データを収集して検証することを目的としている．テスト・マーケティングはマーケティング調査においては実験法に該当するものである．テスト・マー

ケティングを行うことによって実際に新製品を市場に導入する前に，さまざまなプログラム上の問題点が明確になる．他方で，テスト・マーケティングは実際に市場に出すためにさまざまな問題がある．たとえば，費用や時間がかかるということであり，また競争相手に製品の導入を知られてしまうことに注意しなければならない．　　　　　3［菊池一夫］

データウェアハウス (data warehouse)

組織の中で発生した生データを蓄積し，さまざまな加工・分析を行うための大規模データベースをデータウェアハウスという．データの倉庫という意味であり，DWHと略す場合もある．通常の業務処理のためのデータベースは目的別に編成され，業務の流れに沿って加工された情報により，個々のデータベースを更新する．これに対して，データウェアハウスは，発生した明細レベルの生データを時系列で記録し，必要な時点で分析，加工するという考えに基づいている．

13［歌代　豊］

データ・マイニング (data mining)

ベリーとリノフ（Berry and Linoff）によれば，データ・マイニングとは，意味あるパターンやルールを発見するために大量のデータを自動的ないし半自動的手段で分析および探索するプロセスであり，データから意味のある新情報を抽出するための特定の活動である．つまり，データ・マイニングとは一群のデータの中に潜んだあるパターンを見つけ出す，一群のデータベースのアプリケーションの用語であり，さまざまな観点からデータを分析し，有益な情報に要約するプロセスである．データ・マイニングは情報技術の発展を背景にしており，POS情報やポイントカードの利用情報といった企業内に収集，蓄積される大容量のデータを効率的に保存するデータウェアハウスからデータを解析して，そこから項目間のパターンや相関関係などを発見していく．データ・マイニングは，顧客のロイヤリティの向上ならびに顧客の維持を目的としている．（マイケル・ベリーとゴードン・リノフ著，江原他訳『マスタリング・データマイニング』海文堂，2002年）．→テキスト・マイニング　　　　　3［菊池一夫］

デファクト・スタンダード (de facto standard)

製品の互換性や製品間の相互接続性を高めるために製品仕様や機器間のインターフェイスに関する標準が必要となる．標準は，国レベルや，国際レベルの標準化機関によって制定される．標準化機関としては，ISO（国際標準化機構），IEC（国際電気標準会議）等がある．標準化機関によって定められた標準を公的標準（de jure satandard：デジュリ・スタンダード）という．しかし，標準は標準化機関が定めるものだけではない．市場での企業間の競争の結果として製品が淘汰され，その結果として市場で支配的な標準が形成される場合もある．これをデファクト・スタンダード（de facto standard：事実上の標準）という．デファクト・スタンダードの例としては，家庭用VTRでソニーのベータに勝った日本ビクターのVHS，PCのオペレーティング・システムでアップルコンピュータのMacintoshに勝ったマイクロソフトのWindowsがある．→グローバル・スタンダード，デジュリ・スタンダード　　　　　2［歌代　豊］

デミング賞 (Deming Prize)

戦後の日本企業の品質向上を支援するために1950年から3度にわたり来日し品質の統計的管理のセミナーの主任講師を務めたのが故デミング博士（Deming, W. E. 1900-1993）であり，日本の産業界に大きな影響を与え，その貢献を記念して制定されたのがデミング賞である．

その後もデミング賞も拡充され，現在では本賞（統計的手法の開発やTQMの普及に貢献した個人または組織），実施賞（TQMを実施して顕著な業績向上がみられた企業・事業部），そして事業所賞（品質管理を実施し顕著な業績向上がみられた事業所）の3部門から構成されている．さらに1969年には日本品質管理賞（The Japan Quality Medal）が

創設され、デミング賞実施賞を受賞し、さらに受賞後3年以上にわたり継続的に品質管理活動を実践している企業または事業部が応募することができ、TQC等の特色が活かされ、その水準が向上・発展していると認められた場合に授与される。

1980年代にアメリカで創設されたマルコム・ボルドリッジ賞のモデルとして大きな影響を与えた。→SQC, 日本的経営品質賞, マルコム・ボルドリッジ賞　14［根本　孝］

デューデリジェンス (due diligence)

投資対象の適格性を把握するための調査活動のこと。基本的なM&Aプロセスは、ディール (deal) とよばれる案件の成立をはさんで買収前段階 (pre-acquisition) と買収後段階 (post-acquisition) に区別される。そして、買収前段階は、主にM&Aを実施する必要性や買収の動機・目的の整理など、買収戦略を明確化する段階である「計画」と買収の準備や買収企業の調査およびその選抜が行われる段階である「実行」に区別されるが、この実行の段階において、投資対象としての適格性について調査活動を行うことを「デューデリジェンス」とよんでいる。「デューデリジェンス」では、次のような3つのポイントについて事前の把握が必要である。第1に

ターゲット企業のマネジャーや社員の質、顧客や取引先、生産や販売・マーケティングの能力など、主に事業活動に対する課題の洗い出しを行う「ビジネス・デューデリジェンス」である。第2はターゲット企業の株主、訴訟または係争問題の有無、労使間の紛争、特許など、主に法務活動に対する課題の洗い出しを行う「リーガル・デューデリジェンス」である。第3にターゲット企業の不良債権、不良在庫、資産の含み益と含み損、退職給付債務やリース債務など、主に財務活動に対する課題の洗い出しを行う「ファイナンス・デューデリジェンス」である。→M&A

4［松崎和久］

電子メール (electronic mail)

通信ネットワークを通じて文字メッセージを送受する電子的な手紙を電子メールという。eメールと略す場合もある。古くはパソコン通信の電子メールが利用されたが、インターネットの普及とともに今日ではインターネット・メールが一般的である。近年では、携帯電話の普及により携帯電話による電子メールの利用も多い。すでにビジネスや個人生活でもなくてはならないコミュニケーションツールになっている。　13［歌代　豊］

と

投機家 (speculator)

短期的な株価の変動を予想し、差益を獲得することだけを目的に株の売買を行う者をいう。相場師とか山師ともよばれるが、こうした存在の増大は株式市場をカジノ化すなわち賭博場化させることになる。それは長期的な企業の成長、育成のための出資をする投資家の拡大を阻害することになり、問題視されている。投機家あるいは投機を目的としたファンド会社はハゲタカファンドなどとよばれ、その拡大や株式市場のカジノ化はカジノ資本主義として批判をあびている。→投資家

1［根本　孝］

等級別総合原価計算 (class cost system)

等級製品を反復連続的に生産する生産形態に適用される総合原価計算の形態である。ここで等級製品とは、同一の設備において生産される、形状、大きさ、品位などを異にする同種の製品のことをいう。この方法では、等価係数を使って原価を等級製品に按分することに特徴がある。つまりその計算手続きは、①各等級製品に等価係数を定め、②決定した各等価係数に、各製品の生産量を乗じて積数（必要に応じて等価比率）を計算し、③1原価計算期間の完成品の総合原価または製造費用を、積数（あるいは等価比率）によって各

等級製品に按分して、各等級製品の原価を算定する。

ここで等価係数とは、等級製品の生産量を共通の原価計算単位に換算するための係数のことであり、等級製品の原価発生と相関関係が高い、重量、長さ、面積、比重、純分度などの数値が用いられる。→製品別計算、総合原価計算
8 [山浦裕幸]

動作研究 (motion study)

作業分析するために、動作に分解し動作を研究すること。動作研究をすることによって、無駄な動作を発見して、これを削減したり、道具や機械の改良につなげたり、作業の効率を上げることができる。テイラー (Taylor, F. W.) は、標準的な作業量を導き出すために、動作研究とともに時間研究 (time study) も実施した。時間研究は、一つひとつの動作にかかる時間をストップウォッチなどを使って測定することである。また、テイラーの後継者であるギルブレイス夫妻 (F. B. & L. B. Gilbreth) は、微細動作研究 (micro-motion study) や数種類のサーブリック記号で動作を表現する要素動作 (サーブリック:therblig) を開発した。→科学的管理法、課業管理、組織的怠業、テイラー、成行管理
1 [松村洋平]

投資家 (investors)

損失を被る可能性を認識したうえでリスクマネーを出すリスクテイカーのことである。その意味では投資家の範囲は広いが、会計情報の客体としては企業との経済的利害関係の深い株主および債権家が想定される。現時点で株主および債権者の地位にあるものを顕在投資家と称するならば、これから投資行動に参画する予定の潜在投資家と称し、これらを含めて情報有用性、意思決定有用性の意義が展開される。→意思決定有用性、投機家
7 [大倉 学]

統制の範囲 (span of control)

一人の管理者が直接に指揮監督できる範囲、すなわち部下の人数を意味する。管理者には情報処理能力の制約などがあって、直接指揮監督できる部下の人数には一定の限界が存在する。統制の範囲には絶対的な基準は存在していないため、この範囲を決定するには①仕事の内容や特性、②管理者が指揮監督に費やす時間、③部下の能力や熟練の度合い、④コミュニケーションの難易、⑤スタッフからの支援の程度、といった要因を考慮する必要がある。たとえば、戦略企画、研究開発など仕事の内容が複雑な場合には、指揮監督できる部下の人数は少なくなり、逆に単純作業を機械的に繰り返すような仕事では、指揮監督できる部下の人数は増加することになる。統制の範囲を狭めると、階層が多く縦に長い組織構造となり、逆に、この範囲を広くすると、フラットな組織構造になる。→管理過程学派
9 [山田敏之]

独立変数と従属変数 (independent variable and dependent variable)

想定される因果関係における原因と仮定される変数のこと。説明変数ともよばれる。これに対して、因果関係の結果と仮定される変数を従属変数あるいは基準変数、目的変数という。独立変数を操作することにより、従属変数を測定することになる。仮説を検証する上で、説明する方の変数が独立変数であり、説明される方の変数が従属変数であるが、この関係は相対的なものであり、ひとつの変数がある変数に対しては独立変数となり、他の変数に対しては従属変数となる場合もある。統計分析を行う場合、独立変数、従属変数が質的変数であるか、または量的変数であるかによって、用いる分析手法が異なる。

独立変数、従属変数とも質的の場合はクロス表、数量化2類、順位相関などを、独立変数、従属変数とも量的の場合は相関分析や回帰分析を、独立変数が質的で従属変数が量的の場合はt検定や分散分析を、独立変数が量的で従属変数が質的の場合は判別分析やロジスティック回帰分析を、独立変数に質的、量的変数が混在し従属変数が量的の場合は共分散分析などを用いることになる。→多変量解析
16 [上村和申]

特許権 (patent right)

特許を受けることにより，業としての発明の独占的実施をすることができる権利をいう（特許法第68条）．業としての実施であり，家庭的，個人的実施には，権利は及ばない．独占することができるので，第三者が，許可なく実施をした場合は，民事的，刑事的救済を受けることができる．実施とは，生産，使用，譲渡等をいう．特許権は，財産権であるから，通常の権利侵害に対する救済を受けることができるが，有体物と異なり，発明は無体物であり，占有できないので侵害が容易であるとか，侵害の事実の発見が容易でないとか，侵害の判断そのものが，文章で記載された内容により判断するので，判断がきわめて困難であるとか，特殊要因が存在する．そのため，特許法内に種々の特則を置いている．たとえば，損害額の推定（同102条），過失の推定（同103条），生産方法の推定（同104条）等である．→知的財産，ビジネスモデル特許，実施権　　　　　　　6[久保浩三]

ドットコム企業 (.com company)

インターネット関連のビジネスを手がける新興ベンチャー企業の総称．もともとは，アメリカにおけるインターネット上の企業（商用）向け住所に該当するドメイン名の末尾が「.com」（日本の場合は「.co.jp」）であり，それをそのまま社名に使用する企業が多かったことから，こうした呼び名が生まれた．代表的な企業として，世界最大のオンライン書籍販売を手がける「アマゾン・ドットコム（amazon.com）」がある．こうしたドットコム企業は，独創的な技術やアイデアをもった比較的若い起業家によって興され，またインターネットを利用した新しいビジネスモデルをもち，新興企業向け株式市場やベンチャー・キャピタルから得た事業資金をもとに急成長をはかるといった特徴があり，実際彼らは，1990年代後半に世界的なインターネットの普及を背景として次代をになう新しい企業群として大いに評価される局面もあった．しかし，2000年前半におこったネットバブルの崩壊により，優れた技術やビジネスモデルをもたないドットコム企業の淘汰が急速に進むとともに，ドットコム企業そのものの評価も低下することとなった．9[石坂庸祐]

トップダウン (top-down)

組織階層上の上位者が意思決定を行い，下位者が上からの命令というかたちでその決定を受け入れ，忠実にそれを実行するかたちのマネジメント・スタイル．組織の計画策定に必要な情報処理・創造機能および権限が，組織のリーダー（トップ層）に集中していることを特徴とし，そのメリットとして，①意思決定そのものがきわめて迅速に行われる，②組織全体の統制（リーダーの意図の貫徹や全体最適）が発揮されやすいことなどがあげられる．ゆえに，組織が大胆な変革を行う必要に迫られる状況などで力を発揮しやすい方式であるといわれている．しかし，組織内の十分なコミュニケーションが確保されない場合には，①下位者からの反発をまねいて実行に支障がでる，あるいは，②現場作業や顧客対応に直接従事する人びとの情報・知識が経営に活かされないといったケースもありうる．一般に，トップダウン方式は，欧米型企業に特徴的なマネジメント・スタイルであるとされ，日本企業においては対照的な下からの合意の積み重ねによる「ボトムアップ」方式が主流であるとされてきた．→ボトムアップ，ミドル・アップ・ダウン　　　9[石坂庸祐]

トップ・マネジメント (top management)

会社の「経営者」「経営層」のこと．トップ・マネジメントは，全社的なミッション・目標と方針を決定したり，最終的な意思決定を下す機関である．近年，ビジネスに関連する各法律の改定や改正，本社単独経営からグループ連結経営へのシフトにともない，トップ・マネジメントの役割が大きく変化している．第1の変化は，経営と執行の分離である．従来までの日本企業では，会長（chief executive officer：CEO）と社長（chief operating officer：COO）の役割が混然一体（つまり，経営と執行の未分離）としていたが，最近では，会長は経営

監督，社長は業務執行と明確に役割分担をする企業が増えている．第2の変化は，社外取締役の登用と積極的な活用である．取締役会の構成メンバーとして社内取締役に加え，国内外から知見に富んだ人物を社外取締役として採用する企業が増加してきた．第3の変化は，執行役員制の導入である．執行役員とは実際の業務を執行する人物であり，この場合，取締役が兼務するタイプ（トヨタ，松下）と兼務しないタイプ（ソニー，日立）の主に2つのやり方に分けられる．→コーポレート・ガバナンス，ミドル・マネジメント，CIO

1［松崎和久］

トーナメント型競争
(tournament type competition)

昇進競争において，毎回の競争の勝者のみが次の競争に参加できるという昇進を「トーナメント型競争」とよぶ．日本企業においては長期勤続者の多くの者は課長までは昇進できるが，それ以降の昇進スピードは個人差が大きくなり，この昇進制度は，日本企業特有の昇進制度といわれており，下位の職位や職級では必要滞留年数を満たすとあまり差がなく昇進・昇格できるが，上位の職位や職級では，少ないポストを巡って選抜が行われ，人事考課の査定が昇進・昇格に大きく影響するというものである．つまり，新卒入社後の数年間はあまり昇進・昇格に差がないが，勤続年数が多くなるほど，個人の実力が昇進・昇格に反映されるという一面がある．社員間の競争が次第に強くなってくる仕組みである．この制度の課題は，①競争で負けた，および競争に参加できない社員のモチベーションの低下をどう防ぐのか，②企業業績の停滞などにより管理職のポスト数が減少する場合，競争がますます激しくなる，③入社数年後はがんばっても個人差が少ないため，辞める社員がでてくる，ことなどがある．公平な「トーナメント型競争」を維持する上で重要なのは，人事考課の結果をきちんと昇進・昇格に反映させることであろう．→職能等級資格制度 12［金 雅美］

ドメイン (domain)

経営学におけるドメインとは，組織が現在から将来にかけて相互作用していく環境の部分，すなわち，事業領域を指す．ドメインの語源は，ラテン語の支配や所有であり，領土や分野といった意味で使用される．ひとことでいえば，われわれの事業とは何か，という問いかけに対する答えである．われわれの事業とは何か，を決めること，つまりドメインを定義することは意外にむずかしい．映画産業と定義することもできれば（物理的定義），娯楽産業を定義することもできる（機能的定義）．物理的定義にすると，内容が非常に明確で，努力を集中しやすい反面，視野が狭まり，変化にうまく適応できなくなる（マーケティング近視眼という）．エイベル(Abell, D. F.)は，ドメインを顧客層・顧客機能・技術の三次元で定義することを提案している．また，経営者によって定義されるドメインは，コミュニケーションや製品・サービスを通じて，従業員や消費者のコンセンサスを獲得しなければ，思わぬ反発を受けたり，誤解が生じたりして，事業が失敗することもあるという指摘もある（ドメイン・コンセンサス）．→エイベル，企業戦略 2［松村洋平］

トライアド地域

1980年代に大前研一の著書『トライアドパワー』で提示された日米欧の3極地域を指す用語である．当時の世界市場としては，日本，アメリカ，欧州が巨大市場であり，それら3地域での市場プレゼンスの構築ができないと，国際競争でコスト面および資金面でも劣位に陥る．したがって市場シェアを獲得するために，それぞれの地域で企業がインサイダー化していくことが必要となる．

この80年代から90年代初頭にかけては，EUの形成などもあり，大手企業は，それら地域ごとに地域統括本社を設立し，世界三極体制あるいはアジアを含めて四極体制というゾーン・マネジメントを取る企業が多くなったのも事実である．その後，中国等のいわゆる新興市場が勃興し，グローバリゼーション

ドライビング・フォース (driving force)

推進力，駆動力といい，物事を動かすきっかけとなるような要因のことをいう．この概念は，組織論，イノベーション論，グローバル化などの経営学の幅広い分野に活用されている．たとえば，イノベーション論でいえば，ある製品の技術革新を進めるために，相互に連動している技術体系の一部を意図的に突出させ，その技術をドライビング・フォースとして他の連動している技術のレベルも上げていき，技術の革新速度を早めることが可能となる．また，本業の事業が成熟して，新しい事業分野に展開しなければならない時など，意図的にその新しい事業に経営資源を傾斜的に配分することで，その新しい事業を成長のドライビング・フォースとすることなどがある．上記のような事例の使い方をするのが一般的であるが，将来の製品・市場スコープに関する主要決定要因をドライビング・フォースとして使っているケースもある．

4 [高井　透]

ドラッカー
〔Peter Ferdinand Drucker, 1909–2005〕

オーストリアのウィーン生まれの経営学者・社会思想家．現代社会最高の哲人，マネジメントの父ともよばれている．1939年，第1次世界大戦後，欧州で巻き起こったファシズムの台頭を鋭く分析した処女作『経済人の終わり—新全体主義の研究 (*The End of Economic Man : The Origins of Totalitarianism*)』を著して以来，数多くのベストセラーを世に出し，国内外において彼を信望する研究者やビジネスマンは多い．特に1954年，刊行した『現代の経営上・下』では，目標管理 (management by objectives) の理論と手法を表わし，彼の地位を不動のものとする一方，世の中にマネジメントブームを巻き起こしたことは有名である．ニューヨーク大学教授を経て，2003年までカリフォルニア州クレアモント大学院教授を歴任した．2005年，老衰により95歳で死去．同年，ドラッカーの思想全般と経営管理論について，その深化，継続，啓蒙，発展をはかることを目的とした「日本ドラッカー学会」が発足した．→企業家，目標管理

1 [松崎和久]

トランスナショナル企業
(transnational firms)

バートレットとゴシャール (Bartlett, C. K. & Ghoshal, S.) が提唱する国際経営のモデル．従来の企業は，グローバルな効率性，現地適応性，イノベーション創出といういずれかひとつの能力が，その業界の求める要求と適合している場合に良好な業績を達成できたが，国際経営環境が複雑化するにつれ，いずれかひとつの要因だけで成功するのは困難であり，以下の3つの要件を同時達成する必要があるというものである．その要件とは，①グローバル・オペレーションとグローバルな統合を通じた効率性と経済性，②現地オペレーションを通じた国あるいは地域の違いへの反応性，③広範な学習と知識移転を通じた高度の世界規模のイノベーションの創出である．①は，グローバルな競争力をコスト上どのように達成するかという問題であり，②は，その統合化された拠点間のネットワークにおいて，どのように柔軟性を確保するかという問題であり，③は，世界的学習と知識共有化によるイノベーションをどのように創出するかという問題にかかわっている．これら3つの問題を解決するために必要な組織を「統合的ネットワーク組織」と名づけ，従来の組織モデルよりも多元的で柔軟な調整メカニズム（集権化，公式化，社会化による多元的調整）が必要とされるとしている．→I-Rグリッド，グローカル経営

5 [茂垣広志]

取締役会 (board of directors'meeting)

取締役会とは，企業における事実上の最高経営職能を担当する機関として規定されてきたものであり，1950年の商法の改正時にア

メリカ型の directors of board を範として導入させたものである.

取締役会が有する権限は，株主総会からの受託機能としての当該企業の業務遂行に関する意思決定権限および業務監査であり，具体的には重要財産の処分および譲渡，株主総会の招集，代表取締役の選任，新株発行の決定，中間配当の決定などが含められる．

取締役会は，その機能の健全化をはかるために，社内取締役のほかに社外取締役を含めるなどの措置を講じてきているが，従来から取締役会の機能に対する懸念は完全には払拭されていないことも事実である．最近ではコーポレート・ガバナンス（企業統治）の強化への動きからも，あらためて取締役会の機能が見直されてきている．

また 2006 年 5 月から施行された会社法によって，取締役会を取り巻く環境は大きく変化することとなり，施行後は取締役会の設置は必ずしも法によって義務づけられることはなくなり，任意設置機関へと変わった．また委員会設置会社における取締役会は業務執行権限をもたず，取締役会設置会社（会社法施行後も取締役会を設置する会社）については，会社法の中で規定されることとなった．→会社法，株主総会　　　　　　1 ［吉村孝司］

取引コスト

1991 年にノーベル経済学賞を受賞したロナルド・コース (Coase, R.) は，なぜ市場経済の中で企業が存在するのかを問題にし，価格による調整メカニズムよりも，権限等に基づく組織的調整を活用した方が資源配分の費用を節約することができる時，企業が存在すると論じた．つまり，資源配分は，交換や取引などのプロセスを通じて為されるために，市場のような交換ネットワークの中で，取引を希望する者を引き合わせる必要が出てくる．そのため，交換や取引には，必ずコストが生じることになる．コースは，取引を行う際に生じる費用を「取引コスト」とよんだ．このことから，ある取引を行う際，市場取引による価格調整メカニズムを通じてなされるか，あるいは，組織内部の権限等による調整メカニズムを通じてなされるかは，どちらを利用した方が安価に済むかによって決定される．たとえば，日本的経営の特徴のひとつに「系列取引」があるが，系列取引は（調整コスト），コースの理論を応用して説明可能である．→企業系列　　　　　　14 ［島谷祐史］

トロンペナールス〔Fons Trompenaars〕

トロンペナールスは，アムステルの自由大学で経済学を学んだ後，ペンシルベニア大学のウォートン校で博士の学位を取得，ハムデン-ターナー (Hampden-Turner, C.) とともに，コンサルタントとして活躍している．ホフステッド (Hofstede, G.) と違って，実務家の視点から異文化経営に取り組む．多国籍企業の実態調査のなかで，各国の文化を比較するために以下の①〜⑦の次元を提唱した．

①普遍主義か個別主義か，②個人主義か集団主義か，③中立的か感情的か，④特定的か拡散的か，⑤業績か属性か，⑥時間との関係，⑦環境との関係．ホフステッドと違って，調査対象（回答者）がばらばらであるため，学術的ではないと指摘されるが，実践的なもので，実務家にとって有効であると評価されている．→ホフステッド　　　　　10 ［松村洋平］

な

内製化

　ある製品を構成する原材料や部品，製造に用いる機械設備等を自社内で製造すること．その反対は，外製化や外注化という用語である．この内製化するか外注化するかは，取引コストによって決定されるとする経済学的分析もあるが，現実には，多様な要因が係っている．もちろん，コスト（Cost）は重要であるが，それ以外にも品質（Quality），納期（Delivery）の問題がある．これはQCDとよばれ，これらを社内と社外で比較検討することになる．たとえば，途上国での海外生産の場合に，その工場での内製化率が本国のそれに比べて高い場合がみられる．それは現地調達率の規制の中で現地サプライヤーのQCDが自社基準より低く，現地での外部調達が困難であることから生じる．また，生産する製品の特性もまた内外製化比率に影響を与える．たとえば，パソコンのように，製品が標準化されたオープン・アーキテクチャーの場合には，外部調達が容易で品質に差がなく，しかも社内生産よりも安く手に入る部品が多く，外製化率は高くなる傾向にある．しかし，ブラックボックス戦略のように，独自技術を保護するために基幹部品を内製化するような場合には，内製化率は当然高まることになる．この場合には，自社の生産能力および需給に対する柔軟性，固定資産の増大に対する検討が必要となる．→アウトソーシング，製品アーキテクチャー，ブラックボックス戦略
1 [茂垣広志]

内発的動機（intrinsic motivation）

　金銭，地位，名誉，賞罰といった外的報酬に基づくのではなく，活動することそれ自体から得られる満足感に起因する動機のこと．これに対して，外的報酬によるものを外発的動機（extrinsic motivation）という．内発的動機は，自己の有能さと自己決定の欲求に基づき，内発的に動機づけられた活動以外には明白な報酬が生じない活動であり，逆にみれば，内発的動機づけは外発的な要因によってその効果を減ぜられることになる．このことに関して，デシ（Deci, E. L.）は外的報酬や外的要因が内発的動機づけに影響を及ぼすとする認知的評価理論（cognitive evaluation theory）を展開している．それによると，内発的に動機づけられている場合でも，たとえば外的な報酬が与えられることにより，それを得るために働いていると知覚したとするなら，内発的動機づけの程度を弱められることになるが，自己の行動の結果に正のフィードバックがもたらされるならば，逆に内発的動機づけの程度を高めることになる．このように，内発的動機づけにとって外的報酬や外的要因は，正と負の2つの側面を有していることになる．→外発的動機
11 [上村和申]

内部化優位（internalization advantage）

　海外直接投資あるいは国際生産の理論展開において中心的な地位を占めている理論である．どのような活動を企業内部で行い（内部化），どの活動を他企業との取引で処理するか（外部化），これらを取引コストの概念で説明するのが内部化理論である．内部化理論の出発点は，市場に不完全性が存在していることにある．活動や取引によっては，外部市場取引に任せておくよりも企業内で権限を通じて海外子会社をコントロールする方が企業にとってコストが低い場合，企業は海外直接投資を行って海外子会社を設立し，社内取引を行うことになる．また，企業独自のノウハウや知識は市場評価が困難であり，取引価格の形成も難しい．また，市場取引によって社内の技術やノウハウが漏洩するという問題もある．これら取引コストおよび得る便益から内部化優位が存在する場合には，海外直接投資を行い，企業は多国籍化していく．しかしながら，すべての活動が内部化優位であるわけではない．標準的部品や汎用部品は市場取引の方が安く，技術やノウハウの漏洩の問

題も少なく，内部化優位がみられない場合には，そのような活動は外部化することになる．→所有特殊優位　　　　　　　［茂垣広志］

内部統制 (internal control)

アメリカのトレッドウェイ委員会組織委員会（COSO：the Committee of Sponsoring Organizations of the Treadway Commission）によれば，内部統制は，業務の有効性と効率性，財務報告の信頼性，コンプライアンスに関する目的を達成するために，合理的な保証を提供することを意図した，取締役会，経営者，および従業員によって遂行されるプロセスである．アメリカではエンロンやワールド・コムの粉飾決算や破綻を契機に，2002年に成立したサーベンス・オクスリー（SOX）法により，内部統制システムの構築・運用が経営者の義務であること，そして監査・監査意見表明が外部監査人の義務であることが定められた．→COSO フレームワーク
13［歌代　豊］

ナショナリズム (nationalism)

国家主義，民族主義，国民主義などと訳されるが，用いる時代や対象地域によってその意味合いは多様である．一般的に欧州では自生的な民族意識に基づいた民族主義の色彩が強いが，アジアやアフリカでは，植民地からの独立運動のイデオロギーとして用いられることが多かった．現在では，一般的には，同一の民族が政治的・文化的および社会的な独立のためのイデオロギーとして使用されることが多い．

特に，企業活動でナショナリズムが関係してくるのは，海外で経済活動を行っている多国籍企業である．受入国からすれば外資系企業であり，その売上やシェアで圧倒し，現地資本企業を駆逐するようなことがあると，ナショナリズムを刺激し，その批判の矛先を向けられやすい．特に，友好的とはいえない歴史的経緯を有する国では十分に留意する必要がある．そのためには，現地社会との良好な関係を築く必要があり，良好なコミュニケーションや現地社会への貢献が必要となる．→国際合弁事業　　　　　　　　1［茂垣広志］

ナショナルセンター
(national center of trade union)

労働組合の全国中央組織．ナショナルセンターは企業別組合が業種別に加盟する「産業別組合」を基本的な構成単位として全国の労働組合を組織している．ナショナルセンターの基本的な機能は，①労働運動の大局的な方針の企画とプランの策定，②労働組合・労働運動に関する調査および広報・啓蒙活動，③加盟組織への政策的指導と，加盟組織間の利害調整，④もっとも上位に位置する労働者代表組織として利益代表機能を担い，国家レベルでの政策要求（各種審議会への参加等），特定の政党に対する支援と支持，である．ナショナルセンターは，その政治的・政策的な立場の違いによって対立や分裂をくり返してきた．現在の日本のナショナルセンターは，1989年に日本労働組合総連合会（連合）が日本最大のナショナルセンターとして成立したことをきっかけに，全国労働組合総連合（全労連），全国労働組合連絡協議会（全労協）の3団体へと再編成された．また，さまざまな理由からナショナルセンターに属さない独立系の組合も存在する．→企業別労働組合
12［山下　充］

NASDAQ（ナスダック）(National Association of Securities Dealers Automated Quotations：全米証券業協会相場伝達システム)

アメリカ最大の店頭株市場．公開基準が緩やかで，創業間もない比較的小規模な企業，赤字企業などにも門戸を開放しており（ただし，情報開示など投資家保護のための基準は他の市場同様厳しい），アップルコンピュータ，インテル，マイクロソフト，オラクルなどが株式公開を行ったことから，ハイテクベンチャー企業向け市場としての評価を得ている．全米証券業協会相場伝達システムという名称が示すように，当初は店頭で取引される株式の価格動向を配信するシステムとして設置されたが，今日では単なる株価通報システムを脱し，売買執行機能を備えた電子株式市

場として機能しており，アメリカの主要株式市場のひとつに位置づけられている．市場の株価動向を示すインデックス（指数）には，約3,000銘柄の時価総額加重平均から算出されるNASDAQコンポジット（ナスダック総合株価），大型銘柄上位100社によって構成されるNASDAQ100などがあり，主としてハイテク関連企業の業績動向を反映する指標となっている．→株式公開，証券取引所，直接金融

15［田中延弘］

ナノテクノロジー (nano-technology)

超微細技術を意味し，ナノ・メートル単位での技術の総称である．ナノ (nano) とは10億分の1を意味する．10億分の1メートルとは，髪の毛の10万分の1，赤血球の千分の1で，物質を形作る分子や生物のDNAの大きさであり，10分の1ナノ・メートルがほぼ原子レベルの大きさとなる．このナノの世界を扱う技術がナノテクノロジーであり，ナノテクと略されたりする．医療，バイオ産業，素材産業，加工・組立産業，IT産業など多様な産業においてその技術が注目されており，ものづくり大国を目指すわが国においても，もっとも将来性を嘱望されている分野ともいわれている．日本政府も科学技術基本計画の重点項目にあげており，その関連予算は年間1,000億円以上が投入されている．

素材，加工分野でのナノテクノロジーでは，その手法は2つの方法でアプローチされている．第1は，トップダウン・アプローチとよばれるもので，微小部品を形成するために素材を削り落として加工していくという方法である．第2は，ボトムアップ・アプローチとよばれ，それは原子や分子を積み重ねることによって組み上げていく方法である．このナノの世界の分析や操作を可能にしているのが，高電圧の電子顕微鏡，走査型トンネル顕微鏡（プローブ顕微鏡），走査型近接用光学顕微鏡であり，それらが物質の形状や構造，大きさを分子レベルで観察することを可能にしている．また，それら微細加工や操作を行ったり，人体に入れて治療を行う微細機械，それらをナノマシン (nano-machine) という．

5［茂垣広志］

NAFTA (North America Free Trade Agreement)

北米自由貿易協定．1994年1月発効のカナダ，アメリカ，メキシコ3国間での関税の撤廃，金融・投資市場の自由化，知的所有権の保護を主な内容としたFTA（自由貿易協定）による地域経済統合である．しかし，EUのように関税同盟や人の移動の自由化までは進んでいない．また，NAFTAでの自由貿易を利用するには，原産地規制の基準をクリアする必要がある．すなわち，一定率以上のローカル・コンテンツ（現地部品調達率）を達成しなければならない．たとえば，自動車の場合，当初は50%以上，最終的には62.5%まで引き上げるとしている．また，そのローカル・コンテンツの算出も，使用部品レベルでのNAFTA原産原材料コストで計算するトレーシング方式（追跡調査方式）が採用されており，原産地規制はかなり厳しいものとなっている．

このような厳しいローカルコンテンツ規制は，WTO（自由貿易機構）の協定「自由貿易地域の設定によって通商規則をより制限的にしてはならない」に違反しているとの指摘もなされている．→リージョナリズム

5［茂垣広志］

成行管理 (drifting management)

組織的怠業が横行していた南北戦争後のアメリカで，エンジニアのテイラー (Taylor, F.W.) が問題にあげたのは，工場管理の姿であった．当時の工場における管理は，工場長とよばれる熟練労働者が雇用，賃金支払い，仕事の段取りといった工場管理のいっさいを請け負うという内部請負制度 (inside contract system) のもとでなされていた．

さらに，職長とよばれる熟練労働者たちは，工場長から任されて，未熟練労働者たちの作業量を勝手気ままに増減させることができた．どんぶり勘定（目分量方式）で気の向くままに（恣意的に）作業量を決める管理を成行管理とよぶ．経験と勘だけに頼って合理性に欠ける成行管理は，経営者の思惑や労働

者の思惑が絡みやすく、労使双方の不信感を醸成してしまうことになる。ここに組織的怠業の原因があると看破したテイラーは、成行管理にとって代わる管理のあるべき姿として、動作研究や時間研究に基づいて科学的に作業量を決める課業管理を導入しようと提唱したのである。→科学的管理法、課業管理、テイラー、動作研究　　　　　　1［松村洋平］

ナレッジ・マネジメント
(knowledge management)

ナレッジ・マネジメントの定義はさまざまであるが、組織内の人びとが有する知識を組織で共有できるようにし、それを活用すること、また新たな知識を創造することととらえられる。ドラッカー (Drucker, P. F.) は、今後主要な経済資源として、資本、天然資源、労働力に代わり「知識」の重要性が高まり、そしてナレッジワーカーが中心的な役割を果たすと指摘した。ナレッジ・マネジメントは、このような知識経済で不可欠な取り組みといえる。ナレッジ・マネジメントは、ヒト、協働プロセス、制度、基盤環境の総体として実現されるが、基盤環境の中でITは不可欠なツールとなっている。ドキュメント管理ツール、グループウェアの文書データベース機能により、製品情報、営業日誌、顧客情報、競合情報、ノウハウ情報等を共有することが多くの企業で実践されている。→暗黙知、形式知、SECIモデル、ファイブ・フェイズ・モデル　　　　　　　　　　　　　13［歌代　豊］

に

ニッチ市場 (niche market)

ニッチとは、建築の専門用語で像や飾り物、あるいは花などを置く壁面のくぼみの意味である。企業環境や戦略策定においてニッチ市場とは、消費者のニーズやウォンツがあるものの、その規模がまだ小さいために商品・サービスが未成熟な市場のことである。別名、隙間市場ともよばれている。そのため、大企業をはじめとして既存企業が、採算性や規模性などを考慮して、その分野に進出をためらっているケースがみられる。ベンチャー企業などが、新しい発想や新しい手法、IT (information technology) 技術をもちいて、市場を自ら創造する動きや、今までには考えつかなかった分野に対して、市場の開拓を志向する企業のことを、ニッチ産業とか、隙間産業とかいっている。また、ニッチを発掘して、特定化した顧客に対して市場の棲み分けを行い、その分野では特異な存在として、ブランドと利潤を追求し、オリジナリティー (originality) を主張する企業も存在する。→IT、ベンチャービジネス　　　15［今村　哲］

ニート (not in education, employment, or training：NEET)

教育も受けておらず職業にもついていない若者を意味し、1990年代末以降イギリスで使用されてきている。わが国では2002年以降注目され、フリーターと同様な意味で使われる場合も少なくないが、社会活動に参加せず、家庭内に引きこもっている若者を意味する。厚生労働省の定義では15歳から34歳までの非労働人口のうち、学籍はあるが実際に学校に行っていないもの、未婚で家事・通学していないもの、既婚者で家事をしていないものとしており、「若年無業者」ともいわれるが、その数は60万とも80万ともいわれている。景気低迷の中で求人数の激減、即戦力重視などの社会的要因が強く、「働かない」のではなく希望しても「働けない」のが現実であるという認識も強く、中でも25歳から34歳までの「大人ニート」が問題視されてきている。→フリーター　　　　　　　12［根本　孝］

日本型生産システム
(Japanese production system)

第2次世界大戦後、日本の製造業に競争優

位をもたらした生産システムである.第2次世界大戦後,ヒト・モノ・カネといった経営資源が不足する中で,日本の製造業が経済合理性を考え選択した長期雇用や長期取引を基盤としており,特に現場主義を理念とし,そこで蓄積されたルーチンを統合した組織能力によって国際的競争力を発揮した.日本型生産システムの核心は,第1に,経営者・技術者・作業者が一体となったモノづくりや生産現場の問題への取り組み,第2に,ボトムアップ型の情報フロー,第3に,現場へ権限委譲,第4に,部門間の情報交換がスムーズ,第5に長期雇用による熟練の形成,第6に,部品サプライヤーとの長期的取引関係等があげられる.また,特に,トヨタ生産方式を中心とする自動車産業においてもっとも顕著にみられた.たとえば,その中には,ジャストインタイム,TQC,自働化,かんばん方式,混流生産,多能工,品質作りこみ,5S,小集団活動等が含まれる.こうした組織能力の形成を通じて,経営環境の変化に柔軟に対応しつつ,品質,コスト,納期に関して高いパフォーマンスを達成している.→かんばん方式,JIT,リーン生産方式 14[島谷祐史]

日本経営品質賞
(Japan Quality Award：JQA)

グローバルな競争市場の中で,日本企業が国際的に競争力のある経営構造へと質的な転換を図るため,顧客からの視点で経営全体を運営し,自己革新を通じて新しい価値を創出しつづけることのできる「卓越した経営品質の仕組み」を有する企業を表彰する目的で1998年に創設された表彰制度である.アメリカのマルコム・ボルドリッジ賞をモデルに日本向けにアレンジし社会経済生産性本部が運営,推進を行っている.

日本経営品質賞は,大規模部門,中小規模部門の2つの申請部門に,2003年度からは新たに地方自治体部門を加え,3部門で,最大8社までが表彰対象になっている.1996年度から2003年度までの累計で,申請社数は120社,受賞社数は15社である.→品質経営,マルコムボルドリッジ賞 14[根本 孝]

日本的経営
(Japanese management system)

日本企業の制度と理念にかかわる経営的な特徴を理念化したモデル.ジェームズ・アベグレン(Abegglen, J. C.)の『日本の経営』(1958年)の議論を端緒として,英米とは異なる独特の企業経営のあり方として経営学,経済学,社会学においてその特徴が活発に議論されてきた.日本企業のどのような特徴を「日本的」とみなすかについては,時代や論者によって異なるが,①雇用慣行としての終身雇用制と年功制,②労使関係における企業別労働組合と労使協調主義,③経営理念としての経営家族主義ないし利害関係者としての従業員の重視,④集団主義的および現場主義的な行動原理を支える稟議制度や各種の提案制度等の意思決定の仕組みなどを含めるのが一般的である.日本的経営の評価は,日本企業および日本経済の国際的な地位と相関して,大きく変化してきた.当初,日本的経営は前近代的な経営体制であると批判されたが,日本の高度成長とその後の持続的成長の結果,ひとつの経営モデルとして評価され,欧米企業においても部分的な導入の試みさえ行われるようになった.1990年代以降になり日本企業の国際的な地位が低下するにともない日本的経営自体に対する関心が薄れてきたが,分権的な意思決定や現場主義など今日の日本企業の国際競争力の源泉となっている点もある.→経営家族主義,三種の神器,年功序列 12[山下 充]

日本的労使関係
(Japanese style labor relations)

日本の特徴とされる労働者と使用者の関係を意味する.それは企業ごとに労働組合が組織される企業別組合が一般的であり全体の9割を占めていることである.大企業の労働者と労働組合は他の企業に所属する労働者に対して活動および意識の面で閉鎖的になりがちであるといわれており,企業規模による組織率の格差は日本の労使関係における大きな課題のひとつである.

また日本の労使関係において，しばしば政治的・感情的な対立関係が生ずる場合もあるが労使間の協力的な問題解決のもっとも基本的な仕組みとして「労使協議制」とよばれる話し合いのシステムが広く普及しているのも特徴である．その意味では協調的労使関係ともいわれている．→労働組合法

12［山下　充］

人間関係論 (human relations theory)

人間関係論は，まず，労働者を社会的存在と考え，行動を理解するために感情を重視する考え方．ウェスタン・エレクトリック社で行われたホーソン実験 (Hawthorne experiments) を契機に，人間関係論が確立した．モチベーションや意思決定を扱う行動科学 (behavioral science) に多大なる影響を与えた．そして，賃金動機など経済的欲求の充足だけではなく，仲間意識など社会的欲求の充足も，必要不可欠であると考える．さらに，費用の論理によって支配される公式組織のみならず，自然発生し，感情の論理によって動かれる非公式組織 (inforaml orggnization) にも，スポットライトを当てようとするものである．

メイヨー (Mayo, G. E.) やレスリスバーガー (Roethlisberger, F. J.) は，職場で働く人びとの態度や感情から目を背けず，態度や感情を左右する非公式組織の大切さをよく理解して，管理にあたることを強調する．そして，経済的欲求を扱う技術的技能ばかりが優先され，社会的欲求を扱う社会的技能が等閑にされていることに警笛を鳴らすのである．→ホーソン実験，メイヨー，レスリスバーガー

1［松村洋平］

認知的不協和の理論 (cognitive dissonance)

フェスティンガー (Festinger, L., 1919-1989) が提唱した理論で，ある個人は，ある対象について認知的な調和を欠く場合には，心理的な緊張状態に至るものである．こうした心理的な緊張状態，すなわち不快を感じる場合には，認知の変更や態度の変容を通じて不協和を縮小し，バランスを図ろうとする動機づけが働き，さまざまな行動を起こしていくことになる．たとえば，ある製品を購買した後に認知的な不協和が生じた場合には，相容れない情報を歪曲したり，その購買を支持するような情報を収集することで，認知的不協和の低減に努めるのである．

3［菊池一夫］

認知理論 (cognitive theory)

人間の見る，話す，考えるといった日常生活を送るのにもっとも基本的な活動の総称を認知とよぶ．アメリカの心理学において行動主義が興隆した時代には，こうした人間の内的活動は観察・測定しえないために科学の対象とはされなかった．ところが，1950年頃から徐々にこうした内的活動への注目が集まり，記憶や知識，推論，認知などを取り扱った諸理論が展開されるようになった．そこには，人間が自身の外界の刺激を積極的に取り込みフィルタリングしている側面を研究しなければ人間心理に関する理論が偏るとの危惧が介在している．現在，認知に関する理論は，サイモンやニューウェルに代表される人工知能の開発を目指した認知主義的アプローチからコネクショニズムを経て，行為が人間の心理および適応すべき環境を一部形成しているという行為重視のイナクティヴ・アプローチ (enactive approach) の展開へと進化・発展してきている．経営学においては，やはり最初に認知の重要性に着目したサイモンの知的伝統を批判的に継承する形で，マーチやワイクらが積極的に認知理論の導入を図っている．

11［西本直人］

ネットワーク (network)

　網，網状組織あるいは放送網を意味するが，幅広くコンピュータ・ネットワーク，情報ネットワーク，人的ネットワークといったように，様々な関係性を示す言葉である．その関係性の特徴として，水平的な多数の間での関係，穏やかで柔軟かつ変化のある関係，複数の中心をもつ関係が指摘されている．経営に関しては企業組織内部の部門間のネットワーク，親子，関連会社間のネットワーク，利害関係者とのネットワーク，そしてヒト，モノ，カネ，ジョウホウといった経営資源のそれぞれのネットワークなどが主に問題とされる．またネットワークとは対極の関係性をもつ階層的で硬直的な関係性を，ネットワークの特徴をもつ関係性に変革することや，ネットワーク的な関係を構築することをネットワーク化とかネットワーキング (networking) とよぶ場合も少なくない．→機械的組織，ソーシャル・キャピタル，トランスナショナル企業，有機的組織，ルースカップリング　　　　　　　　　1［根本　孝］

ネットワークの外部性
(network externality)

　経済学用語であり，ある製品やサービスの利用価値は，同じものが他にどれだけ多く使われているのかに依存する性質のこと．ネットワークに加入しているプレイヤーが増加するほど，他を圧倒したり，あるいは需要者の効用が高まることを意味する．ネットワークの外部性の原理は，数式で表わすと $n(n-1)/2$ という単純な公式で表現できる．たとえば，ある電話会社の加入者が4人いたとするとき，通話できる回線はいったい何本になるだろうか．先ほどの公式に当てはめてみると，n は加入者なので公式は $4(4-1)/2=6$ 本となる．もし，新たな加入者が2人増えて6人となった場合，公式は $6(6-1)/2=15$ 本となり，加入者がわずか2人増えただけで回線数は 2.5 倍となる．さらに新たな加入者が 10 倍の 40 人となった場合，公式は $40(40-1)/2=780$ 本となり，回線数は当初の 130 倍となる．このように加入者が増えるごとに加入者を結ぶ回線数は増加するため，加入者はさまざまな接続と交換が可能となり利便性は高まる．また，加入者1人当たりが負担するネットワークコストも参加者の増加にともない低減する．ネットワークの外部性とは，加入者が増えれば増えるほど，ネットワークの参加者たちの効用が増加する概念である．→デファクト・スタンダード

4［松崎和久］

年金価値 (annuity)

　現時点から一定期間後までのキャッシュフローの割引現在価値を求める手法として，永続価値計算を応用したもの．たとえば，現時点で3年後までのキャッシュフローの割引現在価値を求めるとした場合，現時点での永続価値から，4年目以降の永続価値の現在価値を控除することで求めようとする考え方である．見積キャッシュフロー額をC，割引率をrとすると，3年後までの現在価値（年金価値）は，$C/r-(C/r)/(1+r)^3$ で求めることができる．→割引現在価値，永続価値

7［大倉　学］

年功序列 (seniority system)

　年齢と功績に基づく企業内の秩序を意味し，これに基づく賃金体系を「年功賃金」，昇進の仕組みを「年功昇進」とよび，これらを総称して「年功制」という．年功制は第2次世界大戦前に熟練した優秀な工員を企業内に引き留める仕組みのひとつとして生み出されたとされているが，第2次世界大戦直後の生活難の時代に生活保障を重視し，従業員の勤続年数や家族数を賃金額の主要な基準とした「電産型賃金」が成立すると，これが戦後の年功賃金の原型となった．年功序列や年功賃金には，従業員の引き留め，生活保障など

の効果がある一方で,非競争的で硬直的であり,企業への貢献と従業員への報酬の関係が曖昧であること,また日本社会の高齢化にともない年功賃金による人件費の増大などが問題点とされてきた.このため「能力主義」を導入することで,年功制や年功賃金の修正や改革が1960年代から進められ,年功序列や年功制の中には査定制度などの能力主義が組み込まれているのが一般的である.ゆえに,年功制と「能力主義」は重なり合う部分も少なくない.→経営家族主義,三種の神器,日本的経営　　　　　　　　　　12［山下　充］

年齢限界説 (hypothesis for working ability limits with age)

定年年齢よりかなり低い年齢だが,仕事によっては,それが十分にできなくなる年齢があるという説である.ソフトウェア技術者の35歳定年説が有名だが,研究開発人材でも仕事に年齢限界があると感じる人は多い.年齢限界が発生する要因としては,加齢とともに,①仕事を遂行する能力が低下すること,②技術革新等による仕事の変化への対応力が低下すること,③組織内での本人の役割が変化し仕事ができなくなることの3つが想定できる.①は,スポーツ選手のようなきわめて高度な身体的能力が要求される仕事が該当する.しかし通常の仕事では,それほど高度な身体的能力は必要とされないので,実際はあまり該当しない.むしろ②の方が,強く影響する可能性が高い.しかしこれも,仕事が変化したとしても,獲得した技能や経験が活用できる余地は少なくないので,影響は限定的なものに留まるだろう.意外と大きいのは,③の影響である.実際,研究開発人材のケースでは,年齢限界がある理由として「管理業務による多忙」という回答が多くなっていた.日本企業では,加齢とともに管理的な役割を担うことが期待されるが,そのことが背景にある.年齢限界があるとしても,それは人材マネジメントによって変わるといえる.→年功序列　　　　　　　　　　6［永野　仁］

の

能力主義

個々人の能力を基準として評価,処遇を行う人事管理を一般に能力主義とよぶ.それと対比される年功主義ないしは年功序列主義は年齢・勤続年数を基準とするが,それは勤続年数の増加は経験を豊かにし,経験が能力向上と直結していれば能力主義ということも出来る.しかし今日では勤続が必ずしも能力と結びつかず,年功主義は能力主義に対立するものとして捉えられる.日本企業は高度成長以降,職務遂行能力を基本にした職能等級資格制度を長く採用してきたが,潜在能力としての職能能力の評価において年功の影響が強く反映されるにいたり,職能等級資格制度は年功主義的制度が変質したため,より顕在化された能力,行動特性を基本とするコンピテンシー制度を導入する傾向が強くなってきている.さらに注目されている成果主義は行動の結果としての業績のみを中心とするか(業績・結果主義ともいわれる),業績を生み出すプロセスとしての行動(顕在能力)や能力向上の成果も含めるか(成果・能力主義ともいわれる)で,その意味するところは異なる.→コンピテンシー,職能等級資格制,成果主義,年功序列　　　　　　　　12［根本　孝］

ノードストローム (Nordstrom, Co.)

アメリカのファッション専門百貨店チェーン.1901年にノードストローム(Nordstrom, J. W.)とワーリン(Wallin, C.)が,靴の販売店「ワーリン&ノードストローム」をシアトルで開業したのが起源である.開業当初から「卓越した顧客サービス」を経営理念に掲げて成長を続け,1960年までに全米最大の靴販売チェーンとなった.

1960年代初頭からはファッション・アパレル事業にも参入し,1973年には売上高が1億ドルを超えて西海岸最大のファッション専門店となった.2006年にはネットストア

「ノードストローム・ドット・コム」上に有名ブランド別の仮想店舗を開設するなど，現在も革新と成長を続けている．その強力な組織文化を形成している経営理念は，①従業員は家族である，②個々の従業員の判断を信頼する，③従業員に権限を委ねる，④従業員自らが高い目標を掲げる，⑤従業員それぞれが自分の仕事の経営者である，⑥健全な競争を奨励する，⑦オープンで率直なコミュニケーションを行う，⑧優れた成果をあげた従業員を表彰する，⑨地域社会に貢献する，⑩顧客にも同僚にも親切にする，⑪仕事を楽しむ，⑫従業員の自発的なアイデアを尊重する，というものである．→経営理念，顧客満足，組織文化　　　　　　　　　　4［佐藤耕紀］

ノブレス・オブリージュ
(noblesse oblige)

「貴族たるもの，身分にふさわしい振る舞いをしなければならぬ」というフランスのことわざが元となり，地位や身分が高くなれば，相応の義務や責任がある，という考え方で，欧米社会に浸透している．カーネーギーをはじめビジネスで成功をおさめた資産家たちは，財団を設立するなどフィランソロピーに熱心であり，また，世の中もそれを当然のこととして要求するのである．→フィランソロピー，メセナ　　　　　　10［松村洋平］

のれん分け制度
(shop name share system)

商家（御店：おたな）に永く忠実に勤め，店に過大な貢献をした奉公人（御店者：おたなもの）に店を開かせて，同じ屋号を名乗ることが許され，その店の分家となることである．特に，江戸時代や明治時代においては，商家に丁稚奉公にあがり，主人からのれんをもらって独立することが，奉公人の夢であった．さらに，本家では，奉公人がのれん分けをする際には開業資本を援助したり，商品を貸与したり，あるいはお得意先の一部を分けてやったりして，独立の手助けを行っていた．これらによって，本家と分家が強い絆で結ばれ，本家に何かあれば分家が総動員で手伝いに駆けつけたりし，逆に分家が不振に陥れば，本家が先頭にたって面倒をみるなど，本家を頂点として企業を成長させていくことができた．このようなのれん分け制度は，系列会社を作りながら，業界において勢力を伸ばす方法として採用されていたことがうかがえる．近年，企業では起業家を目指す社員に対して，独立を奨励する制度としては，FC（Franchise Chain）によるものが多く活用されている．また，のれん分け制度を積極的に導入している企業として，各種の外食産業，美容サロン，家電店などが目立って増えている．→起業家精神，企業文化　　　　　　　15［今村　哲］

は

バイオ特許 (biological patent)

バイオテクノロジーに関する特許をいう．また生物関連発明の特許を指すこともある．人体を必須の要件とする治療方法，診断方法等を除き，動物，植物，微生物に関するものすべてが特許の対象になる．近年多いのは，遺伝子関連発明であって，塩基配列またはアミノ酸配列を含む明細書等の作成のためのガイドライン，遺伝子関連発明の審査の運用に関する事例集等が特許庁ホームページで公開されている．配列を決定しただけのDNA断片に特許性はない，ただし，DNA断片自身が，特定の病気の診断薬に用いられる等独自の有用性を有する場合には，特許性がある．遺伝子に係る発明が産業上利用可能性があることを示すためには，遺伝子が特定の機能を有すること（構造遺伝子に係る発明の場合には，該遺伝子によりコードされるタンパク質が特定の機能を有すること）を発明の詳細な説明に記載する必要がある等が記載されている．有用性，実施可能性を証明するための裏づけデータを出願時にどこまで要求されるか，コンピュータによる機能推定をどこまで認めるのか，実際に製造して，その機能を確認し，有用性を示さなければ，新規物質発明として成立しないのか，具体的なDNA配列やアミノ酸配列を決定した後，その周辺を保護するために特許請求の範囲はどこまで認められるか等が現在，議論となっている．→特許権，ソフトウェア特許　　　6［久保浩三］

パイオニア精神
(pioneer spirit：開拓者精神)

パイオニアとは，開拓者，先駆者，主唱者という意味である．まだ他の人が手を付けていない新しい分野や領域などを創造したり，切り開いたり，推し進めてゆく人である．ここでいう精神とは，目的を意識して物事に取り組む際の心意気とか気迫など，そのことに対する心構えである．パイオニア精神をもった経営者あるいは企業は，①経営者（企業）の専門や知識，経験を新しい成長分野に持ち込む，②既存の領域分野に対して新しい専門性を導入する，③異なる産業分野や立場から市場（需要）創造の発想をしてみる，④将来における技術革新の可能性を把握して，現実的な段階に進んでいく，⑤将来発展が予想される市場に対して先行投資をする，など，他社の追従やモノまねをせず，失敗を恐れずに，勇気をもって独自の新分野に挑戦している場合が多くみられる．この進取の精神をもつ経営者あるいは企業は，創業の理念と哲学をもち，それまでに培われてきた技術とともに，市場の変化へ柔軟な対応を図りつつ，さらなる顧客満足 (customer satisfaction) 度の向上を目指し，社会に貢献する企業となるだろう．
→経営理念，顧客満足　　　15［今村　哲］

バイ・ドール法 (bye-doll act)

1980年にアメリカで制定された，知的財産権の取り扱いを規定する法律．正式名称は「1980年アメリカ合衆国特許商標法修正条項」．連邦政府の資金によって大学が研究開発を行った場合，生み出された知的財産権（特許権，実用新案権，意匠権，商標権など）は政府所有とされてきたが，バイ・ドール法はこれを大学側や研究者に帰属させる制度に変更した．これにより大学は，自からに帰属する特許権などを民間企業に公開して，ライセンス収入を得られるようになり，大学には知的財産移転機関 (TLO) がさかんに設置されるようになった．バイ・ドール法は，アメリカの大学で，産学連携に基づく研究活動と大学発のベンチャービジネス誕生を活発化させる契機となった．日本でも，国からの委託研究の成果として生み出された知的財産権は，従来すべて国に帰属していたが，「産業活力再生特別措置法」（1999年施行，2003年改正）の導入により，開発者である大学や受託企業などに帰属するよう制度の変更がなされた．これにより，埋もれていた国から大学や

民間部門への委託研究の成果が,より事業化に活用されることが期待された. →産学連携,知的財産,TLO,特許権　15[田中延弘]

薄利多売 (small profits and quick returns)

企業において,経営戦術のひとつとしてとらえられるものである.利益を薄くして,その代わり商品を数多く売り,全体としては益高を確保し,採算がとれるようにすることである.言い換えれば,利益率を押さえて,商品の回転率を高めて,金額で稼ぐ方法である.特に,中小企業は,大企業と比較して,生産力,ブランド力,価格形成力などにおいて,市場を支配する力が劣っている.そのため,中小企業は,激しい販売競争の中で,経費を切りつめながら,販売価格を下げて,販売数量を伸ばそうと営業努力を重ねている.また,小売業の基本的な営業活動は,取引先から商品を仕入,それを店舗などで顧客に販売することである.商品の販売にあたっては,販売価格をいくらに設定するかが,その小売業の営業成績を大きく左右することになるが,少なくても仕入原価を上回る価格設定が求められる.さらに,安売りイメージの店となる危険性もあるので,その点にも注意を払わなければならない. →経常損益,中小企業,販売費および一般管理費,利益管理

15[今村　哲]

ハーズバーグ
[Frederick Herzberg, 1923-2000]

アメリカの臨床心理学者.動機づけ・衛生理論 (motivator-hygiene theory) を構築した.ハーズバーグは,仮説をもとに約200人の技師と会計士を対象に面接調査を行った結果,人が職務に不満を感じるときの関心は仕事環境にあるのに対して,職務満足を感じるときの関心は仕事内容にあることを見出した.仕事環境は仕事に対する不満を予防する働きをするもので衛生要因 (hygiene factor) とよばれ,仕事内容は積極的に満足を引き出す働きをするもので動機づけ要因 (motivator) とよばれる.ハーズバーグの動機づけ・衛生理論によると,主に不満足をもたらす衛生要因の改善を図ったとしても,職務への満足を得られないことから,積極的な職務満足を引き出すためには,動機づけ要因を強化することによってモチベーションを高めることが望ましいことになる.なお,ハーズバーグの動機づけ・衛生理論はフレックスタイム制などの変形労働時間制やカフェテリアプランといった福利厚生制度など,実際の制度の誕生に貢献している. →衛生要因,コンテント・セオリー　11[上村和申]

バーチャル・コーポレーション (virtual corporation)

実体をともなった企業体ではなく,研究開発,生産,販売,物流,情報システムなどの広範囲の業務について,各分野を得意とする複数の企業がそれぞれの経営資源(能力)を互いに提供しあうことによって,まるでひとつの企業体であるかのように活動する企業間連携を意味する.ただし,それは安定した取引や固定的な関係を前提とするものではなく,ある特定の事業や製品・サービスの開発や提供のみを目的とした一時的な連携であり,日々変化する競争市場への俊敏な対応を前提として,最適な能力をもった複数企業がタイムリーに結集して創られる自由で柔軟なネットワーク型組織を形成する.こうしたバーチャルな企業間連携を可能としたのは,まさに企業間をつなぐ情報インフラの整備,典型的にはエクストラネットの構築などによって,企業間での地理的,時間的,および機能的な差異といった壁が取り払われたことが大きい.そうした意味で,バーチャル・コーポレーションは,まさにサイバースペース上に形成されるバーチャルな組織としての性格を強く保持するものであるといえる. →サイバースペース　9[石坂庸祐]

バックマン・ラボラトリーズ (Buckman laboratories Co.)

1945年に設立された化学材料開発メーカー,バックマン・ラボラトリーズ社は,世界100ヵ国以上に1,300人の社員を抱え,21ヵ国に拠点を構えるグローバル企業.今

日，同社のナレッジ・マネジメントが世界中から注目されている．同社では，世界中の1,300人の社員（アソシエート）たちがラップトップ・パソコンを携帯し，ケネティクス（K'Netix：Buckman Knowledge Network）とよばれるネットワークで1日24時間，365日つながっている．社員たちは，新製品開発のアイデアに行き詰ったり，あるいは顧客から課題が持ち込まれたとき，ケネティクス・ネットワークへアクセスして問題解決の糸口を探る．このようなネット上のシステムを同社では「フォーラム」とよんでいる．「フォーラム」を通じて生まれた利益は年間400億円ともいわれている．同社における知識移転や知識共有のカギは，知識共有文化の創造である．こうした学習する文化を形成するため，同社では「倫理基準書」を作成し，世界中の社員たちの統合を図っている．→学習組織

9［松崎和久］

発散思考法 (divergent thinking)

問題解決における重要な思考法であり，発想を自由にし，多様な視点からアイデアを次つぎに提示するのが発散思考法である．たとえば問題設定の段階で，まずはどのような問題が存在するのか，多様な角度から発散的に問題点を提示し，幅広く問題点を提起することが必要となり，そのための具体的方法が発散思考法である．代表的なブレーン・ストーミング法は名称のとおり頭に嵐をよぶ (brain storming) ために，自由奔放，質より量，批判厳禁，結合改善を4原則に自由に発想し，質は気にせず他者の意見を批判せず，活用，改善し発散的に次つぎと意見・アイデアを出し合う思考，会議の方法である．他に発散のためのチェックリスト法などがあるが，企業の実践的活動において創造的思考法としても幅広く活用されている．→収斂思考法

16［根本 孝］

発生主義 (accrual basis)

会計要素の認識行為に係る基本思考のひとつ．特に収益・費用の認識行為に関して用いられる．収益・費用の認識に関しては，(現金の) 収入・支出事実をもって認識要件または認識時点とする現金主義という考え方があるが，信用経済の発展，固定設備の存在，恒常在庫の保有等といった企業環境を斟酌すると現金主義による収益・費用の認識は適正な損益計算に資することがない．発生主義とは，こうした企業環境を踏まえ，現金収支にかかわらず，収益・費用の発生の事実に基づいて認識する考え方のことである．発生の事実を具体的にどのようにとらえるかには種々の見解があるが，将来事象に関する予測や見積が介在するところであり，主観的判断を客観的な会計情報の作成に転化する工夫が必要となる．さまざまな判断をともなう発生主義に基づいた会計処理手法に対する疑念が，キャッシュフロー計算書に対する情報ニーズのひとつを形成したといわれる．→キャッシュフロー計算書

7［大倉 学］

発明報酬 (bonus for invention)

わが国の特許法は，職務発明（従業員等が仕事として行った発明）に対して，発明にともなう権利は発明を行った従業員に帰属するが，使用者は「相当の対価」をその従業員に支払うことにより発明の実施権を承継できることを規定している．この実施権承継のための対価が，発明報奨（あるいは発明報奨金）である．従来，発明報奨は数万円程度というケースが多かったが，2000年頃からその金額をめぐって，いくつかの訴訟が発生した．中でも，中村修二氏による青色発光ダイオードに関する日亜化学工業訴訟は，第1審で200億円という高額の支払いを企業に求める判決が出て注目を集めた．この訴訟は，第2審において企業の6億円の支払いで和解が成立し決着をみたが，「相当の対価」算定の困難さを示したものでもあった．このような動向の影響もあり，2004年には同法が改正され（施行は2005年），予め両者の協議等を経て制定された規定があって，それに基づいて金額が算定された場合には，それが「相当の対価」とみなせるようになった．この改正により，企業等の発明報奨に関する規定の整備が進展してきている．なお最近の規定の特徴の

ひとつに，対価の上限を設けないケースが多くなっていることがある．→R&D，実施権，職務発明，知的財産　　　6［永野　仁］

パートタイマー (part-time worker)

「パートタイマー」とは，「パート・タイム・ワーカー (part time worker)」に対する日本的な呼び方であり，一般に「パート」ともよばれている．「一般労働者（フルタイマー）」に対応する呼称であり，「短時間労働者」のことを指す．労働省の定義によれば，「1日，1週又は1箇月の所定労働時間が当該事業場において同種の業務に従事する通常の労働者の所定労働時間に比し相当程度短い労働者」とされている．

政府統計では，1週35時間未満の就業者をパートタイマーとして捉えている．一般にアルバイトとよばれる就業形態も，このパート・タイマーの概念に含まれる．日本のパートタイマーは，昭和30年代の以降の高度経済成長期に，若年労働者の人材不足を補う方策として導入されたが，コストや雇用時間の面でフレキシブルに対応でき，他方，働く側からは働きたい時に短時間就労が可能であることから流通，サービス業にとっては欠かせない勤務形態であり，パートタイマーを企業の中核的な人材として活用しようとする企業もではじめている．労働組合も組織率が3割をきる中で，パートタイマーの組織化，労働条件の格差是正に取り組んできている．→非正規社員　　　　　　　　12［金　雅美］

パートナリング (partnering)

ペアレンティングと相対する考え方．グループ経営における親子関係の性格について表わした言葉．親会社（コーポレート本社）と子会社ないしビジネスユニットの関係は，時間とともにその関係性は大きく変化する．初期の親子関係をみると，親会社からビジネスユニットや子会社へ一方的に資源や知識が移転される．つまり，親が子を慈しみ育てるという母性原理優位なペアレンティングが行われる．しかし，ある時点からペアレンティングの関係は転換を余儀なくされる．ビジネスユニットや子会社は，独自の経験や資源の蓄積を通じて，親会社から自立の方向性に向かうためである．そして，こうした独り立ちの時期を迎えると，親会社は慈愛によるマネジメントから，自立を通じて鍛え育てるマネジメントに大きく方向を転換する．つまり，母性原理によるペアレンティングから父性原理優位なペアレンティングへ大きくシフトするのである．そして，最終的なグループ経営の青写真は，自立した子と強い親からなる対等な親子のリレーションシップを構築することである．つまり，子会社やビジネスユニットが親会社と協力して競争優位とイノベーションを創造するパートナリングの段階である．パートナリングは，対等な親子がお互いに知恵と汗を出し合い，シナジーやイノベーションを生み出しグループ価値を高め，厳しい企業間競争に立ち向かうことを意味するものである．→ペアレンティング
　　　　　　　　　　　　　4［松崎和久］

PERT法
(Program Evaluation and Review Technique)

1958年にアメリカのコンサルティング会社ブース・ハミルトン社が開発した計画立案，実施管理の手法である．

その特徴は，もっとも時間を要し，全体計画の進行の上で制約となる重大な作業プロセス，工程であるクリティカルパス (critical path = 重要な工程) を求め，それを重点的に管理することによって業務プロジェクト全体のスケジュール管理を行う点にあり，世界的に幅広く活用されている．また日程管理を中心とするPERT/Timeとコスト管理を中心とするPERT/Costに区分されて管理が行われる．長期間に多種多様な業務，事業者がかかわる事業やプロジェクトを推進する建設業，造船業などで活用される．アローダイアグラムとして表現され，手順・日程計画が統合的に表現され，多くの業者，人びととのコラボレーション手法としても位置づけされている．→クリティカルパス　　16［根本　孝］

バーナード
〔Chester Irving Barnard, 1886-1961〕

　近代の組織，管理論の創始者であり近代経営学の父ともよばれている．アメリカの電信電話会社で実務を経験し，ニュージャージー・ベル電信電話会社の社長も務め，のちにハーバード大学で，経験を集約した8回の講義をまとめた『経営者の役割（*The Functions of the Executive*)』が1938年に出版され，大きな影響を与え，今日でも経営学の古典書として重視されている．協働体系としての組織体，権限受容説，組織人格と個人人格の統合，公式組織と非公式組織などアメリカ経営学の理論水準を大きく前進させた祖といわれている．→権限受容説，組織

1［松村洋平］

バーニー〔Jay B. Barney〕

　オハイオ州立大学経営学部フィッシャー・ビジネススクール企業戦略バンク・ワン・チェアーシップ教授．エール大学で博士の学位を取得後，UCLA，テキサスA&Mビジネススクールを経て現職．2002年に発行された『企業戦略論（*Gaining and Sustaining Competitive Advantage, Second edition*)』はアメリカビジネススクールの多くで採用される先端的なテキストとして有名．

　バーニーの所論の特徴は，「リソース・ベースト・ビュー（Resource Based View：RBV）」とよばれる，経営資源に基づく企業観にあり，個々の企業が保有する特有の経営資源と，その資源を活用できる能力としてのケイパビリティ（capability）に着目し，価値があり，稀少性の高い，模倣困難な経営資源を保有する企業が持続的な競争優位性を構築することができるとする点にある．

　経営戦略論においては，それまでのポーター（Porter, M. E.）の競争戦略論が主導的な考え方とされてきた．それによれば，企業が他社との競争を展開していくうえにおいて競争優位性を構築していくためには，外部および内部環境分析を通して明らかとされる有利なポジションをいち早く確保することにあるとするものであったが，これに対するバーニーの新しい考え方はこれからの企業にとっての戦略的経営に対する新しい方向性を示すものとして注目されている．→ケイパビリティ，VRIO，リソース・ベースト・ビュー

2［吉村孝司］

パブリシティ（publicity）

　メディア企業に情報を提供し，報道として取り上げてもらう活動で，PR（Public Relations）のひとつの手段であり，広告と類似したような形で消費者に伝達される．新聞社，放送局や雑誌社などのマスコミ企業へ，新商品やイベントなどの情報の提供・発表を実施することで，報道として取り上げてもらうことである．広告は有料であり，情報提供企業が内容をコントロールできるが，消費者からの信頼は低いとみられているのに対し，パブリシティは基本的に無料で，情報提供企業はその内容をコントロールできないが，消費者からの信頼は高く評価されている．

3［片山富弘］

パラダイム（paradigm）

　科学史研究者のクーン（Kuhn, T. S.）によれば，パラダイムとは，「一般に認められた科学的業績で，一時期の間，専門家に対して問い方や答え方のモデルを与えるもの」と定義される．天動説や地動説を考えるとわかりやすいだろう．クーンの定義から離れ，今日，パラダイムは，ひとつの時代の人びとの認識や思考の枠組みと考えられるようになっている．

　加護野忠男は，パラダイム概念を組織論に取り入れ，組織におけるパラダイムを，①基本的メタファー（隠喩）としてのパラダイム，②価値や規範としてのパラダイム，③模範・手本としてのパラダイムに分類している．そして，組織の変革におけるパラダイム転換のむずかしさと大切さを説き，パラダイムという視点から組織文化に接近している．

10［松村洋平］

バランス(ト)・スコアカード
(balanced scorecard：BSC)

BSCとは,戦略を組織メンバーが理解しやすい形に具体化し,戦略を実現するための組織行動を統合化するフレームワークを提供する戦略マネジメント・システムである.BSCは,基本的に,財務の視点,顧客の視点,組織内業務プロセスの視点,および学習と成長の視点という4つの視点をもち,そのもとに設定される各種の戦略目標,財務的・非財務的な業績評価指標,目標値,および戦略実行計画により構成される.4つの各視点における各種の戦略目標や業績評価指標などは,戦略の因果連鎖を示した戦略マップに基づいてバランスよく設定される.この「バランス」とは,組織の内部と外部,過去の短期的な努力結果を表わす成果と将来の長期的な業績向上を導く要因,客観的・定量的な活動評価と主観的・弾力的な活動評価などのバランスを意味する.BSCは,4つの視点を通じて,そこに埋め込まれている戦略の因果連鎖が現実のものとなっているかどうかに関する情報を組織メンバーに提供するとともに,組織メンバーが株主,顧客,経営管理者,および従業員の立場から自らの行動を評価し考えることを促進するものである.こうした仕組みにより,BSCは組織学習をも促進する.→戦略マップ　　　　　　　　　8［大槻晴海］

バリュー・ステートメント
(value statement)

経営理念や,社是・社訓などの信念や価値観を明文化したものである.たとえば,「常に顧客を第一に考え,行動する」,「革新と創造を重要視する」といったものである.ミッションと同じく,バリューも組織によってさまざまな内容を含んでいる.同じ業種であっても,バリューの内容が会社によって異なる.ミッション同様に,バリュー・ステートメント(value statement)として成文化している企業もあれば,特に定めていない企業もある.優良な企業はバリューを明文化し,まくりかえし強調することによって組織内に浸透・共有し,強い企業文化を形成している.ミッション以上にバリューをもっている場合が多い.→経営理念,ミッション

2［歌代　豊］

バリュー・チェーン (value chain：価値連鎖)

製品やサービスは,さまざまな業務活動の連鎖によって創り出さるが,ポーター(Porter, M. E.)は,各活動の連鎖全体を価値連鎖とよんだ.価値連鎖を構成する活動は,大きく,①主活動,②支援活動,に区分される.主活動は,顧客に対して価値を提供するための直接的な活動であり,購買物流,製造,出荷流通,販売・マーケティング,サービスから構成されている.この主活動により提供された顧客への価値の対価が収益・売上であり,活動のコストを引いた残りがマージン(利益)となる.支援活動には,原材料以外の経営資源の調達活動,人事・労務管理や,技術開発,そして全般的管理が含まれる.これらの活動は,主活動を支援している.自社の価値連鎖を分析することにより,顧客に対する価値がどのように作られ,提供されるか,を評価することができる.これを価値連鎖分析という.→価値システム,ポーター

2［歌代　豊］

バリュー・ネット (value net)

ネイルバフ(Nalebuff, B. J.)とブランデンバーガー(Brandenburger, A. M.)が著した *Co-opetition*, Currency and Doubleday (嶋津祐一・東田啓作訳『コーペティション経営』日本経済新聞社,1997年)の中で用いられた概念.業界分析の代表的な手法であるポーターの5つの競争要因分析が「脅威」の把握に主眼が置かれるのに対し,バリュー・ネットは「脅威」と「機会」の把握に焦点が置かれたアプローチである.バリュー・ネットは,「価値相関図」と訳され,その主な参加者としては,顧客(customers),供給者(suppliers),競争相手(competitors),補完的生産者(complementors)があげられる.そして,これらのプレイヤーのうち,もっとも重要なプレイヤーは補完的生産者である.

補完的生産者は，自分以外のプレイヤーの製品を顧客が所有したとき，それを所有していない時よりも顧客にとって自分の製品の価値が増加する場合，そのプレイヤーを補完的生産者とよんでいる．たとえば，ホットドッグとマスタード，自動車と自動車ローン，テレビとビデオデッキなどの関係がそうである．
このように，われわれはバリューネットを描くことによって，ビジネスの真の姿である競争と協力の関係を浮き彫りにすることができる．→ゲーム理論　　　　　　4［松崎和久］

パワー・コンフリクト (power conflict)

　チャネル・パワー・コンフリクト，チャネル・コンフリクトもよばれ，マーケティング・チャネル内における構成員間（チャネル・メンバー間）において発生する衝突を指す．パワー・コンフリフトは，利益の配分をめぐって発生するもの，メンバー間の売上目標や利益目標の不一致によるもの，環境変化などによってあらわれる現状認識の不一致によって発生するもの，メンバーの役割分担の不調和によって起こるものなど種々存在する．このコンフリクトを調整するのがチャネル・パワーである．チャネル・パワーとは，あるチャネル・システム内の特定の構成員が，同一チャネル内の異なる段階に位置する他の構成員の行動や意思決定をコントロールしうる力を指す．チャネル・コンフリクトを統制しうるチャネル・パワーの源泉は経済的パワーと非経済的パワーとに分類しうる．前者は，チャネル・リーダーの協力者に与えられる報酬や非協力者に対して行使されるマージン削減や出荷停止などを指す．後者は，有名メーカー等が系列化を行うことによって生まれる帰属意識パワー，契約に基づいて発揮される正当性パワー，メンバーが必要とする情報や知識の供与を基盤とした専門性パワーなどがあげられる．→垂直的マーケティング・システム，チャネル管理，リベート，流通系列化
3［竹内慶司］

パワーポイント (power point)

　マイクロソフト社のプレゼンテーションソフト．スライド形式で資料を作成し，発表を行う際に順次スライドを表示するという形式で使用される．マイクロソフトオフィスの一部として提供されており，エクセルやワード等，他のオフィス製品とデータの連携が可能で利便性が高い．パワーポイントは企業での会議や企画，提案，広報，宣伝，商談などの場で使われるだけでなく，学校の授業や，講演会など多くの場面で利用されている．また，パソコンモニターに表示する小規模な商談や説明などからプロジェクターを用いる多数を対象とする発表，さらにはLAN上でのリアルタイムプレゼンテーションまでさまざまな活用形態をとることができる．パワーポイントは初心者でも容易に資料の作成ができるだけでなく，高度な機能も有しており，上級者に至るまで幅広い層に利用されている．プレゼンテーションの内容をわかりやすく伝えるためには，言葉だけではなく，視覚による説明も有効な手段となるが，パワーポイントは，グラフや表，図や画像などをスライドに簡単に組み込むことができるだけでなく，映像も扱うことが可能である．また，配布資料としてスライドを印刷することも容易である．→プレゼンテーション　　　16［上村和申］

パワー理論 (power theory)

　ある個人が他者の認知や行動に対してある一定の影響力を行使しうるとき，そこにパワーが存在すると考えられる．もっとも，バーナード (Barnard, C. I.) の権限受容説によって指摘されるように，パワーを行使される側の人間が行使する側の人間の影響力を認めない限りパワーは存在しえない．よって，パワーは行使する側の有する特性や資源から派生する一方向的な影響関係ではなく，行使する側と行使される側との相互依存関係の中で発生する関係的な現象としてとらえるのが現在一般的な考え方となりつつある．また，一概に他人へ影響力を行使するといってもその形態にはさまざまな種類が考えられる．たとえば，レイヴン (Raven, B.) によればパワーには次の6つのタイポロジーが存在する：①報酬パワー，②強制パワー，③正当性

パワー，④準拠パワー，⑤専門性パワー，⑥情報パワーである．もっとも，パワーに関する諸理論は経営学に限らず社会心理学の分野においても徐々に積み重ねられてきてはいるものの，いまだ科学とよびうるほどの体系性を有するまでには至っていない．→権限受容説，バーナード　　　　　　　　1［西本 直人］

範囲の経済 (economies of scope)

範囲の経済とは，ある範囲の複数の製品を同時に生産・販売する方が，個々の製品を個別に生産・販売するよりも安価であるということ．たとえば，複数の製品を生産する場合，共通して利用可能な機械設備，経営組織，流通システムが存在する場合，コストの節約につながり，範囲の経済が成立する．つまり，企業の多角化戦略等において，新しい分野に参入する時に企業が負担するコストがより低くなるために多角化が成功する可能性が一層高くなるのである．このことから，範囲の経済は未利用資源の有効活用ともいえるが，範囲の経済がもっとも有効に機能するのは，余剰設備等の物的な経営資源ではなく，技術・ノウハウに代表される情報的資源であるといえる．つまり，技術に基づいて多角化を行うと，低コストで新たな製品領域に進出可能になり，コスト競争力をもった製品を市場で販売可能になり，多角化事業は成功するのである．また，多国籍企業が海外進出する際に，自社特有の技術を海外へ移転することで，現地市場でも優位なポジションを確立することが可能になる．→規模の経済

14［島谷祐史］

ハングリー精神 (ambitious spirit)

「ハングリー」という語源からいえば，「食べ物に対する飢えだけではなく，物事全般に対して強く飢えている精神的な状態」といえる．つまり，現在，自分自身がおかれている状況に決して満足せず，さまざまな誘惑にも負けることなく，やる気をもって，さらに上を目指した積極，果敢な努力を惜しまずに行うことで，目標に向かってが突き進む心の状態をいう．特に，第２次世界大敗戦後の日本において，社会が混乱している中から，必死に日本経済の復興・繁栄に精力を注いできた人びとの支えとなった活動源ともいえる．→起業家精神，ベンチャービジネス

15［森下　正］

反グローバリズム (anti-globalism)

グローバリゼーションの理念であるグローバリズムに反対する考えた方を指す．グローバリゼーションの恩恵を受けられるのは，経済活動の国境を越えた自由化により，主に資本および技術が蓄積されている先進諸国およびそこの巨大多国籍企業であり，他方，最貧国は資金面および技術面で太刀打ちできず，ますます貧しくなるという主張である．つまり，グローバリゼーションはいわゆる南北問題を増大させる．グローバリズムの考え方では，国家による市場介入は非効率的なもの，あるいは自由経済を阻害する障壁としてその撤廃が求められる．市場において優勝劣敗が決められ，市場競争こそが経済を発展させる．それが資本主義に他ならない．しかし，資本力や技術力で勝っている先進国多国籍企業が，自由競争の名において世界を席巻する．つまり，グローバリゼーションとは，先進諸国の巨大多国籍企業が，自らの活動を容易にし，世界中で利益をあげるためのものに過ぎない，という批判である．→グローバリゼーション，ナショナリズム　1［茂垣広志］

販売促進 (promotion)

顧客とのコミュニケーションや情報伝達活動のことであり，プロモーション・ミックス（広告，人的販売，パブリシティ，販売促進など）を用いて，顧客にいかに効率的にメッセージを到達させるか等を考える領域であり，広義と狭義の両方がある．広義にはプロモーション・ミックスを指し，狭義にはセールス・プロモーションともいわれる販売促進を指している．販売促進活動の対象には，①消費者を対象としたPOP広告，ダイレクトメール，クーポン，値引きなど，②流通・小売業者を対象としたリベート，アローワンス，販売コンテスト，マーチャンダイジング

支援など，③社内を対象とした販売コンテスト，販売マニュアル作成，販売員教育などの3領域がある．また，プロモーション戦略として，プッシュ戦略とプル戦略がある．→プッシュ戦略とプル戦略　3[片山富弘]

販売費および一般管理費
(selling, general and administrative expenses)

　企業における販売活動と全般管理活動に関連して発生する原価要素であり，総称して営業費ともいわれる．販売費は，広告宣伝費，荷造費，運搬費，販売手数料などの販売活動に関連する原価要素であり，これは注文獲得から注文履行のための原価を意味する．他方，一般管理費は，旅費交通費，通信費，交際費，保険料，事務用設備の減価償却費などの全般管理活動に関連する原価要素である．販売費および一般管理費は，製品原価としては把握されず，通常，期間原価として処理される．このため，製造原価の計算にみられるような部門別計算や製品別計算は原則として必要とされず，費目別計算のみが実施されることになる．つまり，販売費および一般管理費は，形態別分類を基礎とし，これを製品との関連から直接費と間接費に大別し，一定期間の発生額を計算することが原則となる．このとき，必要に応じ機能別分類なども加味されることがある．→原価　8[山浦裕幸]

ひ

BI (Business Intelligence：ビジネス・インテリジェンス)

　BI は，ビジネス・インテリジェンス (business intelligence) の略であり，経営や市場に関する事実データから，経営，業務の各種の意思決定に有用な知識を抽出し，活用することである．基礎となるデータは，データウェアハウスに格納され，それを BI ツールとよばれるソフトウェアによって，加工・分析する．また，データ・マイニングによって，生データから自動的に知識やルールを抽出するアプローチもある．→データウェアハウス　13[歌代　豊]

非営利セクター (non-profit sector)

　現代社会に存在する多種多様な組織を大まかに分類する方法として，「民間（私的）セクター」と「公的セクター」，またそれぞれの中心的な担い手によって「企業セクター」と「政府セクター」に分ける二分法がある．「非営利セクター」とは，上記のどちらのセクターにも属さない非営利・非政府の組織，すなわち形態は「民間」（非政府）であるが，その目的・使命においては公的性格の強い第3の組織群を指している．また，非営利セクターは政府部門の「第一セクター」，企業部門の「第二セクター」と区別して，「サード・セクター」ともよばれる（日本では「第三セクター」という表現は官民共同出資の事業体を指すため，カタカナ表記とされることが多い）．こうした非営利セクターの動向については，教育，保健医療，文化活動，環境保護，コミュニティ開発などを中心に重要な社会の担い手として貢献してきたにもかかわらず，比較的注目されることは少なかった．しかし，近年の NPO や NGO の活躍が象徴するように，非営利セクターの存在感はますます大きくなりつつあり，その社会的役割の重要性に関する認識も高まっている．→NGO，NPO，公私合同企業　9[石坂庸祐]

PM理論 (PM theory)

　社会心理学者の三隅二不二により提唱されたリーダーシップの行動理論．PM 理論は，集団には仕事面と人間関係面の2つの機能があることに基づき，リーダーとフォロワーとの相互関係をP機能：目標達成機能 (performance) とM機能：集団維持機能 (maintenance) とする2つの座標軸であらわしたものである．P機能とは，集団の目標達成や課題解決の機能であり，集団の効率性や生産性を向上するといった仕事に関するリーダー行動を指す．一方，M機能とは，集団

を維持し強化する機能であり，人間関係に関するリーダー行動を指す．リーダーがこれら2つの機能においてどの程度有効なリーダーシップを発揮しているかをフォロワーが評価し，その平均値に基づいてリーダーシップを4つの類型に分類するものである．4つのリーダーシップ・パターンは，P機能，M機能とも強いPM型（仕事とともに人間関係にも配慮するタイプ），P機能が強いP型（仕事中心のタイプ），M機能が強いM型（人間関係中心のタイプ），両方とも弱いpm型（仕事にも人間関係にも配慮の弱いタイプ）に分けられる．→SL理論，マネジリアル・グリッド理論，リーダーシップ　　　11[上村和申]

PL法 (Product Liability Low)

消費者保護の視点から製造物の欠陥による使用者の損害に関して製造・販売業者等に損害賠償責任を問う法律である．1980年代から世界的に「製造物責任」が問われるようになり，日本でも1995年にこの「製造物責任法」(PL法)が施行され，生命・人体のみならず財産に危害を及ぼさない安全設計や，誤使用，不安全使用に注意を喚起する危険表示が求められるようになった．賠償責任は国内のみならずグローバルな製造物責任，そして品質保証の一層の拡充，責任が課せられることとなったのである．→品質保証
14[根本　孝]

比較可能性 (comparability)

財務諸表の比較可能性を問題とするとき，一企業の財務諸表における時系列的な比較可能性と，多企業間の財務諸表における企業間比較可能性の2つの視点がある．前者に関しては，企業において採用する会計処理方法に制度的な選択適用が認められている場合の継続性問題としてとり上げられることになる．すなわち，いくつかの認められた会計処理方法の中からひとつを選択して適用した場合，企業は当該会計処理方法を正当な理由がない限りにおいて毎期継続して適用しなければならないことになる．一方，意思決定有用性ある会計情報に求められる質的特性のひとつと

しての比較可能性としては前者に加えて後者が強調される．国際会計の領域では，会計基準が異なることによる比較可能性の欠如をいかに解決するかが問題とされ，近時，会計基準の収斂問題として議論が進められている．
→会計基準の収斂　　　　　　7[大倉　学]

非関税障壁 (non tariff barriers)

関税以外の要因によって外国からの輸入障壁を築き，市場参入を阻むための障壁（バリア）を指す．たとえば，輸入を一定数量に制限する，というのはその代表的なものである．そのほかにも，独自の許認可制をとり，その許認可の手続きを煩雑化したり，手続きに異常に時間がかかるなども輸入を困難にする．また，日本がよく欧米諸国から批判される国内での排他的な商取引慣行なども同様に外国製品の参入を阻止するということで非関税障壁のひとつと捉えられている．それ以外にも同様の機能を果たすものとして，厳しい国内規格・安全基準，国内産業への補助金なども非関税障壁と捉えられる．これら非関税障壁は，意図的あるいは意図はしなくても結果的に国内産業を保護することとなる．世界の自由貿易，自由な経済活動を阻害するものとしてその撤廃がグローバリズムの理念の下でWTO（世界貿易機構）を中心に進められているが，国によってあるいは産業によって利害得失が複雑に絡んでおり，交渉は難航しがちである．→グローバリゼーション，WTO　　　　　　　　　　　1[茂垣広志]

非公式組織 (informal organization)

無意識的かつ暗黙的に調整された組織のこと．自然発生的に形成されるため「自生的組織」ともよばれる．一方，非公式組織と対照的な組織は「公式組織」とよばれている．公式組織 (formal organization) は，意識的かつ形式的に調整された組織であり，いわば組織図で描かれる組織である．非公式組織において人間は，非論理的な行動をとるのに対し，公式組織では論理的な行動をする．非公式組織の重要性について指摘したのは，メイヨー (Mayo, G. E.) とレスリスバー

ガー（Roethlisberger, F. J.）である．彼らは，1927年から1932年にかけて，ウェスタン・エレクトリック社のホーソン工場で照明と作業能率の関係について実験を行った．ホーソン実験の結果，明らかにされた真実として，人間は感情を有する社会的動物である．そのため，「費用や能率の論理」が働く公式組織の中に「感情の論理」を通じた非公式組織を自然に形成する．経営者が従業員を真に理解するには，彼らの置かれている全体の情況について深く理解しなければならない．また，生産性を向上させるには，従業員のモラール（意欲）を高めることが大切である．→インセンティブ，インフォーマル集団

1［松崎和久］

非財務コントロール
(non-financial control)

マネジメント・コントロールにおいて，主に非会計情報を利用するものである．これに対して，主に会計情報を利用するものが財務コントロールである．典型的な日本企業において，非財務コントロールに該当するものには，経営計画と方針管理があり，財務コントロールに該当するものには，利益計画と予算管理がある．

マネジメント・コントロールの効果を最大限に引き出すポイントは，非財務コントロールと財務コントロールを両輪として機能させることである．マネジメント・コントロールは，計画の立案，結果の評価，計画の是正というプロセスからなるが，計画の立案や是正のときに，非財務計画（経営計画あるいは年度方針）を財務計画（利益計画あるいは年度予算）の基礎とし，一方，財務計画（利益計画あるいは年度予算）を非財務計画（経営計画あるいは年度方針）の検証に利用することや，結果を評価するときに，実績と非財務計画と比較することで「正しいことを行ったかどうか」を評価するとともに，実績と財務計画とを比較することで「それが成果につながったか」を評価することが，非財務コントロールと財務コントロールを両輪として機能させるために求められる．→長期利益計画，方針管理，マネジメント・コントロール，予算管理

1［鈴木研一］

ビジネスプロセス (business process)

ビジネスプロセスという言葉は，広くビジネスシステム全体の別称として使われることが多いが，また管理的な業務の遂行方法に限って，とりわけ社内のIT（Information Technology）化に関連づけて用いられることもある．企業が競争に勝利するには，提供する製品やサービスについて，低価格か高品質かで他社と差別化をはかる必要がある．この差別化を実現するひとつの方法は，他社にない独自の経営資源（他社をしのぐ格安な原材料，優秀な技術者，低コストの資金，強力なブランドなど）を保有することである．もうひとつは，経営資源の独特な利用方法を開発すること，すなわち，他社に比べてより効率的な生産工程，より無駄のない在庫管理，従業員の意欲をより高める人事管理，顧客ニーズの変化により的確に対応するマーケティングなどを進めるためのノウハウを作り出すことである．こうした数々のノウハウは社内に蓄積され，総体として企業の事業のやり方（ビジネスシステム）にそれぞれの個性を与える．ビジネスシステムには上記の他，経営管理部門，事務部門などの業務の進め方も含まれる．→SWOT分析，BPR，差別化戦略，プロセス型経営戦略

15［田中延弘］

ビジネスモデル特許
(business method patent)

ビジネス方法に関する特許をいうが，特に，インターネットを用いた手法による特許，電子商取引に関する特許，コンピュータとネットワークを用いたビジネスの手法に関する特許が中心である．特許庁は，ビジネス関連特許という表現を使い，アメリカ特許商標庁は，ビジネス方法特許（business method patent）を用いる．注目を浴びたのは，1998年のアメリカのState Street Bank事件（USP5193056）で，ビジネス方法の特許が認められ，日本でも，ビジネスモデル特許が，一躍ブームになった．ただ，これは，従

来から認められてきたソフトウェア特許の一例であり、基本的な考え方が変わったというわけではない．話題をよんだビジネスモデル特許としては，イエス財務在庫管理（特公平1-23814），スイング預金（特公平4-1381），カーマーカ（特許2033073），シティバンク電子マネー（特許2141163），プライスライン逆オークション（USP5794207），アマゾン1クリック（USP5960411），マピオン地図上広告方法（特許2756483），住友銀行パーフェクト（特許3029421）等がある．ビジネスモデルについては，コンピュータ，インターネットを使って新規なビジネス手法を考えたものは特許を取得できるが，従来あるビジネス手法を単にコンピュータに置き換えたものやコンテンツの単なる変更では，特許にならないといわれている．→特許権，ソフトウェア特許，バイオ特許
6［久保浩三］

ビジュアル・アイデンティティ
(visual identity)

さまざまな視覚的要素を統一することで，一般大衆が個別企業に対して抱くイメージを形成したり，刷新したりするコーポレート・アイデンティティの側面をビジュアル・アイデンティティといい，VIと略称される．シンボルマーク，ロゴタイプ，コーポレートカラー，ポスター，パンフレット，パッケージングのデザインを統一することで，消費者をはじめステークホルダー（利害関係者）が個別企業に対して抱くイメージを良好なものにすることができる．一度，個別企業に対する良好なイメージが形成されると，さまざまな製品・サービスについて効果的かつ効率的に広告・宣伝することが可能となる．アメリカで当初，開発されたものも，日本に最初に導入されたものも，ビジュアル・アイデンティティを意味していた．この段階では，コーポレート・アイデンティティと企業文化が直接結びついてはいなかった．→コーポレート・アイデンティティ，ビヘイビア・アイデンティティ
10［松村洋平］

ビジョナリー・カンパニー
(visionary company)

コリンズとポラス（Collins, J. C. & Porras, J. I.）がビジョナリー・カンパニーとよんだのは，ビジョンを有しており，世代を超えて存続し続け，業界において卓越した存在として尊敬を集める企業である．ビジョナリー・カンパニーに選ばれた企業と選ばれなかった企業を比較して，違いを浮き彫りにし，共通するものを抽出した．結果，ビジョナリー・カンパニーは，変えるものと変えないものをはっきりさせ，理念のなかの理念ともいうべき価値や信念についてはまったく変えず，反対に中核でない理念，目標，構想，戦略，構造などについてドラスチックに変えていることがはっきりした．一方で，カルトのような文化を醸成し，生え抜きの経営者を育成することで基本理念を維持しながら，他方で，社運を賭けた大胆な目標を立て，試行錯誤を奨励して変異を発生させ，従業員の不安感をあおって改善し続ける土壌を作るなど，進歩を促すことがビジョナリー・カンパニーの真髄であるという．→エクセレント・カンパニー
10［松村洋平］

ビジョン (vision)

経営理念であるミッションを具体化する将来の構想や進むべき方向のことである．経営理念よりも，むしろ経営方針に近い．より具体的な数値目標を含む場合もある．戦略経営協会によれば，「ある特定の未来時空間への経営理念の投影像」と定義される．何年後，あるいは何十年後に，いかなる企業に成長を遂げているのか，規模や範囲，内容について明確にしたものである．環境の変化を予測し，資源の蓄積を勘案して，ビジョンは構築されなければならない．いわゆる荒唐無稽なものであってはならない．しかし，本田宗一郎が，本田技研工業の設立後間もなく，「本年こそ，世界のホンダにならなければならない」と壮大なビジョンを掲げたように，ビジョンは，経営方針として経営戦略の礎（いしずえ）となるばかりではなく，時として，

従業員に夢と希望を与え，大いに励まし気持ちを奮いたたせることができることも忘れてはならない．→経営理念，ミッション

10［松村洋平］

非正規社員 (non regular staff)

企業で働く人材は，基本的に正規従業員と非正規従業員に区分される．正規従業員とは，雇用期間が限定されていない無期契約の人材であり，一般に正社員のことを意味する．一方，非正規社員とは，有期契約による雇用期間が限定されている人材のことである．非正規社員には，企業が直接雇用する形態をとる契約社員，パートタイマー，臨時社員アルバイトの区分があり，人材紹介企業などの仲介者を通した間接的な雇用形態をとる区分として，出向社員，派遣社員，請負従業員などがある．今日では非正規社員の社員における比率が増加してきている．その背景には，労働者の働き方に対する意識が多様化してきており，家庭をもった女性などを労働力として活用するための施策（パートタイマーなど），すなわち柔軟で多様な雇用・就労制度づくりが目指されている．しかし同じ仕事をしながら，正規社員との間に処遇面や待遇面で格差が拡大してきており，その是正が大きな課題となってきている．→パートタイマー，有期契約　　　　　　 12［金　雅美］

BtoC (Business to Consumer)

企業対消費者を意味しており，一般に消費財の企業と消費者の売買取引を指す．B2Cとも表現される．特に電子商取引が普及する中で，消費者向けの販売を「BtoCの電子商取引」ということが多い．インターネット上の仮想店舗で消費者はいつでもショッピングができるようになった．書籍販売のAmazon，ショッピングモールの楽天等が代表的なBtoCの電子商取引サイトである．BtoCに対して，BtoBは企業対企業の取引を指す．→eコマース，BtoB　 13［歌代　豊］

BtoB (Business to Business)

企業対企業を意味しており，一般に生産財や法人向け製品，サービスに関する企業と企業の売買取引を指す．B2Bと表現するケースもある．特に電子商取引が普及する中で，企業対企業（企業間）の取引を「BtoBの電子商取引」ということが多い．売り手企業のインターネットサイトに電子カタログを掲載し，買い手企業が発注したり，逆に買い手企業が調達物件の仕様をインターネットサイトに掲示し，売り手企業が応札するといった形態の取引が行われる．さらに，売り手企業と買い手企業を仲介するeマーケットプレイス（電子市場）という事業形態も一時活発になった．2000年前後に，鉄鋼，化学，電子部品など業界別のeマーケットプレイスが多数立ち上がったが，その後多くは撤退した．BtoBに対して，BtoCは企業対消費者の取引を指す．→eコマース，BtoC　 13［歌代　豊］

BPR (Business Process Reengineering：ビジネス・プロセス・リエンジニアリング)

業務プロセス再設計のことである．単にリエンジニアリングともいう．リエンジニアリングは，1990年にマイケル・ハマー（Hammer, M.）らによって提唱された経営手法である．ハマーは，リエンジニアリングを「コスト，品質，サービス，スピードのような重大で今日的なパフォーマンス指標を劇的に改善するために，ビジネス・プロセスを根本的に考え直し，抜本的にそれを設計し直すこと」と定義した．プロセス指向に基づき，階層的な組織や機能による過剰な分業を廃して，組織をフラット化し，業務の流れが滞らないようなプロセス再設計を推奨している．また，BPRでは業務の流れとともに情報の流れの再設計も不可欠であり，ITが重要な役割を果たす．→ビジネスプロセス　　　　　　 13［歌代　豊］

PPM (Product Portfolio Management：プロダクト・ポートフォリオ・マネジメント)

経営資源を効率的に配分するために，ボストン・コンサルティング・グループによって製品ライフサイクルと経験曲線をもとに開発された戦略手法のひとつである．縦軸に製品の成長率，横軸に市場占有率をとると，4つ

のセルが形成される．①負け犬は成長率・占有率がともに低い製品である．資金流出・流入とも少なく，将来を望めない．②問題児は成長率が高く占有率が低い製品である．資金流入より資金流出（投資）が多く，将来性はあるが当面資金を必要とする．③花形は成長率・占有率がともに高い製品である．資金流出・流入とも多く，よく稼ぐが出費も多いので，収益はあまり期待できない．④金のなる木は成長率が低く占有率が高い製品である．資金流出が少なく資金流入が多いので，よく稼ぎ出費も少なく，高い収益を得ることができる．金のなる木の資金を花形に投入して企業の安定を図り，一方で将来の成長の芽のある問題児については追加投入をすべきである．

PPMの問題点は，①セルの数が少なすぎ，②成長率や占有率といった尺度だけでは不適切で，③事業間のシナジー効果が不明瞭であることなどがあげられる．→経験曲線，経験効果，戦略事業単位，ライフサイクル

2［高橋成夫］

ビヘイビア・アイデンティティ
(behavior identity)

メンバーの意識改革や体質改善を狙って，行動規範やスローガンなどをトップダウンあるいはボトムアップで作成していくコーポレート・アイデンティティの側面をビヘイビア・アイデンティティといいBIと略称される．マインド・アイデンティティによって，経営哲学や企業理念がリニューアルされ，ビジュアル・アイデンティティによって，消費者のイメージの形成や刷新がなされたとしても，メンバーの態度や姿勢が旧態依然であっては，コーポレート・アイデンティティの効果は期待できない．したがって，行動規範やスローガンを作成していくなかで，意識改革や体質改善をはかるのである．また，ビジュアル・アイデンティティが，消費者などステークホルダーの視線や態度に変化をもたらし，結果，メンバーのモラールやロイヤリティを高揚させたことも，ビヘイビア・アイデンティティに対する着目のきっかけになったことも，重要である．→コーポレート・アイデンティティ，ビジュアル・アイデンティティ

10［松村洋平］

費目別計算

原価計算手続きのひとつ．一定期間における原価要素を費目別に分類測定する手続きであり，原価計算における第1次の計算段階である．費目別計算では，原則として，形態別分類を基礎として，原価を直接費と間接費に大別し，さらに必要に応じて，機能別分類を加味して細分する．形態別分類とは，原価がどのように発生したかによる分類であり，これにより原価を材料費，労務費，経費に分類し，さらに製品との関連で，直接材料費と間接材料費，直接労務費と間接労務費，直接経費と間接経費に分類する．→原価計算，製造間接費，製品別計算，部門別計算

8［﨑　章浩］

ヒューマンウエア (humanware)

技術と人間との関係のあり方，つまり，ハードウェアと称される機械設計等の技術やソフトウェアといわれるコンピュータプログラム等の技術と人間との関わり方を規定する技術のことである．その関与の仕方，あるいは，インターフェイスにも何らかのパターンがあり，両者の相互作用のあり方が生産の効率性や生産物の品質等の生産パフォーマンスを大きく変える可能性がある．たとえば，1980年代，日米の自動車企業間におけるヒューマンウエア技術のあり方についての相違が指摘され，日本企業の競争力の源泉，パフォーマンスの格差を生み出す要因として，その特性の相違に注目が為されていた．日本型のヒューマンウェア技術の特徴は，第1に，あくまでその革新にあるのは，人間の役割の代替であること．第2に，生産現場の知識と経験を尊重し，そこから生産技術体系の設計や運行にまでフィードバックされる仕組みが体系化されていること．第3に，こうした技術体系は，日本企業が国際市場で競争していくプロセスの中で次第に形成されてきたという特徴をもっている．

14［島谷祐史］

費用

「純利益または少数株主損益を減少させる項目であり,原則として資産の減少や負債の増加を伴って生じる」(「討議資料『財務会計の概念フレームワーク』財務諸表の構成要素第15項」会計基準委員会)ものである.わが国の会計制度では,伝統的に,価値減少に関して発生主義の原則に基づいた費用の認識が行われてきた.資産負債アプローチを基底とするならば,費用は資産概念から従属的に導出されるような表現で規定されることになるが,先に示したように,純利益(ないしは少数株主損益)との関係を重視している点がわが国においては特徴的である.損益計算書上では,売上原価,営業外費用,特別損失の各区分において費用項目が報告されることになる. →資産負債アプローチ,収益,収益費用アプローチ,発生主義　7[大倉　学]

標準原価 (standard costs)

原価はその集計の時点によって,実際原価と予定原価に分けることができる.標準原価は予定原価の典型であり,発生したすべての原価要素を標準で計算する.すなわち,標準価格×標準消費量で計算された原価.標準原価は改定の頻度,標準の厳格度から分類できる.前者によって,標準原価は基準標準原価と当座標準原価に分けることができる.基準標準原価は固定的な標準原価であり,価格や賃金水準に変化が生じても経営構造に変化がない限り改定を行わない.このために,能率の尺度にはなりえないが,設定された標準原価と実際原価の比較尺度として用いられ,長期的な経営活動の指標として用いられる.他方,当座標準原価はしばしば改定される標準原価であり,価格や賃金水準など直近の諸条件の変動を反映している.このために,能率の尺度となり,同時に損益計算目的に適している.

標準原価を設定する際に,基準となる能率水準が決定されなければならない.これには理想能率水準,正常能率水準,現実的能率水準が考えられ,どの水準を用いたかによって,標準原価は理想標準原価,正常標準原価,現実的標準原価に分類できる.理想標準原価は理想状態を前提とした標準原価であり,あらゆる無駄を排除した原価である.正常標準原価は経営上発生する諸条件を加味した正常能率水準を前提とした標準原価であり,経営活動の長期平均的な原価である.現実的標準原価は現実的能率水準を前提とした達成可能な標準原価であり,達成可能な原価である. →実際原価,標準原価計算　8[建部宏明]

標準原価計算 (standard cost accounting)

標準原価計算は第1次世界大戦後に普及した原価管理用の原価計算である.当初,実際に生じた原価を比較することによって原価管理を行っていたが,偶然に生じた原価同士を比較しても原価能率を改善できない.効果的な原価管理を行うためには,事前の目標が存在しなければならない.そこで,テイラー(Taylor, F. W.)の科学的管理法の標準概念を原価計算に導入し,標準原価をあらかじめ設定し,これと実際に生じた原価を比較することによって,原価能率の改善を図り,原価の削減を目指す原価計算の手法である.すなわち,事前に直接材料費,直接労務費,製造間接費の各費目に対して標準原価を設定し,生産終了後に実際原価を計算する.したがって,標準原価と実際原価の間に差異が生じる.直接材料費差異としては材料価格差異,材料消費量差異,直接労務費差異としては賃率差異,作業時間差異,製造間接費差異(3分法)としては予算差異,能率差異,操業度差異が生じる.これらの差異の原因分析を行い,是正措置をとることによって原価能率の改善が可能になる. →原価管理,標準原価
　8[建部宏明]

費用対便益分析
(Cost Benefit Analysis：CBA)

事業やプロジェクトの経済性評価の一手法である.費用対便益分析では,事業やプロジェクトにかかる費用を積算し,得られる便益を貨幣価値に換算し,費用と便益を比較することにより,経済性を評価する.ITマネ

ジメントでは，新たなIT投資を評価することが重要であるが，そのとき費用対便益分析が多用されてきた．IT投資を評価する場合，費用には運用費用に開発一時費用の年間償却費相当分を加える．便益には，IT化した場合の効率化によって生ずる費用低減価値や競争力向上により得られる収益拡大価値を評価し，上記のコストと対比する．しかし，IT導入の目的が多様化したため，費用対効果分析だけではIT投資の必要性を示せなくなっている． 13［歌代 豊］

品質 (quality)

「品物またはサービスが，使用目的を満たしているかどうかを決定するための評価の対象となる固有の性質・性能の全体」(JIS)をいう．品質は単に品物あるいはサービスの質がよいということではなく，それを使用する人の要求にあっていなければならないといえる．価格，経済性，耐久性，安全性，使い易さ，作り易さ，処分の容易さ，デザインのよさ，希少性，独自性などが品質の構成要素である．品質はさまざまに分類できる．作り手の品質と買い手の品質，設計品質と適合品質，狭義の品質（製品品質）と広義の品質などである．品質の概念は時代によって変わると考えられる．当初は作り手が中心の品質であったが，次第に買い手の品質が重視され，現代ではさらに環境を含めた社会的な品質が問題になっている．→設計品質，総合品質，適合品質 8［長屋信義］

品質管理 (quality control)

品質は，一般に大きく顧客ニーズの把握に基づいて企画された性能・寿命，デザインなどの特性としての企画品質（要求品質），それを具現化するために生産能力やコスト，メンテナンスの条件も加味して設計図に規定された設計品質，それを目標に実際に製造された製品の特性としての製造品質，そして販売・購入した営業品質，さらに実際に使用され，アフターサービスなど受けた時の認知品質（使用品質）の5つに区分される場合もある．
伝統的には製造品質中心の品質管理であったが，それは徐々に拡大され，総合的な品質の管理すなわちTQMやシックスシグマなどの全社的，体系的な品質管理へと発展してきている．→シックスシグマ，TQM，品質経営
14［根本 孝］

品質経営 (quality assurance management)

品質管理ないし品質保証は，設計や製造の技術・技能的な質ばかりではなく，従業員や管理者の質，職場の人間関係，部門間や下請け企業との相互関係の質も問題となってきており，総合的な品質管理，しかも顧客価値，顧客満足の視点からの経営のあり方に重視され品質経営，あるいは経営品質の革新，向上を目指す方向へと発展してきている．そうした動向はここでは品質経営，すなわち顧客満足の保証と顧客価値の創造を目指す全社的，体系的な品質革新のためのマネジメント活動である．日本の品質管理活動の普及，向上を推進してきた日本科学技術者連盟（日科技連）では総合的品質経営すなわちTQMとして推進してきており，また社会経済生産性本部では「日本経営品質賞」を展開してきており，品質経営と経営品質がほぼ類似した意味で活用されている．→TQM，日本経営品質賞
14［根本 孝］

品質原価計算 (quality costing)

品質コスト (cost of quality) を測定・分析し，管理するために用いられる戦略的コスト・マネジメント技法である．品質原価計算において，品質コストは，一般に，品質不良を予防するために発生する予防コスト，品質不良を未然に発見するために発生する評価コスト，品質不良が組織内部で発見された場合に発生する内部失敗コスト，および品質不良が組織外部で発見された場合に発生する外部失敗コストの4つに分類して認識され収集される．また，品質コストは，ABCを活用して製品やサービス，顧客などのセグメントごとに測定されることが多く，その結果は品質コスト報告書によって報告される．品質原価計算によれば，品質コストの総額，品質コストが多く発生している項目，および品

質コストの発生原因などを知ることができる．経営管理者は，これらの情報を品質管理における意思決定に活用することで，品質改善活動を積極的に推進しながらも，最小の品質コストを実現することが可能となる．→ABC/ABM, 品質コスト　　　8［大槻晴海］

品質コスト (quality cost, cost of quality)

品質コストは品質管理や品質保証活動の遂行によって発生する費用とこれらが不完全であったためメーカーが支払う損失からなる．PAF法（prevention-appraisal-failure approach）によって分類すると，品質上の欠陥の発生を防止するための予防コスト（prevention cost），品質を評価し維持するための評価コスト（appraisal cost），出荷前に発見された欠陥や品質不良の処理のための内部失敗コスト（internal failure cost）および出荷後に発見された欠陥や品質不良の処理のための外部失敗コスト（external failure cost）の4つのコストがある．前2者は品質管理や品質保証活動を行うことによって不可避的に発生し，文字どおり原価といえるが，後2者は品質管理・保障活動の結果として発生するもので，この活動がうまくいけば回避できるもので，この発生は損失であるといえる．前2者の増加は後2者の減少をもたらし，両者はトレードオフの関係にある．そのため両者の関係を考慮し，最小の支出で最良の品質を実現する努力が必要である．→品質原価計算　　　8［長屋信義］

品質保証 (quality assurance)

さらに顧客満足への対応の強化が求められ，品質保証の考え方が強化されていった．すなわち，品質保証は，顧客が購入した製品・サービスが安心して活用し，満足できることを保証するための体系的マネジメント活動に他ならない．そのためには全社的な品質保証のための「品質方針」や各部門の機能役割の分担，協力の明確化，それを推進・実践するための「品質マニュアル」の整備，各部門の品質保証活動を促進，総括する部門としての「品質保証部」などが設置することが必要となった．→品質管理　　　14［根本　孝］

ふ

ファイブ・フェイズ・モデル (five phase model)

組織的知識創造のファイブ・フェイズ・モデルは，野中郁次郎と竹内弘高が示した組織的知識創造プロセスの理念型である．野中は，組織における暗黙知と形式知の変換モードをSECIモデルとして示したが，ファイブ・フェイズ・モデルは時間軸を含む組織的知識創造の流れと知識の変換モードを関係づけたものである．5つのフェイズは，①暗黙知の共有，②コンセプトの創造，③コンセプトの正当化，④原型の構築，⑤知識の転移，である．暗黙知の共有では，暗黙知をもつ個人が組織の中で対話する「場」をつくり，メンタル・モデルが共有される．コンセプトの創造では，共有された暗黙的なメンタル・モデルは言葉に変換され，そして明示的なコンセプトとしてまとめられる．コンセプトの正当化では，コンセプトが組織や社会にとって価値があるかどうかが判断される．原型の構築では，正当化されたコンセプトが，目にみえる具体的なもの（原型）に変換される．そして，知識の転移では，具現化された原型が，組織全体のタテヨコに広がり，知識創造の新しいサイクルにつながる．→暗黙知，形式知，ナレッジ・マネジメント　　　13［歌代　豊］

ファミリー・フレンドリー (family friendly：家族支援的)

従業員の家族内の責任に気を配り，仕事と家庭のバランスを保てるよう配慮することを指す．この考えをもっとも早く取り入れた企業のひとつはIBMで，1956年に3ヵ月の育児休暇制度を制定した．実際にファミリー・フレンドリーの言葉が国際機関などで公に唱

えられるようになったのは1970年代末のことであるが、その頃から多くのアメリカ企業でファミリー・フレンドリー施策が採用されるようになり、80年代以降はヨーロッパにも広がった。ファミリー・フレンドリーを旨とする施策の導入によって、男女平等の推進や過重労働の排除を進め、優秀な従業員の退職を防ぐことが狙いとされた。この考え方が普及した背景には、女性の職場進出が進み働く母親が増えたこと、家族形態が変化し家庭内での子育てや介護の機能が低下したこと、労働者の意識変化や長時間労働に対する非難、さらには少子・高齢化社会の到来といったことがあげられる。→ワーク・ライフ・バランス

12[牛尾奈緒美]

VE (Value Engineering)

価値工学ともいう。製品やサービスなどの機能を分析し、最低のライフサイクルコストで機能を実現するための組織的活動のことである。当初、VEは、コスト削減の大きさが注目されたが、現在では、顧客満足が高く価値ある新製品の開発、既存製品の改善、業務の改善等に導入され、企業体質の強化や収益力の向上に貢献している。たとえば、製品全体のコスト削減や製品開発段階で適用されるだけでなく、組立作業、機械加工、梱包、運搬等、製造プロセスや物流プロセスでも活用されている。つまり、VEでは、まず顧客が求める機能を明確にし、絶対に必要な機能であるのかどうかを判断し、創意工夫によって実現するというプロセスを主眼としている。単なるコストダウンではなく、性能・信頼性・品質に影響を及ぼすことなく、価値を向上させようとする考え方なのである。→IE

14[島谷祐史]

VMI (Vendor Managed Inventory:供給業者主導在庫管理)

供給業者による在庫管理を意味する。小売業とメーカー、メーカーとサプライヤーの間で行われる。企業は、一般に、必要な商品、原材料、部品の在庫管理を行い、必要に応じて補充発注を行う。これに対して、VMIでは、このような在庫管理は供給業者が行い、供給業者の責任で適宜自動的に補充する。VMIを導入する際、購買業者と供給業者の両者で契約を締結するとともに、在庫管理と補充発注のための情報システムの連携が必要となる。また、CRP (Continuous Replenishment Program:連続自動補充プログラム) と組み合わせることにより効果が高まる。適切に運用する上では、需要予測、生産計画などの情報も共有することが有効である。→CRP

13[歌代 豊]

フィードバック (feed back)

ひとつのシステムはインプット (入力) を、期待するアウトプット (出力) に変換するものであるが、そのアウトプットを測定し、期待される基準と差異があれば、その情報をシステムの管理者に戻し、その判断でインプットの量や質、あるいは変換プロセスを調整する。このような結果の情報を戻し調整することを、フィードバック (Feed-back) とよんでいる。またこうしたコントロールの仕方をフィードバックコントロール (制御) というが、フィードバックコントロールはアウトプットを測定・評価後の事後コントロールであり、インプットを測定したり、変換プロセスの途中の状況を評価し、アウトプットを事前にコントロールする仕組みをフィード・フォワード・コントロールとして区分することもある。

1[根本 孝]

フィランソロピー (philanthropy)

企業による社会貢献活動のことをいう。フィランソロピーは、ギリシャ語のフィリア (愛) とアンスロポス (人類) から派生したもので、慈善や博愛を示す。まず、災害義援金や団体寄付、施設開放、人材提供など寄付行為がフィランソロピーとしてあげられよう。また、芸術やスポーツの振興 (メセナ)、ボランティア活動の支援といった技術やノウハウをいかした企画・運営も範疇に入る。さらに、従業員が積極的にボランティア活動に参加できるよう休暇をとる制度を導入するなど環境整備も社会貢献活動の一環といえよう。

従業員がある団体に寄付をすると企業も同じ団体に同じ額を寄付するというマッチング・ギフトなども環境整備のひとつであろう.

企業市民（コーポレート・シチズンシップ）の延長にあるものであり，経済的存在であるとともに，社会的存在であるという発想が原点にある．また，フィランソロピーも決して利益と無関係ではないことに注意したい．すなわち，短期的な目先の自己利益にとらわれることなく，地域の発展に貢献することが，長期的な利益をもたらし，企業の存続・発展につながるという「啓発された自己利益 (enlightened self-interest)」という考え方である．→企業市民，啓発された自己利益，マッチング・ギフト，メセナ　10［松村洋平］

フォーカス・グループ・インタビュー (focus group interview)

フォーカス・グループ・インタビューとは，経験を積んだ司会者の進行によって，10人前後の回答者のグループが特定のテーマについて2時間程度で自由な雰囲気で議論するものであり，集団面接調査法である．グループで意見や感想を自由にのべられるので，面接者と被験者との一対一での対面の面接調査では引き出しにくい意識を把握することができるので，プロモーションのテーマや新製品開発などにそこからのアイデアは反映されることになる．したがって，結論的な情報を引き出すためではなく，むしろ消費者の考え方や行動に関する仮説を設定したり，大規模な調査の際の質問項目を設定するためにこの調査方法は利用されるべきである．　3［菊池一夫］

フォーチュン (Fortune)

世界120ヵ国で約500万人の愛読者を誇る世界最大級のビジネス雑誌．発行部数は100万部にも達するといわれている．世界で活躍する企業や新しい組織やマネジメントなど，毎回，定期的に最先端のビジネスシーンにおける諸問題を特集に取り上げ注目を集めている．「世界のビジネスにおける女性のトップ経営者」や「世界でもっとも賞賛される企業」など，同紙が編集し年に一回発表する特集号は，世界中の読者に広く読まれている．特に有名なのは，フォーチュン・グローバル500 (Fortune Global 500) であり，これは世界の優良企業を500社選び，順位をつけたものである．同紙と類似するビジネス雑誌としては，ビジネスウィーク (Business Week)，エコノミスト (The Economist)，フォーブス (Forbes)，ニューズウィーク (Newsweek)，タイム (Time) などがあげられる．

9［松崎和久］

フォーディズム (fordism)

ベルトコンベアシステムを考案し，大量生産体制を確立して，自動車の大衆化に貢献したフォード (Ford, H.) の経営理念がフォーディズムであり，奉仕動機ともよばれる．一般大衆に対して低価格で商品を提供することを第一義にしたのである．低価格ですぐれた商品をたくさん提供することで，企業は利潤をあげることができ，利潤のなかから労働者に高賃金を支払うことで，購買力をつけていき，さらに商品がたくさん売れる，という考え方である．逆にいえば，利潤動機をおしすすめ，高価格・低賃金になってしまっては，市場が尻すぼみになってしまうのである．したがって，大量生産体制を迎える時代においては，利潤動機から奉仕動機に切り替えざるを得ないのである．　10［松村洋平］

フォード生産システム (Ford manufacturing system)

ヘンリー・フォード (Ford, H., 1863-1947) は，自動車の大量生産方式，いわゆる「フォード生産システム」を確立した人物として名高い．1903年にフォード自動車会社を設立し，1908年にT型フォードの製造を開始した．T型フォードの販売を契機として，彼は従来の生産方式の手法を大きく変えたのである．従来の生産方式は，汎用機と熟練工によるラインで作業者チームが割り当てられた工程範囲を担当し，作業者が移動しながら必要な部品を持ち寄って車台に組み付ける「定置組み立て方式」が一般的であった．部品も完全な互換性を保持していなかったの

で，各作業員が手作業で修正を行っていた．一方，フォード生産方式では，専用工作機械の加工精度が向上したことにより部品の完全な互換性が達成され，1913年には，コンベアー式の移動組み立てラインを導入し，大量生産方式を確立させた．基本原理は，部品の互換性の徹底，作業の細分化・単純化，専門化である．このため，短いサイクルタイムで同じ作業だけを繰り返し行うのでミスが少なく，作業者の習熟も早くなり生産性も飛躍的に向上した．しかし，1920年代後半にGM社の多品種生産方式によって戦略転換を余儀なくされ，1927年にT型車の生産停止と多品種生産への変更を行った．→プロダクティビティ・ジレンマ　　　　　14［島谷祐史］

不確実性回避指標 (uncertainty avoidance index)

ホフステッド (Hofstede, G.) が，多国籍企業内における子会社間の経営文化の相違を測定するために設定された指標のひとつ．この指標は，「ある文化のメンバーが不確実な状況や未知の状況に対して脅威を感じる程度」と定義され，不確実性に対する許容水準が文化によって異なるという仮説に立っている．指標は3つの質問に対する合成で求められている．①仕事上でのストレスの水準（仕事上のストレスを感じる人ほど不確実性を回避したがるという先行研究から導入），②規則遵守の性向（同様に不確実性を回避したがる人ほど保守的で既存の規則を守りたがる），③雇用の安定を求める（不安定性を嫌がる），という項目である．回答の分析の結果，不確実性回避指標のスコアが高い国は，ギリシア，ポルトガル，グァテマラ，ウルグアイの順であり，日本は55ヵ国中第7位であった．反対にスコアの低い国・地域は，シンガポール，ジャマイカ，デンマーク，スウェーデン，香港の順であった．また，不確実性回避スコアが高い国では，小さい組織よりも大きな組織を，個人的意思決定よりも集団的意思決定を選好し，変化に抵抗する傾向がみられた．→異文化経営，権限格差指標，個人主義指標，国民文化，ホフステッド　　　　5［茂垣広志］

複雑系思考 (complex system thinking)

複雑な自然や社会の現実を複雑なまま理解しようとする考え方を複雑系思考とよんでいる．伝統的には複雑なものの理解は，それをできるだけ細かく分けて，その一つひとつを単純化して分析，理解してきたのである．その結果，物理学はじめ経済学など社会科学も大発展を遂げ，ますます細分化，専門化してきている．しかし，一方ではその細分化して明らかとなった断片を組み合わせても全体の理解にはつながらず，問題が解決できない状況になってきているのが現状であり，科学が閉塞状況に陥っているともいわれている．そこで新たに複雑なものはフラクタル構造とよばれるように，複雑なまま，全体を把握しようとする思考法が今日注目されているのである．→学際的思考，要素還元主義

16［根本　孝］

複雑人モデル (complex man)

シャイン (Schein, E. H.) は，管理者が有する人間に対する仮説を，①経済人モデル（賃金によって動機づけられる），②社会人モデル（社会的欲求によって動機づけられる），③自己実現人モデル（自己を成長させたい欲求によって動機づけられる），④複雑人モデルに分類し，それぞれの人間仮説に応じた管理方法について検討した．このうち，複雑人モデルは，人間を複雑で変化する存在としてとらえ，動機もさまざまであり，変化していくと考えるものであり，ゆえに，すべての人びとにあてはまる唯一最善の管理方法を想定しない．複雑人モデルに立脚した管理方法として，部下の動機や能力の違いを感じ取り，共感する，あるいは診断することからはじめることが肝要とされ，管理者は臨床家としての能力を問われることとなる．さらに，管理者は，差異や変化に柔軟に対応していくことも求められる．→自己実現欲求

1［松村洋平］

複式簿記 (double-entry book-keeping)

帳簿記入の一方式のこと．複式簿記と比

較される方式として単式簿記がある．単式簿記は家計簿や現金出納帳のようにたとえば現金というひとつの項目に関してのみ，その増減および結果を記録する．これに対して複式簿記では，資産・負債・資本・収益・費用という5要素を用いて，企業活動（取引）をその原因と結果といった因果関係面からとらえる．複式簿記は，特にその検証可能性と秩序性に会計記録計算上の合理性がある．

7［大倉　学］

負債 (liability)

「過去の取引または事象の結果として，報告主体が支配している経済的資源を放棄もしくは引き渡す義務，またはその同等物をいう」（「討議資料『財務会計の概念フレームワーク』財務諸表の構成要素第5項」会計基準委員会）．負債には歴史的にも理論的にもさまざまな定義や解釈が付されてきたが，先に示すように，近年ではアメリカFASB基準において規定された資産負債アプローチに基づく負債の定義に基づく内容のものが一般的になっている．負債の定義が義務という概念を用いて厳格に規定されることは国際会計基準やアメリカ会計基準のそれと類似しているが，従来のわが国の貸借対照表で負債として計上されていたものの一部（たとえば，債務性のない引当金）がこの定義との整合性において問題が生じることとなった．

7［大倉　学］

プッシュ戦略とプル戦略
(push strategy & pull strategy)

プロモーション戦略の中に，メーカーから顧客に向かって商品を流通させるプッシュ戦略と顧客をメーカーに引き寄せるプル戦略の両方がある．プッシュ戦略では，メーカーは卸売業者や小売業者に積極的に営業活動を行い，その手段は人的販売や販売促進が中心的な役割を果たすことになる．一方，プル戦略では，顧客に広告などで刺激を与え，小売業者に来店させ，ブランド指名させ，小売業者の注文が卸売業者へ，メーカーへと流れていくことになる．実際は，両者の戦略をミックスした相互補完的な活動が多く展開されている．→販売促進　　　　　　　　　3［片山富弘］

不当労働行為 (unfair labor practices)

使用者による労働組合の結成や運営に対する介入や，正当な行為を理由にした解雇あるいは正当な理由のない団体交渉の拒否を指し，労働組合法でそうした使用者による行為は禁じられている．そうした中には労働者が労働組合に加入しないことや，労働組合から脱退することなどを条件に採用する社用契約は黄犬契約といわれるが，そうした契約や労働組合の運営経費について経理上の援助を与えることも禁止されている．

もし不当行為があったと思われる場合には都道府県の労働委員会に救済申立てをすることができ，審査や救済がなされる．

12［根本　孝］

部分原価 (partial costs)

原価はその集計の範囲によって，全部原価と部分原価に分けることができる．製造領域において発生した原価要素の一部，販売領域において発生した原価要素の一部のみを計算した原価であり，これに基づく原価計算は部分原価計算という．通常，部分原価は変動費のみを製品原価として計算する．この場合，部分原価は変動費のみで構成されるので，売上高からこれを引き算した場合には限界利益を算定できる．これは利益管理や経営意思決定に不可欠な原価概念である．→全部原価，直接原価計算　　　　　　　　　8［建部宏明］

部門別計算

原価計算手続きのひとつ．費目別計算において把握された原価要素を原価部門別（原価の発生場所別）に分類集計する手続きであり，原価計算における第2次の計算段階である．ここに原価部門とは，原価の発生を機能別，責任区分別に管理するとともに，製品原価の計算を正確に行うために，原価を分類集計する計算組織上の区分をいう．原価部門は，製造部門（たとえば，組立部門，仕上部門など）と補助部門に大別され，補助部門は

さらに補助経営部門（たとえば，動力部，運搬部など）と工場管理部門（たとえば，検査部，生産管理部など）に細分される．→原価計算，製品別計算，費目別計算

8［﨑　章浩］

ブーメラン効果 (boomerang effect)

この用語は，用いる分野・領域によってまったく異なった意味で用いられるため注意が必要である．本来的なその意味は，投げたものが帰ってくるという現象であり，そのアナロジーとして多様に用いられている．

経済学では，先進国の政府や企業による発展途上国への技術援助や技術投資，あるいは直接投資が，当該国の産業の発展や企業の技術力の向上につながり，やがて先進国への輸出増加，先進国企業にとって強力なライバルとなって登場するという現象を指して用いられる．

心理学では，説得において唱導方向とは逆の方向への受け手の態度変化を指す用語として用いられる．説得への抵抗であり，この現象が生じる原因に関しては多様な解釈がある．たとえば，バランス理論では，友好的ではない他者が自分と同じ意見を言うと，異なる方向に意見や態度を変えることが起きうるとされている．また，自分の意見や態度を自由に決定したいという動機をもっている個人が，それに対する脅威（説得行為）が発生すると自由回復への動機づけ（反発）が大きくなるとするリアクタンス理論などがある．

経営の分野では，経済学でいう意味で使用されることも多いが，それとは異なる意味で用いられる場合もある．すなわち，社外に対する広告宣伝活動が，その本来的な意味である顧客・消費者に対する訴求だけではなく，企業内部の社員への意識に対しても影響を与えるという現象を指しており，特にマーケティング分野で用いられる場合が多い．→海外直接投資，ブラックボックス戦略

5［茂垣広志］

プライベート・ブランド (private brand)

PBと略されることも少なくないが自主企画・開発商標を意味する．メーカー以外の卸・小売業者などによる企画開発したブランド，商品であり，具体的には百貨店やスーパーがメーカーに委託生産し，自社ブランドで販売する方式で活発に行われておりストアーブランドともよばれる．OEMの一形態であり，百貨店やスーパーにとっては顧客ニーズに応じた製品販売を可能とすることによって，利益率を高めるばかりでなく，自社の地位やイメージの向上を狙っている．→OEM

3,4［根本　孝］

プラザ合意 (Plaza Accord)

1985年9月にニューヨークのプラザホテルで開催されたG5（アメリカ・イギリス・西ドイツ・フランス・日本の先進5ヵ国蔵相・中央銀行総裁会議）での円高・ドル安という為替レートへの協調介入の合意である．当時アメリカは財政と貿易収支の双子の赤字に陥っており，特に貿易赤字の原因は，ドル高─円安による日本企業の集中豪雨的輸出であるとされた．1980年代当初はインフレ抑制政策として高金利政策がとられ，ドル高の原因となっていたが，インフレ沈静後低金利政策へと転換していったが，その結果，双子の赤字を抱えるアメリカ通貨，すなわちドル相場は不安定化していった．それに対応するために協調的にドル安を実施するための合意がこのプラザ合意である．このプラザ合意により円高が急激に進行し，それまで海外事業展開で輸出中心の戦略をとっていた日本企業は円高不況に見舞われ，国際戦略の見直しがなされた．円高─ドル安は，一方では日本からの輸出競争力を低下させるが，他方では，海外調達や海外資産の取得には有利に作用する．これらのことから日本企業の海外生産が一気に加速することになった．→シンプルグローバル戦略

5［茂垣広志］

ブラックボックス戦略
(black box strategy)

　ブラックボックス戦略とは，よい製品だが中身がどうなっているのか同業他社にもわからなくし，技術流出を防ぎ，模倣製品や類似製品を出しにくくする技術戦略である．その意味で，知的財産保護のための特許戦略を補うひとつの方法である．ブラックボックスとは，もともと構造や機構がわからない密閉された容器に入った機械装置を意味している．たとえば，われわれはプラズマテレビを操作して各番組をみることはできるが，専門家でない限りその内部についてはほとんど何も知らない．われわれにとってはブラックボックスということができる．ブラックボックスのためには，リバースエンジニアリングされても分からない，必要な中核部品を製造あるいは調達することができない，特殊な製造装置が必要でそれを内製あるいは調達することができない，生産プロセスが複雑で特殊なノウハウが必要であり，それを手に入れることはできない，というような条件を満たすことが必要となる．特に，製品の導入期や成長期においてはこのようなブラックボックス戦略は意味をもつが，成熟期を迎え，技術が標準化したり，差別化がむずかしい場合にはあまり意味がない．また，ブラックボックス戦略では，オープン・アーキテクチャーではなく，クローズド・アーキテクチャーを選択することになり，主要基幹部品や機械設備の内製化により技術流出を防ぐことが必要となるが，市場成長に合わせた部品や製造設備の増産体制を築くことが必要となり，先行投資が不可欠である．そのため，投資リスクも高くなり，逆にそれを恐れると量産体制が整わず，販売機会の喪失につながりかねない．→製品アーキテクチャー，リバースエンジニアリング

1［茂垣広志］

プラットフォーム (platform)

　駅のプラットフォーム，舞台等を指すが，総じて土台，基盤を意味する．コンピュータ分野では，応用ソフトウェアが稼動する共通的なハードウェアおよび OS などの基本ソフトウェアからなる基盤環境をプラットフォームという．たとえば，Windows パーソナル・コンピュータは，個人情報の管理と加工のためのプラットフォームである．また，携帯電話は，モバイル・コミュニケーションのプラットフォームである．一般にプラットフォームが異なると応用ソフトウェアは共用できない．複数のプラットフォームに対応したソフトウェアをマルチプラットフォーム・ソフトという．また，プラットフォーム・ビジネスという用語もある．この場合，プラットフォームは産業における基盤的事業を指し，商流，物流，金流，情報流の基盤的サービスにより企業間や企業消費者間の取引を支援するビジネスをプラットフォーム・ビジネスという．卸・商社などの中間流通，物流サービス，クレジットカードサービス，通信サービスなどが相当する．

13［歌代　豊］

ブランド (brand)

　ブランドは元来，焼印を押すということを意味する burned から派生した名詞であり，自己の所有物と他者の所有物を区別することを示唆している．徳永(1990)はブランドの機能を以下のようにまとめている．①製品の識別を可能にするため，②商品の独特な特徴を模倣から保護するため，③選択的需要の喚起と反復的購買の促進，そして，④価格維持や差異の根拠となることを指摘している（徳永豊編著(1990)『マーケティングの管理と診断』同友館）．基本的にブランドは，ある売り手の製品やサービスを他の売り手のものから区別するような，名前，言葉，デザイン，シンボルないしその他の特徴およびそれらの組み合わせである．競争相手の製品と自社製品との区別にその意義が置かれ，製品差別化の一要因として捉えることができる．→コーポレート・ブランド

3［菊池一夫］

ブランド拡張 (brand stretch)

　強いブランドをその他の事業へ展開することであり，ブランド・ストレッチともよぶ．ブランド拡張の効果は主に2つ考えられ

る．ひとつは，すでに消費者に広く知られているため，消費者の信頼を得られやすいことである．もうひとつは，新ブランドに費やすコストに比べて既存の強いブランドを拡張するほうが低コストでしかも成功する可能性も高いことである．ブランド拡張によって成長を遂げた代表的企業としてイギリスのバージン・グループがあげられる．リチャード・ブランソンが築いたバージン (Virgin, Co.) は，70年代，バージン・レコードを立ち上げ世界的に成功した．そして，80年代，同社は音楽事業で獲得した強いブランドを武器に航空事業へ進出し，バージン・アトランティック航空を設立する一方，航空事業と関連性が深くシナジー効果が期待できるホテル事業にも進出を果たした．90年代に入り，同社では，これまで以上にブランド拡張を通じた事業の多角化を推進した．ソフトドリンク事業やジーンズ事業への参入に加え，宇宙航空事業への本格的進出は世間から大きな話題をよんだ．→ブランド　　　　　4 [松崎和久]

ブランド価値 (brand value)

　無形資産であるブランドによって生み出される企業価値の増分（ブランドの付加価値）であり，「ブランドが将来にわたって生み出すキャッシュフローを，資本コストを考慮して現在価値に換算し，合計した額」と定義することができる．ブランド価値は，ブランドに対してステークホルダー（利害関係者）たちが抱くイメージや評判から生じるものである．優れた（好感と信頼をともなう）ブランドは，より多くの取引相手をひきつけ，より多くの取引を成立させるとともに，取引コストの節約によって一つひとつの取引からより大きな価値を生み出す．また，優れたブランドは，①ステークホルダーとの取引による価値創造を促進するという意味で価値があり，②構築に長い時間がかかる（しかもたった一度の不適切な行動で失う）という性質のために競争者の間で稀少であり，③市場で購入したり，他の資源で代用することはむずかしい．こうした性質のため，優れたブランドをもつ企業は（不適切な行動によってブランドを失墜させない限り）長期的な競争優位性を獲得する．さらに，優れたブランドは，顧客への製品・サービスの販売，従業員の採用やモチベーションの確保，投資家からの資金調達など，あらゆるステークホルダーとの取引において同時に価値を生み出すという意味で，大きな範囲の経済を生む．優れたブランドがもつこうした性質によって，ブランド価値が生まれるのである．→企業価値，競争優位，資本コスト，ステークホルダー，範囲の経済，ブランド，フリーキャッシュフロー，無形資産，割引現在価値　　　4 [佐藤耕紀]

VRIO
(Value, Rarity, Imitability and Organization)

　バーニー (Barney, J. B.) に代表される「リソース・ベースト・ビュー (RBV)」とよばれる最新の経営戦略論において用いられるフレームワークである．

　VRIO が意味するものは，企業が活動を展開させるに当たって，次の4つの点に留意することによって，企業間競争において決定的ともいえる持続的競争優位性の構築を可能とするというものである．まず「V」とは，「経済価値 (value) に関する問いかけ」であり，企業が保有する経営資源やケイパビリティが外部環境からの脅威や機会に適応することができるかどうかというものであり，いわば企業が保有すべき経営資源とは経済的価値があるべきであるとする考えである．次に「R」とは，「稀少性 (rarity) に関する問いかけ」であり，保有する経営資源が稀少なものであるかどうかということである．「I」とは，「模倣困難性 (imitability)」に関する問いかけ」であり，保有する経営資源が他社によって模倣されにくいほどよいとするものである．さらに「O」とは，「組織 (organization) に関する問いかけ」であり，経済価値があり，稀少性が高く，模倣困難な経営資源を有効に活用できる組織づくりが不可欠であるというものである．

　このように，VRIO の4つの視点から捉えた経営資源を保有することが企業間競争において決定的とするのが RBV の特徴とされる．

→バーニー,リソース・ベースト・ビュー
2［吉村孝司］

フリーキャッシュフロー
(free cash-flow)

　企業の経営活動状況をキャッシュフローの視点から行う場合に重視される指標である．フリーキャッシュフロー自体を何をもってするかという点においていくつかの考え方，計算方法があるが，一般的には一会計期間に企業の獲得したキャッシュフローから，企業の継続的事業遂行に必要なキャッシュフローを控除した部分，すなわち，余剰キャッシュフローのことを指す．たとえば，キャッシュフロー計算書の営業活動によるキャッシュフローから投資活動によるキャッシュフロー，すなわち正常な営業活動から獲得されたキャッシュフローから現在の事業遂行維持のため，および将来の事業拡大のための投資キャッシュフローを控除した金額をフリーキャッシュフローとする方法や，税金を考慮して，「営業利益×(1－税率)＋減価償却費±投資活動によるキャッシュフロー±運転資本の変動額」とする式で求められた額をフリーキャッシュフローとする方法等がある．→キャッシュフロー計算書　　7［大倉　学］

フリーター

　15-34歳ですでに学校を卒業している人（女性の場合は未婚者）のうち，①現在就業している人については勤め先の雇用区分が「パート」または「アルバイト」である雇用者，②現在無職の人については家事も通学もしておらず，「パート・アルバイト」の仕事を希望する者と，厚生労働省では定義している．「フリー・アルバイター」を略した造語である．つまり，働く意思があるが，非正規社員の区分の中で，自分がしたい仕事を探す，または夢を追いながら経済的理由のため，2足のわらじを履いた生活を送る若年層のことである．このようなフリーターは，年々増加の傾向にあり社会問題となっている．フリーターが増加することにより，①年齢があがるにつれ，就職や社会的自立が困難になる，②将来の貧困層に陥りやすい（社会的弱者となる可能性が高い），③若い成長期間に，十分な教育訓練を受けることができず，将来も単純労働者になる可能性が高いなど，深刻な問題を含んでいる．そこで政府は，フリーター対策として，フリーターの正社員への支援を企業に求め，学校との連帯によるフリーターの教育訓練支援，などを実施している．→ニート，非正規社員　　12［金　雅美］

フリーライダー (free-rider)

　多くの製品・サービスは，対価の支払いと引き換えに提供されるが，費用負担しないで便益を受ける者をフリーライダー(ただ乗り)という．たとえば，不払い者による受信を排除できない状況で公共放送の受信料を徴収しようとすれば，視聴者には，自分以外の人びとの受信料によって放送が行われることを期待して，自らはそれに「ただ乗り」しようとするインセンティブが発生する．この場合の公共放送のように，排除不可能性や非競合性（利用者の人数が増えても，便益を提供するための費用は増加しない）の性質をもつ製品・サービスは公共財とよばれる．公共財の例としては，他に国防・治安・消防などがあげられる．公共財は，社会的に有益なものであっても市場システムでは十分に供給されないため，政府によって租税で運営される場合が多い．→インセンティブ　　4［佐藤耕紀］

プレイング・マネジャー
(playing manager)

　マネジャーが担当者の業務役割も果たす一人＝二役の管理者を指す．一人で二役，三役をこなすこと．たとえば，有名な野球選手が選手と監督を兼務するケースはよい例である．一方，経営やビジネスでもプレイング・マネジャーはよくみられる．規模の小さな企業の経営者は，しばしばマネジャーでありながら社員の仕事もまた担っている．また，大企業の社長の場合も，大口の商談において経営者自身が直接，トップ営業を行うこともある．このようにプレイング・マネジャーとは，現場と管理職をともに担う者であり，管理者

として役割を果たしつつ，自らも一線の担当として責務を負う人物をいう．→オルフェウス室内管弦楽団　9［松崎和久］

プレゼンテーション (presentation)

発表，提示や，公開，上演，さらには贈答や授与を意味する英語であるが，最近では会議や講演会での発表や報告，講演などを意味する言葉として多様されている．特にPCの普及とともにPCとプロジェクターを使いスクリーンに投影して報告，発表する方法が一般化し，それをプレゼンテーションとよぶ場合が少なくない．したがってマイクロソフト社の「パワーポイント」と名づけられたプレゼンテーション用のソフトを使って資料を作成し，それを利用してスマートで説得力ある報告をするプレゼンテーション能力の向上が重要な課題となってきている．そのためには分かりやすく動画やチャートを多用した説得力の高いスライドの作成力，スライドを活用して視聴者に訴え説得，納得を高める表現力などの開発が求められてきている．→傾聴能力，パワーポイント　16［根本　孝］

ブログ (blog)

ウェッブ・ログ (weblog) を略した言葉で，「ウェッブ (web) に残された記録 (log)」の意味．個人やグループにより日々更新される日記的なサイトを指す．内容的には，個人的なまさに日記的なものから，時事的なトピックに関する自己の意見や専門的意見の表明など多様である．ホームページより手軽に作成・更新が可能であり，また多くのプロバイダが無料（あるいは低額で）で掲載したり，作成テンプレートを準備していること，特別な知識がなくても開設可能であるため急速に普及した．また，多くのブログには，読者がそれに対するコメントを投稿し，それを掲載できる掲示板機能や，別のブログの関連サイトへのリンク機能，その逆の相手のブログに自分のブログを逆リンクできる「トラックバック機能」などがあり，趣味や関心話題ごとのコミュニティも形成されている．企業もこのようなブログ・コミュニティに目をつけ，いわゆるインターネット上での「口コミ」の有力なツールとして利用している．たとえば，カリスマ的消費者（いわゆるオピニオンリーダー）に商品を体験使用してもらい，その体験記事をブログ上で発信してもらうというような方法である．また，企業内部での情報共有化のツールとしてブログを用いている場合もある．社内ブログあるいはイントラ・ブログとよばれ，たとえば，その日の営業日誌をブログで公表（社内）することによって他の営業員と情報やナレッジを共有化する，というような用い方である．このような企業が利用するブログを総称してビジネス・ブログという．→ナレッジマネジメント，マーケティング　［茂垣広志］

プロシア (Prussia)

1871年にドイツ帝国が成立した際に，その中心となった王国である．プロイセンともいう．1701年にフリードリッヒ三世を国王として成立した後，分裂の続いていたドイツ東北部で次第に台頭し，もっとも強大な王国となった．軍事的な力を基盤に国づくりが行われたが，ナポレオンとの戦争に敗れ，国家的な危機に直面することとなった．ナポレオン軍の強さを，愛国心に燃える国民を徴兵した軍隊にあると捉えたプロイセンでは，農奴の解放によって徴兵制がしかれることとなった．ここで，徴兵制によっていちじるしく増加した兵員をいかに運用するか，ということが問題となった．ナポレオン軍においてこの問題を解決したのはナポレオン個人の軍事的「天才」であった．一方，軍制改革の中核を担ったシャルンホルストらは，これらの問題を組織的に解決する方法を選択した．具体的には，作戦，補給，地図作成などの専門的業務を行う専門家集団，頭脳集団である参謀本部を設け，軍事指導者を補佐する体制を整えたのである．これはライン（軍）に対してスタッフ（参謀本部）を独立した補佐機関として配置しているという意味で，ライン・アンド・スタッフ組織の原型ともいえる．プロイセン参謀本部が有効に機能したことは，その後，オーストリア（普墺戦争）およびフラン

ス(普仏戦争)との戦争に勝利したことで証明されることとなった. 9[山田敏之]

プロジェクト・チーム (project team)

「臨時編成組織」とも訳され,特定の明確な課題を解決するために,部門や機能横断的な臨時編成チーム.縦割りの部門編成では対応あるいは解決困難な課題解決やプロジェクトの遂行のために編成され,縦割り組織の弊害を克服するために考案された臨時組織である.類似の言葉にタスクフォース(task force)があり,その言葉の起源はアメリカ陸軍にあるともいわれ,特定の指揮官の下に編成された作戦組織で,プロジェクト・チームよりも作戦の実施面が強調されているとも言われる.経営学では厳密な区別はなされておらず,ほぼ同義として用いられている.いずれも,組織としての機動性が重視され,「機動的組織」ともよばれる.特定の課題遂行のために必要な,それぞれ異なる分野での専門知識やノウハウを有する人材を機能横断的に求め,課題達成後には解散するという特徴をもつ.実際の運用では,プロジェクト・チームに一定期間完全に移籍するという専任の場合と,通常業務との兼任の場合がある.また,プロジェクトの進行とともに必要な人材を入れ替える場合もある.このような縦割り組織に横串を刺すことによって,縦割り組織の弊害をなくし,組織の機動性を高めたり知識ノウハウの結合をはかるという,プロジェクト・チームを常態化させた組織がマトリックス組織であり,最近では機能横断的なクロスファンクショナル・チーム(組織)も注目されている.また,部門横断的に機動的に問題解決する方法としては,プロジェクト・マネジャー制(たとえばプロダクト・マネジャー制)がある.

プロジェクト・マネジャーが関係する機能部門を横断的に調整するという役割を担い,そのプロジェクトの遂行は各部門が行うが,関係部門間の連携をはかるというものである.これらはいずれもマトリックス的運営といえる. →クロスファンクショナル・チーム,重量級プロジェクト・マネジャー,セクショナリズム,マトリクス組織 9[茂垣広志]

プロジェクト・マネジメント (project management)

プロジェクトとは,特定の目的を有し,限定された期間で推進する課題を指す.プロジェクトを適切に推進するための管理をプロジェクト・マネジメントという.プロジェクトでは,ヒト,モノ,カネといった資源を有効に活用し,期限どおりに成果を達成することが求められる.プロジェクト・マネジメントは,アメリカの国防関連の大規模プロジェクトを管理するために発展してきた.アメリカの非営利団体 PMI (Project Management Institute) により,プロジェクト・マネジメントの知識体系である PMBOK (Project Management Body of Knowledge) が取りまとめられた.PMBOK は世界各国に広く普及している.PMBOK は,スコープ(プロジェクトの目的と範囲),時間,コスト,品質,人的資源,コミュニケーション,リスク,調達,統合管理の9つの知識領域より構成され,各知識領域のマネジメントプロセスが規定されている. 13[歌代 豊]

プロセス・イノベーション (process innovation)

企業におけるイノベーションの中心的なテーマは,プロダクト・イノベーションとプロセス・イノベーションに分けられる.プロセス・イノベーションは,生産方法や生産手段にかかわる生産技術や原材料の調達から製品の販売にいたるプロセス技術の新たな結合により,製造や価値連鎖のパフォーマンスを改革することである.BPR は,その具体的手法のひとつであるが,日本企業はこのプロセス・イノベーションに強いという特長をもっているといわれている. →ビジネス・プロセス,BPR 6[歌代 豊]

プロセス型経営戦略 (process-type business strategy)

経営戦略の分類のひとつであり,分析型経営戦略に対するものであり,それぞれの現

場において，組織メンバーが自らの経験に基づいて蓄積的に考え出され，他のメンバーと共有するようなかたちで，いわばボトムアップのかたちで形成されてくる経営戦略を意味する．一方の分析型経営戦略は，トップ・マネジメントや経営戦略策定スタッフによって策定され，トップダウンのかたちをもって組織メンバーに伝えられる経営戦略を意味する．欧米流の経営戦略のパターンは一般的に「分析型経営戦略」(analytical-type business strategy) であるとされるのに対し，わが国の企業において主に採用されているのが「プロセス型経営戦略」といわれている．その背景には，欧米ではトップ・マネジメントの育成をビジネス・スクールが担う中で，経営戦略に対する考え方が，こうしたビジネス・スクールにおけるデータ分析に基づく経営戦略策定とその上意下達のものと捉えるのに対し，わが国においては，経営戦略はそれぞれの現場に存在する情報や知識をベースに蓄積的に構築され，組織メンバー間で共有していくものとする，考え方の違いが存在している．またわが国では，企業系列という慣行が存在してきたことからも，親会社が策定した経営戦略に対する子会社の経営努力（技術開発，コスト改善など）による蓄積的な経営戦略構築をさらに促進させてきたという事情もある． 2［吉村孝司］

プロダクティビティ・ジレンマ
(productivity dilemma)

プロダクティビティ（生産性）・ジレンマは，ハーバード大学のアバナシー (Abernathy, W. J, 1932-1983) の名著 *Productivity Dilemma* (1978) の中の主要概念として説明されている．生産工程のイノベーションによって生産性の向上が実現すればするほど，新しい技術に適した製品イノベーションが起きなくなるということである．つまり，製品・工程のライフサイクルが標準化へ向かうに従って，工程は特定の製品モデルに特化し，その結果，学習効果の蓄積等によって生産性は向上するが，同時に製品設計の変化に対する柔軟性を失ってしまうというジレンマである．たとえば，GM のフルライン戦略に直面したフォードの T 型モデルが，ジレンマの典型例といえる．→フォード生産システム

14［島谷祐史］

プロダクト・イノベーション
(product innovation)

製品技術の新たな組み合わせにより，新製品や既存製品の機能的，性能的革新を創造することである．アバナシー (Abernathy, W. J.) は，産業や製品のライフサイクルとプロダクト・イノベーション，プロセス・イノベーションとの関係を論じた．ライフサイクル初期の流動的段階ではプロダクト・イノベーションが活発に行われるが，次第にドミナント・デザインとよばれる支配的製品デザインが一般化し，プロダクト・イノベーションは減少する．この特定的段階を過ぎるとプロセス・イノベーションが活発化する．→プロセス・イノベーション 6［歌代 豊］

フローチャート (flow chart)

日本語では流れ図などといわれるように，業務や仕事の手順や流れを示す図表をフローチャートとよぶ．フローすなわち流れでるから上から下，もしくは右から左へといった一定の流れ，手順，プロセスを分かりやすく図表化したもの一般をよんでいる．広くは階層や因果といったひとつの固定的関係を示した構造図，相互関係を示す相互関連図やネットワーク図を含めてフローチャートとよぶケースもみられる．図表化することで一覧性が高まり，理解と説得性を高める表現方法のひとつといえよう．

業務プロセスの現状把握や改善，あるいはコンピュータプログラム開発の資料としても幅広く活用されており，事務工程分析等の基本資料でもある． 16［根本 孝］

プロトタイピング (prototyping)

プロトタイピングは，製品の開発時に設計の確認や検証のために行う試作のことである．試作は，仕様への適合性や設計の誤りを開発プロセスの早期に発見するために重要な

役割をはたす．これは情報システムやソフトウェアの開発においても同様である．伝統的な情報システムの開発は，ウォーターフォール方式とよばれている．これは，システム分析，要件定義，機能設計，システム設計，プログラミング，試験という工程を順次に進める方式である．ウォーターフォール方式では，後工程で設計の不具合が発見されると手戻りが生じ，時間的，工数的なロスが大きくなる．情報システムの場合，画面操作などユーザインタフェイスが業務要件上重要であるが，ウォーターフォール方式では，ソフトウェアが完成しないと画面操作の確認が行えない．そのため，ソフトウェア完成後に業務要件との齟齬が明らかになる場合も多い．そこで，画面操作など確認すべき点だけを模擬するソフトウェアをつくり，設計をレビューするようになった．これを情報システム開発でのプロトタイピングといい，この方式により設計品質を早期に高めることができるようになった．→ウォーターフォール方式

13 [歌代　豊]

ブロードバンド (broadband)

ブロードバンドは広帯域を意味し，通信においては通信帯域（容量）が広いことであり，1Mbps 以上の高速通信を指す．これに対して，数百 kbps 程度以下の低速通信をナローバンドという．電話回線とアナログモデムや，ISDN によるインターネットはナローバンドであり，光ファイバー，ADSL，ケーブルテレビ回線を用いたインターネットがブロードバンドである．日本では 2000 年前後からブロードバンドの普及が加速した．ナローバンドでは，電子メールなど文字情報を中心とした利用であったが，ブロードバンドでは音声，動画の配信や交換が容易になった．

13 [歌代　豊]

プロパテント政策 (pro-patent policy)

プロ (pro) は「賛成の」とか，「ひいきの」を意味し，プロパテント政策は特許を重視する国家の技術政策である．その反対はアンチパテント (anti patent) 政策，すなわち反特許，特許軽視の技術政策であり，いわゆる特許による技術の独占を排し，規制することとなる．1970 年代から 80 年代は特に発展途上国を中心に技術格差の是正や新技術の人類全体での活用が重視され世界的にアンチパテント政策に重点が置かれた．しかしアメリカの競争力の低下，技術競争の激化を背景に知的財産権の保護政策が強化され，すなわちプロパテント政策への転換が進められ今日に至っている．昨今ではバイオ特許とかビジネス特許というように特許権の範囲も拡大されてきており知的財権保護が大きな技術政策上の課題となっており，それは各国がプロパテント政策を強化している証でもある．一般的に先進国においてはプロパテント政策が強化され，一方，発展途上国はアンチパテント政策の適用，優先がとられ，その対立が生じやすく技術の南北問題ともよばれている．→特許権

6 [根本　孝]

プロフィット・ゾーン (profit zone)

高い利益を獲得できる「経済活動領域」のこと．今日の企業は，利益を生まない「非プロフィット・ゾーン」ではなく，高い利益が期待される「プロフィット・ゾーン」においてビジネス展開が求められている．伝統的なアプローチでは，量的拡大を図って市場シェアを高めれば，利益や収益は後からついてくるものと考えられてきた．ところが，皮肉にも高い市場シェアを達成できたとしても，利益や株価が低迷する企業は数多く存在する．つまり，単に市場シェアを追求しても，利益や株価を押し上げる直接の起爆剤とはならないのである．新しいアプローチである「プロフィット・ゾーン」とは，従来の「市場シェア」中心のビジネスに対し，「顧客や利益」中心のビジネスである．「市場シェア」の追求から「顧客や利益」追求へスムーズな転換を果たした代表的な企業として，世界最高の企業ともいわれる GE (General Electrics) があげられる．80 年代，GE の成功をもたらしたのは "グローバル・ナンバー 1 ナンバー 2 ポリシー" による市場シェアの拡大であった．ところが，今日の成功を支えているのは，サー

ビスや補修品ビジネスなど「顧客や利益」を重視する"ソリューション"への転換によるものである．→ドメイン　　9［松崎和久］

フロントエンド・バックエンド組織 (front-end / back-end organization)

フロント・バック組織ともよばれる．フロントエンド（前方部）は顧客にフォーカスし，バックエンド（後方部）は製品にフォーカスする組織設計であり，フロントエンドとバックエンドは，それぞれプロフィット・センターのように機能する．フロントエンド・バックエンド組織は，多様な販売チャネルや細分化されたマーケティングなど，地域に点在する多様なニーズへの対処を目的とする顧客に焦点を当てたフロントエンドと，R＆D，製造の効率化やグローバルな合理性の追求を目的とする製品に焦点を当てたバックエンドの混成された二重構造またはハイブリット構造である．フロントエンドは主に顧客だけに焦点を定め，顧客満足の達成に専念することができる一方，顧客への価値創造を最大化するため，バックエンド側の製品・サービスを自由に選択または組み合わせて提供する．フロントエンド・バックエンド組織の長所は，2人のマネジャーが同時に存在し，ツーボス・マネジャーというコンフリクト問題が構造的に解決されないマトリクス構造のような複雑性なしに顧客対応の最大化を実現できる点にある．→ガルブレイス，マトリクス組織

9［松崎和久］

文化戦略 (culture strategy)

学問，道徳，芸術といった意味で文化という言葉を使うとき，企業と文化の関わりは，次のように考えられる．映画産業や出版業界など営利目的すなわちビジネスとして文化と関わる場合がある（文化事業）．メセナやフィランソロピーのようにビジネスと関係なく，公益目的で文化と関わる場合もある（文化活動）．企業と文化の関わりが，営利目的なのか，公益目的なのか，区別することは意外にむずかしい．文化を扱う事業とそうでない事業にシナジー効果を求めることも考えられる．文化事業や文化活動がマネジメントにいかなる影響を及ぼすのか．上野征洋によれば，文化事業や文化活動によって，外部者とのコミュニケーションを促進し，外部者が抱くイメージを向上させたり，内部者（メンバー）の価値や信念を変容させたりすることで，企業文化とのつながりが出てくるという．これが文化戦略なのである．→メセナ，フィランソロピー　　10［松村洋平］

文化的リスク (culture risk)

組織文化が脆弱である場合，指導理念と日常理念が乖離してしまい，戦略の実行がおぼつかなくなることを文化的リスクという．デービス（Davis, S. M.）は，組織文化を指導理念と日常理念に分類する．指導理念は，トップ・レベルによる哲学や構想であり，戦略の策定に関わるのに対して，日常理念は，現場レベルの規則や習慣であり，戦略の実行に関わる．デービスによれば，組織文化が確固たるものであれば，指導理念と日常理念がリンクしており，策定された戦略がスムーズに実行される．文化的リスクは戦略の重要度を縦軸，文化との適合度を横軸にしたマトリックスによって示される．戦略の重要度が高いにもかかわらず，文化の適合度が低い部分は，無視することのできない．そして，管理がむずかしい，受け入れ難いリスクとなる．戦略あるいは文化のどちらかに手を加えなければ，戦略はまさに絵に描いた餅になってしまうのである．→指導理念

2［松村洋平］

文化と文明 (culture & civilization)

英語のcivilizationの訳語として文明という言葉が起用されたのに対して，文化という言葉は，ドイツ語のKulturにあてられた訳語である．ドイツ観念哲学の影響もあって，文化は学問や芸術など精神的なもの（精神文化），文明は道具や装置など物質的なもの（物質文明）と区別されるようになった．技術や制度は，文化なのか，文明なのか，区別することはむずかしい．区別こそできないが，精神文化と物質文明は，切っても切れない関係

であることだけはたしかであろう．経営の世界も例外ではない．メセナやフィランソロピーに代表されるように，企業経営は，道具や装置を扱うだけではなく，学問や芸術まで扱うようになってきた．梅澤正が指摘するように，経営においても磨かれた知性と美しい心が今後ますます必要となってくるのである．→メセナ，フィランソロピー，文化戦略

10［松村洋平］

分散分析 (analysis of variance)

3つ以上のサンプル間における平均の差が母集団においても認められるかどうか統計的に検定を行う分析手法．2つのグループの平均の差を検定する場合はt検定を用いるが，3つ以上のグループの場合は分散分析を用いる．分散分析は，独立変数がひとつの場合は一元配置分散分析，独立変数が複数の場合は多元配置分散分析という．分散分析では帰無仮説が正しいと仮定した場合，統計量がF分布に従うことを利用して検定を行う．分散分析における帰無仮説は，分散分析は3つ以上のグループの平均に差がないとするもので，F検定を行い，グループの間で少なくともひとつの平均が他のグループの平均と異なっているとされた場合，帰無仮説は棄却され，グループ間に有意差が認められることになる．ただし，分散分析の結果，グループ間に差が認められたとしても，全体のどこかに差が存在することを示すだけである．具体的にどのグループとどのグループの間に差があるかについては，多重比較による検定を行う必要がある．→カイ二乗検定，帰無仮説，t検定

16［上村和申］

へ

ペアレンティング (parenting)

イギリスのコンサルタント，マイケル・グールドとアンドリュー・キャンベルによって提唱されたもので，親子というアナロジーを用いることで，本社とグループ企業の間の新しいマネジメントを提唱した概念である．この概念によれば，事業のタイプや特性によって，親会社が子会社を徹底的に支援したり，また，ある子会社に対しては支援ではなく，むしろ親会社のコントロールから手放すということを行う．つまり，子会社の事業特性ごとに，親会社が子会社に対して行うマネジメントの支援にメリハリをつけることで，グループ全体の価値を高めようということである．より具体的なペアレンティングの事例としては，次のようなことが上げられる．たとえば，希少性の高い技術を組み合わせてグループ内でシナジーを創造する一方，未活用技術やグループ内で活用しきれない技術の場合，むしろグループ外に出してキャッシュ化するなども適切なペアレンティングである．ペアレンティングをうまく行えるかどうかは，本社が支援して付加価値を提供できる事業ユニットなのかどうかを見極めることができる．本社スタッフ能力が鍵を握ることになる．

4［高井　透］

ベストプラクティス (best practice)

すでに成功を収めている，他社の優れたビジネス仕組みや業務プロセスを謙虚に学ぼうという考え方である．GEの元会長ジャック・ウェルチ (Welch, J.) は，ベストプラクティスを積極的に取り入れた著名な経営者であり，彼によって1988年に普及されたといえる．事実，GEは，当時，好業績を上げていたホンダ，アメリカンエキスプレスなどの企業の品質管理や顧客サービスを徹底的に分析，学習し，自社の業務プロセスに取り入れ，業績を向上させた．ベストプラクティスのメリットは，スピーディに自社の業務プロセスを見直せるという点である．もちろん，他社のベストプラクティスを分析するには，それ相応の時間は必要であるが，それでもゼロから新しい仕組みを作るよりはかなりスピーディに業務の改革を行うことができる．というのも，他社の成功している事例を取り入れることは，社内の反対勢力に対する強い説得

PEST 分析 (PEST Analysis)

　企業の外部環境におけるマクロ環境分析のツールを指す．企業にとっての外部環境には多様な要素が含まれるが，とりわけ次の4つの視点からの分析は，戦略的経営を指向する企業にとって重要とされる．

　「P」とは，政治的要因（Politics）を指し，政治的および法律的環境に含まれる諸要因をいう．環境基準としてのISO14001や環境法令等の整備に対して企業がその対応を迫られる例などがある．

　「E」とは，経済的要因（Economics）を指し，国際為替相場の大幅な変動が企業経営に深刻な影響を与える例などが該当する．

　「S」とは，社会的要因（Social）を指し，社会や文化における価値観の変化や傾向変化がそれに該当する．少子高齢化がもたらす影響や，共稼ぎ家庭の増加が流通業に及ぼす影響などは企業経営に大きな影響を及ぼしている．

　「T」とは，技術的要因（Technology）を指し，インターネットの普及が及ぼす影響や，イノベーションに象徴される技術の急激な進歩などが一例である．

　企業は常に環境の変化を正しくとらえ，適応することが求められるが，PEST 分析は有効な手法のひとつとされる．→ SWOT 分析

2［吉村孝司］

ヘテラルキー (heterarchy)

　一律階層的な組織概念を有するヒエラルキー組織に対峙する組織概念．特に多国籍企業において，センターとなる機能が，必ずしも本社にあるわけではなく，製品や機能によってセンターは多様化し，さらに局面によってその中心的役割を果たす拠点が変化するという多中心的で流動的な組織のあり方を示す．その特徴は，グローバルな事業展開において，新たな経営資源および機会を発見することを海外子会社に戦略役割として期待することである．そのためには，本社の手足として役割を果たす（既存の経営資源の活用）だけはなく，ラジカルな問題志向が重視され，必要であれば他組織との提携をも利用する．多国籍企業の頭脳としてもその役割を果たすことになる．このような多極的で多元的な国際的な活動での各拠点間の連携は，グローバルな情報共有を基礎としながらも，多様な統合メカニズムが必要となる．→ EPRGモデル，トランスナショナル企業

5［茂垣広志］

ペネトレーション価格戦略 (penetration pricing)

　新製品の導入や海外市場への参入に当たって，支配的な市場ポジションを確立するために，低い価格設定を意図的に活用するという市場浸透価格戦略である．この価格戦略が有効であるのは，①市場規模の成長性や市場の見通しが良好な場合，②規模の経済や経験曲線が発揮できる場合，③将来の市場規模の拡大に合わせて売上増を支援できる生産能力，販売能力の存在ないし増強が可能である場合である．この戦略は，まずマーケットシェアを獲得し，その後のコスト低下により利益を出そうとする長期的な価格戦略である．しかしながら，ライバル会社が同様の戦略的な価格設定を行ってくると，価格競争が激化し，その業界あるいはその業界において低価格戦略を採用する戦略グループの平均的収益性は悪化し，どの企業も採算が取れないというような状況に陥る可能性もある． 5［茂垣広志］

ベンチャーキャピタル (venture capital)

　創業当初の企業や新事業開発を目指す企業などは，事業リスクの高さから資金の調達が困難な場合が多く，たとえ新技術や新サービスを開発しても，事業化できないという事態はめずらしくない．ベンチャーキャピタルは，そうしたリスクの高い事業に取り組むベンチャー企業や起業家に資金を供給し，経営指導を行いつつ成長を促し，最終的には投資先企業を株式公開に導くことを目指す事業を行っている．ベンチャーキャピタルによる資

金供給は，ベンチャー企業の株式購入という形をとるため投資元本回収の保証がなく，起業家とともに倒産によって投資金を失うリスクを分かち合う．このため成功事例は少なくとも収益率は高い投資（ハイリスク・ハイリターン）を求めることになり，ベンチャーキャピタルは自然と，成長性の高いビジネスを発掘しようと努力することになる．この結果アメリカでは，ベンチャーキャピタルが多くのスーパースター企業の発掘，育成に実績をあげることとなった．日本のベンチャーキャピタルには，成長の進んだ企業を好む，経営指導が十分でないなどの問題が指摘されてきたが，多様化する起業活動を支えるためにもその変化が求められている．→エンジェル，株式公開，事業リスク　　15［田中延弘］

ベンチャービジネス (venture business)

ベンチャー企業ともいう．ベンチャービジネスとは，まさに「ベンチャー」という語源からいえば，「勇気を持って，大胆にも危険に挑戦しながら冒険的事業に取り組む企業」である．実際に，わが国でベンチャービジネスという言葉が用いられるようになったのは，1970年頃のことである．当時，わが国に初めてアメリカからベンチャーキャピタルという金融業が紹介され，この頃，研究開発を重視し，先端技術で顧客ニーズに応えるハイテク中小企業の創業が増加していた．この企業をベンチャービジネスとよんだのが始まり．その後，新技術を多用する情報通信，ソフトウェア，情報サービス業，あるいはカテゴリーキラーとよばれる新業態で急成長する小売・卸売，飲食店やサービス業の企業も，ベンチャービジネスとよぶようになった．したがって，ベンチャービジネスという言葉は和製英語であり，アメリカではスモール・ビジネス (small business)，いわゆる中小企業にひとくくりされているか，あるいはベンチャー (ventures)，エマージング・イノヴェイティヴ・カンパニーズ (emerging innovative companies)，ニュー・ハイテクノロジー・カンパニー (new high-technology company) とよばれるのが一般的である．具体的には，積極，果敢に新技術や新ノウハウを駆使して新分野を創造し急成長するハイリスク・ハイリターンを指向する革新的中小企業のこと．とりわけ，高い志とハングリー精神の強い起業家を中心に運営され，商品，サービス，経営システムなども，イノベーションに基づく新規性がある．また，変化するニーズに対応できる独自技術を武器に，潜在需要を掘り起こすことにより差別化を行って，新規市場を開拓することに果敢に挑戦する創業まもない未上場の中小企業のことをいう．→起業家精神，中小企業，ハングリー精神
15［森下　正］

変動費 (variable cost)

操業度の変化に対応しその総額が比例的に変化する原価要素であり，直接材料費，出来高給による直接労務費，生産高比例法で計算した減価償却費などが具体例としてあげられる．このとき，操業度とは経営能力を一定とした場合におけるその利用度のことであるが，一般的には，直接作業時間，機械作業時間，売上高などの数値がそのまま操業度として利用される．このように変動費とは，操業度との関連により分類された原価要素であるが，これを原価発生源泉からみるとアクティビティ・コストになる．変動費を図で示せば次のとおりである．→原価，固定費
8［山浦裕幸］

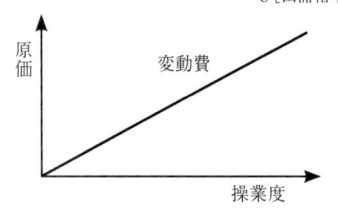

ほ

包括利益 (comprehensive income)

「包括利益とは，特定期間における純資産の変動額のうち，報告主体の所有者である株主，子会社の少数株主，および，将来それらになりうるオプションの所有者との直接的な取引によらない部分をいう」(「討議資料『財務会計の概念フレームワーク』財務諸表の構成要素第8項」会計基準委員会)．ここに，直接的な取引の典型例は「親会社の増資による親会社株主持分の増加，いわゆる資本連結手続きを通じた少数株主持分の発生，株主持分となるかどうかが不確定な新株予約権の発行等である」(『同』脚注5)．包括利益と純利益との間には，包括利益から「投資のリスクから解放されていない部分を除き，過年度に計上された包括利益のうち期中に投資のリスクから解放された部分を加え(リサイクル)，少数株主損益を控除すると純利益が求められる」(『同』第12項) という関係になる．→純利益　　　　　　　　　　　　7［大倉　学］

方針管理

TQC や TQM における管理活動のひとつであり，経営基本方針に基づき，長中期経営計画や短期方針を定め，それらを効率的に達成するために企業組織全体の協力のもとに品質経営を推進する管理活動である．他の日常管理すなわち，各部門の担当業務について，その目的を効率的に達成するために日常活動と機能別管理および，それらを支える QC サークル活動，そしてトップ診断とともに，TQM の重要な活動要素のひとつである．→TQM　　　　　　　　　　　　［根本　孝］

報・連・相

組織におけるコミュニケーション上の基本中の基本といわれる一連の行動を指す．「報告」「連絡」「相談」という3要素の略称で，新入社員研修などでは，必ずといってよいほど取り上げられる事項である．報・連・相の目的は，業務の進行状況や，途中で発生した問題点，結果等を知らせることによって，終了した業務のまとめをすると同時に，次の業務へのスムーズなつながりをつけること．情報の集約と配分を通して，業務の流れを円滑にしつつ，関係者に心理的安心感を与えること．さらには，指示者と非指示者の認識や意識のズレを修正することなどである．これらの目的を果たすには，報・連・相の内容，手法，タイミング，対象などが，要点としてあげられる．特に業務遂行において不都合な事態やマイナスになる要素ほど，できるだけ早いタイミングで支持者に報告，相談するとともに，その事態への対処を関係者に連絡することは，管理上重要であるだけでなく，チームワークを良好に維持することにおいても必要であるといわれる．また，同じ職場内での連絡事項でさえ，電子メールでやり取りされることが一般化した現在では，効果的な報・連・相のあり方や意義およびその重要性があらためて見直されている．　　　　11［田中聖華］

ポジティブ・アクション
(positive action：積極的活動)

アファーマティブ・アクションと同義語である．アファーマティブ・アクションの名称はアメリカやオーストラリアで主に用いられ，日本や欧州ではポジティブ・アクション，カナダではエンプロイメント・エクイティーの名称が使われている．日本では，1999年の男女雇用機会均等法の改正で，はじめてポジティブ・アクションが法制化され，改正法第20条において，事業主の「男女の均等な機会および待遇の確保の支障となっている事情を改善することを目的とする」措置 (＝ポジティブ・アクション) について，それに取り組む企業を国が援助できる旨が規定された．具体的には，勤続年数の長い女性が多数いるにもかかわらず女性管理職がきわめて少ない，男女共通の採用・配置条件であるのに，女性の比率が極端に少ない職種・職域が存在

するといった問題が社内に認められた場合，企業は自主的にこうした状況を改善するための必要措置を検討し，体制の整備に努めることが望まれるというものである．→アファーマティブ・アクション　　12［牛尾奈緒美］

保守主義 (conservatism)

会計処理に際して将来の不確実事象やリスクを考慮して健全な処理を行うとする考え方．わが国の企業会計原則では，「企業の財政に不利な影響を及ぼす可能性がある場合には，これに備えて適当に健全な会計処理をしなければならない」（「企業会計原則」一般原則六）と規定している．適当に健全な会計処理とは，制度的に認められた範囲で収益の計上を遅めに，費用の計上を早めにすることであり，結果として処分対象となる利益額を小さめにし，もって企業の財政的安定化をはかることである．保守主義的思考は，会計処理の選択の際（たとえば減価償却計算における定率法の採用）や，選択した会計基準の適用の際（たとえば，減価償却計算における個別償却）等，具体的な会計処理の諸側面に影響を及ぼすが，この思考は実践規範としての意味合いが強いものであって，会計目的を無視して採用されてはならないものである．また，制度を逸脱した保守主義的処理は過度の保守主義として否定されなければならない．

7［大倉　学］

ホーソン実験 (Hawthorne experiments)

能率を増進させるために，ウエスタン・エレクトリック社のホーソン工場でメイヨー（Mayo, G. E.）やレスリスバーガー（Roethlisberger, F. J.）の指導によって1924年から32年にかけて行われた照明実験をはじめとする，物理条件が能率に与える影響を解明しようとする実験である．物理条件が変えられるごとに能率は上がり，物理条件をリセットすれば能率は下がるはずが，能率は下がるどころか，上がるという結果に終わり実験は失敗に終わったと思われた．

しかし被験者として選ばれ，注目されたこと（ホーソン効果），意見に耳を傾けてくれ，実験に反映されたことなどが，心理状態に変化をもたらしていることや，感情を切り離して人びとの行動を理解できないこと，感情を左右するインフォーマル集団が発見され，人びとは能率の論理ではなく感情の論理によって支配され，非論理的行動をとることが明らかにされた．→インフォーマル集団，人間関係論　　1［松村洋平］

ポーター〔Michael Everett Porter, 1947–〕

ハーバード・ビジネス・スクール教授であり競争戦略が専門である．競争戦略を左右する要因について，ポーターは，新規参入者の脅威，競争相手との敵対関係，代替製品・サービスの脅威，買い手の交渉力，売り手の交渉力をあげる（ファイブフォース分析）．これらの要因について競争が厳しいか，ゆるやかかが決まる．競争が厳しければ，利益をあげる機会は少ない．さらに，競争を回避するために，参入障壁・移動障壁・撤退障壁などによって参入を防ぐことが必要であるという．

ポーターは，競争を回避するだけではなく，競争で優位になるための戦略にも触れる．競争で優位を確立する方法は，業界における地位に応じて，コスト・リーダーシップ戦略・差別化戦略・集中戦略のいずれかをとることである．そして，いずれの戦略にせよ，買い手の価値を創造することが鍵であるとして，価値連鎖（バリューチェーン）という考え方を提案する．すなわち，購買・製造・物流・マーケティング，サービスといった主要活動と全般管理・人事・労務管理・技術活動，調達活動といった支援活動が連結され，連動されていく中で，価値が創造されるのであり，バリューチェーンをうまくマネジメントしていかなければならないのである．主著に，*Competitive Strategy*, The Free Press, 1980（土岐坤・中辻萬治・服部照夫訳『競争の戦略』ダイヤモンド社，1982年）がある．→価値システム，競争戦略，バリューチェーン

2［松村洋平］

ポータブル・スキル (portable skill)

他社に持ち運びすることのできる（ポータ

ブル）能力のことであり，一般的に他社でも通用する従業員の能力のことを意味する．従業員の職務遂行能力は，特定の企業でのみ通用し，特定企業において高い価値を発揮する企業特殊能力（firm-specific skill）と他の企業でも通用する一般能力（general skill）とに分類される．この能力分類の中で，ポータブル・スキルは後者の一般能力に該当する．このポータブル・スキルという概念は，1990年代のバブル経済崩壊以降の大企業の倒産や企業によるリストラが進行することによって大きく注目が集まった．すなわち，それまでは終身雇用や年功序列的処遇制度という日本的雇用慣行の中で，企業で働く従業員は特定の企業でのみ通用する企業特殊能力を高めることによって企業に貢献してきたが，勤めていた企業が突然倒産する，あるいは企業による従業員のリストラが行われる中で，従業員の自衛手段として他社においても通用する能力であるポータブル・スキルを高めることの必要性が議論されたのである．今日，自律的なキャリア・デザインの重要性が指摘される中で，ポータブル・スキルの必要性は変わらないが，企業特殊能力とポータブル・スキルをバランスよく身につけることが従業員にとって重要である．→企業特殊能力

12［竹内倫和］

ボーダレス化（borderless）

ボーダレス化とは，国境（ボーダー）という壁がなくなり，ヒト，モノ，カネ，情報が自由に行きかう状況を指している．このボーダレス化は，特定国との二国間関係や多国間関係によって進展する．企業活動に即していえば，FTA（自由貿易協定）の進展・地域経済統合，地域政治統合の度合いによってそれらの国との間のボーダレス化は進行する．たとえば，EU地域内では情報はもちろんのこと，原則的にヒトの移動は自由であるし，製品や部品といったモノやあるいはカネの国境を越えた移動は自由である．このボーダレス化の進展により，企業は自由に経済活動を行うことができるようになる．各国の規制緩和を中心としたグローバリゼーションは，この

ボーダレス化を地球規模で行うことであるといえる．逆にボーダフルというのは，国境の壁が高いという状況で，投資や貿易が自由にできない状況を指している．厳しいパスポート・コントロールや為替管理，高い輸入関税や非関税障壁などは，ボーダフルという状況を生み出す．→グローバリゼーション，非関税障壁，リージョナリズム 1［茂垣広志］

ポートフォリオ（portfolio）

投資対象とする資産の組み合わせのこと．狭義で，かつ一般的には株式投資における分散投資のことを指す．基本的には投資行動におけるリスク分散をとおしたリスク低減を目的とする行為をいう．ポートフォリオでは，投資対象個々が有するリスクと投資対象市場自体のリスクが検討される．前者は個別投資対象がリスクを相殺しあうことが期待されるが，後者については構造的なものであるがゆえに回避が困難である．最近では資金の組み合わせのみならず，雇用ポートフォリオ，製品ポートフォリオというように「組み合わせ」の意味で幅広く使われている．→プロダクト・ポートフォリオ・マネジメント

7［大倉　学］

ボトムアップ（bottom-up）

組織階層上の下位者から提案・発議がなされ，それをより上位の管理者が順次承認することによって合意形成を行う意思決定方式．組織の計画策定に必要な情報処理・創造機能の要が組織のトップ層ではなく，現場作業や顧客対応に直接従事するボトム層（現場）であることを特徴とする．従来，日本企業では，提案を上げる前に事前の打診を行う「根回し」や「稟議制」という段階的承認の仕組みが象徴するように，こうしたボトムアップ型のマネジメント・スタイルが主流であった．特に①事前合意の存在により決定後の実行がよりスムーズになる，②企業経営に'現場の声'を反映させることにより社員の志気が高まるといったメリットをもつボトムアップ方式は，安定した企業環境の下できわめて良好に機能してきた．しかし一方で，①意思決定

そのものに時間がかかる，②責任の所在があいまいになりやすいといったデメリットがあり，特に昨今の変化の速い不確実な環境条件下では，トップダウン型のスピーディーで果敢な意思決定が必要であるとする声が高まっている．→トップダウン，ミドル・アップ・ダウン　　　　　　　　　　　9［石坂庸祐］

ボトルネック工程 (bottle neck)

ボトルネックとは，生産ライン全体の能力を制約してしまう工程のことである．特に，組立ラインや装置産業の連続ラインで，ボトルネックがある場合，生産ラインの能力は減退してしまう．つまり，A 工程と B 工程の生産能力が不均等である場合，ライン全体はバランスがとれていないということになる．そのため，アウトプットの比率が減少したり，リードタイムの時間が長くなる．もっとも，ボトルネック以外の工程の生産を増強したとしても，ボトルネックの前工程に中間在庫が留まるだけで，後工程での作業の遅れが生じるだけである．このことから，ボトルネックを発見し，改善することが顧客への納期の迅速化につながるのである．こうしたボトルネックの発見と，改善・増強を体系的に示したものとして，近年有名な理論が，「制約条件の理論 (TOC)」である．→制約条件の理論　　　　　　　　　　　14［島谷祐史］

ホフステッド〔Geert Hofstede, 1928–〕

1928 年，オランダに生まれ，大学にて社会心理学を学び，多国籍企業で勤務する．異文化研究所を設立し，マーストリヒト大学などで教鞭をとる．異文化経営論における先駆者である．ホフステッドによれば，文化とは，「集合的に人間の心に組み込まれるものであり，集団によってあるいはカテゴリーによってそのプログラムは異なっている」もので，国民文化が企業経営に及ぼす影響について，多国籍企業を取り上げ，世界各国の国民文化を比較分析した．

ホフステッドは，国民文化の次元として，権力格差指標，個人主義指標，男性度指標，不確実性回避指標，長期志向指標をあげている．→異文化経営，国民文化　　10［松村洋平］

ボランタリー組織 (voluntary organization)

自発性・無償性・利他性といった基本要素からなる「ボランタリズム (voluntarism)」の精神，および「ボランティア (volunteer)」による実質的な活動・参加を基盤として成立した組織を指す．または，社会の公的サービスを担う国や行政からなる「公的セクター (public sector)」，私的な利潤の獲得を第一義的な目的とする営利企業からなる「私的（民間）セクター (private sector)」のどちらにも属さない，あるいはその'残余'としての非営利・非行政を原則とした「非営利セクター (non-profit sector)」（またはボランティアセクター）とよばれる領域にあてはまる組織群の総称として使用される．典型的には，有給の専門職員をおき，また有償・無償のボランティアを組み合わせた，より高度な組織性・事業性をもつ NPO や NGO などの団体・組織がそこに位置づけられるが，あくまで「ボランタリー（自発的）な人びとの集まり」であることを重視する場合には，人的・資金的制約から活動の持続性や組織性に限界のある'草の根'的なボランティア活動（集団）までをも含んだ広い概念ともなりうる．→NGO，NPO，非営利セクター

9［石坂庸祐］

ホロン (holon：全体子)

イギリスの科学評論家ケストラー (Koesler, A.) の造語でギリシャ語の全体を意味するホロス (holos) と個を意味するオン (on) の合成語である．すなわち，生物はじめ社会のシステムは全体と個の二面性 (janus) をもっており，多くの階層レベルがあり，上のレベルに対しては部分であり，下のレベルに対しては全体の特性を示す．また構成要素である部分は協調して全体の秩序を作り，その全体がまた部分に影響を与えるという．全体と個は相互依存関係にあり，個は全体状況・環境に従属するのではなく，全体の変化に応じて自らを適応・変革する自己

組織であることが重視される．個は全体が分割され，これ以上分割できないのが原子（atom）とする見方とはまったく異なり，ホロンは，全体から個を完全に分割・分離できないとする見方である．1980年代には経営組織もホロン的特性をもつ存在であるとして，ホロニック経営（holonic management）が注目され，その特性の強化が目指された．
→要素還元主義　　　　　　　16［根本　孝］

本社戦略 (headquarter's strategy)

グールド・キャンベル・アレクサンダーによると，本社戦略は，「戦略計画型」「戦略統制型」「財務統制型」の主に3つのタイプに分けられる．戦略計画型（strategic planning）は，戦略の中央集中化度が高く，財務目標の重要性の程度が柔軟なタイプである．このタイプの特徴は，コア事業の強化と周辺事業の売却，ビジネスユニット間のシナジーの誘発や新規事業の開発を通じて，新しい価値創造，コア・コンピタンスの創造に主眼が置かれている．戦略統制型（strategic control）は，戦略の中央集中化度が中程度で財務目標の重要性は戦略的に厳格なタイプである．このタイプの特徴は，戦略計画型と財務統制型という2つの短所を避けて長所を取り込むスタイルであり，明確化よりもバランスが重視される．このため，戦略目標と財務目標，長期目標と短期目標のように，一歩間違えると責任の明確さを欠き，あいまいとなる危険性を内包している．財務統制型（financial control）は，戦略の中央集中化度が低く，財務目標の重要性は財務的に厳格なタイプである．このタイプの特徴は，センターが予算統制を通じてビジネスユニットに強い影響力を行使するものの，ビジネスユニットの経営には介入しない．センターは，アクティブ・インベスターとして，ビジネスユニット・マネジャーに明確な目標を与えて財務業績の改善を図ることが主な役割となる．→シナジー，パートナリング，ペアレンティング　　4［松崎和久］

ま

埋没費用 (sunk cost)

ある経済活動を選択するに際して，当該行動を選択してもしなくても発生するであろうもしくは発生した費用のこと．回収不能部分として当該費用に関しては当該行動にかかる費用としては算入しないと考える．初期投資額が大きく他への転用が困難な事業は相対的に埋没費用が大きいとされる． 7 [大倉　学]

マインド・アイデンティティ (mind identity)

コーポレート・アイデンティティのうち，方針や戦略の転換を意図して経営哲学や企業理念を再確認・再構築するものをマインド・アイデンティティとよぶ．もともと，ビジュアル・アイデンティティを決めるために，コンサルタントと経営幹部で，経営哲学や企業理念にまで踏み込んで議論を始めたのがきっかけである．業績不振にあえぐ企業がビジュアル・アイデンティティを導入する過程で，経営哲学や企業理念を再確認し，それが経営方針や経営戦略の再構築につながることが多かった．経営哲学や企業理念は，企業文化の中核をなす構成要素でもあり，企業文化とコーポレート・アイデンティティが結びついたのも，マインド・アイデンティティが展開されるようになってからである．→コーポレート・アイデンティティ，ビヘイビア・アイデンティティ 10 [松村洋平]

マインドマッピング法 (mind mapping)

イギリスのトニー・ブザンにより開発された思考・表現方法のひとつで，ノート術とも"脳力"の開発法のひとつともいわれている．中心にキーワードやイメージを描き，そこから放射線状にツリーを派生させ言葉やイメージ，図，絵を使い関連や全体像を描く方法である．PC専用のソフトウェアも開発され，3色以上の色を使ってより分かりやすく描くことが推奨されている．

具体的に議事録の一方法，あるいはプロジェクト計画や，提案書の一部としてもこのマインドマップが活用されてきている．→ KJ法 16 [根本　孝]

マクレガー
〔Douglas McGregor, 1906-1964〕

マクレガーは，X理論とY理論という正反対の人間仮説で組織の問題にアプローチした．X理論とは，働くことが嫌いで，自分から責任をとろうとせず，ほっとくと怠けてしまう，という人間仮説である．X理論に立脚すれば，報酬と処罰（いわゆるアメとムチ）をちらつかせ，命令や統制がなされるとともに，物質的欲求に訴えかけることで動機づけるマネジメントが有効と考えられる（階層原則）．対して，Y理論とは，自分で決めた目標には進んで努力し，みずから責任をとろうとする，という人間仮説である．Y理論に立脚すれば，組織の目的が達成されることで個人の動機が満足させられるようにするとともに，精神的欲求に訴えかけることで，動機づけるマネジメントが有効と考えられる（統合原則）．マクレガーは，Y理論のマネジメントについて，具体的に目標による管理や参加型リーダーシップをあげている．主著に，*The Human Side of Enterprise*, McGraw-Hill, 1960（高橋達男訳『企業の人間的側面』産業能率大学出版部，1966年）がある．→X理論・Y理論，コンテント・セオリー

1 [松村洋平]

マーケット・シェア (market share)

市場占有率と訳される．ある製品・サービスについて業界全体の売上高に占める当該企業の売上高の割合をいう．あるいは，業界において最大の競争企業の売上高に対する当該企業の売上高の割合をもって（相対的）マーケット・シェアということもある．マーケット・シェアが高い企業が存在するということは，市場が独占ないし寡占状態である，

といえる．マーケット・シェアに関連した研究として PIMS (Profit Impact of Market Starategies) がある．PIMS は投資収益率 (return on investment) の決定要因を探求する研究である．ちなみに，投資収益率とは経常利益に支払利息を加えたものを借入金などの投下資本全体で割ったものである．投資収益率によって，採算がとれるかどうかがわかり，投資収益率の決定要因が明らかになれば，収益が予測できるようになる．この投資収益率にもっとも大きな影響を与えているのがマーケット・シェアであった．マーケット・シェアが高いほど，投資収益率が高いことが証明されたのである． 2［松村洋平］

マーケティング (marketing)

AMA (America Marketing Association) によると，マーケティングとは，「個人と組織の目的を充足させる交換を創造するため，アイデア，商品，サービスの考案，価格，プロモーション，流通を計画し実行する過程である」と 1984 年に定義された後，2004 年には「組織とステークホルダーの両者にとって有益となるように，顧客に向けて価値を創造・伝達・提供し，顧客との関係性を構築するための，組織的な動きとその一連の過程である」と改定されている．時代とともに規定する文言の一部に修正は生じるものの，マーケティングの本質的な考え方は，「マーケティングとは，価値を創造・提供し，他の人々と交換することをつうじて，個人やグループが必要とし欲求するものを満たす社会的・経営的過程（コトラー (Kotler, P.)）」ということができよう． 3［竹内慶司］

マーケティング戦略 (marketing strategy)

マーケティング目標を達成するために，ターゲット（標的市場）を明確にし，適切なマーケティング・ミックスを構築することである．そして，①環境の分析，②ターゲットの決定，③マーケティング・ミックスの構築，という 3 つのステップによって構成される．また，マーケティング戦略の論理体系における戦略プロセスの観点からは，ターゲットを明確にするために，セグメンテーション基準によって市場をいくつかに区分し，そこにマーケティング目標設定との関係，自社の経営資源にマッチしているか，競合他社との差別優位性があるか，などを検討し，最適マーケティング・ミックスの選定を行うことになる．そして，損益分岐点分析などの収益性の検討を加味した上で，ターゲットの確定からマーケティング・ミックスの選定までをループしながら，自社に適切なマーケティング戦略を策定していくことになる．さらに，マーケティング戦略はマネジメント階層別に策定されることになる．全社レベル，事業レベル，製品・ブランドレベル，マーケティング機能レベルなどである． 3［片山富弘］

マーケティング・ミックス (marketing mix)

マーケティング・ミックスとは，マーケティング手段の組み合わせのことである．これは，Product（製品戦略），Price（価格戦略），Promotion（プロモーション戦略），Place（チャネル戦略）の 4 つのことで，頭文字をとって通称，「4P」といわれている．つまり，どのような製品を作り，どのような価格をつけ，どのような情報伝達をし，どのような販売ルートを使って販売すれば，標的顧客が買ってくれるかを考えることである．さらに，最近では企業観点の「4P」から「4C」という顧客観点も考えられてきている．つまり，Customer value（顧客にとっての価値），Cost to the customer（顧客の負担），Communication（コミュニケーション），Convenience（入手の容易性）である．また，サービス・マーケティング・ミックスでは，通常の 4P に参加者（Participants），物的要素（Physical evidence），提供過程（Process）を加えて 7P としている． 3［片山富弘］

マザー工場 (mother factory)

マザー工場とは，海外生産に先立って製品を生産するパイロット工場のことである．生産効率化の試行錯誤は，主としてマザー工場

のある日本で行い，日本で培った技術を海外工場に伝播する仕組みをとれば，日本の高度な生産技術と海外工場の安価な労働コストの両者を活用できる．海外に多くの生産拠点を設置している日本の多国籍企業の場合，日本国内にあるマザー工場がグループ全体を統括するために，現地工場に適した指導を行うエンジニアや管理者を現地へ派遣，あるいは，日本での研修を実施することで，生産に関する多種多様な技術支援を行っている．その一方で，近年では，能力の向上した海外工場も徐々にみられるようになり，たとえば，日系企業の進出が早かった東南アジアの海外拠点が，中国工場の立ち上げ等で生産方法に関する技術支援を一部行う状況もみられるようになってきた．従来までは，日本のマザー工場から海外工場への垂直的な技術移転が主流であったが，海外工場の能力構築にともない，海外工場から海外工場への水平的な技術移転は，多国籍企業の競争力強化にとって重要である． 14［島谷祐史］

マスタープラン (master plan)

基本計画，総合計画と訳されているように，基本的，総合的な計画を意味する．したがってより詳細な個別的な詳細計画や個別計画の基になるものである．

計画は個人の場合は目標を具体化，時間計画化したものであり，実行促進を促すことになるが，チームや組織におけるマスタープランは全体の目標や時間スケジュールを共有し，活動のリズム，タイミングを合わせ，行動を統合するためには欠かせないツールである．どのような活動も詳細な日程時間計画のみならず，それ以前に全体的なマスタープランづくりは欠かせないことはいうまでもない．

マインドマップや PERT もマスタープランを図表化や定量化するツールのひとつとしても考えられよう．→ PERT，マインドマップ

16［根本 孝］

マズロー
〔Abraham Harold Maslow, 1908-1970〕

1908 年にニューヨークに生まれる．ウィスコンシン大学で学び，コロンビア大学を経て，1951 年よりブランダイス大学にて教鞭をとる．アメリカ心理学会会長もつとめた．マズローの代表的理論は，なんといっても欲求五段階説であろう．人間の欲求は，①生理的欲求にはじまり，②安全の欲求，③社会的欲求，④自我の欲求，⑤自己実現欲求へと階層構造をなしており，低次の欲求が満たされなければ，高次の欲求が発現しないという．逆にいえば，いくら高次の欲求を満たそうとしても，低次の欲求が満たされてないかぎり，動因にならないのである（欠乏欲求）．しかし，自己実現欲求や審美的欲求は，欲求が満たされるとさらに欲求が強くなる成長欲求であり，区別される．これに対して，アルダーファー（Alderfer, C. P.）は，低次の欲求と高次の欲求が並存することを指摘して，欲求の段階を生存欲求・関係欲求・成長欲求とする ERG (Existence Relatedness Growth) 理論を展開した．マズローの主著に *Motivation and Personalty*, Harper & Row, 1954（小口忠彦訳『人間性の心理学』改訂版，産能大学出版部，1987 年）がある．→ コンテント・セオリー，欲求五段階説

1［松村洋平］

マーチャンダイジング
(merchandising：**商品化計画**)

アメリカ・マーケティング協会（AMA = American Marketing Association）の定義によれば，「企業の経営目標を達成するためにもっとも有用な特定の商品・サービスを適正な場所，時期，数量および価格で，顧客に提供する計画と管理である」となっている．企業がマーケティング活動を展開するには，現在の顧客ニーズを適正に調査・分析・把握し，顕在需要に適合した商品の顕在供給が求められる．さらに，将来的な潜在需要を想定し，それに対応した商品を取り入れる潜在供給も必要である．このように顕在需要の変化を見

据えて，将来的な潜在供給を図る活動をマーチャンダイジング（商品化計画）といい，略してMD（エムディ）とよんでいる．MDは，顧客ニーズをキャッチし，顧客を満足させる商品を探し，在庫状況や売れ行き状態を把握しながら，仕入内容を具体的に決定することなど，商品選定，仕入管理，および在庫管理が中心である．しかし，近年の流通業界では，販売価格，販売形態，販売プロモーションなどを含めて，広義に通常の営業活動全般を指す意味で用いられている．なお，製造業において MD は，製品計画（product planning）と称し，製品に関する管理活動が，その主な内容となっている．→マーケティング，マーケティング戦略，マーケティング・ミックス
15［今村 哲］

マッチング・ギフト (matching gift)

従業員上乗せ寄付制度．従業員がある公益団体に寄付をした場合，従業員が所属する企業も同額（それ以上の比率の場合もある）だけ同じ公益団体に寄付を上乗せすること．ジェネラル・エレクトリック社（GE）がはじめたとされ，アメリカで企業の社会貢献活動の一環として定着しており，日本でも導入する企業が増加している．従業員による社会貢献活動を推進・支援する制度として期待されている．マッチング・ギフトによる寄付に上限を設定するのが一般的であり，寄付をする対象も限定されることが多い．なお，ここでのマッチングとは，組み合わせという意味で使用されている．→フィランソロピー
10［松村洋平］

マトリクス組織 (matrix organization)

多元的命令系統を有する組織のこと．1950年代のアメリカの航空宇宙産業で初めて使用された言葉といわれている．当時の技術者は，プロジェクトを進めるため格子状の組織を採用したのがその起源とされている．マトリクス組織の長所は，① 顧客からの二通りの要求に応えるのに必要な調整ができる，② 人的資源を複数の製品間で融通し合える，③ 複数の意思決定や不安定な環境の頻繁な変化に対応できる，④ 機能面および製品面のスキル開発のチャンスを与えられる，⑤ 複数の製品をつくる中規模の組織にもっとも適している．一方，マトリクス組織の短所は，① 従業員を二重の権限下に置くこととなりフラストレーションや混乱を引き起こす，② 優れた対人処理スキルや集中的なトレーニングが従業員に必要になる，③ 時間をとられる．頻繁な会合や葛藤処理のセッションにかかわらなければならない，④ 従業員がシステムをよく理解し，上下関係よりも，同僚との協力関係に適応しなければうまく作用しない，⑤ パワーバランスを維持するため，かなりの努力が必要である．→フロントエンド・バックエンド組織
9［松崎和久］

マネジメント・コントロール (management control)

マネジメント・コントロールとは，組織の戦略を実行するために，上位のマネジャーが下位のマネジャーに影響を与えるプロセスである．たとえば，社長が部長に，部長が課長に戦略の実現に向けた行動をとるように影響力を行使するプロセスである．

マネジメント・コントロールは，計画の立案，結果の評価，計画の是正というプロセスからなる．まず，組織の戦略を踏まえて，上位のマネジャーが下位のマネジャーとやりとりをしながら「計画を立てる」．その中で，戦略を実行するために，上位のマネジャーが下位のマネジャーに何を期待するか，そして下位のマネジャーが何に対して責任をもつべきかについての合意がとられる．次に，計画を遂行した「結果を評価する」．この行為は，達成感や称賛を求めるという人の本性とうまく結びついて，マネジャーの計画の遂行に対する努力を引き出すとともに，マネジャーに自らが責任をもつ仕事についての理解を深めさせる．そして最後に，この結果の評価に基づいて，上位のマネジャーと下位のマネジャーが話し合って「計画を是正する」．それによって，より戦略の実行可能性が高い計画が立てられるようになる．→非財務コントロール
1［鈴木研一］

マネジメント・サイクル
(management cycle)

マネジメントの機能は，大きくPlan（計画），Do（実行），See（評価）に区分されるが，マネジメント活動は，その3要素を循環させるプロセスと捉え，この循環プロセスをマネジメント・サイクル（PDSサイクル）とよんでいる．また評価のプロセスをCheck（評価）とAction（対応行動）に細分し，特に評価後の対応・修正行動に注目し，Aを加えたPDCAサイクルともよばれている．QCサークルやTQMではPDCAサイクルが一般的に利用されている．このマネジメント・サイクルに着目して「管理とはマネジメント・サイクルを回すことである」などともいわれ，管理者あるいはマネジメント活動のもっとも基本的な考え方と位置づけられている．→ TQM　　　　　　　　　　　11［根本 孝］

マネジメント・ダッシュボード
(management dashboard)

経営者や管理者が経営や事業の状況を確認するための情報システムである．マネジメント・コックピットともいう．コックピットは操縦席，運転席のことであり，ダッシュボードは計器盤である．飛行機のパイロットが操縦するときに計器盤を確認するのと同じように，マネジメント・ダッシュボードは経営者や管理者が経営状況を確認し，会社を操縦するためのものである．マネジメント・ダッシュボードでは，経営で監視しなければならない指標を計器盤のようにメーターやグラフなどにより端末画面上に表示する．指標は，財務指標だけでなく，業務管理上重要となる指標も含んでいる．これらの指標は経営上のKPI（重要業績指標）である．マネジメント・ダッシュボードには，管理会計，販売管理，生産管理などの各種情報システムからもととなるデータが収集される．　　13［歌代 豊］

マネジリアル・グリッド理論
(managerial grid model)

ブレイクとムートン（Blake, R. R. & Mouton, J. S.）により提唱されたリーダーシップの行動理論．リーダーの行動スタイルを，「人間への関心」（concern for people）と「業績への関心」（concern of production）の2つの側面から捉えたもので，管理者のリーダーシップは管理者自身の関心に影響されるという考えに基づく．マトリクスでリーダー行動を分類するものであり，縦軸に「人間に関する関心」，横軸に「業績に関する関心」をとる．この2つの要件に対して，管理者がどの程度関心を払うかを，1から9までの段階で評価し，リーダーシップを計81の類型に分類する．この81分類のうち，1・1型（消極型：業績にも人間関係にも無関心なタイプ），1・9型（人間中心型：業績よりも人間関係を優先するタイプ），5・5型（妥協型：業績にも人間関係にも妥協的なタイプ），9・1型（仕事中心型：業績中心で人間関係に配慮しないタイプ），9・9型（理想型：業績にも人間関係にも配慮するタイプ）の5類型が基本形である．この5つの類型のうち，両軸への関心が共に高い9・9型がもっとも望ましいと管理スタイルがされる．→ SL理論，PM理論，リーダーシップ　　　　　　　　　11［上村和申］

マルコム・ボルドリッジ賞 (The Malcolm Baldrige National Quality Award = MB賞)

アメリカのレーガン政権が国家プロジェクトのひとつとして品質経営の強化を推進するために1987年に創設した国家品質賞である．当時の商務長官の名前をとってマルコム・ボルドリッジ賞と命名され国家品質賞という法律に基づき運営されている．1980年代後半，アメリカは産業競争力の低下を回復するために「強いアメリカ」の復活を期し，競争優位性を高めた日本企業のTQCに着目し，それをベンチマーク（目標基準）し，日本のデミング賞をモデルにし，より幅広い視点から体系的な表彰基準を定めた．その事務局である ASQM (American Society for Quality Controle = 米国品質管理協会）が活発な情報共有化のための活動を展開している．その後1990年代後半には，MB賞をモデルに日本が再学習し，日本経営品質賞が創設されている．

→ TQM，デミング賞，日本経営品質賞

14［根本　孝］

マルチドメスティック業界
(multi-domestic industries)

　ポーター（Porter, M. E.）が提示した国際的な業界構造の類型のひとつ．業界構造を国際的な視野からみた場合に，海外とのつながりが薄くそれぞれの国の業界が独立的に存在しているパターンである．すなわち，マルチドメスティック業界とは，それぞれ国内的な業界構造を基本とした構成をとっている場合である．その海外とのつながりを薄め，国内独自の業界構造を形成する大きな要因は，①その業界における市場ニーズや顧客のウォンツが他の国や地位と大きく異なり，それに適応した製品・サービスを提供するための価値連鎖（バリューチェーン）を形成しなければならない場合，②国の国内産業保護政策により，海外企業の市場参入が規制・制限されたり（海外企業に対する参入障壁），オペレーションに制限が課せられ，その国内で価値連鎖を形成しなければならない場合である．これらの要因によって，各国市場はそれぞれ独立した市場とみなされ，その国内での業界でのポジショニング（位置取り）によって競争優位が形成される．したがって，他の国での競争上のポジション（たとえば，規模の経済による低コスト・ポジション）が，その国での競争ポジションに影響を与えることはない．このような業界は，国際的にみると，複数の国々での国内的な業界の集合体とみなされ，マルチ（複数の）ドメスティック（国内的）業界と名づけられている．→グローバル業界，現地化，バリューチェーン，マルチドメスティック戦略

5［茂垣広志］

マルチドメスティック戦略
(multi-domestic strategy)

　ポーター（Porter, M. E.）によって提示されたマルチドメスティック業界における国際競争戦略のタイプ．マルチドメスティック業界は，それぞれの国や地域の市場が独立したものとみなされる．この業界に属する事業の場合には，国際展開において価値連鎖（バリューチェーン）を構成する主要活動を各国に配置し，現地環境に適合させることが必要となる．そのため，その国での戦略は現地の子会社で多くが決定され，本社からの分権化が促進される．各国の子会社はその国で価値を生み出す活動を自らコントロールし，高い自立性を得ることによって現地適応化を図っていく．マルチドメスティック業界で競争優位を獲得するための戦略，すなわち競争戦略は，基本的に国中心の戦略であり，このような戦略に基づいて行動する多国籍企業は，各国や地域で独立したワンセットのオペレーションをもつことになり，本社を含めた他の海外拠点との活動上の調整はほとんど競争優位の形成に影響を与えない．

5［茂垣広志］

マルチフォーカル組織
(multi-focal structure)

　プラハラードとドズ（Prahalad, C. K. & Y. Doz）が主張した多国籍企業に必要とされる組織のあり方を表したもの．多国籍企業には，一方では，グローバルに各海外拠点を経済的に統合化するという競争上の競争圧力がかかる．これを彼らは「経済的要請」と名づけた．この要請に対応する戦略が世界的統合戦略であり，それに適した組織は世界的製品別事業部制に代表される世界的事業管理である．他方，多国籍企業はビジネスを展開するホスト国（受け入れ国）の政府から多様な政治的なプレッシャーを受ける．これを「政治的要請」と名づけた．これに応じるのが現地反応戦略であり，各国子会社の自律性を重視した国際経営である．しかし，国際的な競争状況は一定ではなく，また企業を取り巻く国際的な経営環境は，国々の経済関係や政治的関係において複雑に変化する．それにうまく対応するには，どちらか一方に対応する戦略や組織をとることは，組織慣性としてその柔軟性を失わせることになる．マルチフォーカル戦略とは，世界的統合戦略か現地反応戦略かという明確な設定を避け，それらの間を状況に応じてスイングさせ，柔軟性を保持するという複眼戦略である．組織構造的にはグ

ローバル・マトリクス構造が適合する．→グローカル経営，グローバル・マトリクス構造

5 [茂垣広志]

マルチリージョナル戦略
(multi-regional strategy)

複数の地域に焦点をあてること．この際，2つの地域へ焦点化することをバイ・リージョナル (bi-regional)，3つの地域への焦点化をトライ・リージョナル (tri-regional)，4つの地域に対する焦点化をクォード・リージョナル (quad-regional) ともよんでいる．伝統的な国際経営では，世界をひとつに見立てる「グローバル」とビジネスを国ごとに考える「ローカル」のどちらかに焦点があてられた．一方，最近の国際経営では，世界を地域単位に分ける多地域経営の重要性が指摘されている．この背景には，地域内貿易の活発化に加え，世界経済のブロック化，地域化（リージョナリゼーション）の動きがある．今日の世界では，多くの地域協定が結ばれ地域統合化が加速している．北米地域では，アメリカ，カナダ，メキシコで構成された NAFTA (North American Free Trade Agreement) が形成されている．欧州地域では，25ヵ国で構成する EU (European Union) が形成されている．アジア地域では，アセアン10ヵ国で構成された AFTA (Asean Free Trade Area) が形成されている．南米地域では，アルゼンチン，ブラジル，パラグアイ，ウルグアイの4ヵ国で構成された MERCOSUR (Mercado Comun del Sur) が形成されている．→地域統括本社

9 [松崎和久]

み

見込み生産と受注生産
(make to stock & make to demand)

見込み生産は，生産側が需要や市場動向をあらかじめ推定した上で，生産する形態である．つまり，最終製品の在庫を一定量だけ店舗にストックさせ，顧客は在庫の中から選択して製品を購入する手法である．生産側は，顧客の注文に直接対応するのではなく，在庫を補填する形で生産を行うのである．つまり，生産側への発注に先立って，生産が開始されるために，顧客側への納期と生産側の生産期間は直接連動していないのである．一方，受注生産は，顧客からの発注があってから生産を開始し，指定された期日に納入するのである．しかし，原材料・部品のある川上工程までは，ある程度見込み生産を行っており，完全な受注生産という訳ではないが，顧客からの注文に対する即応性を高める努力を行っている．もっとも，近年では，見込み生産と受注生産の仕組みをうまく混合させて生産活動を行うという方向性が主流になりつつある．

14 [島谷祐史]

ミッション (mission)

優良な企業は，営利企業であっても，利益を拡大するという経済的な目標だけで行動しているわけではなく，何らかの経営の意図をもっているものである．企業が経営を行う上でもっとも根源的な拠り所となるものが，企業のミッション (corporate mission) である．企業のミッションは，「その企業が社会の中で果たすべき役割」として定義される．それは企業のもっとも上位の目的を示しており，その企業が何のために存在しているのかという問いに対する答えでもある．自社のミッションを成文化している企業もあれば，特に定めていない企業もある．アメリカでは，ミッションの定義をミッション・ステートメント (mission statement) とよんでいる．→バリュー・ステートメント

2 [歌代 豊]

見積原価 (estimated cost)

将来発生すると見込まれる実際原価を，非科学的な方法で，事前に計算した予定原価をいう．見積原価は，過去の原価実績を参考に現場の経験や知識，勘などを加味して非科学

的に目算される予定原価であるところから，伝統的に，科学的な方法により算定される予定原価である標準原価とは区別される．見積原価は，予算編成などの経営管理活動に際して広く用いられるが，近年ではとりわけ原価企画において重要な役割を果たしている．原価企画において，見積原価は，製品（群）単位当たりの目標原価を設定する際に計算される積上原価（または成行原価）として，また，考案された設計代替案の経済性を評価する際に目標原価と対比される原価として用いられる．→原価企画，実際原価，標準原価，目標原価

8［大槻晴海］

ミーティング (meeting)

日常的にもよく使われている，会合，打ち合わせを意味する言葉である．企業内では公式的な会議（counsil）とは異なり，どちらかといえば非公式な色彩のつよい少人数での情報交換，情報共有やコラボレーション（collaboration）のための重要な機会，場のひとつである．それに関連してオフサイト・ミーティング (off-site meeting)，すなわち職場を離れて心を開いて話し合う場が注目され，組織変革や学習する組織づくりには欠かせないツールのひとつとして位置づけられている．日本企業では伝統的に酒を酌み交わしながら本音で話しをする機会は「ノミニケーション」などとよばれてきているが，そうした機会が減少してきており，こうした場の設定が重視されている．本田技研工業の「ワイガヤ」（ワイワイがやがや），オムロンの「ヒザズメ」（ひざずめ談判）などのミーティングはよく知られている．

9［根本 孝］

ミドル・アップ・ダウン
(middle-up-down)

ミドル・マネジメントは，組織のヒエラルキー内で上層のトップ・マネジメント（経営層）と下層のロワー・マネジメント（現場管理層）のまさに「中間」に位置する管理者層である．「ミドル・アップ・ダウン」とは，こうした組織のミドル層が，その階層上の位置を活かして，組織の階層や部門の壁を越え，上下左右に働きかけを行いながら組織（変革）の中核的な推進者として機能するマネジメント・スタイルを指している．ミドルは，組織情報流の結節点に位置することによって，組織のすべての層に対して何らかの影響力を直接およぼしうる立場にあり，それを活かして積極的に社内・社外でのネットワークづくりを行い，自ら創造した事業コンセプトの実現に必要な一定の影響力を発揮する．それは，ミドルが単なるトップと現場レベルの「仲介役」という役割を超えた組織変革ないし革新の起点として機能する意味において，リーダー主導のトップダウン型とも，現場（組織の下層）主導のボトムアップ型とも異なるマネジメント・スタイルであり，特に日本企業による製品革新創造の基盤となったことが指摘されている．→戦略的ミドル，トップダウン

9［石坂庸祐］

ミドル・マネジメント
(middle management)

会社の「中間管理職」「部門管理層」のこと．部長や課長がこれに該当する．ミドル・マネジメントは，トップとロワーをつなぐ連結ピンのような役割を果たす．トップ・マネジメントの決定に基づき部門の目標や方針を決定しつつ，ロワー・マネジメントの情報に基づき部門情報を作成して上位機関へ伝える使命を担っている．ミドル・マネジメントは，特定の専門知識をもつスペシャリスト，命令や報告の仲介者，戦略策定の中心的人物など，さまざまな側面をもっている．その反面，ミドル・マネジメントに横たわる深刻な問題として，トップとロワーの間に挟まれサンドウィッチとなり身動きがとれず，その戦略的役割が形骸化している面も存在する．このような諸問題に対して，近年の経営組織研究では，ミドル・マネジメントの重要性を再評価する指摘がされている．たとえば，意思決定スタイルとして，トップダウン経営やボトムアップ経営でもない，ミドル・マネジメントを基点としたミドル・アップダウン経営の提唱や「戦略ミドル」「パワーミドル」など，知識創造の担い手としてのミドルが指摘されて

いる．→知識，トップ・マネジメント

1［松崎和久］

ミニマリスト (minimalist)

コーポレート・センター機能のひとつのタイプ．アメリカのコンサルティング会社，ボストン・コンサルティング・グループ (Boston Consulting Group : BCG) によって提唱された考え方である．ミニマリスト・センターは"最小限主義者"とも訳されるとおり，いわば小さな本社である．主に 1980 年代から 1990 年代を象徴する本社像とされる．ミニマリスト・センターは，子会社・事業部の財務目標管理のみ行い，子会社・事業部戦略にはかかわらないなど，必要最小限の機能のみを備えたセンターである．何でも口出しするインペリアリスト・センターは，ただコストの増大を招くだけで何にも生まれない，という反省を踏まえ，ダウンサイジングやリエンジニアリングなどの手法を用いて，肥大化した本社のスリム化および効率化がはかられた．この時代に本社のスリム化に取り組んだ代表的な企業として，ＡＢＢ (Asea Brown Boveri, Co,) があげられる．1988 年，スウェーデンのアセア社 (1890 年創業) とスイスのブラウン・ボベリ社 (1891 年創業) が合併して設立した世界有数の重電企業である同社は，約 24 万人にもおよぶ世界社員を統括管理する本社役員は 12 名．本社スタッフ数はわずか 100 人程度という規模であったことは有名である．→アクティビスト，インペリアリスト

9［松崎和久］

ミンツバーグ〔Henry Mintzberg, 1939-〕

カナダのモントリオールにあるマギル大学の経営大学院，クレゴーン記念教授．ミンツバーグは，分析型戦略論に疑問を投げ掛け，プロセス型戦略論を提唱する．ミンツバーグによれば，戦略家は，戦略を創造するだけではなく，戦略を発見するという．すなわち，まったく意図しておらず，偶然によって生まれる戦略があるというのである．ミンツバーグは，これを創発的戦略とよび，計画的戦略とともに戦略策定のあるべき姿とした．そして，多種多様な戦略が芽生える土壌づくり，つまり組織文化を創造することが経営者に求められるという．ミンツバーグは，組織の要素を戦略尖，中間ライン，作業核，テクノ構造，支援スタッフ，イデオロギーとし，組織の要素をいかに整合するか，さらに，組織の要素のどれが枢要となるかの違いから，企業家的組織，機械的組織，専門職業的組織，多角的組織，革新的組織，伝道的組織，政治的組織を分類した (コンフィギュレーションとよばれる)．

また，ミンツバーグは，まさに研究者によって十人十色ともいうべき経営戦略研究の倒錯・混乱を戦略サファリとよび，経営戦略研究をデザイン・スクール，プランニング・スクール，ポジショニング・スクール，アントレプレナー・スクール，コグニティブ・スクール，ラーニング・スクール，パワー・スクール，カルチャー・スクール，エンバイロメント・スクール，コンフィギュレーション・スクールに分類して，整理している．主著に，*Mintzberg on Management: Inside Our Strong World Organizations*, Free Press New York, 1989 (北野利信訳『人間感覚のマネジメント』ダイヤモンド社，1991) がある．

2［松村洋平］

む

ムーアの法則 (Moore's law)

半導体大手インテル (Intel) の創業者ムーア (Moore, G.) 博士は，1960 年代に「半導体の集積密度は 18 ヵ月～24 ヵ月で倍になる」と指摘した．半導体の集積密度の向上には限界があるものの，このムーアの法則は半導体性能の指数関数的向上を表す法則と解釈され，今日まで用いられてきた．しかし，半導体加工技術の物理的制約から，性能向上はいずれ 2020 年前後には限界になるといわれている．半導体の集積密度におけるムーアの法

無形資産 (intangibles)

　無形資産とは，貸借対照表に計上される工場，設備，在庫等の有形資産に対して，貸借対照表に計上されないブランド価値，顧客価値，社員価値，ノウハウ等の，物理的形態または金融商品としての形態を有しない資産のことをいう．無形資産は，知的資本(intellectual capital)，知識資産(knowledge assets)という用語と相互互換的に使用される場合がある．

　近年，企業における無形資産が注目される背景には，企業の真の価値は，工場，設備，在庫等の有形資産からなる貸借対照表だけをみるのではなく，貸借対照表に計上されていない無形資産の価値に着目すべきとの考え方がある．

　無形資産の推計に当たっては，株式時価総額と負債との合計額から，貸借対照表に計上される有形資産を差し引いて，無形資産の価値を推計する方法が一般的だが，市場における将来の成長期待が高い企業ほど，有形資産と比較した無形資産の評価が高い傾向がある．→知的財産　　　　　　　　6［桐畑哲也］

め

メイヨー
〔George Elton Mayo, 1880-1949〕

　メイヨーは，オーストラリア出身，アデレード大学にて心理学を学んだ．1929年にハーバード大学教授となった．メイヨーは，1927年から始まったホーソン実験に参加して，レスリスバーガー(Roethlisberger, F. J.)らとともに，物理的条件のみならず心理的条件が作業能率に影響を及ぼすことを発見し，人間関係論に先鞭をつけた．メイヨーは，経済学で想定される人間仮説に疑問を投げかける．すなわち，人間は孤立した存在で，自己の利益のために行動し，論理的に思考すると考えるのではなく，人間は社会的存在で，所属する集団に規制され行動し，非論理的な思考もすると考えるのである．さらに，現代社会について，経済的欲求を充足させる技術的技能ばかりが発展し，社会的欲求を充足させる社会的技能が立ち遅れていると警笛を鳴らすのである．主著に *The Human Problems of an Industrial Civilization*, Macmillian, 1933 (村本栄一訳『産業文明における人間問題』新版，日本能率協会，1951年) がある．→人間関係論，ホーソン実験，レスリスバーガー　　　　　　　　　　1［松村洋平］

命令一元化の原則
(principle of unity of command)

　1人の従業員は，2人以上の上司から命令を受けてはならないというものである．仕事に関する指揮，命令，報告の系統を一本化することで，上司と部下の仕事上の関係を明確にすることができる．この原則によって，上からの命令は1人の上司を通じて部下に伝達され処理がなされることになる．もし，1人の従業員が2人以上の上司から命令を受けるようになると，命令系統や権限関係は混乱し，秩序が乱れてしまい，組織の安定性などを確保することが困難になってしまう．現代の経営では専門化が進み，専門家の権限が一層大きなものとなっているため，命令の二元性といった事態が発生する機会が多くなる．専門化と命令一元性の原則を調和するためには，上司と部下，ラインとスタッフの仕事や権限関係などを明確にすることが必要になる．→管理過程学派　　　　　　9［山田敏之］

メインバンク制 (main-bank system)

　企業の取引先金融機関が複数におよぶ場合，その中でも主となる金融機関のことを「メインバンク」とよぶ．通常，運転資金の貸付シェアにおいてもっとも高い金融機関が

それに該当する．メインバンクは，企業にとってもっとも大きな資金の借入先であり，また主たる預金先でもある一方，メインバンクには貸付先企業が資金繰り等の問題によって経営危機に陥った場合に，資金援助を可能な限り行うことが期待されている．ゆえに，メインバンク制は戦後，わが国企業が運転資金の調達において株式市場からの直接金融より金融機関からの間接金融に大きく依存する流れの中で，企業と金融機関（銀行）双方の発展を支えた相互扶助の仕組みであったといえる．また，メインバンクは当該企業の大株主となったり，融資のみならず企業への役員派遣を行うなど，きわめて強固な影響力をもつケースもあり，日本企業における経営の主たる監視役であったとする議論もある．しかし，1990年代のバブル崩壊以降は銀行自身が不良債権の重みに苦しみ，そうした監視役としての機能は大幅に低下したとされる．→株式の相互持合い　　　　　　　9［石坂庸祐］

メガ競争 (mega-competition)

グローバリゼーションの進展にともなう，地球規模での大競争の意味．グローバリゼーションは，世界各国の規制緩和と経済の自由化を意味するが，旧社会主義国が自由主義国家へ転換したことや中国やベトナムなどにみられる市場経済の導入によりそれがまさに地球規模にまで拡大した．このことは，競争の場を世界中に広げ，地球規模での競争になったといえる．とりわけ旧社会主義国は，教育の水準も比較的高い一方で，人件費の安さから生産拠点としての魅力度が高く，経済発展とともに市場としての魅力度も高まってきている．もちろん，これは外国企業にとっての魅力であるが，他方，現地資本の企業も急速に力をつけつつある．周知のように，中国の家電メーカーは，その国際競争力を飛躍的に高めており，日本の家電メーカーを完全に脅かす存在となっている．これらグローバリゼーションの結果として，競争の場がまさに地球規模となり，世界の各市場での競争が余儀なくされる．かつて日米欧の3極のみでの活動が重要とされた時代ではなく，世界中での競争に打ち勝つことが必要とされているのである．つまり，競争の場が拡大したことが競争の激化をもたらしている．さらに，従来の先進諸国間の競争のみならず，途上国企業を含めた峻烈な競争の時代に突入した．メガ・コンペティションとは，国家により保護された市場が減少し，自由競争が展開され，地理的な競争の場の拡大と，新たなライバル会社の登場による俄烈な競争，すなわち「大競争」を意味している．　　　　　　1［茂垣広志］

メセナ (mecenat)

メセナ協議会は，メセナを「即効的な販売促進・広告宣伝効果を求めるのではなく，社会貢献の一環として行う芸術・文化支援」と定義している．そもそも，ローマ帝国の初代皇帝アウグストゥスの寵臣であるマエケナス (Maecenas, C. C.) が芸術家を庇護したことに由来し，フランス語で芸術・文化を支援することをメセナとよぶ．具体的には，美術館や音楽会，演劇会などを運営したり，協賛したり，支援したりする．文化施設を建設し，保有して，芸術・文化の振興に寄与する．表彰や基金によって芸術家を育成し，支援する，といったことが内容となる．もちろん，芸術・文化の支援が，本業であるビジネスに直結する場合もあれば，良好なイメージを形成することもある．しかし，利潤の追求のためではなく，むしろ，社会に貢献するためになされる（フィランソロピーのひとつ）ことが特徴となっている．→文化戦略，フィランソロピー　　　　　　　　　　10［松村洋平］

メタナショナル (meta-national)

スイスのビジネススクールINSEADのドズ (Doz, Y.) 教授らによって提示された概念であり，世界的に分際して存在，発生したイノベーションや知識を探索・獲得・活用し，企業競争優位を構築している企業ないし経営を，国籍，国境を越えて統合しているという意味でメタナショナルと名づけている．そのメタナショナル経営を実践している代表企業として，ノキア，P&Gやネスレのほか日本の資生堂，キヤノンなどがあげられている．

メディア・ミックス (media-mix)

メディア・ミックスとは、広告媒体の最適な組み合わせのことである。広告媒体の最適な組み合わせは、その商品の置かれている市場特性、商品特徴、ターゲット顧客、流通チャネルなどを考慮して、媒体特性、到達範囲、頻度、タイミング、コストなどを検討した上で、決定される。また、従来のメディアとしてのテレビ、新聞、ラジオ、雑誌に加え、最近では、インターネットや携帯電話などの普及による広告媒体としてのメディアの評価も変化してきている。広告戦略を考える上で、広告表現戦略との両輪から成り立っている。 3[片山富弘]

メトカーフの法則 (metcalfe's law)

イーサネットの開発者であるロバート・メトカーフ (Metcalfe, R.) は、「ネットワークの価値はノード数の2乗に比例する」という指摘をした。これをメトカーフの法則とよぶようになった。ノードとは、ネットワークに参加するユーザーや、ネットワークに接続される端末と解釈され、ネットワークのユーザー数や端末数が多ければ多いほど価値が大きくなる。これに対して、コストはノード数に対して比例的に増加するだけであり、ユーザー数や端末数の増加にともない価値はコスト以上に増加する。そのため、参加者が増えるとますますネットワークの価値が高まり、参加者が増えるという好循環を生む。これは経済学におけるネットワーク外部性と同様の性質といえる。→ネットワークの外部性

13[歌代 豊]

メンタルヘルス (mental health)

組織の中で「心の健康」を指して用いられる用語である。当初、企業の従業員の心の健康についての考え方は、「精神的健康」といわれ、精神障害者の発見や治療を中心にした疾病管理にその関心が向けられていた。しかしながら、職業生活をとりまく環境の急速な変化と、それに起因するストレスの高まりで、具体的な精神障害を示していないその他の従業員の心の悩みやストレスのような問題までも含めた「健康開発」という概念へと、その関心が移行してきた。前者の時代には、「精神衛生」という言葉が用いられていたが、後者の考え方に移行するにしたがって、「メンタルヘルス」という言葉が用いられるようになった。法律(主として労働安全衛生法)上でもこうした動きと前後して、職務を原因とする身体的疾病への対応のみならず、心理病理への注目度も増大し、心身両面の健康を目指した職務ストレスへの対応としてのメンタルヘルスが取り上げられるようになっている。さらには、昨今の従業員のメンタルヘルス不全が与える生産性への影響、ストレスを起因とする自殺者の増加、労災認定基準の緩和、損害賠償請求の増加といった動向から、現在では企業のリスクマネジメントとしての視点が加えられ、メンタルヘルス管理における企業の役割への期待と重要性は、ますます高まっている。→QWL、ストレス耐性

12[田中聖華]

も

目的適合性 (relevance)

意思決定有用性ある会計情報に求められる質的特性のひとつ。会計情報は、それが有用であるためには意思決定を行おうとする情報利用者の情報ニーズに適合するものでなければならないとする考え方。会計情報は、情報利用者が過去・現在・将来の事象を評価することや、過去に行った自らの投資行動評価の検証や訂正に役立つとき、意思決定に影響を

及ぼすという意味での目的適合性があるとされる．換言すれば，会計情報には，将来に関する予測的な役割と過去に関する確認的役割とが期待されているということである．→信頼性，比較可能性，理解可能性

7［大倉　学］

目標管理
(management by objectives : MBO)

目標による管理が最近では目標管理と略されて使用され，また英語の略称MBOともよばれる．全社の目標を各部門，部署の目標に落とし込み（ブレークダウン），それと個人目標を関連づけて年度ないしは期ごとの業務ないし改善・能力開発等の目標を設定し，自己統制により意欲を高め，目標達成に挑戦・実行・評価する制度を意味する．ドラッカー（Drucker, P. F.）により提唱され，アメリカ企業では広く管理者やホワイトカラーの評価制度として活用されてきている．日本でも1960年代に導入ブームがあり「目標による管理」とよばれ，特に組織目標と個人目標の統合や自己統制・達成感によるモチベーションの向上，そして計画・実行・評価のマネジメントサイクルのレベルアップに焦点が当てられていた．昨今では成果主義人事との連動で成果目標とその達成度評価の方法として注目され，「目標管理評価制度」などとよばれるケースが少なくない．→ドラッカー，マネジメントサイクル

12［根本　孝］

目標原価 (target cost)

原価企画における主要な原価概念であり，中（長）期利益計画で設定された目標利益を確保するために，全力を傾けて必ず達成しなければならない挑戦的な目標となる原価をいう．製品（群）単位当たりの目標原価は，トップ・マネジメントによる採算性の観点から算定された許容原価（allowable cost）と，開発設計担当者による技術性や達成可能性の観点から算定された積上原価または成行原価（drifting cost）とをすり合わせて算定される．許容原価は，採算性の観点からその製品にかけることが許される最大限の原価であり，予定販売価格から目標利益を控除して算定される．他方，積上原価（成行原価）は，既存製品や類似製品などの実際原価を参考にして新たな機能などを追加することで発生するコストを見積り，それに新しい技術・工法による原価低減効果を加味しつつ，仕組品や半製品，さらに製品へと積上式に原価を加算して算定される．製品（群）単位当たりの目標原価は，機能別，構造（仕組品や部品など）別，原価要素別，および開発設計担当（グループないし個人）別などに細分化され，それぞれの目標原価となる．→実際原価，長期利益計画，見積原価

8［大槻晴海］

モジュラー型アーキテクチャー
(modular architecture)

モジュールを組み合わせた全体システムの設計思想をモジュラー型アーキテクチャーという．モジュールとは，構成要素内では相互依存関係をもつが，外部からは独立しているという特殊な単位をいう．たとえば，MPUは内部では強い相互依存関係があり，ある部分の設計変更が他の部分に影響を与えることになる．しかし，デザイン・ルールを守っている限りは，MPU内部の設計変更によって，ディスプレイや電源ユニットなどの他のモジュールが再設計を促がされることはない．モジュラー型アーキテクチャーは，全体システムの複雑性が高まったときに導入が進むことになる．それは，部品間等の相互依存関係が膨大になると，すべてにおいて微妙な調整を行うことが不可能になるからである．モジュラー型アーキテクチャーを用いることによって複雑性が解消され，製品開発による性能向上が短時間で行われるようになるというメリットがあるものの，デメリットもある．性能向上の水準に限界があるということである．たとえば，モジュラー型アーキテクチャーでは，ノートパソコンの小型軽量化には限界がある．あくまでも部分最適であり，全体最適にはなり得ないのである．→オープン・アーキテクチャー，製品アーキテクチャー

6［坂本雅明］

モジュール生産方式
(module production system)

　モジュールとは，交換可能な構成要素を意味し，青木昌彦によれば「半独立的なサブシステムであって，他の同様なサブシステムを一定のルールに基づいて互いに連携することにより，より複雑なシステム，またはプロセスを構成するもの」と定義される．具体的に，液晶テレビでは液晶パネルがひとつのモジュールであり，他のチューナーモジュールと組み合わされてひとつのシステムを構成する．生産におけるモジュール化（modularization）が注目を浴びるようになったのは，欧州の自動車産業におけるモジュール生産の展開である．そこでは，直接車体に組みつけていた部品を，それぞれひとかたまりのモジュールとしてサブアッセンブリーをサプライヤーが行い，そのモジュールを用いて最終組み立てする方式である．もちろんこれは程度の差であって，日本でも1次サプライヤーがいくつかの部品を組み合わせユニット化していた．現在のモジュール化は，それを大幅に進めたものともいえる．たとえば，コックピット・モジュールは，インパネにステアリング，メーター，エアバッグ，オーディオ・ナビゲーションなどを組み付けたものである．従来それらは個々に最終組み立てで組付けられていた．このようなモジュール生産を進める狙いは，最終組み立てでの効率化とそれによる製造コスト低減であるが，それ以外にも，モジュール・サプライヤーの限定によるサプライヤー管理コストの低減，サプライヤーへのモジュール開発委託による開発コストの低減などがあげられる．しかし，モジュールの内部構造に関するブラック・ボックス化が進むと，発注側であるメーカーの開発能力の低下，それにともなうパワーバランスのサプライヤーへのシフトが生じる可能性も指摘されている．日本では日産自動車がモジュール生産に意欲的である．注意すべきことは，ここでのモジュラー化とは，個々の部品を統合化してより大きなモジュールを作る動きを指しているのであり，製品アーキテクチャーにおけるモジュラー化（インテグラル型からモジュラー型へのシフト）とは混同されがちであるが，同義ではないので注意する必要がある．→製品アーキテクチャー，モジュラー型アーキテクチャー

14［茂垣広志］

モダンタイムス ("Modern Times")

　1936年に製作されたアメリカの喜劇映画であり，チャーリー・チャップリン（Chaplin, C. S.）が製作，監督，脚本を手がけた代表作である．この映画の中でチャップリンは，機械の導入による大量生産方式が過度な分業，間違った分業を引き起こし，人間が機械の一部として扱われ本来の人間性を失ってしまうことを風刺的に捉えている．貧しい工場労働者である主人公が勤める工場では，近代的なベルトコンベアに乗って機械部品が次つぎと流れており，主人公をはじめ労働者たちは，それらのネジをまるで機械のように締めていく単純作業を繰り返し行っている．一方，社長は，監視モニターを使って労働者の作業が円滑的に行われているかを四六時中観察しており，作業の遅れを発見すると電話で直ちに注意する．そこでの労働者の姿はまさに機械そのものであり，仕事の意味や働く喜びといった側面はまったくみられない．このような状況で主人公は，非人間的な工場での過度に分業化されたあまりにも単調な労働に耐え切れず，最終的には精神に異常をきたし，生産ラインをメチャクチャにしてしまう．モダンタイムスの描き出した世界は，現代の経営においても，組織での仕事とは何か，仕事を行う人間観とはどのようなものか，人をマネジメントするあるいは管理するとはどのようなことか，といった点を考える上で重要な示唆を与えるものである．　9［山田敏之］

持株会社 (holding company)

　他社の株式を保有することにより，傘下におさめその経営を支配，コントロールする企業である．

　株式所有に基づき傘下企業への資源配分や事業評価を行いグループ経営を行う純粋持株

会社と，持株会社が中核事業を保有，経営しつつ傘下企業の支配も行う事業持株会社の2つの形態がある．→純粋持株会社

2［根本　孝］

持分 (equity)

　持分という用語は多岐に用いられるものであるが，一般に，企業の資産全体に対する請求権として説明される．このような用語法からは，負債を債権者による持分部分として，資本を所有者による持分部分として説明することが可能となり，請求権の法的態様は異なるものであるが，ここに負債と資本のある意味での同一性が確認できることになる．企業と何らかの経済的利害関係のある利害関係者が，企業との間の取引として何らかの財もしくはサービスを提供し，その対価として受け取ることのできる財もしくはサービスに対する請求権を示すものが持分である．連結会計における親会社持分，少数株主持分という表現に用いられるところである．また，わが国の企業結合会計では，「いずれの企業（または事業）の株主（又は持分保有者）も他の企業（または事業）を支配したとは認められず，結合後企業のリスクや便益を引続き相互に共有することを達成するため，それぞれの事業のすべて又は事実上のすべてを統合してひとつの報告単位となること」（「企業結合に係る会計基準」二5）を持分の結合という表現をもって表している．

7［大倉　学］

持分法適用会社

　持分法適用会社とは，持分法が適用される非連結子会社と関連会社のこと．但し，一般的には関連会社のみを指す場合が多い．取得株式が15％の場合，「持分法適用会社」の可能性があり，取得株式が20％の場合，「持分法適用会社」が適用される．通常，「子会社」はすべて連結対象となり，資産，負債，資本，売上などが親会社の連結財務諸表に反映されるが，「持分法適用会社」は，出資比率に応じて関連会社，非連結子会社の利益を比例配分する「持分法」が適用されている．持分法とは，一定以上の株式（議決権）を保有する会社の損益を連結財務諸表に反映させる会計処理である．つまり，持分法適用会社の業績にその持株比率を加減算した金額を連結財務諸表に反映させるのである．→連結子会社

4［松崎和久］

モラル・ハザード (moral hazard)

　保険がかかっていると，リスクを回避しようとする意識が薄れてしまい，かえってリスクを招いてしまうこと．セーフティネットが存在するため（たとえば，金融機関における公的資金が導入されるため），かえって規律を欠いた，いいかげんな経営がなされてしまうことを指す．リスク回避がもたらすリスクである．コーポレート・ガバナンスの視点では，依頼人（プリンシパル：株主）と代理人（エージェント：経営者）の情報格差を利用して，代理人の利益のために，代理人が依頼人に損害を及ぼす行動をとってしまうこと．共通するのは，チェック機能がうまくきかないことに原因があることである．また，モラル・ハザードを倫理の欠如と訳することもあり，さまざまな解釈が存在している．

10［松村洋平］

問題解決 (problem solving)

　問題解決は，解決すべき問題としての課題を明確化し，その問題点の分析，原因の究明，そして解決の方向や代替案の探索と選択，その解決案の実行・定着の一連のプロセスを通じての問題の処理・解決をいう．そのプロセスの中で，問題の把握，認識・理解の仕方によって問題解決行動の8割方が決まってしまうともいわれており，問題把握・分析が重視されている．

　またビジネス活動のみならず，われわれの日々の生活は問題解決行動であるともいわれている．したがって企業活動は顧客の問題解決がビジネスであるとの認識から「ソリューション・ビジネス」あるいは営業活動とは顧客の問題解決を支援することであるという意味で「ソリューション営業」といった言葉が，多様な業界で使われてきている．

　したがって大学等における学習の目的も問

題解決の考え方，方法を身につけることであるとも考えることができよう．→問題発見

16［根本　孝］

問題発見 (problem findings)

問題は与えられた問題と，自ら作り出した問題に区分されるが，後者の自ら問題を作り出し，自ら発見した問題を問題発見あるいは問題形成ともいう．すなわち一般的に問題は，ある期待される基準との差，逸脱を問題とするが，状況の変化を予測し，あるべき姿，期待水準を達成目標として設定して問題解決を目指すことが問題発見行動にほかならない．したがって，手順としては基本的な問題解決手順がスタートする以前のプロセスが問題発見行動である．そのためには，自ら，あるべき姿の明確な方向であるビジョンや将来方向を予測ないしは仮説を設定し，その期待水準を描けることが必要であり，それには問題意識やチャレンジ精神とともに夢やロマンが求められる．→問題解決　　16［根本　孝］

ゆ

有期契約 (fixed-time agreement)

　有期契約とは，雇用制度の従業員区分制度において，非正規従業員の雇用期間が限定されていることを意味する．たとえば，非正規従業員である，契約社員はある一定の契約期間の間だけ雇用契約が有効とされる就業形態であり，パートタイマーやアルバイトも，一日の一定時間の雇用契約であり，パートタイマーやアルバイトの雇用期間は，企業側に決定がゆだねられている．すなわち，企業が必要なときに必要な量だけ労働力を確保することを目的としているのが有期契約の非正規従業員であり，必要でなくなったときに解雇されることを前提として雇用契約が交わされている．その反面，有期契約であるため，途中で自己都合により会社を辞める自由度が高く，業務上の責任も正規従業員よりも軽いという面もある．しかし近年は，プロフェッショナルな人材の有期雇用，またはプロジェクト・ベースの仕事の有期雇用など，専門性の高い人材が企業間を移動しながら多様な仕事やプロジェクトを期間限定でこなしていくような有期契約も増加しつつある．若年層や主婦のアルバイトやパートから，専門性をもった人材のプロジェクト・ベースの雇用まで，有期契約の内容も多様化している．→非正規社員　　　　　　　　　　　12 [金　雅美]

有機的組織 (organic organization)

　バーンズとストーカー (Burns, T. & G. M. Stalker) が，イギリスにおけるエレクトロニクス企業20社の工場の職場組織の事例研究から抽出した組織構造の類型であり，機械的組織の対極にあるものである．

　有機的組織とは，物事の解決方法などを探索しながら柔軟に対応する組織である．有機的組織の特性として，仕事の専門化，分化の度合いが低く，個々の仕事は組織全体の目標から決められるという点があげられる．仕事に対する責任は狭く規定されるのではなく，共有される傾向が強くなる．仕事に関する調整は，他の組織メンバーとの相互作用の中で絶えず行われることになる．また，上司と部下の関係をみると，統制，権限，コミュニケーションはネットワーク構造となっており，それらはトップに集中されるよりも，ネットワークの中の専門的知識が存在するところに位置する．組織内では，上司一部下というタテの関係よりも，ヨコの相互作用が強調されることにより，上司とのコミュニケーションの内容も指示，命令よりも情報提供，助言が中心となる．有機的組織は，外部環境が不安定で不確実性が高くなるような場合に有効となる．→機械的組織，コンティンジェンシー理論　　　　　　　　　　9 [山田敏之]

有限責任社員 (limited partner)

　有限責任社員とは，有限責任を負う出資者のことを指す．社員の有限責任が認められている会社形態は，株式会社，有限会社 (2006年5月の会社法施行により，それ以降の新たな設立はできなくなった)，合資会社 (社員構成のうち有限責任社員のみ) の3形態である．「有限」とは会社設立および維持に対して出資金額を上限として，出資者が責任を負うというものである．たとえば株式会社においては，出資者 (株主) がそれぞれに投資した金額を上限として，当該企業の非常時 (経営破たん，倒産など) に責任を負い，仮に当該企業に多額の負債が存在しても，出資金を超える責任は負わないというものである．また「社員」とは一般的に用いられる意味が「従業員，被雇用者」であるのに対し，ここでは「出資者」のことを意味している．有限責任社員の対語として「無限責任社員 (general partner)」があり，これは出資する会社の非常時には当該会社の負債弁済のために自己財産のすべてをもって弁済が義務づけられる社員をいう．無限責任社員が存在する会社形態は，合名会社と合資会社 (構成社員のうち，有限責任社員を除く) である．→株式会社　　　1 [吉村孝司]

輸出加工区 (export processing zone)

政府が，外資導入により技術移転や雇用の拡大による工業化を促進し，他方で国内産業を保護するために，輸出目的の外国企業を誘致するために優遇策を施した特例区．外国企業は，その国での販売が目的ではなく，本国や第三国への輸出が目的となる．そのような生産をオフショア（域外）生産とよぶ．輸出加工区での優遇政策としては，組み立て加工に必要な部品・原材料の輸入に対する保税・免税措置，機械設備・メンテナンス用部品に対する輸入免税，輸出免税などが代表的であり，さらに，固定資産税の免税・減税措置，エクスパトリエイトに対する人数制限の緩和などもある．国内産業の保護と工業発展を外資導入により両立させようとする途上国で一般的にみられる．先進国企業は，これらの国々の安価な人件費と優遇政策の魅力度により，これら輸出加工区を加工・再輸出拠点（オフショア生産拠点）として自社のロジスティクスに組み込んでいく． 5［茂垣広志］

ユビキタス・ネットワーク (ubiquitous network)

もともと「ユビキタス」は，ラテン語の宗教用語を語源とする言葉で「（神のように）いたるところに偏在する」ことを意味している．そして「ユビキタス・ネットワーク」とは，人間をとりまく生活や社会のいたるところにコンピュータが組み込まれ，それがインターネットなどを介してネットワーク上で結ばれることにより，「いつでも，どこでも，何でも，誰でも」必要な情報サービスにアクセス可能なネットワーク環境を意味している．具体的には，従来のコンピュータや携帯電話だけでなく，ゲーム機やカーナビゲーション，通信機能が組み込まれた家電製品（情報家電），近年大きな注目を浴びるようになったICタグ（情報が書き込まれたゴマ粒ほどの集積回路でタグは荷札の意味）などあらゆるものが「ユビキタス・ツール」となってネットワーク上で通信可能となることが想定されている．こうした高度な通信ネットワーク環境の実現に向けた歩みは世界各国ですでに始まっているが，それはわれわれの日常生活の利便性を大いに向上させることはもちろん，社会や個人の生活スタイルにきわめて大きな変化を与えることが予想されている．

9［石坂庸祐］

よ

要素還元主義 (atomism)

近代科学の基礎にある考え方で，「分ければ分かる」，すなわち，対象を構成要素に分割して分析・考察すれば対象全体が理解・把握できるというものである．こうした考え方で現象を単純化し，因果関係の実証的な追求によって物理学から医学，経済学や経営学も発展してきたのである．したがってそうした要素還元主義に基づく思考は科学的思考，分析思考などともよばれている．

しかし現代に入り，部分である断片としての構成要素を単純に足し合わせても全体とはならず，対象全体を把握・理解できない問題が多いことが明らかになり，要素還元主義は反省，批判されてきている．すなわち要素間の関係，部分と全体の関係に着目し，複雑な現象は複雑なまま理解することの重要性が認識され，ホリステック思考，エコロジカル思考，複雑系思考，直感的思考などとよばれ発展してきている．→複雑系思考，ホロン

16［根本 孝］

予算 (budget)

予算には政府や公共団体において用いられる公共予算，企業において用いられる企業予算がある．後者の企業予算は企業の利益目標を出発点として，ある一定期間中に実施されるべき諸活動を事前に貨幣的目標として明示した数値である．原価計算基準によれば，「予

算とは，予算期間における企業の各種業務分野の具体的な計画を貨幣的に表示し，これを総合編成したものをいい，予算期間における企業の利益目標を指示し，各業務分野の諸活動を調整し，企業全般にわたる総合的管理の要具となるもの」（第1章，1　原価計算目的，(4)）と定義されている．企業においては業務活動方針が業務計画として立てられ，これに従って金銭的な活動方針が利益計画として立てられる．すなわち，企業予算は業務計画を金銭的側面から，たとえば費用はいくらかかるか，収益はいくら生じるかなどを示したものである．→予算管理，利益管理

8［建部宏明］

予算管理 (budgetary control)

予算管理は予算を用いた管理であり，過去の企業活動に基づいて将来の企業活動を計画し，これを統制していく手段である．それゆえ，目標管理の一手段である．元来，企業活動は未利用資源の有効活用の過程であり，企業活動の目標を設定し，それに合わせて活動を統制していく目標管理を体系化したものである．したがって，予算管理は予算編成と予算統制から形成される総合的なプロセスである．

予算編成にあたっては，経理部や予算課が予算を作成するために必要な会計情報を提供し，各部署の担当者が予算案を作成する．それを予算会議などで調整し，経営責任者がこれを決定し，内示される．これにより，各部署の責任者は予算執行の権限を有する．

予算統制では，編成した予算と実績を比較し，その間に差異が生じた場合には差異分析を行い，予算執行責任者の業績を評価する．
→予算，利益管理

8［建部宏明］

欲求五段階説 (need hierarchy theory)

アメリカの心理学者マズロー (Maslow, A. H.) により提唱された欲求理論．人間の欲求は階層構造をなしており，低次の欲求が充足されるとより高次の欲求に移行し，この過程は不可逆的とされる．欲求五段階説では人間の欲求は低次から高次に向かって，生理的欲求，安全欲求，社会的欲求，尊敬欲求，自己実現の欲求の五段階に区分される．生理的欲求とは飢えや渇き，睡眠の充足など人間が存在するためのもっとも基本的な欲求であり，安全欲求とは危険から守りたい，衣服や住居などを得たいという欲求，社会的欲求とは集団に所属することにより社会的な関係をもちたいという欲求，尊敬欲求とは他者からの尊敬や他者よりも優れていたいとする自尊の欲求，自己実現の欲求とは能力や可能性を発揮することにより自己の成長を図りたいという欲求のことである．生理的欲求，安全欲求，社会的欲求，尊敬欲求は必要を満たすという意味で欠乏欲求とされ，もっとも高次の自己実現欲求は，自己のあるべき理想的な存在に向かって限りなく近づこうとする成長欲求である．欲求五段階説は実証的な側面から妥当性に欠けるとする批判もあるが，その後のマネジメント論の発展に大きな影響を与えた．
→コンテント・セオリー，自己実現欲求，マズロー

11［上村和申］

ら

ライセンシング (licensing：**実施許諾**)

　実施許諾者（ライセンサー，licensor）が実施権者（ライセンシー，licensee）に対しある技術に関して，実施権を許諾することをいい，その契約を，実施契約（license agreement）という．ライセンシングの原因は，紛争の交渉の結果や，相手から申込みのある場合，自分から申し込む場合等がある．従来，他社特許を積極的に使用することは少なかったが，製品開発スピードの加速とともに，自社開発より，技術導入が企業経営戦略として展開されることが多くなってきた．通常，交渉でもっとも重要であるのは，実施料（license fee）であり，実施料の種類としては，定額法（一括払い，一時金，前払い等）や製品当たりの従量法，料率法（売り上げに対する%），沢山売れれば減少する逓減法，逆に沢山売れれば上昇する逓増法，製造販売しなくても一定金額を徴収する最低実施料，一定以上売れれば，売上は実施権者のものとする最大実施料等各種のものがある．また，実際の額としては，販売価格の3〜5%等といった業界慣行実施料や，超過利益は，資本力，営業力，特許力によるものであるとして，その3分の1により決める方法等がある．ただし，実施料は，利益率から定まるもので，業界，製品等の種類により，大きく異なるので，適当な数字がいくらであるかは一概にはいえない．→実施権　　　　　　　6［久保浩三］

ライフサイクル (life-cycle)

　生き物は，誕生し，成長し，成熟し，やがて衰退して死をむかえる．このようなライフサイクルが，製品（事業）にもあるとする見方が一般化している．製品の売上高や需要量は，生き物の一生のように時間の経過とともにほぼS字型のカーブを描く．この製品の寿命の経過は，一般に導入期，成長期，成熟期，衰退期という4つの段階に分けられる．

　導入期には，研究・開発によって製品となり発表されるが，製品が認知されていないので，関心が低く売上にむすびつかない．成長期には，広告・宣伝により製品が浸透し需要が増し，また製品の改良やコスト・ダウンのために設備投資することで製品の売上が増加してくる．成熟期には，製品が行渡り需要の伸びが弱くなり，買換えに左右される．衰退期には，新しい代替製品が発表され，とって変わられ需要が減退し収益も下がるので，撤退していくことになる．技術の進歩によって，製品の寿命は短くなっている．→PPM 2　　　　　　　　　　　　　　　　　　　2［高橋成夫］

ライフサイクル・コスティング (life-cycle costing)

　ライフサイクル・コスティングとは，製品のライフサイクル・コストを測定・分析し，管理するために用いられる戦略的コスト・マネジメント技法である．ライフサイクル・コスティングでは，生産者側，顧客側，および社会で発生するコストを合計してライフサイクル・コストを測定する．また，ライフサイクル・コストの管理に際しては，ライフサイクル・コストの約80%が生産段階前に決定されるという事実に着目して，生産段階よりも前の段階でコストの低減をはかる．このとき，コスト低減策は，製品の競争力を決める重要な要素としての，品質・コスト・納期と，それらを構成する要素間のトレードオフ分析を通じて，最小のライフサイクル・コストとなるような最適関係を検討しながら考え出される．ライフサイクル・コスティングの限界は，生産者の手から離れた所で長期にわたって発生する顧客側のコストや社会的コストの測定がきわめて困難である点にある．→ライフサイクル・コスト　　　　8［大槻晴海］

ライフサイクル・コスト (Life-Cycle Cost：LCC)

　製品のライフサイクル全体にわたって発生するコストをいう．製品のライフサイクルに

はさまざまな捉え方があるが，とりわけコスト面に焦点を当てる場合，それは，生産者の視点における「企画→開発→設計→生産→販売」，顧客の視点における「購買→導入→運用→支援→保守→処分（廃棄）」，および社会の視点における「再生→廃棄（→外部性の評価）」を統合した，製品の企画・開発から再生・廃棄までの間として捉えることができる．ライフサイクル・コストは，このようなひとつの製品が誕生してやがてそれが廃棄されるまでの間，いわば製品の一生涯（ライフサイクル）にわたって，生産者側だけでなく，顧客側ひいては社会において発生するすべてのコストを含んだ広範な原価概念である．

8 [大槻晴海]

ライン・アンド・スタッフ組織
(line and staff organization)

ライン組織とスタッフ部門とを組み合わせて構成された組織である．「命令一元化の原則」を重視するライン組織と専門能力による複雑性への対応力に優れたスタッフとを同時に配置し，両者のメリットを最大限に発揮させようとした点に特徴がある．この組織形態は，もともとプロシアの軍隊で成立したものである．ライン・アンド・スタッフ組織には，①命令系統を一本化するライン組織の長所を維持しながら，専門性も活かすことができること，②多様な人材を同時に育成することができるというメリットがある．このようなメリットをもつことから，一般的な企業組織では広く普及した組織形態となっている．逆に，デメリットとしては，①現実にはライン部門とスタッフ部門との命令系統の交差や混乱が生じ，責任と権限が不明確になりがちなこと，②組織の規模が拡大するにつれ，スタッフ部門が肥大化し，それが企業にとっての間接費を増大させることになるという点があげられる．→プロシア，命令一元化の原則

9 [山田敏之]

LAN (Local Area Network)

各種コンピュータ，機器を接続した同一施設内の通信ネットワークをローカル・エリア・ネットワーク（LAN：Local Area Network）という．1970年代前半にゼロックス（Xerox）パロアルト研究所（PARC）でイーサネット（Ethernet）が開発され，70年代後半から80年代にかけて普及拡大した．標準化された通信規約の採用により，異なったベンダーのコンピュータ，機器間で相互にデータ通信を行うことができる．通信規約としては，イーサネットとTCP/IPの組み合わせが主流である．機器間の接続には当初同軸ケーブルが用いられたが，現在ではハブ等のネットワーク機器を介して機器をツイストペアケーブルで配線する方式が多い．高速LANの場合には光ファイバも用いられる．また，近年では，ケーブルではなく無線によるLAN（無線LAN）もある．LANに対して，地理的に離れた場所の間の通信網をWAN（Wide Area Network）という．WANの場合，業法で定められた電気通信事業者が利用組織に対してサービス提供するのに対して，LANにおける通信の運営・管理は，利用する組織自体で行うことが基本である．→WAN

13 [歌代 豊]

り

利益管理 (profit management)

利益管理は利益を起点とした管理であり，利益計画と利益統制からなる企業の総合的管理の一手法である．原価管理は売上高－原価＝利益の公式に従って，原価の節減によって間接的に利益の増加を目指している．これに対して，利益管理は利益＝売上高－原価の公式で積極的に利益の増加を目指す．このとき，まず目標利益が設定され，これに見合う獲得売上高，許容原価が計画される．

利益計画はその長短によって長期利益計画と短期利益計画に分類できる．長期利益計画は経営方針に沿って決定され，短期利益計画

に細分され，予算編成という形で具体化される．利益統制は設定した利益計画が達成されたかどうか評価する過程であり，予算統制によって行われる．→短期利益計画，長期利益計画，予算，予算管理　　　　8［建部宏明］

リエゾン・オフィス (liaison office)

「リエゾン (Liaison)」とは，フランス語を語源として，英語で「連結・橋渡し・接触」を意味する言葉である．リエゾン・オフィスとは，主として外部の組織等との連携・橋渡しを円滑に進める役割を担うセクションのことをいう．主に，大学と産業界とを橋渡しし，大学の研究成果である知的財産の産業界への技術移転等，産学連携を円滑に推進するための大学内のセクションを指すことが多い．→海外研究所，技術移転，知的財産

6［桐畑哲也］

リエンジニアリング (reengineering)

抜本的業務改革を指し，特にハマー (Hammer, M. & Chanpy, J.) の著書『リエンジニアリング革命』(1993) は大きな注目を集めた．BPR (Business Process Reengineering) ともいわれるように企業のリストラクチャリングは事業構造の変革であるが，各々の事業のプロセスすなわち業務の抜本的改革すなわち再構築である．

その方法のひとつとしてもっとも優れた企業の業務実践であるベストプラクティス (best practice) を探し出し，それをベンチ・マーキング (bench marking) すなわち目標基準として設定し，それを自社のシステムや文化に応じて改善・導入することが 1990 年代には盛んに行われた．→ベストプラクティス

4［根本　孝］

理解可能性 (understandability)

意思決定有用性ある会計情報に求められる質的特性のひとつ．会計情報が有用であるためには，提供される情報の重要な特性がその情報利用者にとって理解可能なものでなければならないとする考え方．ここでは，企業活動や会計というものに対して合理的な知識を有し，また，真摯な姿勢をもって情報を利用，研究する利用者が想定されているのであって，一定の水準を前提としたうえでの理解可能性が指示されている．しかし一方で，そのような情報利用者を前提としているとはいえ，会計情報として本来ならばそこに包含されなければならない性質の情報が，それが利用者にとっては理解困難であろうということを理由として排除されてはならないという制約も示されるところである．→信頼性，比較可能性，目的適合性　　　　7［大倉　学］

リコール制度 (recall system)

不良品回収制度．家電製品や加工食品では企業が市場に流通している自社製品に欠陥がみつかった場合に，新聞等のメディアを用いてユーザーに告知し（購入者や利用者を特定するのが困難なため），自主的に回収し修理を行うのが一般的である．自動車業界では，自動車の構造・装置，または性能に不具合が生じ，その原因が設計または製作の過程にあり，安全上または公害防止上問題があると認められる場合には（国土交通省の保安基準を満たさない欠陥車），その自動車メーカーまたは輸入業者が国土交通省に届け出て（道路運送車両法では無届リコールを禁止している），当該自動車を回収・修理しなければならないことになっている．また，車検証により持ち主に連絡することになっている．国土交通省のホームページでも随時リコール情報を掲載している．回収・修理の費用は全額メーカーが負担する．

しかし，リコール隠しにみられるように，メーカーはリコールを避ける傾向があることも確かである．リコールには費用がかかるとともに，広く告知することから企業イメージの悪化が懸念されるからである．費用の点からみると，顧客からのクレームごとに対応したほうが，リコールによる該当製品すべてを回収・修理するよりはるかに安く，また，自動車の場合，リコール隠しに対する罰則が「100 万円以下」と極めて軽い科料であることも影響している．しかしながら，消費者やユーザーの安全性確保は，企業経営における

コンプライアンスからみても最低限の社会的責任であり，リコール隠しは社会的に容認できるものではない．また，リコール隠しが明らかになれば，その企業に対する信頼性を大きく失うことになり，リコールによる企業イメージの悪化以上に深刻なダメージを与えることになる．むしろ，製品に対する安全性管理を行うことが前提ではあるが，リコールが必要な場合には，積極的にそれに対応することによって社会からの信頼が得られると考えるべきである．→ コンプライアンス

14 [茂垣広志]

リサイクル (recycle)

廃棄物を原料のレベルまで戻し，再生して利用することである．たとえば，ペットボトルをペット樹脂に戻して再利用したり，化学原料にまで分解して再利用することである．ペットボトルを洗ってそのまま再利用するようなケースはリユース (reuse) とよばれ，両者は区別される．循環型社会を形成するためには，リサイクル，リユースに廃棄物の発生を抑制するリデュース (reduce) をあわせた3Rが必要とされる．リサイクルの効果には，資源やエネルギーの節約，廃棄物の減量化による環境保全，廃棄物処理に関わる費用の節約などがある．リサイクルの推進には，再資源化する際に発生するエネルギー増の回避，リサイクル製品や部品の需要喚起，分別の徹底，回収ルートの整備などが求められる．日本では2001年4月からエアコン，テレビ，冷蔵庫，洗濯機の4製品を対象とする「家電リサイクル法」が施行されている．これは，回収・処理費用を消費者が負担し，製造・小売業者がリサイクルによって再商品化することを義務づけたものである．また，2005年1月からは「自動車リサイクル法」も施行され，自動車メーカーや輸入業者に廃車の回収・再利用，解体処理後の破砕くずの再資源化，エアコンなどのフロン回収，エアバッグの引き取りや処分が義務づけられている．→ 環境マネジメント・システム，静脈産業

1 [山田敏之]

リージョナリズム (regionalism)

特定地域内諸国間で地域経済圏を築き，その経済的結びつき，さらには政治的結びつきを強化することによって相互の目的を達成しようという考え方である．特定地域内での国家利害の調整を行い，お互いの結びつきを強め，相互利益（たとえば，経済成長）を追求しようとする．地域内での紛争の防止や安定，経済成長の促進など，その目的や目標を共有し，その実現のために協定や機構を整備し，実行していこうという考えである．リージョナリズムは，地域の主体性を重んじる考え方といえる．その具体的な形としては，特定地域内の国家間でFTA（自由貿易協定）を締結し，自由貿易圏を形成するなどである．EU（欧州連合），NAFTA（北米自由貿易協定），AFTA（ASEAN自由貿易地域）などが代表的である．

このリージョナリズムには，2つの捉え方が存在する．ひとつは，グローバリゼーションおよびその背後にあるグローバリズムへの対抗措置としての側面である．もうひとつは，むしろグローバリゼーションの進展を補完するという見方である．リージョナリズムに対する視点は，多様であるが，その発展段階的には，①FTA，②関税同盟，③共同市場，④経済同盟，⑤政治統合へとその結びつきの強さから類型化される．→ グローバリゼーション，FTAとEPA，NAFTA

1 [茂垣広志]

リスク管理 (risk management)

リスクマネジメントともいわれ，企業が損失をこうむると思われる不測事態に対処し，影響を最小限に抑えるためのマネジメント活動である．もちろん個人においてもリスクマネジメントが求められることはいうまでもない．

具体的なマネジメント活動は大きく事前の危機の予知・予測およびリスク回避のための事前対応，そして不測事態である危機発生時の正しい対応と復旧，リカバリー，そして危機の再発防止に区分できよう．

事前のリスク回避（リスクヘッジ）のため

の監視や計画・組織づくりやマニュアルづくりそして教育訓練，さらに損失が発生した場合の資金対応としての保険や資金積立などのリスク・ファイナンシングは欠かせない．また不測事態が発生した場合の緊急時対応計画 (contingency plan) も重要であり，それはクライシスマネジメント (crisis management) として日本語ではこちらも危機管理と訳されるが，区別して議論される場合も少なくない．

経済のグローバル化や自然災害，大事故が多発する中で JIS 規格「リスクマネジメントシステム構築のための指針」も示されている．

5 [根本 孝]

リストラクチャリング (restructuring)

環境変化に応じて企業が事業の構成を再構築することを意味する．市場の急激な変化，技術革新や国際化の進展などの厳しい環境の変化に対応して，企業が事業の構成を見直し新たな収益構造を築き経営基盤を強固にしていくことである．企業は，①衰退事業からの撤退，②成熟事業の再活性化，③新規事業の育成を，同時並行的に行わなければならないところにリストラクチャリングのむずかしさがある．

具体的には，不採算部門の整理と有望な新規事業部門への資源集中，事業所の統合・閉鎖，本社と事業部門の分離，分社化，アウトソーシング，M&A などの手段により事業の構成を変えようと試みることになる．日本では，合理化，コスト削減と企業防衛の性格をもつので，人員削減策という意味でリストラを省略して使われることが多い．

1990 年代初頭のバブル経済崩壊後の円高による不況期が長期化する中で，リストラクチャリングが広がることで，従来の日本の経営慣行が崩れ始めた面がある．→アウトソーシング，M&A

2 [高橋成夫]

リソース・ベースト・ビュー (Resource Based View : RBV)

熾烈な企業間競争環境において，企業がその存在を維持させていくためには，他社に追従を許さない強力な競争優位性を構築するとともに，多様な競争戦略を展開させることの重要性が 80 年代以降，論ぜられてきた．なかでもポーター (Porter, M. E.) による競争戦略論は企業経営に関する考え方に大きな影響を及ぼしてきた．

しかし一方で，企業の真の競争上の強さを決定するのは，競争のための戦略の巧妙さではなく，個々の企業が保有する独自の経営資源にあるとする考え方が登場した．こうした考え方を「リソース・ベースト・ビュー (RBV)」という．

この考え方の根底には，個々の企業が保有する経営資源はそれぞれに異質であり，他社が複製もしくは模倣するにはあまりにもコストがかかりすぎる特有の経営資源が優位性を有しているという点がある．そしてこうした独自の経営資源を活用することのできる能力としてのケイパビリティと合わせて，RBVは競争戦略論に代わる新しい考え方として注目されている．→ケイパビリティ，バーニー

2 [吉村孝司]

リーダーシップ (leadership)

集団の目的を達成するようメンバーの努力を喚起させるため，リーダーがメンバーに対して行使する対人的な影響力である．モチベーションと表裏一体の関係であるともいえる．また，目的がないところにリーダーシップは不要である．業績を向上させるリーダーはいかなる態度や行動をとるのか (形態論)，あるいは，どのような状況においていかなるリーダーの態度や行動が有効か (状況論)，そもそもリーダーはいかなる資質を有するものか (資質論) などさまざまな研究がある．リーダーシップの分類にはいろいろあるが，代表的なものとしてレビン (Lewin, K.) の，民主的リーダーシップ，専制的リーダーシップ，放任的リーダーシップがあげられよう．また，ミシガン研究やオハイオ研究において，リーダーシップ・スタイルを，①集団の目標を達成する次元と，②人間関係を良好にする次元のマトリクスで把握しようものもある．

1 [松村洋平]

立地特殊優位
(location specific advantage)

ある国の特定的な立地条件によって享受できる優位性.稀少な天然資源や低コスト労働力の入手可能性,科学技術や産業集積などの技術基盤,政治政策による事業環境(関税,非関税障壁,投資インセンティブ,巨大市場へのアクセス(隣接性,輸送インフラ)などがあげられる.多国籍企業が,自社の企業内国際分業を構築する際に,どのような機能や活動をどの国あるいは地区に配置するのかを検討する際に,これらの立地特殊優位は決定的に重要な要因となる.要するに,立地特殊優位とは,ある事業活動を行うためその立地上の魅力度である.また,ある特定国が有する特殊資産に着目し,その国際的な優位性が認められるような場合,国家特殊優位(Country Specific Advantage:CSA)という用語が同様の意味で用いられる. →輸出加工区

5[茂垣広志]

リテンション・マネジメント
(retention management)

優秀な人材を企業に引き止めておくための施策のことを意味している.自律的にキャリアをデザインすることができ,専門性が高いスペシャリスト,およびプロフェッショナルな人材であるほど,企業の外部労働市場における人材価値が高くなり,転職しやすくなる.このような人材が企業にとってのコア人材であるほど,彼らの転職は企業にとってマイナスである.そこで,このような人材をどのように企業内にとどめることができるか,彼らのモチベーションを維持し,企業に引きとどめておくための誘因を考えることがリテンション・マネジメントの中心課題である.具体的施策としては,①リーダー的役割(チーム・リーダーなど)を与える,②より困難な仕事にチャレンジさせる,③金銭的報酬で報いる,④優秀な人材同士で仕事をさせる,⑤ストックオプションの配分など多様な試みがなされている. →スペシャリスト

12[金 雅美]

リニアモデル (linear model)

基礎研究の結果として新たな科学的知識が発見され,そしてその知識を製品に応用すべく応用研究を行って技術が開発され,その技術を用いて製品を開発し,生産,販売を通じて利益に結びつくというような,科学的知識の発見を出発点とした一方通行のアプローチをリニアモデルという.この考えのもとでは,企業においては中央研究所を設立し,基礎研究に力をいれるべきということになる.アメリカでは1950年代に中央研究所が絶頂期を迎え,また日本では1960年代に中央研究所の設立が進められたが,その背景にはリニアモデルの信奉があったのである.かつてはどの企業も基礎研究にそれほど力を入れていなかった.しかし,2度の世界大戦の過程で科学的知識の発見が潜水艦や航空機,原子爆弾や極超短波レーダーなどの兵器開発に結びついたことや,1930年代にデュポンの研究所からナイロンが生み出されデュポンに莫大な利益をもたらしたことを目の当たりにし,企業における基礎研究に対する関心が強まることになったのである.しかし,1990年代になるとリニアモデルに対する否定的な見解が増え,連鎖モデルをはじめさまざまなモデルが生まれることになる.同時に中央研究所の時代も終焉を迎えた. →R&D,連鎖モデル

6[坂本雅明]

リバースエンジニアリング
(reverse engineering)

機械を分解,あるいはソフトウェアを解析して,製品の構造を分析することにより,製造方法や使用されている技術,設計図,ソースコード等を推測する方法をリバースエンジニアリングという.企業が他社の製品の模倣品や互換製品を開発するためや,他社製品の製品原価を分析する場合に行われる.リバースエンジニアリングによって得られる設計・技術情報には,特許,著作権,意匠権等の知的財産権によって保護されている部分もあり,その場合,模倣することは非合法となる.

6[歌代 豊]

リフレッシュ休暇制度 (refresh leave)

　平均寿命の延び，職業生涯の長期化と職業環境の急速な変化のなかで，心身ともに健康で充実した生活を送るために，職業生涯の節目節目に設けられている休暇を指す．労働基準法などの法律で定められている法定休暇ではなく，企業が独自に設ける法定外休暇（特別休暇）である．しかしながら，厚生労働省では，その設置に当たり以下の条件を提示している．①週休，夏季休暇，その他の毎年付与する休暇や有給教育訓練休暇以外の休暇であること．②職業生涯の節目節目に勤労者の心身のリフレッシュを図ることを目的とした休暇であること．③有給休暇であること．企業によっては，永年勤続の特別休暇として，該当勤続年数に応じて一定の日数をリフレッシュ休暇としているところもある．一般的には，法定休暇と合わせて比較的長期間にわたる休暇であることが多く，その間に，心身の疲労回復や，今後の生活についてゆっくり考える時間をとることを目的にしている．リフレッシュ休暇の設置は，現在の従業員の勤労意欲を高めるのみならず，企業の従業員福祉の充実を通じて，良好な企業イメージを社会に発信し，そのことによる良質な従業員の確保につながると考えられており，導入企業数は増加する傾向にある．→QWL

12 [田中聖華]

リベート (rebate)

　取引先の販売努力に対し，製品の価格体系とは別に一定の取引量などに応じて支払われる割戻金を指す．アローワンス (allowance) もリベートと同様な割戻金であるが，アローワンスは特定の製品の販売促進を意図して支払われることが多いのに対し，リベートは，取引先との長期的・継続的な協力関係を形成するために用いられることが多い．一般的に採用されているリベートは累進リベートといわれるもので，自社製品の取引量の実績に応じて累進的に支給される．その他，取引先の全取引額に占める自社製品のシェアに応じて支給される占有率リベート，価格水準の維持や一定の販売方法の採用など自社に対する忠誠度に応じて支給される忠誠度リベート，販売促進キャンペーンなどに採用される販促リベートなどが存在する．しかし，近年では海外企業からリベートが参入障壁となっているという非難や，取引先からはリベートを受け取ってからでないと利益がいくらでているのか把握できないといった指摘も出ており，リベート自体を見直す動きも出てきている．→チャネル管理，パワー・コンフリクト，流通系列化

3 [竹内慶司]

流通系列化

　流通系列化とは，主にメーカーが流通業者の行う流通活動に関与しコントロールすることによって，他のメーカーに対する差別的優位性を構築しようとするものである．流通系列化に組み込まれた流通業者は，商品の仕入と再販売における主体性が制約されることになる．流通系列化によってもたらされるメリットは，流通経路の短縮化，在庫管理の合理化にともなう流通コストの削減，計画的な生産および販売体制の確立，アフター・フォローの充実などが考えられる．一方，デメリットとしては，取引先の流通業者間の競争が制限されるために価格が硬直化し易い，販売促進費の増大，取引先流通業者の自立性喪失，メーカーと流通業者間の支配・従属関係の発生などが考えられる．→チャネル管理，パワー・コンフリクト，リベート

3 [竹内慶司]

量的データ (quantitative data)

　数量として測定できるデータのこと．これに対して，数量ではなく，どのカテゴリーに属するかという形で得られるデータのことを質的データという．量的データは「比例尺度」と「間隔尺度」に，質的データは「順序尺度」と「名義尺度」に分けることができる．比例尺度とは数値の差とともに数値の比にも意味があり，四則演算が可能なもの．たとえば年収が400万円から600万円になった場合と1000万円が1200万円になった場合とも200万円の増加であるが，増加率は前者が50%，

後者が20％と異なる．間隔尺度とは数値の間隔に意味があり，差を測ることが可能なもの．気温が20℃から26℃になると6℃上がったことになるが，30％上昇したとはいえず，20℃から26℃の上昇も30℃から36℃の上昇も同様の6℃の上昇である．順序尺度とは対象の順序や順位に従って数値を割り当てたもので，間隔の意味はもたない．たとえば，1位と3位の差よりも3位と4位の差の方が近いとはいえない．名義尺度とは対象の区別を行うことを目的としたもので，数値を割り当てたもの．性別の場合，男を1，女を2としても女を1，男を2と割り当ててもよく，データの大小や平均値には意味がない．

16［上村和申］

リレーションシップ・マーケティング
(relationship marketing)

　企業は顧客だけでなく，さまざまなステークホルダー（利害関係者）との関連をもっている．企業が長期的に存続，維持発展するために良好な関係を維持していこうという考え方がリレーションシップ・マーケティングであり，関係性マーケティングとよばれている．このマーケティング・スタイルには2つの側面がある．ひとつは，顧客，取引先，株主，政府機関，報道機関，銀行，地域住民などの外部組織との関係であり，もうひとつは，企業内部の従業員との良好な関係である．この背景には，関係性を維持・強化することにより，顧客の生涯価値を高め，成熟型社会の中で企業も成長発展をしていかなければならないことなどがあげられる．→ワン・トゥ・ワン・マーケティング　3［片山富弘］

リーン生産方式
(lean production system)

　トヨタ自動車に代表される多品種大量生産を効率的に実現する生産方式の別称である．マサチューセッツ工科大学のウォマック教授を中心とした国際自動車研究プロジェクト(IMVP)の研究チームが1990年に刊行した *The Machine that Changed the World* の中での命名である．リーンとは，「やせた，贅肉のない」という意味で，1980年代，少品種大量生産の行き詰まりにより不況に陥っていたアメリカ企業に対して，大量生産に内在するムダを徹底的に排除し，効率的な生産を実現することで消費者の多様な嗜好に対応する新しい生産方式として提唱されたのである．たとえば，フォードの大量生産方式では，部品の互換性の上に，作業の細分化・単純化・専門化といった分業体制を徹底させることを基本としており，分業による能率向上が最大の目的であった．一方，リーン生産方式の主要要素としてのかんばん方式，自動化等は，過剰在庫や過剰人員を排除することで生産性を高めることを主眼としている．→かんばん方式，フォード生産システム　14［島谷祐史］

る

ルースカップリング（loose coupling）

「緩い連結」「高分化」のこと．これとは逆の表現であるタイトカップリング（tight coupling）とは「固い連結」「高統合」を意味する．経営学では，組織間学習，組織間関係など，組織の構成要素間の関係や特徴を分析する概念として広く用いられる言葉である．グラスマン（Glassman, R. B., 1973）によると，ルースカップリングは，2つの構成要素間に共通する変数がごく僅かな場合，あるいは共通する変数がその他の変数に比べ弱い場合を意味する．すなわち，少数または弱い共通変数により連結している2つのシステムをルースカップリングとよんでいる．一方，2つの構成要素間の結合とその連結度合いから，組織間統合は大まかに次のように区別される．緩やかな連結であるルースカップリングには，フランチャイジング，ライセシング，ジョイントR&D，業界標準化など，主に戦略提携があげられる一方，強固な連結を意味するタイトカップリングとしては，「ジョイントベンチャー」「M&A」など，企業所有の形態がこれに該当する．→組織間学習，組織間関係

1 ［松崎和久］

れ

レヴィン〔Kurt Lewin, 1890-1947〕

ドイツ生まれ，後にアメリカに移住した心理学者．グループ・ダイナミックス研究の創始者とされる．ドイツ時代は，母校ベルリン大学で教鞭をとりつつゲシュタルト心理学の有力メンバーとなり，それを強力な背景として動機づけ研究等を手がけた．1932年スタンフォード大学に客員教授として招かれたのを機に，1933年にヒトラーの台頭によるナチのユダヤ人迫害を逃れるため，家族とともに渡米．以降，コーネル大学，スタンフォード大学，アイオア大学で，児童を中心にした研究に従事し，これらの成果が，その後のグループ・ダイナミックス研究の発展契機となった．1945年にマサチューセッツ工科大学に「グループ・ダイナミックス研究所」の初代所長として赴任したが，わずか2年後に56歳で没した．レヴィンの理論は，ゲシュタルト心理学の強い影響を受けた行動の場理論（field theory）がその本体であるとされる．行動は，人と心理学的環境の関数であるとし，この関係を実験的条件分析によって明らかにしようとした．また，実験的研究成果は，実践過程においてその有効性を評価されるべきであるとし，アクション・リサーチという研究方法を提唱した．レヴィンの研究が今日の社会心理学に与えた影響は，はかり知れない．→グループ・ダイナミックス

11 ［田中聖華］

レスリスバーガー
〔Fritz Jules Roethlisberger, 1898-1974〕

1898年生まれ．1925年よりハーバード大学に勤務し，1927年からウエスタン・エレクトリック社で始まったホーソン実験にメイヨーらとともに参加．人間関係論の中心的存在となった．ホーソン実験の結果をまとめたレスリスバーガーは，経済的欲求のみに動機づけられる経済人（economic man）モデルに代わる，安定感や帰属感など社会的欲求によっても動機づけられる社会人（social man）モデルを提唱する．さらに，権限関係といった公式組織だけではなく，自然発生する非公式組織に着目して，公式組織が費用の論理に支配されるのに対して，非公式組織は感情の論理に支配されるとして区別した．レスリスバーガーによれば，人間関係の処理技能や人間状況の診断機能といった社会的技能が管理者に一番求められるという．主著

に Management and Morale, Harvard Univ. Press, 1944（野田一夫・川村欣也訳『経営と勤労意欲』ダイヤモンド社，1954年）がある．
→人間関係論，ホーソン実験，メイヨー

1［松村洋平］

レバレッジ効果 (leverage effect)

　レバレッジ，つまり梃子の原理を意味する用語である．財務の領域では企業の資金調達額全体（貸借対照表貸方総額）に占める負債の割合を財務レバレッジと称する．ここで，財務レバレッジを高める，すなわち，負債依存度を高めることによって自己資本のみの財務状態に比して相対的に収益効果を高め，もって株主の投資リターン割合（自己資本利益率）を高める効果をいう．　7［大倉　学］

連結子会社 (consolidated subsidiary)

　子会社の範囲は，これまで「持株基準」に基づいて決定された．持株基準とは，50％以上の株式（議決権）を保有しているかどうかが連結の対象として判断基準となることである．ところが，持株基準は，客観的でわかりやすい基準である一方，本来，子会社である会社の持株比率を50％以下にして連結の対象から除外する「連結外し」という操作が可能となる．つまり，赤字や債務超過に陥った子会社を連結対象から外して経営成績をよくみせることが可能なのである．このような「持株基準」にともなう利益操作などを未然に防ぐため，「支配力基準」が導入された．「支配力基準」とは，子会社の株式（議決権）の所有が40％以上50％以下であっても，役員派遣や意思決定を実質的に支配している場合には連結の対象として認め，子会社であると判断するものであり，これにより「連結外し」のような不正行為ができなくなった．→親子関係，連結範囲

4［松崎和久］

連結財務諸表
(consolidated financial statements)

　法人格を有する企業が作成・公表する財務諸表を個別財務諸表と称するのに対して，法人格を異にするものではあっても支配従属関係にある複数の企業をひとつの企業集団として，当該企業集団がひとつの報告単位として作成・公表する財務諸表のこと．個別ベースでは把握できない企業集団全体の財政状態や経営成績を開示するために作成が求められる．連結財務諸表を作成する際には，支配側の親会社が出資として計上している投資勘定と，従属側の子会社で計上している当該出資に係る資本勘定とを相殺消去すること（資本連結）からはじまり，親会社・子会社間の債権・債務や仕入・売上等の相互取引が消去される．さらに，個別会社間取引として，個別財務諸表では認識される利益のうち企業集団内で行われた取引に係る部分は未実現利益として消去されなければならない．こうした連結財務諸表作成上の固有の手続きを通して，企業集団全体からみた実質的な財政状態や経営成績が財務諸表によって示されることになる．→連結範囲　7［大倉　学］

連結事業部制

　日本企業のグループ経営組織の一形態であり，事業推進の責任単位をすべて親会社の事業部門に集約する制度である．子会社の管理といえば，子会社の調整的役割を担う関係会社部と，また，子会社の事業と関連が深い各事業部がマネジメントに関与してきた．しかし，各事業部は，子会社の業績の良し悪しに対しては責任を取るということはなかった．そのため，たとえば，販売の子会社などは，本社の事業部の業績が悪ければ，無理に製品を押しつけられ，本社事業部の業績調整の場として位置づけられることもあった．

　しかし，この連結事業部制をとった場合，子会社は原則すべて親会社事業部門に所属することになるため，子会社管理については事業部門が責任を負うことになる．そのため，親会社本社は事業部門を統括することにより，自動的にグループ本社の役割を果たすことになる．組織構造としては，きわめてわかりやすく，コントロールも効きやすいというメリットがある．その一方，子会社の自立性は阻害されるため，子会社の能力が生かされ

ないというデメリットもある. 4［高井　透］

連結の経済 (economies of network)

ネットワークの経済ともいわれ，他社と連結し，ネットワークを組むことによる経済性の獲得を意味する．今日，重要視されている戦略提携の基本的要因とされるのが連結の経済であり，自社のもたない資源や能力を他社との連結によって獲得したり，あるいは余剰資源，設備や販売ルートなどをより幅広く活用することにともなうコストダウンやパフォーマンスの向上，リスク分散などの経済性の増大は，その代表的事例である．グローバル競争の中で選択と集中戦略によりコア事業の規模の経済性を増大させる一方，周辺，関連事業は他社との連結によって，その経済性を高めることを意図しているに他ならない．→規模の経済，ネットワーク，範囲の経済　　　　　　　　　　　［根本　孝］

連結範囲

連結財務諸表を作成する際には，親会社は原則としてすべての子会社を連結範囲として含めなければならない．ここに，「親会社とは，他の会社を支配している会社をいい，子会社とは，当該他の会社をいう．他の会社を支配しているとは，他の会社の意思決定機関を支配していること」（「連結財務諸表原則第三・一・2」を指すのであり，このような連結財務諸表に含まれる企業の決定ないしはその集団を連結の範囲と称する．連結範囲の決め方には，出資比率が50％超であるかないかという判断基準で行う形式基準と，先に示したように，出資比率ではなく当該他の会社に対する影響力で判断する実質基準とがある．わが国ではここに示したように実質基準が採用されている．他の会社の意思決定機関を支配していると認められる一定の事実としては，議決権を行使しない株主がいることによって株主総会における議決権の過半数を継続的に占めると認められる場合や，役員・関連会社等の協力的な株主が存在することによって株主総会における議決権の過半数を継続的に占めると認められる場合等がある．→親子関係，連結子会社，連結財務諸表
7［大倉　学］

連結ピン (linking pin)

組織に階層的に存在する小集団を連結する役割を果たす特定の成員のこと．リッカート(Likert, R.)は，小集団が重複的に階層構造を形成する多元的重複集団型組織において，各集団の特定の成員が集団間をつなぐ「連結ピン」の役割を果たすことを指摘している．たとえば，部長や課長といった管理者（連結ピン）は部下を管理するだけではなく，自らが管理者を務める集団（部や課）を他の集団と垂直的・水平的に結びつけることになる．また，連結ピンは上位と下位の複数の集団に属し，複数の集団の意思決定過程，管理過程に関与することになるので，連結ピンと成員との間で，円滑なコミュニケーションが確保されることが組織全体の目標達成にとって重要な要素となる．また，連結ピンは上位の集団に対してはフォロワーシップを，下位の集団に対してはリーダーシップの役割を担うことになるが，リッカートは集団とリーダーの行動分類としてのリーダーシップを機能的特性に基づいて，「システム1」(独善的専制型)，「システム2」(温情的専制型)，「システム3」(相談型)，「システム4」(集団参加型)の4つのパターンに分類している．→リーダーシップ
11［上村和申］

連鎖モデル (chain-linked model)

連鎖モデルとは，基本設計，詳細設計，生産，販売などといった各段階における活動が，研究活動と関連しながら進められるという考えである．リニアモデルでは，研究活動が出発点となり，その成果が後工程に一方通行で流れていくことになるが，連鎖モデルの中心となる活動は設計・生産活動である．研究活動も存在するが，研究活動成果が一方通行で後工程に流れるのではない．すなわち，設計者は市場の要求をもとに製品の基本設計を始め，設計者がもっている技術では解決できない場合は文献を頼ったり研究所に蓄積された知識を探しに行く．それでも解決できない

場合は研究活動の助けを求める．詳細設計や生産などのその他の段階でも同様に進められる．連鎖モデルはリニアモデルのアンチテーゼとして生まれた．リニアモデルの信奉が行き過ぎた結果，中央研究所が象牙の塔と化していった結果，1990年代になるとリニアモデルの信奉は終焉を迎え，連鎖モデルが取って代わるようになった．実際，世の中には僅かな研究活動しかともなわずに大規模なイノベーションを成し遂げた例も多い．スペースシャトル，蒸気エンジン，新幹線などは既知の技術を用いて設計，生産されたのである．
→R&D，リニアモデル　　　　6[坂本雅明]

ろ

労働基準法 (labor standards law)

労働法の根幹をなす労働三法としての労働組合法，労働関係調整法と並ぶのが労働基準法である．すなわち労働基準法は，憲法第27条第2項の「賃金，就業時間，休息その他の勤務条件に関する基準は，法律でこれを定める」という規定を受けて制定されている労働条件の基本を示す法律である．

労働法とは，労働者の権利を保護し，生存を保障するための労働関係，労使関係および労働問題に関する法律の総称である．労働基本権を保障するために，労働の機会を与えるための職業安定法，労働の機会が与えられなかった場合に手当てを支給する雇用保険法，労働団体を組織し，使用者と対等な立場で労働条件を決定するための労働組合法などが制定されている．「弱い立場にある労働者をいかに保護するか」これを制定しているのが労働法に他ならない．その中核をなす労働基準法とは，労働条件の最低基準を設定し，個別の労使関係において労働者を保護することを目的としている．→労働組合法　　12[金 雅美]

労働組合法 (trade union law)

日本では労働条件は使用者と労働者の交渉で自主的に決定する「労使自治」が労使関係の基本的枠組みとされており，労働組合法はこの労使間の交渉における対等な立場を制度的に保障するもっとも基本的な法律．労働基準法・労働関係調整法と並ぶ労働三法のひとつで，労組法と略称される．日本では第2次世界大戦以前において労働組合法の法案が提出されたものの，成立することはなかった．

1946年に施行された旧労働組合法（49年に大幅に改正された）が日本における最初の労働組合法である．労働組合法では，労働組合を組織する権利としての団結権，労働者が代表者を通して使用者と交渉する団体交渉権，労働者が団結して使用者に対して経済的圧力を与える争議権という労働者の基本的権利（憲法における労働三権）を具体的に保障しており，他に，労働協約の締結の手続き，労働者の権利を侵害する行為としての不当労働行為の禁止，不当労働行為や労働組合の資格を審査する労働委員会の設置などが規定されている．　　　　　　　　　　12[山下 充]

労働生産性 (labor productivity)

生産プロセスにおける労働者1人当たりの効率性のことである．産出量（output）を労働量で割った値，つまり，労働者1人1時間当たりの産出量で示される．また，産出量は，生産量，生産額，売上高，付加価値，GDP等に置き換えられる．労働生産性は，労働者の体位・技能・熟練度の向上のほか，多種多様な社会的・技術的要因（最新の生産設備の導入，分業制の導入，作業方式・管理体制の改善）によって影響を及ぼされる．このことから，労働生産性を高めるには，①機械化を進める，②人件費・金融費用などを低減する，③遊休資産を売却し，有効な固定資産投資を行う等の方策がある．→資本生産性

14[島谷祐史]

労働の人間化 (humanization of work)

職場の諸条件を人間に適合させることで，労働の単調化・裁量性の喪失・人間関係の希

薄化といった労働阻害的状態を克服しようとする試みである．1960年代の欧米先進国において生産性を向上させようとする取り組みの中で生じたものである．たとえば，ベルトコンベアは，作業者の意思と関係なく一定速度で部品を運搬し，生産性を飛躍的に向上させる．しかし，その一方で，機械化・自動化は，人間の主体性を剥奪してしまう作業方式であるため，作業者の欠勤率の上昇，モラルの低下，製品の品質低下を招いたのである．そこで，その対策として，職務拡大，職務充実，職務ローテーション等，仕事内容や仕事のやり方を変える等の方策を通じて，経済的な豊かさや欲求水準を上昇させる中で，職場の問題解決や改善につなげていった．また，イギリス，アメリカ，国際機関等で広く用いられている「労働生活の質」（Quality of Work Life：QWL）は，「労働の人間化」とほぼ同義であるが，より幅広く，企業や産業社会全体の要求へと拡大している考え方といえる．→QWL　　　　　　　　　14［島谷祐史］

労働分配率 (labor share)

付加価値に占める労働の取り分の意味．国民経済全体でみる場合には，国内で生み出された富がどの程度労働者に配分されるかを示す指標のひとつとして用いられ，雇用者所得を国民所得で除したもので示される．企業活動においては，賃金を付加価値額で除したもので示され，企業の生産活動において生み出された付加価値がどの程度労働者に配分されているかを意味する．労働分配率は，企業活動においてどの程度人件費負担があるのかを知る指標として，また，春闘などでの労使間の賃金交渉の指標としても用いられる．日本の労働分配率の特徴は景気によって大きく変動することで，好況期には労働分配率が低下し，不況期には労働分配率が上昇する．これは日本企業がアメリカ企業などに比べ，景気の変動に対してリストラ等による雇用量の調整が小さいためとされている．日本の労働分配率の推移をみると，2001年頃をピークとして低下傾向にあるが，これは企業業績の回復が人件費の伸びを上回っていることと，企業の賃金抑制効果が強まってきたためとされている．　　　　　　　　　　　12［山下　充］

労務費 (labor cost)

労働力を消費することよって発生する原価であり，支払形態に基づく分類では，①賃金，②給料，③雑給，④従業員賞与・手当，⑤退職給付引当金，および，⑥福利費に区分される．このうち①～④までが労務主費とよばれるのに対し，⑤と⑥は労務副費とよばれる．また，製品との関連による分類では，直接労務費と間接労務費に区分される．労務費（消費額）の計算では，直接工と間接工でその計算方法が異なる．直接工の消費賃金は，就業時間に消費賃率を乗じて計算する．就業時間は直接作業時間（さらに細分すれば加工時間と段取時間），間接作業時間および手待時間に区分されるが，直接作業時間に対して支払われる賃金が直接労務費であり，間接作業時間および手待時間に対するそれは間接労務費となる．また，消費賃率の計算では，予定職種別平均賃率を用いることが一般的にもっとも合理性が高いと考えられる．他方，間接工の消費賃金は，当該原価計算期間の負担に属する要支払額をもって計算する．給料，従業員賞与・手当なども，原則として要支払額の計算により，その消費額を計算する．→経費，原価，材料費，費目別計算　　8［山浦裕幸］

ローカルコンテンツ (local contents)

発展途上国が，自国の工業化を推進するために，海外事業展開を行っている多国籍企業の現地子会社に対して，部品や原材料等，一定の現地調達率を義務づける法律のことである．多国籍企業の海外生産とは，現地販売を目的とした現地生産と，他国市場での販売を目的とした第三国生産に分類できるが，特に前者の市場参入を目的とした現地生産の場合，現地政府が市場参入を認可する代わりに，ローカルコンテンツ規制を要求する場合が大きい．かつて，日本企業は，ホスト国で最終組み立てだけを行う工場が多く，多くの部品・コンポーネントは日本からの輸入に依存するノック・ダウン方式であった．つまり，

輸送コストや関税が完成品よりも低かったためである．その一方で，現地では貿易摩擦の解消や雇用創出，技術移転が為されない等の問題が生じたために，進出多国籍企業に対してローカルコンテンツ規制を敷いているのである．　　　　　　　　　　14［島谷祐史］

ロジカル・シンキング (logical thinking)

現代の若者は感性は豊かだが論理性，論理的思考が弱いと指摘されている．すなわち筋道を立て論理立てて考えることであり，昨今ではロジカル・シンキング (logical thinking) などとよばれている．そうした論理立てて思考し，筋道を立てて説明できる力は論理力として，現代ビジネスマンの重要な能力，武器ともいわれている．それを測定評価するテスト TOLAP とよばれる試験も開発されてきている．

クリティカル・シンキング (critical thinking) というコンセプトも登場してきているが，これも理論的，客観的，実証的あるいは科学的思考法であり，また自己内省や他者の立場の尊重も含む考え方を意味し，類似な概念である．最近では論理的な執筆をする意味で，ロジカル・ライティングという用語も使われている．→科学的思考　　　　16［根本　孝］

ロジスティクス (logistics)

市場のニーズを満たすために，原材料・製品を産出地から消費地へ効率良く供給するシステムのことである．ロジスティクスは，もともと軍事用語で，戦場の後方にあって食糧・弾薬などの軍需品を補給するための機関である「兵站」を由来としており，企業経営では市場のニーズやタイミングにあわせて的確に資材調達，生産，配送する無駄のない企業間取引と物流の仕組みを意味する．近年では，ITを活用することでリードタイムを計算し，必要な数量と納品時期を予測することが可能となっている．さらに，インターネットで注文された製品を品目別，地域別，到着時間帯別に自動的に集計し，出荷指示を行う仕組みが構築されている．以上のことから，最近のロジスティクスは，EDI（電子データ交換）を活用した受発注システムや最適な供給システムを包含するような，非常に戦略的な活動として位置づけられている．→SCM
　　　　　　　　　　14［島谷祐史］

ロックイン効果 (lock-in effect)

ロックイン効果とは，利用者が特定の製品・サービスに固定化されることである．会社やブランドに対するロイヤルティが高まると，ロックイン効果がえられる．また，ある製品・サービスから別の製品・サービスに繰り替えるための負担や費用をスイッチング・コストというが，スイッチング・コストが高い場合，ロックイン効果が働く．たとえば，スイッチング・コストは，技術規格の違いにより生ずる．PC の基本ソフトにおける Windows のように優位な規格に次第にロックインされ，最終的にその規格がデファクト・スタンダードとなる．さらに，ネットワーク外部性もロックイン効果につながる．ネット上のコミュニティであるソーシャル・ネットワーク・サービス (SNS) は会員数が多いほどコミュニティとしての価値が高まる．その場合，会員数の多い SNS にロックインされ，その会員数が増加する．→ネットワークの外部性　　　　　　　　13［歌代　豊］

ロハス (lifestyles of health and sustainability)

健康な生活と持続的な地球環境保護を目指す生活スタイルおよびそれを目指す人びとである．1998 年にアメリカの学者によって提唱された概念といわれており，アメリカのみならずヨーロッパでも賛同者は増大し，わが国でも 2002 年以降注目されてきている．ゆっくりした生活を目指すスローライフや地産地消を基本とするスローフードとも呼応し，ロハス的生活志向者は拡大しているが，それは同時にロハスビジネスの市場を拡大している．すなわち健康食品，フィットネスやヨガ，そして自然食品やガーデニングなどの市場が拡大し，ひとつのブームとなってきている．→ワーク・ライフ・バランス　12［根本　孝］

ロワー・マネジメント
(lower management)

「現場管理層」「下層監督者」のこと．主に作業現場で直接，作業者を指揮・監督する機関であり，係長，職長，班長，主任などがこれに該当する．ロワー・マネジメントは，作業能率の向上，作業方法の改善，作業条件の整備，作業配置の調整など，現場レベルにおける戦術の策定，目標や方針の決定，現場情報の作成などがその主な使命である．国際的にみると日本の製造業では，ロワー・マネジメントを重視する傾向が強い．たとえば，「カイゼン」や「見える化」など，日本企業の得意な現場力を生み出す原動力として，ロワー・マネジメントの貢献は大きい．また，ロワー・マネジメントの議論をトップ・マネジメントが吸い上げ，会社の最終的な意思決定とするボトムアップ経営では，その中核的な役割を果たしている．→トップ・マネジメント，ミドル・マネジメント　1［松崎和久］

わ

WIPO（World Intellectual Property Organization：世界知的所有権機関）

日本では世界知的所有権機関とよばれている．知的財産権保護の国際的な促進，および知的財産権に関する条約，国際登録業務の管理・運営を行う国際機関である．本部はスイスのジュネーブにある．183ヵ国が加盟している（2006年4月現在）．特許・商標などの工業所有権の保護に関するパリ条約，および文学・美術作品の保護に関するベルヌ条約の事務局が前身であり，1967年にスウェーデンのストックホルムで署名された「世界知的所有権機関を設立する条約」に基づき1970年に設立された．1974年には国連第14番目の専門機関となった． 6［歌代 豊］

ワークシェアリング（work-sharing）

雇用機会，労働時間，賃金という3つの要素の組み合わせを変化させることを通じて，一定の雇用量をより多くの労働者の間で分かち合うことを意味する．厚生労働省では，目的別に以下の4タイプに類型化している．(1)雇用維持型（緊急避難型）：一時的な景況の悪化を乗り越えるため，緊急避難措置として，従業員1人当たりの所定内労働時間を短縮し，社内でより多くの雇用を維持する．(2)雇用維持型（中高年対策型）：中高年層の雇用を確保するために，中高年層の従業員を対象に，当該従業員1人当たりの所定内労働時間を短縮し，社内でより多くの雇用を維持する．(3)雇用創出型：失業者に新たな就業機会を提供することを目的として，国または企業単位で労働時間を短縮し，より多くの労働者に雇用機会を与える．(4)多様就業対応型：正社員について，短時間勤務を導入するなど勤務の仕方を多様化し，女性や高齢者をはじめとして，より多くの労働者に雇用機会を与える．→パートタイマー 12［牛尾奈緒美］

ワーク・ライフ・バランス（work-life balance）

1990年代以降盛んに唱えられるようになってきた言葉で，仕事と私生活の両立を意味する．ファミリー・フレンドリーと似た概念だが，これまでの従業員の家庭生活への配慮という観点を拡大し，個人のライフスタイルに注目し新たに仕事と私生活との調和を目指す方向へ主眼がシフトした．アメリカでは1980年代から労務管理の重点にワーク・ファミリー・バランスをあげる企業が現れていたが，施策の対象は共働き家庭や育児・介護家庭，シングルマザーなど限定的であった．しかし，90年代以降はイギリスを中心に，全従業員を対象としたワーク・ライフ・バランスの概念が誕生し各国に広まっていった．これによって各組織では，育児，介護などの家庭生活との両立のみならず，自己啓発のための就学・留学ニーズ，定年前の準備期間の確保，加齢や健康状態，さらには個々人のライフステージに合わせた働き方の選択など，従業員のさまざまな要求に応じたフレキシブルな働き方を可能とするような組織的対応が重要視されるようになってきた．→ファミリー・フレンドリー 12［牛尾奈緒美］

ワーディング（wording）

調査票の質問項目を具体的な質問文にする作業やその言葉づかい，言い回しのこと．信頼性の高い調査結果を得るためには，条件を明確にし，対象者の誰もが同じ意味として理解でき，誤解を生じることのないワーディングが求められる．ワーディングを行う際には，語句や文章，質問方法に十分な配慮が必要となる．語句に関する注意点は，難解な言葉や専門用語を使わず対象者の大部分が理解できる言葉や用語を用いる，意味が2通りにとれるなどの曖昧な言葉は使わない，抵抗や反発を引き起こす可能性があるなど特定の価値観が含まれるステレオタイプの言葉は使わ

ないことなどである．文章については，ひとつの質問文中で2つ以上の論点が含まれるダブルバーレル質問をしない，回答を一方に偏らせてしまうような誘導的な質問をしない，ある質問がその後の質問の回答に影響を与えるようなキャリーオーバー効果に注意することなどである．質問方法については，一般的質問と個人的質問を区別する，通常時の行動か特定期間の行動かを明確にすることなどである．さらに，選択肢回答か自由回答かといった質問形式や，選択肢回答の場合の選択肢の種類や選択方法を適切に選択する必要がある．→アンケート調査　　　16［上村和申］

割引現在価値 (discounted value)

割引現在価値とは，「資産の利用から得られる将来キャッシュフローの見積額を，何らかの割引率によって測定時点まで割り引いた測定値をいう．この測定方法を採用する場合は，キャッシュフローが発生するタイミングを合理的に予想できることが前提となる」（「討議資料『財務会計の概念フレームワーク』財務諸表における認識と測定　第22項」会計基準委員会）．資産の測定・評価という領域においてはここに示した説明となるが，より広く，企業価値の算出やプロジェクトへの投資判断に際しても割引現在価値が用いられる．すなわち，企業やプロジェクトが将来生み出すであろうフリーキャッシュフローを見積り，それを一定の割引率で割り引いて算出し，価値評価指標として用いるのである．キャッシュフロー予測の方法や選択する割引率によって異なる結果となるが，現在価値がコストを上回るときに投資対象として認識されることになる．→割引率　　　7［大倉　学］

割引率 (discounted rate)

割引現在価値を求める際の計算要素．割引現在価値は将来見積キャッシュフロー÷割引率として求められる．割引率は，会計の領域でも財務の領域でも，その計算目的に照らしてさまざまなリスクを斟酌して設定される必要がある．→割引現在価値　　　7［大倉　学］

World Wide Web

webは，インターネット上でマルチメディア・ドキュメントの共有と閲覧を可能にするシステムである．webは，world wide webの略であり，WWWとも略される．webは，1989年にスイスにある欧州原子核研究機構（CERN）のTim Berners-Lee氏により，当初研究論文の管理・閲覧システムとして開発された．webは，情報を保管し，提供するサーバ（webサイト）と情報を閲覧するクライアントによって構成される．サーバ上でドキュメントをHTMLとよばれる言語で記述され，クライアントのwebブラウザとよばれるソフトウェアで閲覧することができる．その間のデータ通信はhttpというプロトコルでやり取りされる．HTMLは，文章や写真，図の内容とその表示形式を定義するが，ハイパーリンクとよばれる他のドキュメントの参照を含めることができる．そのため，多くのドキュメントが連鎖され，ドキュメントから別の関連するドキュメントを辿っていくことができる．world wide webは直訳すれば「世界規模の網（蜘蛛の巣）」であるが，世界中のドキュメントが網の目のようにつながっていることを意味している．今日では企業や機関のホームページがwebによって構築され，重要な対外的なコミュニケーションメディアとなっている．インターネットが世界中で普及し，商業目的で利用されるようになったのは，webが果たした役割が大きい．→インターネット　　　13［歌代　豊］

WAN (Wide Area Network)

広域通信網のことであり，本社―支社間や企業間など地理的に離れた場所の間で構築された通信網である．データ通信や情報処理に利用される．WANに対して，同一施設内の通信網をローカル・エリア・ネットワーク（LAN：Local Area Network）という．LANにおける通信の運営・管理は，利用する組織自体で行うことが基本であるが，WANの場合，業法で定められた電気通信事業者の通信サービスを利用する．通信サービスは，大き

く専用線,回線交換(公衆電話回線やISDNなど),パケット交換(フレームリレー,セルリレー,IP-VPNなど)に分類される.→LAN

13［歌代　豊］

ワン・トゥ・ワン・マーケティング
(one-to-one marketing)

　マーケティングの対象は顧客から個客に変化してきている.文字どおり,1対1のマーケティング・スタイルのことであり,個別顧客対応型マーケティングともよばれている.基本的には,一人ひとりの顧客とのきめ細かい対話を通じて,顧客維持を図りつつ,個別仕様に従って製品やサービスを提供するマーケティングである.この背景は,成熟型経済の中で,ニーズや欲求の多様化に対応し,企業の激しい競争に打ち勝つには,従来の一方通行のマーケティングでは通用しなくなってきていることや,情報技術やネットワークの進展によって,データベース化とその処理が可能になったことがあげられる.→リレーションシップ・マーケティング

3［片山富弘］

ワンパーセントクラブ
(One-Percent Club)

　日本経済団体連合会が経常利益や可処分所得の1％相当額以上を寄付行為やボランティア活動などのために拠出することに賛同する法人や個人を集め,1990年に設立された.ミネソタ商工会議所によるミネソタ5％クラブに代表されるようにアメリカにもさまざまなパーセントクラブがあるが,この日本版といえよう.フィランソロピー活動の啓蒙と促進につとめている.フィランソロピーに関する情報を収集し,蓄積し,かつ,広く提供し,さらにセミナーやコンサルティングなども行っている.→フィランソロピー

10［松村洋平］

和文索引

(ゴチック体は本文中の項目を示す)

あ

IR 1
IRR 50
I-Rグリッド 1
IE 1
IS 2
ISMS 2
ISO 2, 170, 171
ISO14001 2
ISO9000シリーズ 2
IMVP 251
ILO 3
ILO条約 3
ICタグ 3
ICT 4
ICバランス 3
IT 4, 18, 99
ITガバナンス 4
ITガバナンス協会 96
アイデンティティ 96
AIDMA（アイドマ） 4
IPL理論 93
アウトソーサー 5
アウトソーシング 4, 136, 248
アウトプット 204
アカウンタビリティ 5
アカデミックハラスメント 143
アーキテクチャー 5
アクション・ラーニング 5
アクション・リサーチ 252
アクション・リフレクション学習 5
アクティビスト 6
アクティビティ・コスト 219
アージリス，C. 6
アセスメント評価 6
アダムス，J.S 90.
アドミニストレーション 58
アドラー，J.N. 16
アナジー 7
アナログ思考 7
アニュアルレポート 167
アファーマティブ・アクション 7, 155, 220
AFTA 7
アベグレン，J.C. 121, 182
アマゾン・ドットコム 174
R&D 8, 109
RFID 3
ROI 8, 121
ROE 8, 50
アルダーファー，C.P. 227
アルバイト 241
RBV 82, 137, 210, 248
アローダイアグラム 190
アローワンス 250
アンケート調査 8
安全余裕率 9
アンゾフ，H.I. 9, 70, 117, 140
アンチパテント 215
安定株主工作 51
AND検索 9
アントルプルヌール 60
暗黙知 9, 81, 161

い

e-IR 1
EIAJ標準 13
ERG理論 227
ERP 10
ERPパッケージ 10
委員会設置会社 10, 97, 177
EA 11
EMS企業 11
eMBA 33
イギリス規格協会 2
育児介護休業法 11
育児休暇制度 203
eコマース 12
EC 12, 13, 69
ECR 12, 69
意思決定 12
意思決定会計 12
意思決定権限 161
意思決定支援システム 166
意思決定前提 114
意思決定有用性 13
石田梅岩 143
移籍出向 124
委託生産 208
委託販売契約 40
1次データと2次データ 13
一般環境 157
一般職 150
一般的環境 79
EDI 13, 69, 257
EDP 13
EDPS 13
EDP部門 14
移転価格 14
移転価格税制 14
移動型知識 161
イナクティヴ・アプローチ 183
イノベーション 14, 190
イノベーションの移転 236
イノベーションのジレンマ 14, 72
イノベーション・マネジメント 15
イノベーター 15
EPRGモデル 15
EVA 50
異文化経営 16
異文化コミュニケーション 16
異文化シナジー 16
eマーケットプレース 16, 199
eメール 172
EU 17, 231
EUC 17
eラーニング 5, 17

インカムゲイン 68
因果連鎖 148
インキュベーター 18
インクリメンタル・イノベーション 18
インサイダー化 18
インサイダー取引 19
インセンティブ 19
インセンティブ給 19
インターナル・マーケティング 19
インターネット 20, 23, 260
インタビュー調査 20
インタラクティブ・マーケティング 20
インターンシップ制度 21
インタンジブル資源 21
インテグラル・アーキテクチャー 21, 75, 139
インデペンデント・コントラクター 21
インテル 131, 233
インハウス・ソーシング 77
インパトリエイト 22
インフォーマル集団 22, 221
インフォメディアリ 22
インプット 204
インフラストラクチュア 22, 23
インプリケーション 23
インペリアリスト 23
引用 23

う

ウィアセーマ, F. 50
ウェスタン・エレクトリック社 183, 221
ウェッブ・ログ 212
ウェーバー, M. 24, 58
web 260
web サイト 260
ウェルズ, L. 91, 92
ウェルチ, J. F. Jr. 146
ウォーターフォール方式 24
ウォルマート 117
内なる国際化 41

右脳と左脳 24

え

ARL 5
A&D 24, 37, 110
営業費 195
衛生要因 25, 188
衛生理論 188
永続価値 25
HRM 25
HTML 260
エイベル, D. F. 26, 175
ASP 74
AFTA 231
A 型組織 142
エキスパート 135
エキスパート・システム 26
エクイティ 26
エクスターナル・マーケティング 26
エクストラネット 188
エクスパトリエイト 26
エクセレント・カンパニー 27
エコノミスト 205
エコロジー 27
エコロジー思考 27
エージェント 239
SIS 27
SNS 257
SL 理論 28
SQC 28
SCM 28
S 字カーブ 141
SCP モデル 28, 148
SBIR 29
SBU 147
X 理論・Y 理論 29, 225
NIH 症候群 29
NGO 30
NC 工作機 30
NPO 30
NPO 法 30
NVQ 31
ABC/ABM 31
ABB 31, 233
FA 120
FMS 32, 158
FTA と EPA 32
エマージング・イノヴェイティヴ・カンパニーズ 219
MIS 32
MRO 32
M&A 33, 73
MOT 33
M 機能 195
MD 228
MBA 33
MB 賞 229
エリア・マーケティング 33
LBO 33
エンジェル 23, 26, 34
円高 208
エンタープライズ・アーキテクチャー 11
エンド・ユーザ 17
エンパワメント 34
エンプロイアビリティー 34
エンロン 34, 179

お

OR 検索 35
OEM 35, 208
OEM 契約 40
OEM 商品 45
OECD 47, 108
黄犬契約 207
欧州通貨制度 17
近江商人 35
応用研究 8, 65
オオウチ, W. G. 142
オーケストラ組織 39
OJT 36
OJD 36
オート ID センター 3
オドンネル, C. 58
オフサイト・ミーティング 232
Off-JT 36
オフショア（域外）生産 242
オープン・アーキテクチャー 36, 209
オープン・イノベーション 37
オープン価格 37
オープンシステム 37
オープン・モジュラー

37
親会社　148, 190
親会社ベストシンドローム
　38
親子関係　38
オルフェウス室内管弦楽団
　38
オン　223
オンバランス処理　91
オンリーワン経営　39

か

海外 MBA　33
海外研究所　40
海外子会社所有政策　40
海外市場参入モード　40
海外生産　40
海外直接投資　41
海外トレイニー制度　41
会議　232
開業率と廃業率　41
会計基準の収斂　42
会計情報　60
会計責任　124
介護保険制度　42
カイ二乗検定　43
会社法　43
カイゼン　43, 258
階層化　43
階層別研修　44
開拓者　187
開拓者精神　187
外的報酬　178
概念　44
外発的動機　44, 178
開発　8
開発商標　208
開発輸入　44
外部化　178
外部報告会計　104
下位文化　45
開放型チャネル　162
会話　51
カウンセリング　45
カウンセリングマインド
　45
価格調整メカニズム　177
科学技術基本計画　180
科学的管理法　45, 168
科学的思考　46, 242
課業　152

課業管理　46
学際的思考　46
格差出来高給制度　46
学習曲線　47
学習組織　47
革新　14
拡大生産者責任　47, 129
カジノ資本主義　172
加重平均資本コスト　47
過剰在庫　103
カスタマイゼーション
　48
**カスタマー・リレーション
　シップ・マネジメント**
　109
仮説設定　48
寡占企業優位モデル　48
寡占反応論　48
下層監督者　258
家族支援的　203
価値　49
価値工学　204
価値システム　49
価値前提　49, 114
価値創造　50
価値提案　50
価値連鎖　192, 221
価値連鎖分析　192
学校組織　151
活性化　50
活動間の調整　77
活動基準管理　31
活動基準原価計算　31
活動基準予算　31
活動ドライバー　95
合併　33
過程理論　101
カテゴリーマネジメント
　12, 69
カーネギー，D.　186
金のなる木　200
カフェテリアプラン　50
株式　51
株式会社　43, 51, 241
株式公開　51, 149
株式公開買付　33, 166
株式の相互持合い　51
株主価値　52, 61
株主資本等変動計算書
　52
株主所有　238

株主総会　52, 177
ガラスの天井　72
カリスマ　52
カリスマ的支配　52
カールソン，E. D.　166
カルチャー・ショック
　53
ガルブレイス，J. R.　27,
　53
川上と川下　53, 133
川喜多二郎　81
環境経営　53
環境効率性　54
環境適応型文化　54
環境マーケティング　54
**環境マネジメント・システ
　ム**　2, 55
関係会社管理　55
関係焦点化能力　55
関係優位性　55
感受性訓練　151
感情の論理　197
関税　196
間接金融　164
間接経費　83
間接材調達物　32
間接材料費　106
間接的コントロール　165
間接輸出　56
間接労務費　256
簡素化　108
ガント，H. L.　56
ガントチャート　56
カントリーリスク　56
観念文化　57, 90
カンパニー制　57
かんばん方式　57, 182
幹部登用プログラム　107
関与　57
管理　58
管理会計　58, 60, 61
管理過程学派　58
管理職　150
管理範囲の原則　44
官僚制　24, 58
官僚制の逆機能　67
関連会社　38
関連原価　106

き

機会原価　59

機械的組織 59, 241
機会費用 59
企画品質 202
期間計画 70
機関投資家 1, 59
棄却学習 60
企業イメージ 246
企業家 60, 61
企業会計 60
企業会計原則 221
企業家精神 126
起業家精神 61
企業価値 61
企業価値ドライバー 61
企業間提携 151
企業間取引 62
企業間ネットワーク 61
企業間の関係性 55
起業教育 62
企業系列 62
企業資源計画 10
企業資源計画パッケージ 10
企業市民 62, 110, 205
企業集団 253
企業戦略 62, 79
企業組織 151
企業統治 97, 134
企業特殊の要因 168
企業特殊能力 63, 222
企業内国際分業 63
企業内大学 98
企業文化 63
企業文化の機能 64
企業別労働組合 64, 182
企業倫理 64
技術移転 64, 227, 246
技術供与 65
技術経営 33
技術支援 227
技術的優位性 59
技術導入 65
基準標準原価 201
基準変数 122, 173
稀少性 210
基礎研究 8, 65
期待収益率 65
機能戦略 138
機能別戦略 65, 79
機能別組織 66, 213
機能別分業 63

規範的統合 66
ギブソン, W. 103
規模の経済 66
基本的仮定 66
基本特許 123
帰無仮説 67, 156
逆機能と順機能 67
キャッシュフロー 61, 184, 211
キャッシュフロー計算書 67, 104
CAD 67
キャパシティ・コスト 96
キャピタルゲイン 68
キャリア 68
キャリア・アンカー 119
キャリア・デザイン 68
キャリーオーバー効果 260
CALS 68
QR 12, 69
9・9型 229
QC活動 151
QCサークル 28, 69, 75
QC手法 69
QCD 69, 178
吸収合併 33
QWL 69
給付 85
業界構造 230
業界VAN 13
供給業者主導在庫管理 204
行政組織 151
業績管理会計 70
競争戦略 21, 70, 79, 111
競争優位 70
協調的労使関係 183
共同化 143
共同企業体 127
共同購入 93
共同作業 99
共同制作 99
協働体系 191
京都議定書 70
業務執行の意思決定 13, 71
業務執行的コスト・ドライバー 94
業務卓越 50

許容原価 237
ギルブレイス, F. B. 1, 173
ギルブレイス, L. B. 173
儀礼・儀式 132
金銭の時間的価値 71
キンドルバーガー, C. P. 130
金利リスク 71

く

クイックレスポンス 69
クォード・リージョナル 231
区間推定 132
口コミ 212
組別総合原価計算 72
クライアント 260
クライアント・サーバ・システム 72
クライシスマネジメント 248
クラウン・ジュエル 166
グラスシーリング 72
グラント, R.M. 147
クリステンセン, C. M. 14, 72
クリック&モルタル 73
グリッド構造 91
クリティカル・シンキング 257
クリティカルパス 73, 190
グリーン調達 73
グリーンフィールド投資 73
グリーン・メイル 166
グループ・インタビュー 20
グループウェア 74
グループ・ダイナミックス 74
グループ・ダイナミックス研究 122
グローカル経営 74
クローズド・アーキテクチャー 36, 209
クローズド・インテグラル 75
クローズドシステム 37, 75

クロスファンクショナル・チーム　75, 143, 213
クロスライセンス　75, 123
グローバリズム　194
グローバリゼーション　76, 194
グローバル学習組織　236
グローバル企業文化　76
グローバル業界　76
グローバル最適調達　93
グローバル・スタンダード　76
グローバル戦略　77
グローバル・ソーシング　77, 93
グローバル・ブランド　77
グローバル・マトリクス組織　78
グローバル・ローカライゼーション　74
クーン，T. S.　191
クーンツ，H.　58

け

経営学修士　33
経営家族主義　78, 182
経営環境　78
経営資源　79
経営資本営業利益率　121
経営情報システム　32
経営戦略　79
経営ビジョン　66
経営文化　79
経営理念　66, 80, 198
経営理念の浸透　66
計画的戦略　233
経験曲線　47, 80
経験効果　80
経済価値　210
経済活動領域　215
経済人モデル　206
経済的便益　80
経済的付加価値率　50
経済的要請　230
経済統合　81
KJ法　81
形式知　9, 81, 161
経常損益　81
継続企業　82

形態別分類　200
形態論　248
傾聴能力　82
ケイツネ　82
啓発された自己利益　82, 205
ケイパビリティ　82, 191
経費　83
契約社員　83
系列取引　177
ゲスト・エンジニア制度　83
ケネディ，A. A.　132
ゲーム理論　83
原価　84, 85
限界原価　106
限界利益　165
原価管理　84
原価企画　84, 237
原価計算　84
原価計算制度　85
原価計算対象　85
原価作用因　94
原価部門　207
原価要素　195
研究　8
権限委譲　34
権限受容説　85, 191, 193
権限−責任関係　91
権限と責任の原則　85
健康開発　236
現在価値　85
顕在能力　146
原子核研究機構（CERN）　260
現実の標準原価　201
現地化　86
現地子会社　149
現地生産　40
現地代理店　40
現地調達率　178, 256
現地特殊の要因　169
現地反応性　1
現場管理層　258
現場主義　182
減分原価　106
源流管理　86
権力格差指標　86

こ

コア技術　87

コア・コンピタンス　87
コア社員　88
コア・リジディティ　88
後継者育成計画　107
貢献　4
貢献利益　165
交互実施許諾　75
高コンテクスト文化　88, 101
合資会社　43, 241
公式組織　196
公私合同企業　89
工場管理部門　208
構造的コスト・ドライバー　94
工程　89
工程管理　89
工程別総合原価計算　89
工程別分業　63
公的セクター　195, 223
合同会社　43
行動規範　89
行動文化　57, 90
公平理論　90
合弁企業　126
合弁事業　92
合法的支配　52
合名会社　43
効率的消費者対応　12
5S　90, 108
5S運動　90
子会社　148, 239
顧客満足　90, 187
顧客密着　50
顧客ロイヤルティ　107
国際会計基準　76, 91, 170
国際規格　2
国際競争戦略　91
国際経営組織　91
国際合弁事業　92
国際事業部制構造　92
国際自動車研究プロジェクト　251
国際出願制度　92
国際生産　178
国際製品ライフサイクル理論　93
国際調達センター　93
国際特許分類　93
国際標準化機構　2
国際労働機関　3

国内 MBA 33
国防総省高等研究計画局 20
国民経済生産性 118
国民主義 179
国民文化 94, 160, 223
ゴーシャル, S. 148, 176
個人主義指標 94
コース, R. 177
コスト集中 70
コスト・ドライバー 94
コスト・リーダーシップ戦略 70, **95**, 107, 108, 111, 123, 221
コスモポリタン的心理 94
COSO **95**, 179
COSO フレームワーク 95
5W1H 95
5W2H 95
コーチング 95
コーチング力 82
国家主義 179
国家特殊優位 249
コッター, J. P. 54
固定費 96
5%クラブ 261
COBIT 96
個別計画 12, 227
個別原価計算 96
個別リサイクル法 129
コーポレート・アイデンティティ 96, 198, 200, 225
コーポレート・ガバナンス 43, 51, **97**, 117, 134
コーポレート・カルチャー・ショック 53
コーポレート・コミュニケーション 97
コーポレート・シチズンシップ 205
コーポレート・センター 97
コーポレート・ブランド 98
コーポレート・ユニバーシティ 98
コミッテド・コスト 96
ゴミ箱モデル 98

コミュニケーション・ギャップ 88
雇用されうる能力 34
雇用保険 99
コラボレーション 99, 232
ゴリー, G. A. 166
コリンズ, J. C. 198
ゴールデン・パラシュート 166
個を活かす組織 99
コンカレント・エンジニアリング 99, 133
コングロマリット 100
コンセプチャル・スキル 100
コンティンジェンシー理論 100
コンテクスト 101
コンテント・セオリー 101
コントロール 58
コンピテンシー 101
コンプライアンス 64, **102**, 134
コンベアー式 206
混流生産 182

さ

最恵国待遇 123
在庫管理 103
サイコグラフィック要因 103
財産権 174
在籍出向 124
再調達原価 103
サイバースペース 103, 188
財閥解体 104
サイバー・テロリズム 104
最頻値 163
細分化 122
財務安全性分析 104
財務会計 60, **104**
財務コントロール 197
財務諸表 104
財務諸表会計 104
財務諸表分析 105
財務統制型 224
財務リスク 105

サイモン, H. A. 58, 105, 114, 141
材料購入 106
材料費 105
裁量労働制 106
差額原価 106
差額原価収益分析 106
作業統制 138
作業標準 152
サクセッションプラン 107
差立 138
サーチエンジン 107
サービス・エンカウンター 107
サプライ用品 32
サーブリック 173
サーブリック分析記号 1
差別化 70
差別化集中 70
差別化戦略 107, 111, 123, 221
サーベンス・オクスリー法 179
3S 108
参加型リーダーシップ 87
産学連携 108, 131, 246
産業活力再生特別措置法 187
産業財 128
産業別組合 64, 179
三種の神器 108
参入障壁 140
サンプリング 159
サンプリング誤差 109
サンプル 149
サン・マイクロシステムズ 131

し

CI 96
CII 標準 13
CIO 109
CRM 109
CRP 12, 109, 204
C&D 37, 109
GE 147, 228
CEPT 7
シェアード・サービス会社 135

シェアード・サービス・センター　110
JIS　202
JIT　110
J型組織　142
JCA手順　13
JV　127
CAM　68
CSR　110
CSR報告　5
CFROI　50
CMM　110
CMMI　111
支援活動　192
COO　174
時価主義会計　111
時価総額　111
時間研究　173
事業戦略　62, 79, 111, 138
事業部制組織　57, 112, 163
事業リスク　112
事業領域　62, 79
資源ドライバー　95
思考枠組み　15
自己実現人モデル　206
自己実現欲求　112, 243
自己資本経常利益率　121
自己資本純利益率　50
自己資本比率　104
自己組織化　112
自己同一性　96
資材所要量計画　113
資産　113
資産負債アプローチ　113
事実前提　49, 113
資質論　248
自主企画　208
支出原価　114
市場開発　140
市場経済統合　81
市場原理主義　76
市場細分化戦略　114
市場時価総額　111
市場浸透　140
市場浸透価格戦略　218
市場成長率　114
市場占有率　225
市場ニーズの同質化　91
シーズとニーズ　114

持続的競争優位性　115
持続的な競争優位性　82
視聴覚文化　115
悉皆調査　149
シックスシグマ（6σ）　115
実現可能性　29
執行役員制　175
実際原価　115, 201
実施許諾　244
実施権　116
実数分析　105
質的データ　250
JIPDEC　2
GDP　22, 41, 116
GDPデフレーター　116
自動化　30
自動認識　3
指導理念　116
シナジー　117, 190
シナジーバイアス　7
シナリオライティング法　117
シナリオ・ロジック法　117
死の谷　117, 156
支配力基準　253
支払経費　83
CP　19
CPFR　117
CBT　17
G5　208
CVP分析　117
資本　118
資本コスト　86, 118
資本生産性　118
資本利得　68
自民族中心主義　118
CIM　119
シャイン, E. H.　49, 66, 119, 131, 153, 206
社会化　119
社会基盤　22
社会経済生産性本部　202
社会人モデル　206
社会的アイデンティティ　119
社会的資本　153
社会的責任　36
社会的責任投資　120
社外取締役　97, 120

若年無業者　181
ジャスダック　127
ジャストインタイム　57, 182
社内公募制　120
社内取締役　120
社内ブログ　212
収益　120
収益性分析　121
収益費用アプローチ　121
就業形態　22
習熟曲線　47
習熟効果　80
終身雇用制　121, 182
従属変数　122, 158
集団凝集性　122
集団思考　123
集団の意思決定　206
集団力学　74
集中化　70
集中戦略　108, 111, 122, 221
集中配置　131
周辺特許　123
自由貿易協定　81, 123
重要業績指標　228
重量級プロジェクトマネジャー　123
収斂思考法　124
主活動　192
儒教ダイナミズム　164
受託責任　124
出向　124
出向社員　199
出資比率　254
取得原価　124
取得原価主義　125
需要の価格弾力性　125
循環型社会形成推進基本法　129
準拠集団　125
純資産　125
純粋持株会社　126
シュンペーター, J. A.　14, 126, 150
純利益　126
ジョイント・ベンチャー　126
商家　186
状況論　248
商圏　127

商圏設定 127
条件適合理論 100
証券取引所 127
証券取引法 19, 127
詳細計画 227
小集団活動 43, 69, 75, 151
昇進競争 175
小日程計画 137
承認図方式 169
消費財と生産財 127
消費者情報処理モデル 128
商品化計画 227
使用品質 202
情報開示 167
情報技術 4
情報セキュリティマネジメント・システム 2
情報的資源 194
情報統括役員 109
正味現在価値 128
正味実現可能価額 129
静脈産業 128
静脈部 47
将来価値 129
職業経歴 68
職業資格制度 31
職業能力評価基準 31
職業別組合 64
職能等級資格制 129
職能別職長制度 46
職場外教育 36
職場内教育 36
職務拡大 6, 69
職務遂行能力 129
職務等級制
職務発明 129, 189
ショックレー, W. B. 130, 131
ジョブグレード制 129
ジョブ・ローテーション 130
所有特殊優位 130
所有と経営の分離 130
シリコンバレーとルート128 130
自律的作業集団 69
シングルマザー 259
新結合 15, 126
人工知能 26

人口統計学的要因 103
人工物 131
人材マネジメント 25
審査登録機関 2
人事管理 25
人事部人事 131
新設合併 33
人的資源管理 25
人的資本 99
進度管理 138
シンプルグローバル戦略 77, 131
シンボリズム 131
シンボリック・マネジャー 132
信用リスク 71, 132
信頼 132
信頼区間 132
信頼性 132
信頼度 132

す

垂直立ち上げ 133
垂直的合併 100
垂直的マーケティング・システム 133
垂直統合と水平統合 133
スイッチング・コスト 257
水平的合併 100
水平的な技術移転 227
推論エンジン 26
数量効果 66
スキャニング・システム 134
スキル 146
スコット・モートン, M. S. 166
スタッフ 212
ステークホルダー 50, 80, 97, 134, 210, 226
ストーカー, G. M. 241
ストックオプション 19, 134
ストップフォード, J. M. 91, 92
ストレス耐性 135
ストレッサー 135
スパイラル型開発 135
スピンアウト 135
スピンオフ 135

スプレーグ, R. H. Jr. 166
スペシャリスト 135
スマイルカーブ 136
スモール・ビジネス 219
擦り合わせ型 21, 75
3PL 136
スローフード 257
スローライフ 257
SWOT分析 136

せ

成果主義 137
成果主義人事 237
正規社員 199
製作手配 138
生産技術 1, 139
生産計画 137
生産子会社設立 74
生産財 128
生産指示かんばん 57
生産性分析 137
生産戦略 137
生産統制 138
生産の日程計画 137
政治的要請 230
成熟度モデル 96
成熟モデル 6
正常標準原価 201
製造間接費 138
製造品質 168
製造物責任 196
製造部門 207
成長永続価値 139
成長戦略 79
成長ベクトル 70
製品アーキテクチャー 75, 139
製品開発 139
製品開発プロセス 100
製品技術 139
製品コンセプト 139
製品差別化戦略 140
製品・市場ミックス 139
製品品質 202
製品別計算 140
製品(群)別原価管理手法 84
製品別分業 63
製品ポジショニング 140
製品ライフサイクル 133,

和文索引 270

141
製品リーダー 50
制約された合理性 141
制約条件の理論 141, 223
セオリーZ 142
世界共通製品 142
世界知的所有権機関 259
世界的製品別事業部制 142
世界的地域別事業部制 142
世界貿易機関 123, 158
SECIモデル 10, 81, 143
石門心学 143
セクショナリズム 143, 155
セクハラ 143
セグメンテーション 122, 123, 226
セグメント 123
積極的活動 7, 220
積極的傾聴 82
設計思想 5
設計品質 144, 202
設備生産性 137
説明変数 122, 173
セーフティネット 239
7Sモデル 144
セリーズ原則 144
セル生産 144, 158
ゼロベース思考 145
ゼロベース予算 145
先願主義 145, 146
センゲ，P. M. 47, 145
先行研究 145
全国スキルスタンダード法 31
潜在能力 146
全社戦略 138
全社的リスク・マネジメント 95
全体子 223
全体文化 45
選択と集中 146
先発明主義 146
全部原価 146, 207
全米証券業協会相場伝達システム 179
専門化 108, 146
専門経営者 130

専有可能性 147
全要素生産性 118
戦略管理会計 147
戦略グループ 148
戦略計画型 224
戦略策定 151
戦略サファリ 233
戦略事業単位 147
戦略提携 162
戦略的意思決定 13, 147
戦略的コスト・マネジメント 84, 147
戦略的情報システム 27
戦略的ポジション 148
戦略的ミドル 148
戦略統制型 224
戦略は組織に従う 9
戦略マップ 148
戦略ミドル 232
戦略リーダー 148

そ

総会屋 52
層化抽出法 149
創業者利潤 149
操業度 219
操業リスク 56
総合業務パッケージ 10
総合原価計算 149
総合職 150
総合品質 150
相互マイナス効果 7
総資産利益率 50
総資本経常利益率 121
創造的な思考法 189
創造的破壊 14, 15, 126, 150
創発の戦略 150, 233
増分原価 106
組織 151, 210
組織影響力 49
組織開発 151
組織学習 151
組織間学習 151
組織間関係 151
組織構造 142
組織人格 191
組織設計 216
組織的怠業 152
組織的知識創造理論 10, 81, 143

組織デザイン 152
組織は戦略に従う 9
組織風土 152
組織文化 152, 216
ソーシャル・キャピタル 153
ソーシャル・ネットワーク・サービス 257
ソフトウェア 200
ソフトウェア特許 153
ソフトウェア能力成熟度モデル 110
SOHO 18, 153
ソリューション・ビジネス 239
損益計算書 104, 154
損益分岐点分析 118

た

第一セクター 89, 195
対外直接投資 41
大学技術移転機関 166
大学等技術移転促進法 166
大企業病 155
大競争 235
対抗文化 45
第三国生産 40
第三者の事業主 136
第三セクター 89, 195
貸借対照表 26, 104, 155
代替案 12
態度 155
タイトカップリング 252
第二セクター 89, 195
ダイバーシティー・マネジメント 155
タイム 205
対立仮説 156
大量生産体制 205
大量生産方式 206
対話 156
ダーウィンの海 156
ダウンサイジング 233
多角化 140, 194
多角化戦略 156, 163
竹内弘高 203
多国籍企業 157
タスク環境 79, 157
タスクフォース 75, 213

和文索引

ただ乗り　211
多能工・単能工　144, 157
多品種少量生産　158
WWW　260
WTO　158, 196
WBT　17
多変量解析　158
多面評価　158
多様性管理　155
短期利益計画　159
単式簿記　207
単純総合原価計算　159
単純無作為抽出　159
男性度指標　160

ち

地域経済圏　247
地域統括本社　160
地域別組織　160
チェスブロウ, H. W.　37
知覚　161
知識　146, 161
知識移転　236
知識資産　234
知識ベース　26
知識連鎖　161
知的財産　162
知的財産基本法　162
知的財産権　187
知的資本　234
チャップリン, C. S.　238
チャネル管理　162
チャネル・コンフリクト　193
チャネル・パワー　193
チャンドラー, A. D. Jr.　9, 163
中央値　163
中核的能力　87
中間管理職　232
中間在庫　103
中間組織　163
中小企業　29, 163
中小企業技術革新制度　29
中小企業基本法　164
中日程計画　137
長期志向指標　164
長期的取引関係　182
長期利益計画　164
直接金融　164

直接経費　83
直接原価計算　164
直接材料費　105
直接的コントロール　165
直接輸出　165
直接労務費　256
地理的市場別分業　63

つ

月割経費　83
積上原価　232, 237

て

DEC　131
DSS　166
DFE　169
DFS　169
DFMA　169
DFL　169
TLO　108, 166, 187
TOC　73, 223
TOB　33, 166
T型フォード　205
定期発注方式　103
TQM　86, 167, 171, 202, 220
TQC　150, 167, 172, 182, 220, 229
提携　151
提携開発　109
提携戦略のジレンマ　55
t検定　167
低コンテクスト文化　88, 101
DCF法　167
DCM　28
TCP/IP　167
ディスクロージャー　167
定性調査　8
DWH　171
定年退職者　22
DBMS　168
テイラー, F. W.　1, 46, 152, 168, 173, 201
テイラーシステム　45, 168
テイラーリズム　46
定量調査　8
定量発注方式　103
ディール, T. E.　132
適合品質　168, 202

テキスト・マイニング　168
敵対的M&A　33
敵対的買収　166
適用一適応モデル　168
梃子の原理　253
デザイン・イン　169
デザイン・ツー・コスト　169
デザイン・フォー・エックス　169
デザイン・ルール　36, 139, 237
デシ, E. L.　178
デジタル化　169
デジタル・ディバイド　170
デジュリ・スタンダード　170, 171
テスト・マーケティング　170
データウェアハウス　171
データ・マイニング　171
丁稚奉公　186
デービス, S. M.　216
デファクト・スタンダード　170, 171, 257
デミング, W. E.　171
デミング賞　171
手許現金　129
デューデリジェンス　172
電産型賃金　184
電子市場　16, 199
電子商取引　12
電子製品製造受託企業　11
電子データ交換　13
電子メール　172
店頭市場　127
伝統的支配　52

と

等価係数　173
投下資本キャッシュフロー比率　50
投機家　60, 172
動機づけ　101, 188
動機づけ−衛生理論　25
動機づけ要因　188
等級製品　172
等級別総合原価計算　172

統計的検定　156
統合　1
統合業務パッケージ　**10**
動作研究　**173**
当座標準原価　201
当座比率　104
投資家　**172, 173**
投資キャッシュフロー　211
投資収益率　226
投資助言　60
統制　70
統制の範囲　**173**
特殊原価調査　85
独占的実施　174
特定非営利活動促進法　30
独立業務請負人　21, 153
独立的プロフェッショナル　22
独立変数　122, 158
独立変数と従属変数　**173**
ドズ，Y.　230, 235
トータル・カルチャー　45
特許権　**174**
特許制度　146
特許戦略　209
ドットコム企業　**174**
トップ診断　220
トップダウン　**174**
トップダウン型　223, 232
トップ・マネジメント　**174, 232, 258**
トーナメント型競争　**175**
ドミナント・デザイン　18, 214
ドメイン　**62, 79, 175**
トライアド地域　**175**
トライアドパワー　175
ドライビング・フォース　**176**
トライ・リージョナル　231
ドラッカー，P. F.　**15, 176, 181, 237**
トラックバック　212
トランスナショナル企業　**176**
取締役会　**120, 176**
取締役会設置会社　177

取引コスト　**177**
ドル安　208
トレーシー，M.　50
トレッドウェイ委員会組織委員会　95, 179
トロンペナールス，F.　177
どんぶり勘定　46

な

内製化　**178**
内発的動機　**44, 178**
内発的動機づけ　178
内部化　178
内部化優位　**178**
内部化理論　178
内部収益率　50
内部統制　**95, 97, 179**
内部統制システム　51
内部取引価格　14
内部報告会計　58
内面化　143
内容理論　101
ナショナリズム　**179**
ナショナルセンター　**64, 179**
NASDAQ（ナスダック）　179
ナッシュ均衡　84
ナノ　180
ナノテクノロジー　**180**
ナノマシン　180
ナノ・メートル　180
NAFTA　81, 123, **180**, 231
成行管理　**46, 180, 232, 237**
ナレッジ・マネジメント　**151, 181**
ナレッジワーカー　181
ナローバンド　215

に

日常理念　116
ニッカーボッカー，F. T.　49
ニッチ市場　**181**
ニート　**181**
日本科学技術者連盟　167
日本型生産システム　**181**
日本経営品質賞　**182, 202**

日本情報処理開発協会　2
日本的経営　**182**
日本的労使関係　**182**
『日本の経営』　121
日本労働組合総連合会（連合）　179
『ニューズウィーク』　205
人間関係論　**183**
認知的不協和の理論　**183**
認知理論　**183**

ね

ネットワーク　**184**
ネットワークコスト　184
ネットワークの外部性　**184**
ネットワークの経済　254
年金価値　**184**
年功主義　137
年功昇進　184
年功序列　**184**
年功制　184
年功賃金　184
年齢限界説　**185**

の

能力主義　**185**
ノック・ダウン方式　256
ノードストローム　**185**
野中郁次郎　10, 81, 143, 203
ノブレス・オブリージュ　**186**
のれん分け制度　**186**
ノンコア社員　88

は

バイオテクノロジー　187
バイオ特許　**187, 215**
パイオニア精神　**187**
買収　33
排他的な商取引慣行　196
バイ・ドール法　**187**
ハイパーリンク　260
配賦　138
配賦基準　138
ハイブリット経営　169
ハイマー，S.　48
バイ・リージョナル　231
ハイリスク・ハイリターン　219

パイロット工場 226
破壊的イノベーション 72
破壊的技術 15, 72
薄利多売 188
ハゲタカファンド 172
派遣社員 199
ハーシー, P. 28
ハーズバーグ, F. 25, 188
バダラッコ, J. 161
バーチャル・コーポレーション 188
パックマン・ディフェンス 166
パックマン・ラボラトリーズ社 188
発散思考 124
発散思考法 189
発生経費 83
発生主義 189
発明 14
発明報酬 189
発明報奨金 189
パテントプール 75
PERT 227
ハードウェア 200
パートタイマー 190, 241
パート・タイム・ワーカー 190
パートナリング 190
PERT法 190
バートレット, C. K. 148, 176
花形 200
バーナード, C. I. 105, 191, 193
バーニー, J. B. 82, 191, 210
バーノン, R. 93
パフォーマンス 28
パブリシティ 191
ハメル, G. 87, 151
パラダイム 15, 150, 191
バランス（ト）・スコアカード 192
バランス理論 208
バリュー 192
バリュー・ステートメント 192

バリュー・チェーン 192, 221
バリュー・ネット 192
バルディーズ原則 144
パルムッター, H. V. 15
パワー・コンフリクト 193
パワーハラスメント 143
パワーバランス 228
パワーポイント 193, 212
パワーミドル 232
パワー理論 193
範囲の経済 194
ハングリー精神 61, 194
反グローバリズム 194
バーンズ, T. 241
販売促進 194
販売費および一般管理費 195

ひ

BI 195
BIS 170
PIMS 226
PR 191
非営利セクター 195
PM理論 195
BSI 2
BSC 148, 192
PMI 213
PM型 196
PMBOK 213
PL法 196
比較可能性 196
東インド会社 51
非関税障壁 196
光ファイバー 215
引き取りかんばん 57
P機能 195
非公式組織 196, 252
BCG 6, 23
ビジネス・インテリジェンス 195
ビジネスウィーク 205
ビジネスシステム 53, 197
ビジネス・デューデリジェンス 172
ビジネスプロセス 197

ビジネス・プロセス・リエンジニアリング 199
ビジネス方法 197
ビジネスモデル特許 197
ビジュアル・アイデンティティ 96-97, 198, 200, 225
ビジョナリー・カンパニー 198
ビジョン 89, 198
非正規社員 83, 199
非政府団体 30
ピーターズ, T. J. 27
PDSサイクル 228
PDCAサイクル 2, 228
BtoC 12, 199
BtoB 12, 13, 199
BPR 199, 246
PPM 199
PB商品 45
非プロフィット・ゾーン 215
ビヘイビア・アイデンティティ 97, 200
費目別計算 200
ヒューマンウエア 200
ヒューレット・パッカード 131
費用 201
病院組織 151
評価コスト 203
表出化 143
標準化 108
標準原価 201
標準原価計算 201
費用対便益分析 201
標本誤差 108
費用や能率の論理 197
比率分析 105
非累加法 89
品質 144, 202
品質管理 202
品質経営 202
品質原価計算 202
品質コスト 202, 203
品質保証 2, 203

ふ

ファイナンス・デューデリジェンス 172
ファイブ・フェイズ・モデ

ル 10, 81, **203**
ファイブフォース分析 221
ファミリー・フレンドリー 203, 259
ファヨール, H. 58
ファンクショナル組織 46
VI 198
VE 204
VMI 204
フィードバック 204
フィランソロピー 186, **204**, 216, 235, 261
フェスティンガー, L. 183
フォーカス・グループ・インタビュー 205
フォーチュン 205
フォーディズム 205
フォード, H. 205
フォード生産システム 205
フォーブス 205
フォーラム 189
フォロワーシップ 254
付加価値 137
不確実性回避指標 206
複合企業 100
複雑系 112
複雑系思考 206, 242
複雑人モデル 119, 206
複式簿記 206
負債 207
負債比率 104
プッシュ戦略 195
プッシュ戦略とプル戦略 207
不当労働行為 **207**, 255
部分原価 207
部分原価計算 165
部分所有 40
ブーメラン効果 208
部門横断チーム 75
部門管理層 232
部門別計算 207
プライベート・ブランド 208
フラクタル構造 206
プラザ合意 208
ブラックボックス戦略 178, 209

フラット化 143
プラットフォーム 209
プラハラード, C. K. 1, 87, 230
フランチャイズ契約 40
ブランチャード, K. H. 28
ブランド 209
ブランド拡張 209
ブランド価値 210
ブランド・ストレッチ 209
フリー・アルバイター 211
VRIO 210
フリーキャッシュフロー 211
フリーター 181, **211**
フリーライダー 211
不良品回収制度 246
プリンシパル 239
ブルーカラー 150
フル生産体制 133
プル戦略 195
フルタイマー 190
ブレイク, R. R. 229
プレイング・マネジャー 211
プレジデント 57
プレゼンテーション 212
プレゼンテーションソフト 193
ブレーン・ストーミング 189
フロー 214
プロイセン 212
ブログ 212
ブログ・コミュニティ 212
プロシア 212
プロジェクター 212
プロジェクト 201
プロジェクト重視組織 123
プロジェクト・チーム 75, **213**
プロジェクト・マネジメント 213
プロセス 214
プロセス・イノベーション 14, 213

プロセス型経営戦略 213
プロセスセオリー 101
プロダクティビティ・ジレンマ 214
プロダクト・イノベーション 14, 213, 214
プロダクト・ポートフォリオ・マネジメント 199
フローチャート 153, 214
プロトタイピング 214
ブロードバンド 215
プロパテント政策 215
プロフィット・センター 112
プロフィット・ゾーン 215
プロフェッショナル 136
プロモーション戦略 207
プロモーション・ミックス 194
フロントエンド・バックエンド組織 216
フロントローデング 133
文化事業 216
文化戦略 216
文化相対主義 119
文化的嗜好性 16
文化的多様性 16
文化的リスク 216
文化と文明 216
分散投資 217
文書主義 59
分析型経営戦略 214
文鎮型組織 143

へ

ペアレンティング 190, **217**
平均値 163
兵站 257
ヘスケット, J. L. 54
ベストプラクティス 217, 246
PEST 分析 218
ヘテラルキー 218
ペネトレーション価格戦略 218
ヘラクレス 127
ベンチ・マーキング 246
ベンチャー 219
ベンチャー企業 25

ベンチャーキャピタル 23, 26, 34, **218**, 219
ベンチャービジネス 23, 34, **219**
変動製造マージン 165
変動費 219

ほ

ポイズン・ピル 166
包括利益 220
奉公人 186
方針管理 220
法令遵守 134
報・連・相 220
ポジショニング 230
ポジショニング・スクール 70
ポジティブ・アクション 220
保守主義 221
補助経営部門 208
補助部門 207
ボストン・コンサルティング・グループ 6
ホーソン効果 221
ホーソン工場 197
ホーソン実験 183, **221**, 234, 252
ボーダー 222
ポーター, M. E. 49, 55, 70, 91, 107, 111, 123, 131, 148, 194, 192, **221**, 230, 248
ボーダフル 222
ポータブル・スキル 34, 63, **221**
ボーダレス 77
ボーダレス化 222
ポートフォリオ 222
ボトムアップ 174, **222**
ボトムアップ型 232
ボトムアップ経営 258
ボトルネック 141
ボトルネック工程 223
ホフステッド, G. 86, 94, 160, 164, 177, 206, **223**
ホームページ 212, 260
ポラス, J. I. 198
ポラニー, M. 10
ボランタリズム 223
ボランタリー組織 223
ボランティア 223
ボランティア活動 204
ボランティアセクター 223
ホリステック思考 242
ホール, E. T. 88
ホール, D. T. 68
ホロス 223
ホロニック経営 224
ホロン 223
ホワイトカラー 150
ホワイト・ナイト 166
本社戦略 224

ま

マイクロソフト社 193
マイケル・ハマー, M. 199
マイナス・シナジー 7
マイノリティー 156
埋没費用 225
マインド・アイデンティティ 97, 200, **225**
マインドマッピング法 225
マインドマップ 225
マクレガー, D. 29, **225**
マクロ環境 79
負け犬 200
マーケット・シェア 114, **225**
マーケット・セグメンテーション 114
マーケティング 226
マーケティング近視眼 175
マーケティング戦略 79, **226**
マーケティング・ミックス 226
マザー工場 226
マザーズ 127
マサチューセッツ工科大学 251
マシニングセンター 32
マスタープラン 227
マーストリヒト条約 17
マズロー, A. H. 101, 112, **227**, 243
マーチャンダイジング 227
マッチング・ギフト 228
マトリクス構造 78
マトリクス組織 228
マートン, R. 67
マネジメント契約 40
マネジド・コスト 96
マネジメント・コックピット 228
マネジメント・コントロール 197, **228**
マネジメント・サイクル 229, 237
マネジメント・ダッシュボード 229
マネジリアル・グリッド理論 229
マルコム・ボルドリッジ賞 172, 182, **229**
マルチ・ディスプリナリー 46
マルチドメスティック業界 230
マルチドメスティック戦略 230
マルチフォーカル組織 230
マルチプラットフォーム・ソフト 209
マルチリージョナル戦略 231

み

見える化 258
ミクロ環境 79
見込み生産と受注生産 231
三隅二不二 195
未成熟モデル 6
ミッション 80, 89, 192, 198, **231**
ミッション・ステートメント 231
密着型知識 161
見積原価 231
ミーティング 232
ミドル 148
ミドル・アップ・ダウン 232
ミドル・マネジメント 232
ミニマリスト 233

未来予測　117
民間（私的）セクター　195
民族主義　179
ミンツバーグ, H.　233

む

ムーア, G.　233
ムーアの法則　233
無形資産　234
無限責任社員　241
無作為抽出法　149
無届リコール　246
ムートン, J. S.　228

め

名目GDP　116
メイヨー, G. E.　183, 196, 221, **234**
命令一元化の原則　44, **234**
メインバンク制　164, **234**
メガ競争　235
メガ・コンペティション　235
メセナ　216, **235**
メタナショナル　235
メタファー　191
メディア・ミックス　236
メトカーフ, R.　236
メトカーフの法則　236
MERCOSUR　231
メンタルヘルス　236
メンタル・モデル　161, 203

も

目的適合性　236
目的と手段の転倒　67
目的変数　122, 173
目標管理　**237**, 243
目標原価　84, **237**
目標による管理　151, 237
モジュラー型アーキテクチャー　21, 139, **237**
モジュール　237, 238
モジュール化　238
モジュール生産方式　238
モダンタイムス　238
持株会社　126, **238**
持株基準　253

持分　239
持分法適用会社　239
模倣困難性　210
モラル・ハザード　239
問題解決　239
問題解決法　124
問題形成　240
問題児　200
問題発見　240

や

屋台生産方式　144

ゆ

有意水準　156
誘因　3, **19**
誘因と貢献のバランス　3
有期契約　241
有機的組織　59, **241**
有形資産　234
有限会社　43, **241**
有限責任社員　241
有限責任制　51
友好的M&A　33
輸出加工区　242
輸出形態　165
ユニバーサル・デザイン　170
ユビキタスIDセンター　3
ユビキタス・ネットワーク　**242**
ユーロ　17

よ

要求品質　202
要素還元主義　242
予算　242
予算管理　243
予算編成　243
余剰キャッシュフロー　211
与信投資行動　132
寄せ集め型　21
欲求五段階説　112, 227, 243
予定原価　201
予防コスト　203
余力管理　138
4C　226
4P　226

4Pマーケティング　26

ら

ライセンサー　244
ライセンシー　244
ライセンシング　40, **244**
ライフサイクル　244
ライフサイクル・コスティング　244
ライフサイクル・コスト　84, 169, **244**
ライン　212
ライン・アンド・スタッフ組織　245
ライン人事　131
ラディカル・イノベーション　18
ラーニング組織　47
LAN　**245**, 260
ランダム・サンプリング　159

り

リアクタンス理論　208
利益管理　245
リエゾン・オフィス　246
リエンジニアリング　199, 233, **246**
理解可能性　246
利害関係者　50
リーガル・デューデリジェンス　172
リコール隠し　246
リコール制度　246
リサイクル　47, **247**
リージョナリズム　247
リージョナリゼーション　231
リージョナル戦略　160
リスクアセスメント　2
リスク回避　247
リスク管理　247
リスクヘッジ　247
リストラクチャリング　248
理想標準原価　201
リソース・ベースト・ビュー　82, 136, 191, 210, **248**
リーダーシップ　**248**, 254
リッカート, R.　254

立地特殊優位 130, 249
リデュース 247
リテラシー 170
リテンション・マネジメント 249
リニアモデル 249, 254
リバースエンジニアリング 209, **249**
リフレッシュ休暇制度 250
リベート 250
流通系列化 250
流動比率 104
リユース 247
量産効果 66
量的データ 250
リレーションシップ・マーケティング 251
理論時価総額 111
臨時編成組織 213
リーン生産方式 251

る

累加法 89
累進リベート 250
ルースカップリング 252

れ

例外の原則 44, 85
レヴィン, K. 6, 74, **252**
歴史的原価 116

レスリスバーガー, F. J. 183, 196-197, 221, 234, **252**
レバレッジ効果 253
連結化 143
連結子会社 253
連結財務諸表 253
連結事業部制 253
連結の経済 254
連結外し 253
連結範囲 254
連結ピン 254
連合 179
連鎖モデル 249, **254**
連続自動補充プログラム 109

ろ

労使協議制 183
老人医療 42
老人福祉 42
労働関係調整法 255
労働基準法 255
労働組合法 255
労働三権 255
労働三法 255
労働生活の質 69, **256**
労働生産性 137, **255**
労働装備率 137
労働の人間化 69, **255**
労働分配率 256

労務費 256
ローカルコンテンツ 256
ローカル・ブランド 77
6W1H 95
ロジカル・シンキング 257
ロジスティクス 136, **257**
ロックイン効果 257
ローテーション 120
ロハス 257
ロハスビジネス 257
ロワー・マネジメント 232, **258**

わ

ワイズマン, C. 28
WIPO 259
ワークシェアリング 259
ワーク・ライフ・バランス 259
ワーディング 259
割引現在価値 71, **260**
割引率 260
World Wide Web 260
web 260
WAN 245, **260**
ワン・トゥ・ワン・マーケティング 261
ワンパーセントクラブ 261

欧 文 索 引

A

A&D **24**, 37, 110
ABB **31**, 233
ABC/ABM **31**
Abegglen, J. C. 121, 182
Abell, D. F. **26**, 175
Abernathy, W. J. 214
acceptance theory of authority **85**
accountability **5**
accounting **60**
accrual basis **189**
Acquisition and Development **24**
action learning **5**
action reflection learning **5**
activation **50**
activist **6**
Activity-Based Budgeting **31**
Activity-Based Costing/Activity-Based Management **31**
actual costs **115**
Adams, J. S. 90
Adler, J. N. 16
ADSL 215
affirmative action **7**
AFTA **7**, 231
AIDMA **4**
Alderfer, C. P. 227
alternative hypothesis **156**
ambitious spirit **194**
analog thinking **7**
analysis of financial statements **105**
analysis of stability **104**
analysis of variance **217**
analytical-type business strategy 214
and search **9**
anergy **7**
annuity **184**

Ansoff, H. I. **9**, 70, 117, 140
anti-globalism **194**
application patent **123**
Application Service Provider 74
architecture **5**
area marketing **33**
Argyris, C. **6**
ARL **5**
ARPANET 167
artifacts **131**
Asean Free Trade Area **7**
ASP 74
assessment **6**
asset **113**
asset-liability approach **113**
a stock company **51**
atomism **242**
attitude **155**

B

Badaracco, J. 161
balance sheet **155**
balanced scorecard **192**
Barnard, C. I. 105, 151, **191**, 193
Barney, J. B. 82, **191**, 210
Bartlett, C. K. 148, 176
basic assumption **66**
basic research **65**
behavior identity **200**
behavioral culture **90**
best practice **217**
best syndrome of parent company **38**
BI **195**
biological patent **187**
BIS 170
black box strategy **209**
Blake, R. R. 229
Blanchard, K. H. 28
blog **212**
board of directors'

meeting **176**
bonus for invention **189**
boomerang effect **208**
borderless **222**
Boston Consulting Group: BCG 6, 23
bottle neck **223**
bottom-up **222**
bounded rationality **141**
BPR **199**, 246
brand **209**
brand stretch **209**
brand value **210**
broadband **215**
B/S **155**
BSC **148**, **192**
BSI **2**
B2B 199
BtoB **12**, 13, **199**
BtoC **12**, **199**
Buckman Laboratories, Co. 188
budget **242**
budgetary control **243**
bureaucracy **58**
Burns, T. 241
business angel **34**
business area **127**
business incubator **18**
Business Intelligence **195**
business method patent **197**
business process **197**
Business Process Reengineering **199**
business risk **112**
business strategy **111**
Business to Business **199**
Business to Consumer **199**
bye-doll act **187**

C

CAD 68

cafeteria-style benefits 50
CALS 68
CAM 68
C&D 37, 109
capability 82, 191
Capability Maturity Model 110
capital 118
capital gain 68
capital productivity 118
career 68
Carlson, E. D. 166
Carnegie, D. 186
cash-flow statement 67
CBA 201
CBT 17
CDP 22, 41
cell production system 144
CEPT 7
CERES Principles 144
CERN 260
CFROI 50
chain-linked model 254
Chandler, A. D. Jr. 9, 163
channel management 162
Chaplin, C. S. 238
charisma 52
Chesbrough, H. W. 37
Chief Information Officer 109
chi-square test 43
Christensen, C. M. 14, 72
CI 96
CIM 119
CIO 109
class cost system 72, 172
click and mortar 73
client server systems 72
closed integral 74
closed system 75
CMM 110
CMMI(CMM Integration) 111
coaching 95

Coase, R. 177
COBIT 96
code of conduct 89
cognitive dissonance 183
cognitive theory 183
collaboration 99
Collaborative Planning Forecasting and Replenishment 117
Collins, J. C. 198
Commerce At Light Speed 68
company system 57
comparability 196
competency 101
competitive advantage 70
competitive strategy 70
complex man 206
complex system thinking 206
compliance 102
comprehensive income 220
Computer Aided Design 67
Computer Integrated Manufacturing 119
concept 44
conceptual skill 100
concurrent engineering 99
confidence level 132
conglomerate 100
Connect and Development 119
conservatism 221
consolidated financial statements 253
consolidated subsidiary 253
consumer goods and industrial goods 127
consumer information processing model 127
content theory 101
context 101
contingency theory 100
continuous process cost system 89

Continuous Replenishment Program 109
contract worker 83
Control Objectives for Information and related Technology 96
convergence on accounting standards 42
convergent thinking 124
COO 174
core competence 87
core employee 88
core rigidity 88
core technology 87
corporate brand 98
corporate citizenship 62
corporate communication 97
corporate culture 63
corporate ethics 64
corporate governance 97
corporate identity 96
corporate law 43
Corporate Social Responsibility 110
corporate strategy 62
corporate university 98
corporate value 61
COSO 95
cost 84
cost accounting 84
Cost Benefit Analysis 201
cost control 84
cost driver 94
cost leadership strategy 95
cost management 84
cost of capital 118
cost of quality 203
costing 84
counseling 45
counseling mind 45
country risk 56
CP 19

CPFR 117
creative destruction 150
credit risk 132
critical path 73
CRM 109
cross functional team 75
cross holding 51
cross-cultural communication 16
cross-cultural management 16
cross-license 75
CRP 12, **109**, 204
CSR 110
cultural diversity 16
cultural synergy 16
culture & civilization 216
culture risk 216
culture shock 53
culture strategy 216
current balance 81
Customer Relationship Management 109
customer satisfaction 90
customization 48
CVP analysis 117
cyber terrorism 104
cyber-space 103

D

DARP 20
DARPANET 20, 167
Darwinian Sea 156
data mining 171
data warehouse 171
Database Management System 168
Davis, S. M. 216
DBMS 168
DCM 29
de facto standard 171
de jure standard 170
Deal, T. E. 132
death valley 117
DEC 131
Deci, E. L. 178
decision accounting 12

decision making 12
Decision Support Systems 166
Deming Prize 171
Deming, W. E. 171
dependent variable 122, 173
Design For X 169
design in 169
Design To Cost 169
develop and import scheme 44
DFE 169
DFL 169
DFMA 169
DFS 169
DFX 169
dialogue 156
differential cost 106
differential cost analysis 106
differential piece rate system 46
differentiation strategy 107
digital divide 170
digitization 169
direct control 165
direct costing 164
direct export 165
direct financing 164
disclosure 167
Discounted Cash Flow method 167
discounted rate 260
discounted value 260
discretionary labor system 106
divergent thinking 189
diversification strategy 156
diversity management 155
divisionalized organization 112
domain 175
.com company 174
double-entry book-keeping 206
Doz, Y. 230, 235
drifting management 180

driving force 176
Drucker, P. F. 15, **176**, 181, 237
DSS 166
DTC 169
due diligence 172
DWH 171
dysfunction and function 67

E

EA 11
EC **12**, 13, 69
eco efficiency 54
eco management 53
eco marketing 54
ecological thinking 27
economic benefit 80
economic integration 81
economies of network 254
economies of scale 66
economies of scope 194
ECR 12, 69
EDI **13**, 69, 257
EDP 13
EDPS 13
Efficient Consumer Response 12
e-IR 1
electronic commerce 12
Electronic Data Interchange 13
Electronic Data Processing 13
electronic learning 17
electronic mail 172
electronic market place 16
Electronics Manufacturing Service 11
eMBA 34
emergent strategy 150
employability 34
employment insurance 99
empowerment 34
EMS 55
End User Computing 17

enlightened self-interest 82
Enron, Co. 35
Enterprise Architecture 11
Enterprise Resource Planning 10
Enterprise Resource Planning package 10
enterprise union 64
entrepreneur 60
entrepreneur ship 61
Environmental Management System 55
EPA 32
EPRG model 15
equity 239
equity theory 90
ERP 10
estimated cost 231
ethnocentrism 118
EU 17, 231
EUC 17
European Union 17
EVA 50
excellent company 27
expatriate 26
expected rate of return 65
experience curve 80
experience effect 80
expert system 26
explicit knowledge 161
explicit knowledge 81
export processing zone 242
extended producer responsibility 47
external marketing 26
extrinsic motivation 44

F

FA 121
factory expense 83
factual premise 113
fair value accounting 111
Family and Medical Leave Act 11
family friendly 203

Fayol, H. 58
FDI 41
feed back 204
Festinger, L. 183
financial accounting 104
financial risk 105
financial statements 104
firm-specific skill 63
first-to-file system 145
five phase model 203
fixed cost 96
fixed-time agreement 241
Flexible Manufacturing System 32
flow chart 214
FMLA 11
FMS
FMS 32, 158
focus group interview 205
focus strategy 122
Ford manufacturing system 205
Ford, H. 205
fordism 205
foreign direct investment 41
foreign market entry 40
Fortune 205
founder's profit 149
free cash-flow 211
Free Trade Agreement & Economic Partnership Agreement 32, 123
free-rider 211
front-end/back-end organization 216
FTA 32, 123, 180
full costs 146
functional formanship 46
functional organization 66
functional strategy 65
future value 129

G

Galbraith, J. R. 27, 53

game theory 83
Gantt chart 56
Gantt, H. L. 56
garbage can model 98
GDP 116
GE 147, 228
general meeting of stockholders 52
G5 208
Ghoshal, S. 148, 176
Gibson, W. 103
Gilbreth, F. B. 1, 173
Gilbreth, L. B. 173
glass-ceiling 72
global area division 142
global brand 77
global corporate culture 76
global industry 76
global matrix organization 78
global product 142
global product division 142
global sourcing 77
global standard 76
global strategy 77
globalization 76
global-localization management 74
going concern 82
Gorry, G. A. 166
Grant, R. M. 147
green procurement 73
greenfield investment 73
Gross Domestic Products 116
group cohesiveness 122
group dynamics 74
group thinking 122
groupware 74
guest engineer system 83

H

Hall, D. T. 68
Hall, E. T. 88
Hamel, G. 87, 151
Hammer, M. 199

Hawthorne experiments 221
headquarter's strategy 224
Hersey, P. 28
Herzberg, F. 25, 188
Heskett, J. L. 54
heterarchy 218
hierarchy 43
high context culture 88
historical cost 124
historical cost basis 125
Hofstede, G. 86, 94, 160, 164, 177, 206, 223
holding company 238
holon 223
HRM 25
human relations theory 183
Human Resources Management 25
humanization of work 255
humanware 200
hygiene factor 25
Hymer, S. 48
hypothesis for working ability limits with age 185
hypothesize 48

I

IAS 91
IC 21
IC tag 3
ICT 4
ideological culture 57
IE 1
I-R grid 1
ILO 3
imitability 210
imperialist 23
implication 23
IMVP 251
incentive 19
Incentive-Contribution balance 3
incremental innovation 18
Independent Contractor 21
independent variable 173
indirect export 56
individualism index 94
individualized corporation 99
Industrial Engineering 1
Industry-Academia Alliances 108
infomediary 22
informal group 22
informal organization 196
Information Security Management System 2
Information Systems 2
Information Technology 4, 18, 99
infrastructure 22
in-house staff recruitment system 120
Initial Public Offering 51
innovation 14
innovator 15
innovator's dilemma 14
inpatriate 22
insider 18
insider trading 19
institutional investors 59
intangible asset 21
intangibles 234
integral architecture 21
intellectual capital 234
intellectual property 162
interactive marketing 20
interdisciplinary thinking 46
interest rate risk 71
intermediate form 163
internal control 179
internal marketing 19
internalization advantage 178
International Accounting Standard 91
international application system 92
international competitive strategy 91
international divisionalized structure 92
international joint venture 92
International Labor Organization 3
international management organization 91
International Organization for Standardization 2
International Patent Classification 93
International Procurement center 93
International Product Lifecycle Theory 93
internet 20
internship system 21
interorganization learning 151
interorganization network 61
interorganizational relations 151
interview survey 20
intrinsic motivation 178
inventory control 103
Investor Relations 1
investors 173
involvement 57
IPC 93
IPO 51
IR 1
I-R grid 1
IRR 50
IS 2
ISMS 2
ISO 2, 70, 171
ISO14001 2
IT 4, 18, 99

IT governance 4
IT Governance Institute 96

J

Japan Quality Award 182
Japanese management system 182
Japanese style labor relations 182
Japanese production system 181
JIPDEC 2
JIS 202
JIT 110
job rotation 130
job-order costing 96
joint venture 126
joint-stock company 51
JQA 182
Just In Time 110
JV 127

K

kaizen 43
kanban method 57
keiretsu 62
Kennedy, A. A. 132
Kindleberger, C. P. 130
KJ Method 81
Knickerbocker, F. T. 49
knowledge 161
knowledge assets 234
knowledge link 161
knowledge management 181
Koontz, H. 58
Kotter, J. P. 54
KPI 229
Kuhn, T. S. 191
Kyoto Protocol 70

L

labor cost 256
labor productivity 255
labor share 256
labor standards law 255
LAN 245, 260
launching and closing business percentage 41
LBO(Leveraged Buyout) 33
leadership 248
lean production system 251
learning curve 47
learning organization 47
leverage effect 253
Lewin, K. 6, 74, 252
liability 207
liaison office 246
license 116
license-in 65
license-out 65
licensing 244
life-cycle 244
life-cycle cost 244
Life-Cycle Costing 244
lifestyles of health and sustainability 257
lifetime employment 121
Likert, R. 254
limited partner 241
line and staff organization 245
linear model 249
linking pin 254
listening ability 82
LCC 244
Local Area Network 245
local contents 256
localization 86
location specific advantage 249
lock-in effect 257
logical thinking 257
logistics 257
long-range profit planning 164
long-term care insurance system 42
long-term orientation index 164
loose coupling 252
low volume production of a wide variety of products 158
lower management 257

M

main career track 150
main-bank system 234
Maintenance, Repair, and Operation 32
make to stock and make to demand 231
Malcom Baldrige National Quality Award 229
management 58
management accounting 58
management by objectives 237
management control 228
management culture 79
management cycle 229
management dashboard 229
Management Information Systems 32
management of affiliate 55
management of innovation 15
Management Of Technology 33
management philosophy 80
management process school 58
management resources 79
management strategy 79
management environment 78
managerial accounting 58
managerial familism 78
managerial grid model 229
M&A 33, 74, 248
manufacturing expense

83
margin of safety ratio 9
market capitalization 111
market growth rate 114
market segmentation strategy 114
market share 225
marketing 226
marketing mix 226
marketing strategy 226
Marton, R. 67
masculinity index 160
Maslow, A H. 101, 112, **227**, 243
Master of Business Administration 33
master plan 227
matching gift 228
material cost 105
Material Requirement Planning 113
matrix organization 228
Mayo, G. E. 183, 196, 221, **234**
MBA 33
MBO 237
McGregor, G. 29, **225**
MD 228
mecenat 235
mechanistic organization 59
media-mix 236
median 163
meeting 232
mega-competition 235
mental health 236
merchandising 227
MERCOSUR 231
Mergers and Acquisitions 33
meta-national 235
Metcalfe, R. 236
metcalfe's law 236
middle management 232
middle-up-down 232
mind identity 225

mind mapping 225
minimalist 233
Mintzberg, H. 233
MIS 32
mission 231
mission statement 231
MNC 157
"Modern Times" 238
modular architecture 237
modularization 238
module production system 238
Moore, G. 233
Moore's law 233
moral hazard 239
MOT 33
mother factory 226
motion study 173
Mouton, J. S. 229
MRO 32
MRP 113
MS ratio 9
Mslcom Baldrige Award 229
multi-domestic industries 230
multi-domestic strategy 230
multi-focal structure 230
MultiNational Corporation 157
multi-regional strategy 231
multivariate analysis 158

N

NAFTA 81, 123, **180**, 231
nano-machine 180
nano-technology 180
NASDAQ 179
National Association of Securities Dealers Automated Quotations 179
national center of trade union 179
national culture 94

National Vocational Qualification 31
nationalism 179
need hierarchy theory 243
NEET 181
net assets 125
net income 126
net present value 128
net realizable value 128
network 184
network externality 184
NGO 30
niche market 181
noblesse oblige 186
non regular staff 199
non tariff barriers 196
non-financial control 197
Non-Governmental Organization 30
Non-Profit Organization 30
Non-profit Organizations law 30
non-profit sector 195
Nordstrom, Co. 185
normative integration 66
North America Free Trade Agreement 180
not in education, employment, or training 181
Not Invented Here syndrome 29
NPO 30
NPV 128
null hypothesis 67
Numerical Controller machine 30
NVQ 31

O

OD 151
O'Donnell, C. 58
OECD 47, 108
OEM 35, 208
Off the Job Training 36

Off-JT 36
ohmi merchant 35
OJT 36
oligopoly reaction model 48
On the Job Training 36
One-Percent Club 261
one-to-one marketing 260
only one management 39
open architecture 36
open innovation 37
open modular 37
open price 37
open system 37
operating decision 71
opportunity cost 59
OR search 35
organic organization 241
organization 151, 210
organization design 152
organizational climate 152
organizational culture 152
organizational development 151
organizational learning 151
Original Equipment Manufacturing 35
Orpheus Chamber Orchestra 38
Ouchi, W. G. 142
outlay cost 114
outsourcing 4
oversea laboratory 40
oversea production 40
ownership policy 40
ownership specific advantage 130

P

paradigm 191
parenting 217
parent-subsidiary relations 38
partial costs 207
partnering 190
part-time worker 190
patent right 174
penetration pricing 218
perception 161
performance accounting 70
Perlmutter, H. V. 15
perpetuity 25
personnel ranking system based on job skill and job experience 129
PERT 227
PEST Analysis 218
Peters, T. J. 27
philanthropy 204
PIMS 226
pioneer spirit 187
P/L 154
platform 209
playing manager 211
Plaza Accord 208
PM theory 195
PMBOK 213
PMI 213
Polanyi, M. 10
Porras, J. I. 198
portable skill 221
Porter, M. E. 49, 70, 91, 95, 107, 111, 123, 131, 148, 191, 192, **221**, 230, 248
portfolio 222
position-based training 44
positive action 220
potential ability 146
power conflict 193
power distance index 86
power point 193
power theory 193
PPM 199
Prahalad, C. K. 87, 230
present value 85
presentation 212
price elasticity of demand 125
primary data and secondary data 13
principle of authority and responsibility 85
principle of unity of command 234
prior studies 145
priority of inventorship 146
private brand 208
problem findings 240
problem solving 239
process control 89
process costing 149
process innovation 213
process-type business strategy 213
product architecture 139
product concept 139
product differentiation strategy 140
product engineering 139
product innovation 214
Product Liability Low 196
product life cycle 141
Product Portfolio Management 199
product positioning 140
production control 138
production overhead cost 138
production planning 137
production strategy 137
productivity analysis 137
productivity dilemma 214
product-market mix 140
profit and loss statement 154
profit management 245
profit zone 215
profitability analysis 121
profitability of innovation 147
Program Evaluation and Review Technique

190
project management 213
Project Management Body of Knowledge 213
Project Management Institute 213
project team 213
promotion 194
pro-patent policy 215
prototyping 214
Prussia 212
psychographic factor 103
publicity 191
pure holding company 126
push strategy & pull strategy 207
PV 85

Q

QCD 69, 178
QR 12, 69
quality 202
quality assurance 203
quality assurance management 202, 203
quality control 202
Quality Control circle 69
quality cost 203
quality costing 202
quality of conformance 168
quality of design 144
Quality of Working Life 69
Quality, Cost and Delivery 69
quantitative data 250
questionnaire survey 8
Quick Response 69
quotation 23
QWL 69, 256

R

R & D 8, 110
rarity 210
RBV 82, 137, 210, 248
rebate 250

recall system 246
recycle 247
reengineering 246
reference group 125
refresh leave 250
regional divisionalized organization 160
regional headquarter 160
regionalism 247
relational advantage 55
relationship marketing 251
relevance 236
relevance on decision making 13
reliance 132
replacement cost 103
Research and Development 8
Resource Based View 191, 248
resource based view of the firm 248
restructuring 248
result-based principle 137
retention management 249
Return On Investment 8
revenue and gains 120
revenue-expense approach 121
reverse engineering 249
RFID 3
right brain & left brain 24
risk management 247
ROA 50
ROE 8, 50, 121
Roethlisberger, F. J. 183, 196-197, 221, 234, 252
ROI 8, 121

S

sampling error 108
SBIR 29

SBU 147
scanning systems 134
scenario writing method 117
Schein, E. H. 49, 66, 131, 119, 153, 206
Schumpeter, J. A. 14, 126, 150
scientific management 45
scientific thinking 46
SCM 29
Scott-Morton, M. S. 166
SCP model 28
search engine 107
SECI model 143
sectionalism 143
securities and exchange law 128
seeds & needs 114
selection and concentration 146
self organization 112
self-actualization needs 112
selling, general and administrative expenses 195
Senge, P. M. 47, 145
seniority system 184
separation of management and ownership 130
service encounter 107
service invention 129
sexual harassment 143
Shard Service Centre 110
shareholder value 52
Shockley, W. B. 130, 131
shop name share system 186
short-range profit planning 159
Silicon Valley and Route 128 130
Simon, H. A. 58, 114, 141, 105
simple global strategy 131
simple random sampling

159
single process cost system 159
SIS 27
Situational Leadership model 28
Six Sigma (6σ) 115
small and medium sized enterprises 163
Small Business Innovation Program 29
Small Office Home Office 153
small profits and quick returns 188
smile curve 136
SNS 257
social capital 153
social identity 119
socialization 119
Socially Responsible Investment 119
software patent 153
SOHO 18, 153
span of control 173
specialist 135
specialization 146
speculator 172
spinout 135
Sprague, Jr. R. H. 166
SQC 28
SRI 120
stakeholder 134
Stalker, G. M. 241
standard cost accounting 201
standard costs 201
Statistical Quality Control 28
stewardship 124
stock exchange 127
stock option 134
Stopford, J. M. 91, 92
Strategic Business Unit 29, 147
strategic decision 147
Strategic Information Systems 27
strategic leader 148
strategic management accounting 147
strategic middle 148
strategic position 148
strategy maps 148
stratified sampling 149
stress tolerance 135
structure-conduct-performance model 28
sub culture 45
succession plan 107
sunk cost 225
Supply Chain Management 28
sustainable competitive advantage 115
SWOT Analysis 136
symbolic manager 132
symbolism 131
synergy 117
systematic soldiering 152

T

tacit knowledge 9, 161
Take over Bid 33, 166
target cost 237
target cost management 84
target costing 84
task environment 157
task management 46
Taylor, F. W. 1, 46, 152, 168, 173, 201
TCP/IP 167
Technology Licensing Organization 166
technology transfer 64
test marketing 170
text mining 168
the third sector 89
Theory Of Constraints 141
theory Z 142
Third Party Logistics 136
3PL 136
3S 108
three sacred treasures 108
time value of money 71

TLO 108, 166, 187
TOB 33, 166
TOB: Take-Over Bid 33
TOC 73, 141, 223
top management 174
top-down 174
total quality 150
Total Quality Control 167
Total Quality Management 167
tournament type competition 175
TQC 150, 167, 172, 220, 229
TQM 86, 167, 171, 202, 220
trade union law 255
trainee system 41
transfer price 14
Transmission Control Protocol/Internet Protocol 167
transnational firms 176
Treacy, M. 50
Trompenaars, F. 177
t-test 167

U

ubiquitous network 242
uncertainty avoidance index 206
understandability 246
unfair labor practices 207
unlearning 60
upstream & downstream 53

V

value 210
value chain 192
value create management 50
Value Engineering 204
value net 192
value premise 49
value proposition 50
value statement 192
value system 49
Value, Rarity, Imitability

and Organization 210
values 49
variable cost 219
VE 204
Vendor Managed Inventory 204
venous industry 128
venture business 218
venture capital 218
Vernon, R. 93
vertical integration & horizontal integration 133
vertical marketing system 133
VI 198
virtual corporation 188
vision 198
visionary company 198
visual identity 198

VMI 204
voluntary organization 223
VRIO 210

W

WACC 47
WAN 23, 245
waterfall method 24
WBT 17
web 260
Weber, M. 24, 58
weblog 212
weighted average cost of capital 47
Welch, Jr. J. F. 146
Wells, L. 91, 92
Wide Area Network 260
Wiersema, F. 50

WIPO 259
Wiseman, C. 28
wording 259
work-life balance 259
work-sharing 259
World Intellectual Property Organization 259
World Wide Web 260
WTO 158, 180
WWW 260

X

X-theory & Y-theory 29

Z

zaibatsu dissolution 104
zero-base thinking 145

マネジメント基本全集別冊 マネジメント基本辞典

2007年3月10日　第一版第一刷発行

監修者　根 本　　孝
　　　　茂 垣　広 志

発行者　田 中　千津子

発行所　株式会社　学 文 社

〒153-0064　東京都目黒区下目黒3-6-1
　　　　電話 (3715) 1501代・振替00130-9-98842

(乱丁・落丁の場合は本社でお取替えします)　　検印省略
(定価はカードに表示してあります)　　印刷／新灯印刷株式会社

© 2007 NEMOTO Takashi and MOGAKI Hiroshi Printed in Japan

ISBN978-4-7620-1502-1